非金融上市公司金融资产配置的经济后果研究

——基于产品市场与资本市场视角

马亚民　著

中国财经出版传媒集团
中国财经经济出版社
·北京·

图书在版编目（CIP）数据

非金融上市公司金融资产配置的经济后果研究：基于产品市场与资本市场视角／马亚民著．--北京：中国财政经济出版社，2025．2．--ISBN 978－7－5223－3673－2

Ⅰ．F279．246

中国国家版本馆 CIP 数据核字第 20251TD723 号

责任编辑：彭　波　　　　责任校对：张　凡

封面设计：孙俪铭　　　　责任印制：史大鹏

非金融上市公司金融资产配置的经济后果研究

——基于产品市场与资本市场视角

FEIJINRONG SHANGSHI GONGSI JINRONG ZICHAN PEIZHI DE JINGJI HOUGUO YANJIU

——JIYU CHANPIN SHICHANG YU ZIBEN SHICHANG SHIJIAO

中国财政经济出版社 出版

URL：http：//www. cfeph. cn

E－mail：cfeph@ cfeph. cn

社址：北京市海淀区阜成路甲 28 号　邮政编码：100142

营销中心电话：010－88191522

天猫网店：中国财政经济出版社旗舰店

网址：https：//zgczjjcbs. tmall. com

涿州汇美亿浓印刷有限公司印刷　各地新华书店经销

成品尺寸：170mm×240mm　16 开　23.5 印张　355 000 字

2025 年 2 月第 1 版　2025 年 2 月河北第 1 次印刷

定价：98.00 元

ISBN 978－7－5223－3673－2

（图书出现印装问题，本社负责调换，电话：010－88190548）

本社图书质量投诉电话：010－88190744

打击盗版举报热线：010－88191661　QQ：2242791300

前　　言

经济"新常态"背景下，实体经济遇冷与虚拟经济过热的结构性矛盾引发非金融上市公司金融化倾向。非金融上市公司忽视主营业务可持续发展、盲目配置金融资产是金融化的表现，不仅关系到主业可持续发展，而且可能通过"系统性风险联动机制"影响经济运行风险，引起学术界广泛讨论。从文献发展脉络看，现有研究主要集中于金融资产配置对主业发展基础的影响，对于这种影响是否会被市场解析的关注较少。市场作为企业投资决策效果的"试金石"，是检验金融资产配置有效性及其财富创造能力的重要场所。考虑到企业外部存在的市场主要有产品市场与资本市场，且产品市场与资本市场表现更可能对企业资产配置结构调整产生影响，从产品市场与资本市场视角考察非金融上市公司金融资产配置的经济后果尤显重要。

基于此，本书立足于金融资产配置经济后果研究领域的丰富成果和潜在不足，依托金融化学说、经济后果学说、产品市场竞争理论、有效市场与"功能锁定"假说、信息不对称理论等理论，以2007～2020年A股上市的非金融上市公司为样本，从产品市场与资本市场视角对金融资产配置的经济后果进行探讨。具体来讲，首先，鉴于产品市场表现与主业经营能力密切相关，主业经营质量又关系到企业经营性现金流量和盈余的可持续性与可预期性，即现金流风险与盈余持续性，本书研究了金融资产配置与现金流风险以及金融资产配置与盈余持续性的关系，较为系统地考察了产品市场层面的经济后果；其次，“信息传递”与“股价反应”是资本市场运行的关键因素，考虑到披露失实、资本市场操作等违规行为会增加“信息传递”中的“噪音”，且“股价反应”主要体现在投资者决策同盈余相关性上，本书研究了金融资产配置与企业违规以及金融资产配置与盈余价值相关性的关系，较为系统地考察了资本市场层面的经济后果；最后，针对金融资产配置对产品市场与资本市场表现的负面影响，本书进一步探讨了金融资产配置的治理问题。基于以上逻辑框架，得到以下三个维度的研究结论：

第一，就金融资产配置与现金流风险而言，金融资产配置与现金流风险之间存在“U”形关系；行业竞争程度、企业竞争地位以及供应链稳定度的调节效应表现为，行业竞争程度无法显著影响金融资产配置与现金流风险的关系，企业竞争地位与供应链稳定度均存在两种调节效应，即使关系曲线拐点右移与扁平化。进一步地，机制检验发现，非效率资本配置在金融资产配置影响现金流风险的过程中发挥中介作用；区分金融资产配置类型后发现，非战略性金融资产配置与现金流风险呈“U”形关系，战略性金融资产配置负向影响现金流风险；结合金融杠杆分析发现，金融杠杆使关系曲线拐点右移与扁平化。就金融资产配置与盈余持续性而言，金融资产配置与盈余持续性之间存在负向关系；行业竞争程度、企业竞争地位以及供应链稳定度的调节效应表现为，行业竞争程度越小、企业竞争地位越高或供应链稳定度越强，金融资产配置对盈余持续性的负向影响越不显著。进一步地，机制检验发现，企业横向与纵向竞争能力在金融资产配置降低盈余持续性过程中发挥中介作用；区分金融资产配置类型后发现，金融资产配置与盈余持续性的负向关系主要是非战略性金融资产配置发挥作用；结合盈余操纵分析发现，盈余操纵程度越大，金融资产配置与盈余持续性的负向关系越明显；

非线性效应分析发现，金融资产配置对盈余持续性的负向影响更可能出现在金融资产配置程度较低与较高组中。以上研究结论说明，合理的资产结构更可能巩固主业发展基础，提升经营质量，增强现金流稳定性，但利润金融化驱动下的金融资产配置容易导致企业实业基础丧失，进而损害企业持续盈利能力，降低盈余持续性。

第二，就金融资产配置与企业违规而言，金融资产配置能够增加企业违规，同时会降低违规被稽查概率并提高违规倾向。进一步地，机制检验发现，信息不对称程度与代理成本在金融资产配置导致企业违规过程中发挥中介作用；区分企业违规类型后发现，金融资产配置与企业违规的正向关系更可能表现在披露失实行为上；违规动机考察发现，金融资产配置会增强企业套利、盈余管理与利益侵占动机；非线性效应分析发现，金融资产配置与企业违规的正向关系在金融资产配置程度较低与较高组中更显著；同伴效应分析发现，金融资产配置存在同伴效应，能够增加企业违规。就金融资产配置与盈余价值相关性而言，金融资产配置显著降低了盈余价值相关性，支持有效市场假说，而非“功能锁定”假说，且主要表现为可持续盈余价值相关性的降低。进一步地，机制检验发现，挤出实业投资、加剧经营风险与降低盈余信息质量，是有效市场下非金融上市公司金融化造成资本市场信息效率损失的作用路径；区分金融资产配置类型后发现，金融资产配置与盈余价值相关性的负向关系更可能表现在标准化交易类金融资产上；结合金融市场化研究发现，金融市场化较高时，金融资产配置与盈余价值相关性的负向关系更显著；非线性效应分析发现，金融资产配置与盈余价值相关性的负向关系在金融资产配置程度较低与较高组中更显著。以上研究结论说明，金融资产配置能够通过增加信息生成、解读与传播过程中的“噪音”扰乱资本市场信息环境，进而降低资源配置效率，表现为较弱的盈余价值相关性。

第三，就金融资产配置治理而言，战略治理、混合股东治理、董事高管责任保险与非处罚性市场监管均能够抑制金融资产配置。进一步地，区分金融资产配置类型后发现，战略治理主要对非经营性金融资产配置发挥抑制作用，混合股东治理与非处罚性市场监管能够增加经营性金融资产配置并抑制非经营性金融资产配置，董事高管责任保险虽然减少了经营性金融资产配置，但促进了实物资本投资；区分非处罚性市场监管类型后发现，问询函与关注函均负向影响金融资产配置，且问询函的抑制作用更明显；基于产权性质、企业规模与市场化的横截面分析发现，战略治理的抑制作用在非国有企业、大规模企业与高市场化样本组中更为明显，混合股东治理对金融资产配置的抑制作用在非国有企业中表现明显，董事高管责任保险与金融资产配置的负向关系在非国有企业、小规模企业与低市场化样本组中更显著，非处罚性市场监管对金融资产配置的负向影响在非国有企业与高市场化样本组中表现明显；经济后果分析发现，战略治理对金融资产配置的抑制作用促使企业投资效率上升，混合股东治理与非处罚性市场监管的抑制作用提高了企业经营业绩，董事高管责任保险的抑制作用能够降低企业经营风险。以上研究结论说明，战略治理、股东治理、利益相关者治理与政府治理均能够引导管理层进行关乎企业整体布局、长远发展与未来规划的战略投资，促使其对金融化倾向保持警惕，但不同治理机制监督功能发挥的内在逻辑及其依存条件不同。

综合以上三个维度的研究结论，基于产品市场与资本市场视角的金融资产配置经济后果研究具有重要的理论意义与实践指导价值。理论上，有助于丰富并拓展金融资产配置经济后果的理论分析框架，对辩证看待金融资产配置的市场表现、更好地理解经济“脱实向虚”扰乱产品市场与资本市场的内在逻辑有所裨益，从而揭示出回归并关注主业对企业持续创造价值的重要性与必要性，丰富“投资中心论”思想；实践上，为监管部门进一步推动金融市场化改革、引导金融服务实体经济、削弱企业跨行业套利等动机、防范实体经济风险提供参考，同时对于企业注重主业发展、健全公司治理内生机制建设、提高上市公司质量、形成企业与市场良性循环带来一定启示。

作者

2024 年 11 月

目　　录

第 1 章

绪　论

1.1　研究背景与研究问题

中国经济步入“新常态”以来，伴随人口、资源等红利下降、内需疲弱以及产能过剩，非金融上市公司普遍面临利润空间收窄的困境（谢家智等，2014；刘笃池等，2016；刘姝雯等，2019），同时金融市场快速发展、金融业利率管制、城镇化进程推进等促使金融领域产生高额利润（王红建等，2016）。在资本逐利驱使下，非金融上市公司投资行为出现金融化转向，即经济活动重心逐渐由实业转移到金融领域，金融资产配置大幅上升（刘笃池等，2016；王红建等，2017）。此外，伴随经济重构，公司治理结构改变，企业经营目标由可持续增长转向股东利益最大化，这必然引发非金融上市公司投资决策转变，致使管理层为满足股东预期利益要求变得更加短视，从而增加金融资产配置，通过分享金融领域高额回报充实企业短期获利能力，同时解除受托责任，满足薪酬增加、声誉提高、晋升等私利（刘贯春等，2018；刘姝雯等，2019）。然而不难发现，无论是资本逐利性还是机构投资者驱动的金融资产配置，其背后的本质均为实业投资收益下降与金融投资回报上升（谢富胜和匡晓璐，2020）。虽然金融资产配置在预期收益方面存在一定优势，成为大量非金融上市公司应对实物资产收益率下降的主要方式（李馨子等，2019），但短期利益导向的金融资产配置会加速金融资本膨胀与产业资本萎缩，拉大实体与金融部门间的利润率差距，增强非金融上市公司的跨行业套利动机，引发其以牺牲主业发展换取短期利润的舍本逐末行为，从而加剧企业金融化趋势，形成恶性循环。

随着企业金融化趋势加重，金融资产配置问题受到学术界广泛关注。总结来看，学者主要聚焦动机与经济后果研究。金融资产配置动机主要包括“蓄水池”“投资替代”与“实体中介”三个方面。其中“蓄水池”与“实体中介”动机（或融资约束动机）可以通过降低企业面临的融资约束程度平滑实业投资；“投资替代”动机（或资本套利动机）意味着金融资产配置是以牺牲长期发展换取短期利益的舍本逐末行为，会过度占用生产经营性业务投资资源，导致实业投资供给不足（胡奕明等，2017）。动机是金融资产配置产生不同经济后果的内生变量。与平滑和挤出实业投资的两类动机相对应，金融资产配置既可能发挥积极作用，也可能带来负面影响。具体地，金融资产配置会影响企业实业投资（Orhangazi，2008；刘贯春等，2019）、创新投入（Gehringer，2013；郝项超，2020）、资源配置效率（刘笃池，2016；胡海峰等，2020）、风险管理（Duchin et al.，2017；黄贤环等，2018；彭俞超等，2018；李建军和韩珣，2019）、经营绩效（王红建等，2017；戚聿东和张任之，2018）等方面。

不难发现，现有金融资产配置经济后果研究从多个方面展开，但仍有待拓展和深入。

第一，尽管已有文献研究了金融资产配置对主业发展基础的影响，但对于企业金融风险的现实表现关注不足。随着经济金融化趋势明显，非金融上市公司脱离主业、热衷金融资产配置的行为严重。以逐利为目的的金融资产配置会加剧企业部门与金融市场之间的风险联动效应，从而将金融市场风险传递到企业（李建军和韩珣，2019）。现金流风险是企业风险管理的先导信号，能够揭示企业的运营能力与经营质量，反映投资决策的产品市场效果。另外，资本逐利性预示着企业违规行为具有伴生性与长期固有性，是资本市场治理的焦点（肖钢，2013）。这意味着出于资本套利动机的金融资产配置可能会影响企业内部治理观念，使公司治理出现结构性短视问题，从而加剧代理冲突，引发企业失范行为，增加违规风险，扰乱资本市场秩序。简言之，现金流风险是对企业经营现金流不可持续性的反映，体现企业主业经营能力（陈志斌和王诗雨，2015），是产品市场研究的主要问题；企业违规是市场经济秩序不规范的体现，是资本市场监管的关键问题。因此，基于产品市场视角考察金融资产配置对企业现金流风险的影响以及基于资本市场视角考察金融资产配置对企业违规的影响具有重要意义。

第二，从主业发展基础角度考察金融资产配置经济后果的研究有所进展，但鲜有文献探讨这种影响是否会传递到产品市场，进而作用于盈余持续性。产品市场作为检验企业投资选择有效性、评价企业经营质量与可持续发展能力的一个重要场所（谢小芳等，2009），是否认可企业金融资产配置是企业决策调整、协调主业发展与金融资产配置之间关系的重要依据。由于盈余持续性更可能体现企业核心产品带来的永久性会计盈余（Ramakrishnan and Thomas，1998），揭示主业发展基础与可持续增长能力，反映消费者价值提升的动力，体现产品市场认可程度，本书从金融资产配置与盈余持续性的关系入手考察企业金融资产配置的产品市场表现显得更加重要。

第三，现有文献主要集中于金融资产配置对主业发展基础的影响，尚未进一步探讨这种影响是否会被资本市场解析，进而作用于盈余价值相关性。伴随中国步入经济转型期，实体经济持续疲软，虚拟经济过度膨胀，非金融上市公司为应对利润空间收窄的困境不断试水金融投资。短视化与投机化预示着金融资产配置引致的盈余信息含量变化对于投资者而言可能正在丧失价值相关性，然而其能否被投资者确切理解，从而降低盈余价值相关性取决于市场有效与否。市场有效即信息有效，投资者能够识别与利用金融资产配置传递的盈余信息从而正确决策，为盈余价值相关性下降提供了合理解释。但是，由于存在认知偏差，投资者往往只关注盈余的账面信息，不能准确及时地识别盈余背后的当前与预期现金流量，从而更可能受金融资产配置短期盈利性误导，引发资本市场“功能锁定”问题。因此，本书从会计信息决策有用性角度研究金融资产配置与盈余价值相关性的关系，有助于厘清企业金融化现象扰乱资本市场背后的逻辑。

基于此，本书立足于前人研究的丰富成果与潜在不足，以2007～2020年A股的非金融上市公司为样本，基于产品市场与资本市场视角研究企业金融资产配置的经济后果，并探讨其传导路径、异质性效应等以及金融资产配置治理机制。具体来说，本书试图研究的第一个问题是从产品市场角度考察金融资产配置的经济后果。金融资产配置与经营资产配置作为企业两种主要的投资决策，投资选择的转变关系到资产结构的合理性，影响主业发展基础，从而作用于企业经营现金流特征与企业盈余在未来时期内保持的稳态特征。由于企业经营性现金流和盈余的可持续性和可预期性与主业经营能力相关联，更可能揭示企业可持续增长能力，刻画企业产品市场表现，本书将研究金融资产配置与现金流风险的关系以及金融资产配置与盈余持续性的关系，以系统考察产品市场层面的经济后果，有助于全面认识实体经济“脱实向虚”的内在逻辑与产品市场表现，从而为促进企业与产品市场良性互动提供进一步的经验证据与政策参考。

本书试图研究的第二个问题是从资本市场角度考察金融资产配置的经济后果。影响资本市场资源配置功能有效发挥的关键因素是“信息传递”与“股价反应”。无可否认，以牺牲长期发展换取短期利益的金融资产配置行为是企业金融化的表现，不仅会加剧信息不对称和代理问题，诱发企业违规，扰乱资本市场秩序，增加“信息传递”中的“噪音”，而且可以通过挤占主业发展资源削弱实业基础，降低企业持续盈利能力，加大投资者对会计盈余信息解释与预测功能的质疑，最终降低盈余价值相关性，不利于资本市场有效运行。因此，本书将研究金融资产配置与企业违规的关系以及金融资产配置与盈余价值相关性的关系，以系统考察资本市场层面的经济后果，拓展实体经济与资本市场的关系研究，有助于理解会计信息对资源配置产生影响的金融市场微观实现机制，从而对改善资本市场信息环境、提升市场资源配置效率具有重要启示。

本书试图研究的第三个问题是考察非金融上市公司金融资产配置的治理机制。在经济“新常态”背景下，实体经济遇冷与虚拟经济过热的结构性矛盾引发非金融上市公司以牺牲长期发展换取短期利益的倾向，公司金融化的负面影响日益显现。如何治理公司金融化、推动实体产业发展成为党和政府关注的重点问题。因此，在系统考察产品市场与资本市场层面的经济后果进而深化对企业金融投资决策危害性的认识之后，本书更应就其治理措施开展进一步讨论。具体地，分别从战略治理、股东治理、利益相关者治理以及政府治理层面研究战略治理、混合股东治理、董事高管责任保险以及非处罚性市场监管的监督功能，对于抑制非金融上市公司经营“脱实向虚”、形成企业投资与市场回报的良性循环有所裨益。

1.2 关键概念界定

（1）金融资产配置。

“经济金融化”指经济活动重心逐渐由实业转移到金融领域，实体部门对金融渠道获利的偏好不断增加的现象（Stockhammer，2004；Krippner，2005；Orhangazi，2008）。从微观层面看，“经济金融化”表现为非金融企业的金融资产配置行为。参考 Krippner（2011）、王红建等（2017）、谢富胜和匡晓璐（2020）等学者关于金融资产配置的界定，本书将金融资产配置定义为非金融上市公司扩大金融活动的行为，一个突出表现是资产负债表中金融资产的增加。从金融资产形成角度来看，货币资金和应收款项的持有并非完全自主，受到企业生产经营性业务的影响。相较于此，广义金融资产是企业主动投资的结果，更能体现金融化行为，具体有交易类金融资产、投资性房地产、委托贷款等新兴金融资产与长期金融股权投资四类（宋军和陆旸，2015），这也是本书所界定的金融资产。具体地，交易类金融资产包括交易性金融资产、衍生金融资产、可供出售金融资产净额、持有至到期投资净额等；投资性房地产脱离实体经济部门在金融领域寻求独立的过程使其成为一种特殊的金融资产；委托贷款等新兴金融资产指非金融上市公司持有的委托贷款、理财产品与信托产品；长期金融股权投资为非金融上市公司对金融机构的权益性投资。其中，作为资产负债表中单独列报的资产类项目，衍生金融资产应纳入金融资产范围，以全面反映企业金融投资情况。值得说明的是，2017 年修订《企业会计准则第 22 号——金融工具确认和计量》《企业会计准则第 37 号——金融工具列报》等准则，要求境内上市企业自 2019 年 1 月 1 日起实行金融资产“三分类”，不再采用“四分类”。相应地，增加“债权投资”“其他债权投资”“其他权益工具投资”“其他非流动金融资产”等项目，删减“可供出售金融资产”“持有至到期投资”等项目。

（2）现金流风险。

现金流风险特指企业经营性现金流量的波动性。Gentry（1985）是最早进行现金流风险界定的学者，认为债务无法按时偿付与投资需求无法满足是风险的主要表征。但此时的现金流风险概念更多的是在强调财务危机预警的重要性。在此之后，Geczy 等（1997）从现金流波动性角度定义了现金流风险。杨雄胜（2009）认为，现金流风险是企业内部管理不规范引致的现金流不可预期性上升的可能性。Hirth 和 Viswanatha（2011）认为，现金流风险是由于外部环境不确定性造成的企业现金流入不敷出的可能性。聚焦本书研究问题，可以认为现金流风险表现为企业经营资金运动的不确定性，产生受内外部因素的共同影响。需要说明的是，现金流风险与流动性风险均与企业现金流量有关，但两者存在明显区别。流动性风险主要指企业资产无法及时和正常地转移为现金的可能性，即资产变现风险；而现金流风险侧重于企业经营活动现金流，具体指不确定性或不可预期性引发的现金流波动。

（3）盈余持续性。

自 Ramakrishnan 和 Thomas（1998）提出盈余持续性观念以来，盈余的可持续性与可预期性在股东财富增值、资源高效配置上的重要性日益受到监管部门与投资者重视。盈余持续性指企业当期盈余长期持续或增长的可能性，反映的是企业盈余在未来时期内保持的稳态特征，可以有效地解释与预测企业未来盈余。较高的盈余持续性预示着企业主业经营较为稳定，可持续增长能力较强，与 Ramakrishnan 和 Thomas（1998）提出的“永久性盈余”概念相契合，即企业主营业务带来的、能在未来持续发生的盈余。对于盈余持续性问题，Ramakrishnan 和 Thomas（1998）还提出“暂时性盈余”与“价格无关盈余”概念，指出“暂时性盈余”是那些只能影响当期盈余项目的交易与事项产生的损益，如债务重组损益；“价格无关盈余”产生于会计政策变更，与当期及未来经营业绩无关。显然，“永久性盈余”更可能揭示主业发展基础，反映企业递归价值①，表现出可持续性，而“暂时性盈余”与“价格无关盈余”归属于不可持续盈余范畴，更多的是强调非经常性与不可预期性，是对企业主业的“偏离”，不能像主营业务那样带来稳定的利润来源，无法转化成企业的持续盈利能力。

① Burgstahler 和 Dichev（1997）根据企业是否延续当前生产和经营模式将企业价值分为“递归价值”与“调整价值”。

（4）企业违规。

企业违规指企业违反法律或偏离社会准则的行为（Pozner，2008）。遵循证监会发布的《中国证券监督管理委员会关于严禁操纵证券市场行为的通知》（1996年10月）、上海证券交易所发布的《上海证券交易所上市公司信息披露事务管理制度指引》（2007年4月）等相关规定，企业违规可以理解为企业违反国家或监管部门规定的行为。具体地，企业违规可区分为不同的性质：金融监管性质与非金融监管性质。其中，金融监管性质的违规主要包括披露失实（涉及推迟披露、虚假记载、重大遗漏、虚构利润、虚列资产、其他披露不实等行为）、资本市场操作违规（涉及欺诈上市、擅自改变资金用途、占用公司资产、违规担保、操纵股价、内幕交易、出资违规、违规买卖股票等行为）与一般会计处理不当三个类别；非金融监管性质的违规主要包括环境污染问题、生产质量问题等发生在生产环节的失范行为（朱沛华，2020）。另外，在隐蔽程度上，企业违规可以分为显性违规与隐性违规。显性违规指实际可观测的违规，即已发生且被稽查出的违规；隐性违规指已发生但未被稽查出的违规。对于显性违规，监管部门将视情节轻重给予批评、谴责、警告、罚款、没收、其他等处罚。聚焦本书研究问题，企业违规特指金融监管性质的违规，包括披露失实、资本市场操作违规、一般会计处理不当等。考虑到企业违规的部分可观测性，即存在隐性违规，本书采用 Poirier（1980）提出的部分可观测 Bivariate Probit 估计方法，通过引入违规稽查和违规倾向两个潜变量，研究非金融上市公司金融资产配置的经济后果问题。就违规处罚方式而言，本书将其视为企业违规程度开展后续研究。

（5）盈余价值相关性。

从2006年会计准则的目标变革看，“报告使用者的决策支持”的重要性不断提升，反映出新会计准则体系确立的目标定位——强化“决策有用观”（顾水彬，2013）。盈余价值相关性是企业盈余信息对证券市场价值的预测与解释，反映了会计盈余信息的决策有用性，揭示的是契约性信息与充分信息的关系（杜兴强，2008），即会计盈余与投资者决策需要的相关性。逯东等（2012）认为，会计信息质量能够通过影响主体决策作用于资源配置效率，是对会计信息影响资源配置的金融市场微观实现机制的总结。

需要说明的是，盈余价值相关性与会计盈余信息的相关性这一质量特征相似却又不同。两者都认为会计盈余与投资者决策有关，但与会计盈余信息的相关性本身是一种属性不同，盈余价值相关性是盈余信息“决策有用性”的检验，具体指的是关于盈余信息对信息使用者是否有用的判断（刘永泽和孙翯，2011）。因其是一个实证检验概念，同时涉及盈余与投资者决策所需的股票内涵价值信息两个方面，报酬模型成为衡量盈余价值相关性的主要方法，即通过线性回归模型构建揭示会计收益与股票回报的关系。

（6）金融资产配置治理。

根据李维安（1998）对公司治理的定义，公司治理指一系列正式或非正式的、内部或外部的、有助于提高公司决策科学性与有效性、协调各方利益的制度设计与安排。基于此，本书将金融资产配置治理定义为能够减少管理层通过金融资产及其相关收益操纵违背受托责任的动机与机会，从而缓解非金融上市公司金融化趋势的制度设计与安排。具体到本书研究内容，战略治理旨在确保公司治理体现战略意图（Kumar，2008），一个突出表现是强调董事会的战略角色（Kriger and Rich，1987），典型地涉及资源配置决策与公司战略目标的契合问题（Schmidt and Brauer，2006）；混合股东治理指伴随混合所有制经济改革形成的不同所有制资本相互促进与制衡的股权结构；董事高管责任保险是董事、监事与高管因履职过程中疏忽或错误等不当行为被追究赔偿责任时由保险公司代为承担的保险（赖黎等，2019）；非处罚性市场监管指证券交易所就公司公告中可能存在的不合规问题向监管目标发出问询函、关注函等函件，要求公司予以解释、整改并完善信息披露的预防性监管机制（陈运森等，2019；耀友福和薛爽，2020）。

1.3 研究意义

市场作为企业投资决策效果的“试金石”，是检验企业金融资产配置是否有效、能否与市场回报形成良性循环的重要衡量标准（谢小芳等，

2009）。企业外部存在的市场主要有产品市场与资本市场，且产品市场与资本市场表现对企业未来资产配置产生巨大影响。因此，无论是基于既有文献的潜在争议，还是金融监管实践，从产品市场与资本市场视角考察金融资产配置的经济后果都将是一次有益尝试，具有较强的理论与现实意义。

（1）基于风险管理角度，补充了金融工具会计准则经济后果的相关结论。金融资产会计安排是企业执行金融工具准则的重要环节，具有显著的经济后果。风险与价值构成企业发展的“一体两面”，然而企业在强化价值导向，不断开拓市场、扩大生产规模、追求利润高速增长的发展范式下，未给予风险问题足够的关注与重视。本书聚焦于金融风险的现实表现，以现金流风险与企业违规为切入点考察非金融上市公司金融资产配置的经济后果，并挖掘企业内在违规动机，不仅能够深化金融工具会计准则的经济后果研究，丰富“投资中心论”思想，而且有助于市场参与者理解目前我国经济“脱实向虚”扰乱市场的内在逻辑，为防范实体经济风险、培育长期稳定发展的产品市场与资本市场提供实践参考。无可否认，无论在理论分析框架还是经验证据上，金融资产配置与现金流风险及企业违规的关系研究都能够对现有关于金融资产配置经济后果的文献形成有益补充。

（2）基于盈余持续性角度，丰富了金融资产配置与产品市场表现的关系研究。非金融上市公司金融资产配置能否得到产品市场认可的关键是其可否持续增加消费者价值，一个重要表征是企业是否具有持续稳定的利润来源，即盈余持续性。因此，本书探讨企业金融资产配置与盈余持续性的关系，能够为产品市场是否认可企业金融资产配置提供佐证，对于促进企业与产品市场良性互动有所裨益。进一步地，从企业横向与纵向竞争能力两个角度提供金融资产配置影响盈余持续性的解释机制，可以诠释产品市场是否认可企业金融资产配置的途径，深化金融资产配置产品市场表现的相关研究。

（3）基于资本市场视角，提供了会计信息对资源配置产生影响的金融市场微观实现机制的经验证据。会计作为一种信息传递机制，能够向外界传递有关公司生存发展的财务信息，创造良好的信息环境，促使投资者合理决策，提高社会资源配置效率，这也是会计之所以存在的基本原因。就企业所披露的会计信息而言，盈余作为经营成果的集中体现，是投资者了解企业真实经营情况并决策的基本依据。然而，金融资产配置引致的盈余信息含量变化能否被投资者确切理解，作用于盈余价值相关性取决于市场有效与否。因此，本书研究金融资产配置与盈余价值相关性之间的关系，验证有效市场假说与“功能锁定”假说的适用性及解释机制，能够丰富会计信息与资源配置关系研究，为深入认识有效市场假说的内涵提供经验证据，同时有助于深入理解金融投资乱象的内在逻辑，对各市场参与者在经济金融化背景下提高资本市场效率具有重要启示。

（4）基于经济金融化背景澄清了战略治理、混合股东治理、董事高管责任保险以及非处罚性市场监管治理效果研究的无定论，为解决利润金融化与治理模式金融化问题提供了线索。随着中国经济步入“新常态”，公司金融化趋势日渐明显，结果是产品市场与资本市场表现疲软。如何治理公司金融化、促进产品市场与资本市场健康发展成为实务界关注的重点问题。然而学术界就其治理措施讨论有待拓宽。鉴于金融资产配置是公司金融化的表现形式，具体驱动机制可以归结为利润金融化与治理模式金融化，本书遵循本土情境下的治理逻辑，从战略治理、股东治理、利益相关者治理与政府治理层面考察战略治理、混合股东治理、董事高管责任保险与非处罚性市场监管对金融资产配置的治理效果能够为如何治理公司金融化趋势提供更为可视化的结论，为推进公司治理内生机制建设、改善利润金融化与治理模式金融化问题、引导经济“脱虚向实”提供实证依据与实践参考。

1.4 研究思路与研究方法

1.4.1 研究思路

如前所述，本书的研究目的主要是基于产品市场与资本市场视角探讨五个具体问题：（1）非金融上市公司金融资产配置对企业现金流风险的影响，即资本逐利性与机构投资者驱动的金融资产配置对主业发展基础的影响是否会传递至企业经营活动现金流量，进而引发持续性问题？（2）非金融上市公司金融资产配置对盈余持续性的影响，即资本逐利性与机构投资者驱动的金融资产配置对主业发展基础的影响是否会传递至企业盈余，进而引发持续性问题？（3）非金融上市公司金融资产配置对企业违规的影响，即资本逐利性与机构投资者驱动的金融资产配置对主业发展基础的影响是否会改变资本市场违规环境，进而作用于企业违规？（4）非金融上市公司金融资产配置对盈余价值相关性的影响，即资本逐利性与机构投资者驱动的金融资产配置对主业发展基础的影响是否会通过盈余信息传导至资本市场，进而作用于盈余价值相关性？（5）探讨非金融上市公司金融资产配置的治理机制，即基于非金融上市公司金融资产配置导致的产品市场与资本市场效率损失，战略治理、混合股东治理、董事高管责任保险与非处罚性市场监管能否发挥金融资产配置治理的监督功能？根据以上研究思路，本书的逻辑框架如图1－1所示。

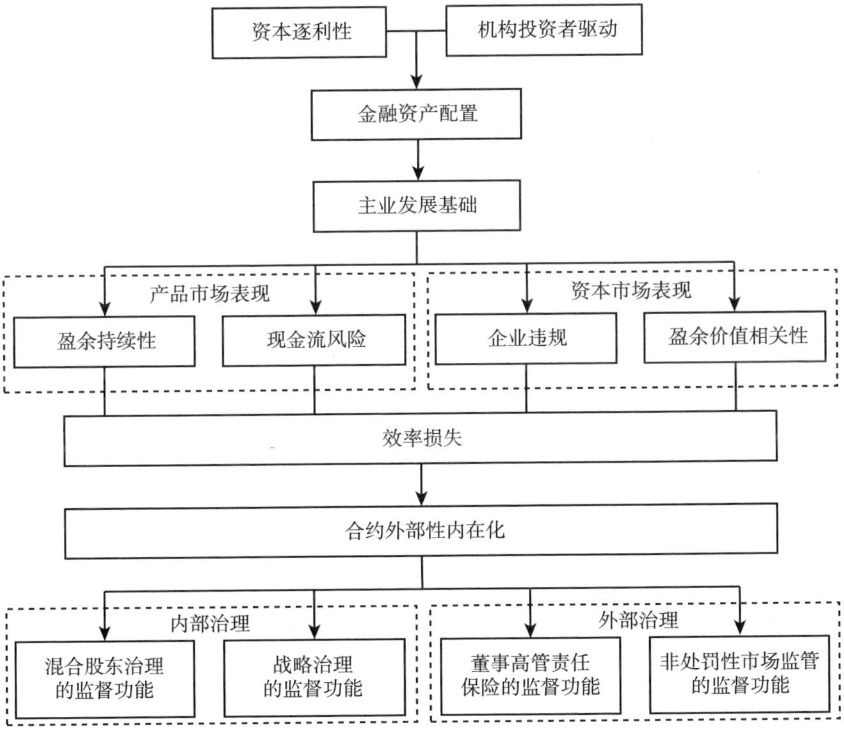

图1－1　本书的逻辑框架

1.4.2 研究方法

根据研究思路，为回答上述五个具体问题，本书拟融合会计学、财务学、信息经济学等学科的相关理论基础，综合使用规范分析、实证分析等方法。

（1）规范分析法。

本书依托金融化学说、经济后果学说、产品市场竞争理论、有效市场与“功能锁定”假说、信息不对称理论等，通过归纳、演绎，构建“金融资产配置—主业发展基础—产品市场与资本市场表现”的理论分析框架，在此基础上考察非金融上市公司金融资产配置的经济后果，并探讨其传导机制、异质性效应等以及金融资产配置治理机制。

（2）实证分析法。

本书以中国A股非金融上市公司为样本，通过整理计算CSMAR数据库、Wind数据库、CNRDS公司特色库等公开数据，构建多元回归模型，采用OLS（最小二乘估计）、MLE（最大似然估计）等估计方法，检验金融资产配置对企业现金流风险、盈余持续性、企业违规和盈余价值相关性的影响，并参考温忠麟和叶宝娟（2014）提出的中介效应检验程序，探讨上述关系的作用机制。另外，本书采用OLS与Tobit模型估计战略治理、混合股东治理、董事高管责任保险与非处罚性市场监管对金融资产配置的影响效果。进一步地，为深化对制度功能的认识，本书构建双重差分模型检验政策干预效应。考虑到自选择、样本选择偏误、互为因果、一般性遗漏变量等可能引致的内生性问题，本书主要采用行之有效的工具变量法对其进行解决。特别地，本书采用Poirier（1980）提出的部分可观测Bivariate Probit估计方法研究金融资产配置对企业违规被稽查概率和企业违规倾向的影响，能够控制样本选择偏误引致的内生性问题。此外，为增强研究结果的可靠性，本书从更换研究样本、变更变量衡量方法以及改变估计方法三个方面进行稳健性检验。

1.5　研究内容与安排

根据以上研究思路，本书将研究内容分为6章，具体安排如下：

第1章：绪论。第一，通过介绍与梳理现实背景与现有文献，凝练本书试图研究的三大问题；第二，对金融资产配置、现金流风险、盈余持续性、企业违规、盈余价值相关性与金融资产配置治理的概念进行界定；第三，基于理论背景与金融监管实践，阐述本书研究意义；第四，概述本书研究思路与研究方法；第五，介绍本书研究内容和技术路线；第六，总结提炼研究创新点。

第2章：理论基础与文献综述。首先，概述与研究问题相关的理论基础，包括金融化学说、经济后果学说、产品市场竞争理论、有效市场与"功能锁定"假说以及信息不对称理论；其次，聚焦本书研究问题，回顾与梳理金融资产配置、现金流风险、盈余持续性、企业违规与盈余价值相关性方面的相关文献；最后，对现有研究成果进行简要述评，以明确本书理论贡献。

第3章：产品市场视角的经济后果研究。针对本书试图研究的第一大问题进行理论分析与实证研究。具体地，首先，依托金融化学说、经济后果学说、产品市场竞争理论等理论，建立金融资产配置与现金流风险以及金融资产配置与盈余持续性之间的逻辑关系，并分析行业竞争程度、企业竞争地位与供应链稳定度的调节作用，提出相应的研究假设；其次，通过建立金融资产配置与现金流风险关系检验、金融资产配置与盈余持续性关系检验以及行业竞争程度、企业竞争地位与供应链稳定度调节效应检验的实证模型，考察现金流风险与盈余持续性层面的经济后果以及行业竞争程度、企业竞争地位与供应链稳定度的调节功能；再次，采用2SLS等方法处理内生性问题，同时从改变回归方法（采用Bootstrap标准差估计方法）、变更变量度量指标、改变样本区间等方面对研究结论进行稳健性检验；最后，通过机制检验、区分金融资产配置类型等进一步分析，揭示金融资产配置对现金流风险和盈余持续性影响的传导路径与异质性。

第4章：资本市场视角的经济后果研究。针对本书试图研究的第二大问题进行理论分析与实证研究。具体地，首先，依托金融化学说、经济后果学说、有效市场与“功能锁定”假说、信息不对称理论等理论，结合违规稽查和违规倾向以及利润结构质量，建立金融资产配置与企业违规以及金融资产配置与盈余价值相关性之间的逻辑关系，并提出相应的研究假设；其次，通过建立金融资产配置与企业违规关系检验、金融资产配置与违规稽查和违规倾向关系检验、金融资产配置与盈余价值相关性关系检验以及金融资产配置与利润结构价值相关性关系检验的实证模型，考察企业违规、违规稽查与违规倾向以及盈余价值相关性和利润结构价值相关性层面的经济后果；再次，采用工具变量等方法处理内生性问题，同时从改变回归方法（采用 Bootstrap 标准差估计方法）、变更变量度量指标、改变样本区间等方面对研究结论进行稳健性检验；最后，通过机制检验、区分企业违规类型、区分金融资产配置类型、企业违规动机讨论、非线性效应等进一步分析，揭示金融资产配置对企业违规和盈余价值相关性影响的传导路径与异质性，挖掘企业内在违规动机。

第5章：金融资产配置的治理研究。针对本书试图研究的第三大问题进行理论分析与实证研究，即针对金融资产配置对产品市场与资本市场稳定健康发展产生的负面影响，就非金融上市公司金融资产配置治理问题展开讨论。具体地，首先，分别从战略治理、股东治理、利益相关者治理以及政府治理层面建立战略治理与金融资产配置、混合股东治理与金融资产配置、董事高管责任保险与金融资产配置以及非处罚性市场监管与金融资产配置之间的逻辑关系，并提出相应的研究假设；其次，通过构建战略治理与金融资产配置关系检验、混合股东治理与金融资产配置关系检验、董事高管责任保险与金融资产配置关系检验以及非处罚性市场监管与金融资产配置关系检验的实证模型，考察战略治理、混合股东治理、董事高管责任保险以及非处罚性市场监管的治理效果；再次，采用工具变量等方法处理内生性问题，同时从改变回归方法（采用 Bootstrap 标准差估计方法）、变更金融资产配置度量指标、改变样本区间等方面对研究结论进行稳健性检验；最后，通过区分金融资产配置类型、区分非处罚性市场监管类型、横截面分析、经济后果分析等进一步分析，描述战略治理、混合股东治理、董事高管责任保险以及非处罚性市场监管监督功能发挥的依存条件，探讨不同治理机制治理金融资产配置的经济后果。

第6章：研究结论、启示与展望。首先，本章结合产品市场视角的经济后果研究、资本市场视角的经济后果研究以及金融资产配置治理研究三个维度的实证结果，总结本书研究结论；其次，基于本书研究结论，对监管部门、投资者、非金融上市公司、保险机构等各市场参与者提出相应的政策建议；最后，指出本书主要存在的局限性问题，指明未来研究方向。

综上所述，绘制本书的技术路线图（见图1－2）。

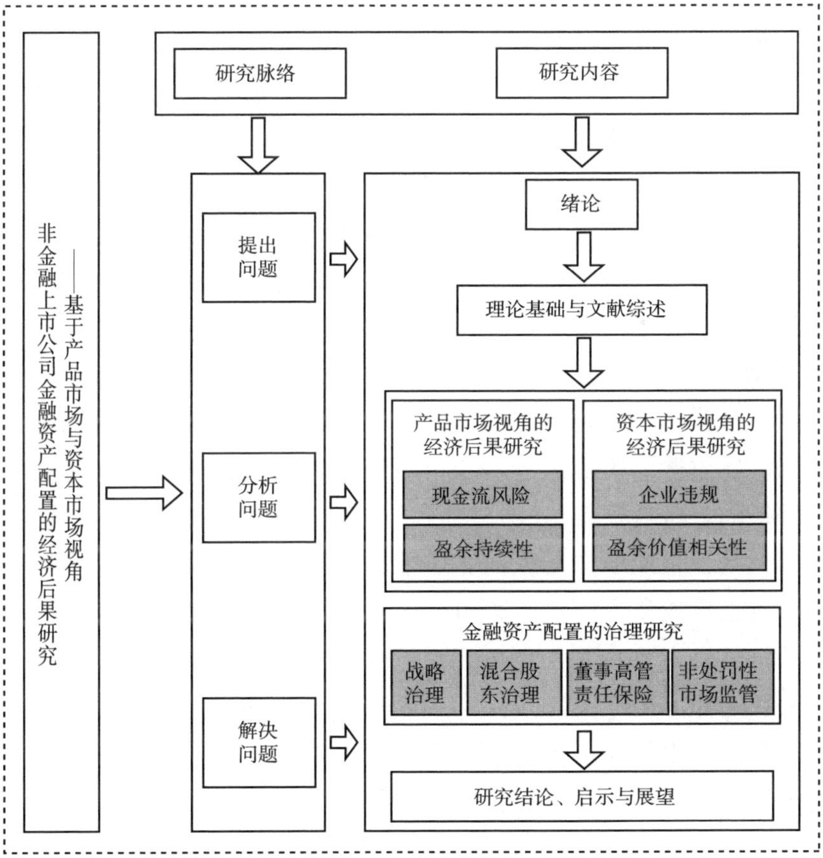

图1－2　本书的技术路线

1.6 研究创新点

近年来，伴随金融市场过度膨胀以及实体经济持续低迷，非金融上市公司金融化趋势日渐明显，金融资产配置规模呈现逐年增长态势。相应地，有关金融资产配置经济后果的研究，逐渐成为学术界讨论的一个重点研究领域。本书旨在从产品市场与资本市场视角，系统考察非金融上市公司金融资产配置的经济后果，以期进一步丰富该领域的研究内容。区别于已有研究，本书创新点如下：

第一，基于产品市场与资本市场视角，进一步丰富了金融资产配置经济后果的理论分析框架。既有文献主要集中于金融资产配置对企业实业基础的影响（Tobin，1965；Orhangazi，2008；Gehringer，2013；谢家智等，2014；王红建等，2017；刘贯春等，2019），对于这种影响是否会被市场解析，进而作用于产品市场与资本市场表现关注较少。市场作为企业投资决策效果的“试金石”，是否认可金融资产配置直接影响到企业的可持续发展，尤其是产品市场与资本市场（谢小芳等，2009）。基于此，本书分别从现金流风险、盈余持续性、企业违规以及盈余价值相关性四个方面，构建非金融上市公司金融资产配置经济后果的理论分析框架，同时通过传导机制探究、异质性分析等，进一步丰富和拓展非金融上市公司金融资产配置经济后果的分析性框架。

第二，基于企业横向与纵向竞争能力，进一步拓展了有关金融资产配置产品市场表现的研究深度。既有文献论证了金融资产配置与主业发展基础的关系（Tobin，1965；Orhangazi，2008；Gehringer，2013；谢家智等，2014；王红建等，2017；刘贯春等，2019），但较少从盈余持续性角度探讨金融资产配置带来的经营目标短视化是否会作用于产品市场效率，且有关问题的理论解释并不清楚。根据产品市场竞争理论，企业竞争能力可以概况为同行业视角的横向竞争能力与相对于供应商和客户的纵向竞争能力，是企业投资决策的产品市场效应的主要载体。基于此，本书立足盈余持续性角度，依托企业横向与纵向竞争能力，构建非金融上市公司金融资产配置产品市场表现的传导机制，为企业经营“脱实向虚”造成产品市场效率损失提供了理论解释，丰富了“投资中心论”思想，深化了金融资产配置产品市场表现的相关研究。

第三，基于企业金融化现象，系统考察企业违规的成因，挖掘企业内在违规动机，进一步丰富和拓展了有关企业违规文献的研究内容。根据舞弊三角理论，企业违规是机会、动机以及自我合理化三者共同作用的结果，然而现有研究更多地集中在违规机会维度（Miller，2006；蔡志岳和吴世农，2007；冯旭南和陈工孟，2011；Jiang and Kim，2015；郑建明等，2015；Chen et al.，2016；周开国等，2016；周泽将等，2019；李世辉等，2019；雷啸等，2020），对违规动机维度关注不足。鉴于动机是违规频发内在深层原因，对于违规整治活动的有效开展有所裨益、明确分析企业违规动机具有必要性。本书基于资本市场视角，考察金融资产配置对企业违规的影响，既可以系统诠释企业违规行为的规避路径，还能够挖掘企业违规的内在动机，从而进一步丰富和补充了有关企业违规研究的文献，为舞弊三角理论应用提供进一步的经验证据。

第四，基于金融化趋势下的信息环境角度，进一步揭示了会计信息对资源配置产生影响的金融市场微观实现机制。“信息传递”是资本市场资源配置功能有效发挥的关键因素（彭情和唐雪松，2019）。作为一种信息传递机制，会计有助于企业经营信息及时有效地传递，从而减少投资者与企业之间的信息不对称程度，改善投资者决策环境，提高社会资源配置效率。会计盈余作为反映企业经营成果的直接信号备受重视（Ball and Brown，1968；Lev，1989；Ball and Shivakumar，2008），由此引发了一系列研究盈余价值相关性问题的文献（Harris et al.，1994；Barth et al.，1998；Dhaliwal et al.，1999；洪剑峭和方军雄，2005；Barth et al.，2008；朱凯等，2009；叶康涛等，2014；张璋等，2018；彭情和唐雪松，2019），但现有研究较少关注企业金融资产配置可能导致的盈余决策有用性问题。本书结合有效市场假说与“功能锁定”假说，从资本市场表现视角研究了非金融上市公司金融资产配置对盈余价值相关性的影响，有助于加深对经济“脱实向虚”扰乱资本市场内在逻辑的理解，为净化资本市场信息环境、充分发挥资本市场资源配置功能带来一定启示。

第五，基于产品市场与资本市场视角的金融资产配置经济后果，进一步补充企业金融化趋势治理问题研究。通过系统考察非金融上市公司金融资产配置在产品市场与资本市场层面的经济后果，研究结论揭示了金融资产配置的资本套利动机以及经济“脱实向虚”扰乱市场的内在逻辑。鉴于此，遵循“提出问题—分析问题—解决问题”的研究脉络，探讨非金融上市公司金融资产配置的治理机制对推进公司治理内生机制建设、引导经济“脱虚向实”具有现实指导作用。然而学术界主要从宏观环境（Milberg，2008；Demir，2009a；胡弈明等，2017；彭俞超等，2018；杨筝等，2019；刘贯春等，2020；李元和王擎，2020；马勇和陈点点，2020；陆蓉和兰袁，2020）和企业内部因素（Lazonick，2010；Sen et al.，2015；Da et al.，2015；宋军和陆旸，2015；韩珣等，2017；文春晖等，2018；彭俞超和黄志刚，2018；闫海洲和陈百助，2018；庞凤喜和刘畅，2019；刘姝雯等，2019；顾雷雷等，2020；孟庆斌和侯粲然，2020）两个方面探究金融资产配置影响因素，就其治理措施讨论有待拓宽。现有关于金融资产配置治理的研究主要集中在股东治理（曹丰和谷孝颖，2021；祁怀锦等，2021；梁上坤和徐灿宇，2021；Alexiou et al.，2021）层面，且对于中国情境下的股东治理问题，主要集聚基于国有企业“混改”的非国有股东治理方面，对非国有企业“混改”经济后果与其他治理机制有效性的关注不足。因此，本书遵循本土情境下的治理逻辑，从战略治理、混合股东治理、董事高管责任保险与非处罚性市场监管出发考察非金融上市公司金融化趋势的治理措施，对于市场参与者更好地理解战略治理、股东治理、利益相关者治理与政府治理的监督功能有所裨益，从而为改善利润金融化与治理模式金融化问题、推进产品市场与资本市场发展提供实证依据与实践参考。

第 2 章

理论基础与文献综述

2.1 理论基础

2.1.1 金融化学说

垄断资本主义学派率先使用“金融化”对20世纪中后期资本主义经济发展的结构性趋势进行了解释与预测（Baran and Sweezy，1966）。随后，大量学者从金融部门、金融产品、实业部门等角度丰富并拓展了“金融化”的范畴（Sarcinelli，1988；Sweezy，1997；Krippner，2005；Stockhammer and Grafl，2010；Buchanan，2017），推动了金融化学说的发展。深度方面，金融化表现为金融资本脱离实体部门寻求独立增值的倾向增加，金融领域资本回报率高企，经济活动重心逐渐由实业转移到金融领域；广度方面，金融活动范围持续扩展，金融化不断深化，包括宏观层面的金融部门膨胀、中观层面的金融产品衍生化、微观层面的企业金融化等（张成思等，2020）。虽然不同角度的金融化研究范式与内容有所不同，但彼此间并非孤立的，而是存在内在逻辑联系。具体来说，金融产品衍生化依托于快速膨胀的金融部门，反过来又会丰富金融中介扩张途径，加速金融部门膨胀。另外，从西方马克思主义学派的视角来看，金融部门膨胀与企业金融化揭示的都是生息资本的扩张过程，即金融资本逐渐脱离产业资本集聚于金融体系内部层层嵌套与“空转”的过程会导致微观企业资金流向金融部门，结果是微观企业金融资本增加，金融部门与微观企业总体分食产业资本利润。换言之，企业金融化是金融部门膨胀在微观企业的延续。反过来看，企业金融化会进一步损害主业盈利能力，从而拉大实体与金融部门间的利润率差距，促使产业资本涌入金融领域，加剧金融部门膨胀。此外，金融产品衍生化能够通过丰富金融投资标的为微观企业涉足金融领域进而分享金融市场的超额利润提供便利条件，企业金融化造成的大量资金涌入金融领域以及金融投资需求增加又反过来对金融产品衍生化推波助澜。由此可见，作为金融化学说的微观部分，企业金融化是对金融化学说的进一步深化，能够揭示非金融企业的资源配置问题。

非金融企业金融化可以追溯到20世纪70年代滞胀危机以及20世纪90年代机构投资者影响下的美国企业实践，是资本逐利与股东价值导向共同作用的结果（谢富胜和匡晓璐，2020）。金融资产配置作为非金融企业金融化的表现形式，具体驱动机制可以归结为利润金融化与治理模式金融化。中国经济步入“新常态”以来，受内需疲弱、产能过剩等不利影响，非金融企业利润下浮（谢家智等，2014；刘笃池等，2016；刘姝雯等，2019）。与此同时，金融、房地产等泛金融部门异常繁荣，资本回报率高企。随着实体与金融部门间利润率“剪刀差”持续扩大，金融资产配置不断成为非金融企业短期内改善经营业绩的重要手段（王红建等，2016），结果是经济活动重心逐渐由实业转移到金融领域，金融化倾向增加（刘笃池等，2016；王红建等，2017）。此外，经济金融化格局形成的同时，股东利益导向的价值判定标准盛行（刘姝雯等，2019），致使管理层更加重视股票短期价格与股票期权价值（钟华明，2021），这必然引发实体企业投资决策转变。具体地，管理层为迎合股东短期利益最大化诉求，将用于主业发展的资源投资金融资产，甚至通过银行信贷等举债方式募集资金投向金融领域，以分享金融市场的超额利润，充实非金融企业短期盈利能力，进而能够减少被更换或降职的风险，满足薪酬提高、帝国构建等私利（刘贯春等，2018；刘姝雯等，2019）。由此不难发现，非金融企业实业投资与金融资产配置的选择取决于两者相对收益率（Tornell，1990）。

进一步地，在经济金融化背景下，金融资产配置水平是非金融企业投资决策有效性的重要衡量标准。投资决策理论可以追溯到1952年马科维茨发表的论文《资产选择》（杜兴强等，2008）。投资决策的形成过程包括从观察与经验到对可投资资产形成预期以及从预期到投资组合选择两个阶段。

基于的假设有“理性经济人”、风险厌恶、价格接受者等。其核心思想是有效资产组合边界的确定，即，在给定风险水平下寻求投资收益最大化或在既定收益水平下实现风险最小化。

马科维茨最先论述了资产配置的重要性，并从理论上验证了有效的资产配置行为能够分散风险。随后的 1964 年，夏普在马科维茨的研究基础上提出了资本资产定价模型（CAPM）。该模型描述了企业投资过程中面临的两类风险：市场预期带来的系统性风险与企业异质性决定的非系统性风险，刻画了企业投资收益与风险之间的关系，指出了分散投资降低非系统性风险的可能性，能够有效指导企业的投资决策。除此之外，该时期还涌现出大量的理论成果，如托宾的投资组合分离的著作、阿罗和迪布罗的状态—偏好理论以及法玛的有效市场假说，丰富与发展了现代投资理论。虽然后来学者一直在修正与完善投资决策理论，但基本理念均源于马科维茨。

2.1.2　经济后果学说

20 世纪 40 年代，“经济后果”问题显现，影响着准则制定实践，但并未引发市场广泛关注与讨论。20 世纪 70 年代以后，伴随《经济后果学说的兴起》的发表与进一步推广，“经济后果”问题逐渐受到实务界与学术界高度重视，经济后果学说兴起并在准则制定实践中得到广泛应用。其核心思想在于，企业、投资者、债权人、政府、工会等市场参与者的决策行为受会计报告影响（Zeff，1978）。与此同时，“经济后果”问题反映了准则制定实践中日渐增强的“外部力量”。具体可以从两个方面理解：一是参与会计准则制定的个人和团体范畴不断扩展，相关利益团体参与意愿逐步提高；二是以往会计争论中的意见已无法满足相关利益团体的决策需求，意见之外的意见增多。需要强调的是，不同于斯科特从会计信息与企业价值相结合的角度讨论“经济后果”问题，Zeff（1978）则从企业、投资者、债权人、政府、工会等更广泛利益团体角度分析“经济后果”问题，揭示会计准则的经济后果属性，而不仅仅局限于企业价值。

进一步地，经济后果学说被认为是一种独立政策观。其原因在于：一是时代的发展。在 20 世纪 70 年代以后，制度应对其造成的经济后果负责的思维盛行并扩展至准则制定实践。二是会计问题的复杂性。会计准则制定机构着手处理的会计问题复杂且棘手，可能影响到公司业绩披露、会计信息解读等。三是影响的重大性。会计准则中相关问题的影响程度较大，即其可能对外币价值波动、相对物价变动等重大方面产生影响。四是信息经济学的发展。信息经济学揭示了信息在资源有效配置中的重要性，有助于加深对“经济后果”问题的理解，促使经济后果概念化。五是会计准则制定机构实行的程序改革不够充分。程序性措施的优化能够加强会计准则制定机构与相关利益团体的沟通，但对经济后果的要求没有实质性减弱。六是管理层对经济后果的看法。在包括准则制定活动在内的会计职业状况调查中，管理层表现出三类意见：关注公正的会计计量、关注经济后果对自身利益的影响以及关注与自身利益相关的经济后果。七是会计盈余备受管理层青睐。随着市场竞争日趋激烈与兼并活动持续推进，会计盈余在管理战略和策略中的重要性不断提升。八是会计数据可用于社会控制。对于美国社会，会计盈余在更广范围、更深程度上被用作控制手段。九是会计争论的结果可以被影响。随着会计争论中意见的公开，相关利益团体逐渐认识到会计是一个变量，会计原则不是一成不变的。十是在会计争论中，脱离传统会计模式、关注与自身利益相关的经济后果被更多地采用。

2.1.3 产品市场竞争理论

基于熊彼特提出的动态竞争理论，竞争理论可以分为传统竞争理论与现代竞争理论。不同于传统竞争理论主要从静态角度阐述竞争规律，现代竞争理论更多的是在动态环境下讨论竞争问题。其主要观点有：熊彼特认为，竞争是攻击与反击交替的动态过程，即某些企业实施进攻性竞争行为后，竞争对手会采取反击行动，这些行动反过来又会触发原先行动企业新的竞争行为，如此循环往复；哈佛学派认为，市场结构可以决定市场行为，市场行为能够进一步作用于市场绩效；芝加哥学派认为，市场竞争是市场力量发挥作用的过程，不需要政府干预，同时强调市场绩效对市场结构的影响过程，即只要可以提高生产效率，即使市场是垄断的，政府也不需要对市场竞争进行干预；新奥地利学派认为，市场自发势力对企业规模起决定性作用，企业规模的持续扩张预示着生产效率的不断提高，不会损害市场过程；可竞争市场理论指出，潜在竞争在产品市场竞争中的重要性不断提升，甚至可能取代实际竞争；新竞争理论指出，竞争可以减少委托人与代理人之间的信息障碍，改善信息不对称和代理问题。不难发现，与其他竞争理论多着眼于市场竞争资源配置效应不同，新竞争理论主要依托委托代理框架讨论竞争对企业内部效率的改善作用（唐要家，2005）。

根据新竞争理论，产品市场竞争能够提高公司治理效率。两者关系以超产权理论为基础，强调竞争激励对利润激励的支撑作用，突出竞争激励在公司治理中的关键作用。具体来说，在竞争市场中，委托人能够通过对比企业间业绩判断代理人的努力程度，对代理人投机行为产生约束作用，从而减少委托代理风险，同时可以提高其参与产品市场竞争的积极性，促使其在把握产品市场形势、及时调整生产经营策略等方面付出更多努力，降低代理成本。因此，竞争能够发挥非合同的隐含激励作用。另外，竞争越激烈，高效益企业越可能抢占更多的产品市场资源，开拓市场，扩大生产规模，解释了竞争的发展论应用的逻辑（Hay and Liu，1997）。换言之，产品市场竞争是企业在同行业视角的横向竞争与供应链视角的纵向竞争中试图获得领先地位的程度（Porter，1980；Karuna，2007），能够通过影响董事会治理、股权治理等作用于企业内部效率。

2.1.4 有效市场与“功能锁定”假说

Fama（1970）认为，有效市场上的证券价格能够充分反映与该证券相关的所有为公众所知的信息。换言之，当市场有效时，投资者能够准确解析会计指标内涵，并及时运用已有信息判断公司持续盈利能力从而正确决策。关于有效性，可以从四个方面理解：第一，证券价格反映的是公众可以获得的信息，而非所有信息。除了拥有外部可以获得的信息外，投资者还可能掌握内部信息。其所知晓的内部消息越多，获得超额利润的可能性越大。其原因在于证券价格只包括所有为公众所知的信息，而未反映内部信息。第二，有效性是相对的。证券价格反映的信息并非一成不变，一旦有关该证券的新信息为公众所知，投资者会立即运用新信息评估证券价值，分析该信息对其风险—收益决策的影响，从而迅速调整现行投资组合，结果是证券价格发生变化，即有效市场下，证券价格能够及时反映新的、公众可以获得的信息。第三，投资是公平的。这意味着，对于风险—收益决策，投资者不能从中获取非正常收益。第四，证券价格随时间而随机游走。证券价格可以反映预期事件（例如，业务的季节性波动）给证券价值带来的影响。证券当期价格发生变化的原因在于当期出现了与该证券相关的新消息。也就是说，非预期事件能够对证券价格产生影响。由于非预期事件的发生是随机的，证券价格呈现出随机游走的特征。

“功能锁定”源于心理学研究，后被 Ijiri 等（1966）引入会计学领域。该假说对有效市场假说提出了挑战，认为投资者倾向于依据某项会计指标或表面信息进行决策，所以更可能对公司市场价值做出不充分和有偏差的估计。具体来说，由于存在认知偏差，投资者往往不能准确及时地识别盈余背后的当前与预期现金流量（Watts and Zimmerman，1986），从而忽略利润结构质量对企业盈余信息含量的影响，无力识别盈余中的可持续部分与不可持续部分以及真实部分与操纵部分，造成盈余总量相同、利润结构质量不同的企业具有相同的估值，引发资本市场“功能锁定”问题。需要说明的是，“功能锁定”本质上是一种“路径依赖”现象，揭示的是投资者会计信息解读习惯。具体可以从两个方面理解：一是投资者锁定于企业对外报告的盈余绝对数字，无法识别利润结构增量信息，不能合理预期企业真实现金流量，从而导致“逆向选择”；二是投资者决策与会计信息列报位置相关，更倾向于关注净利润等损益信息，忽视其他综合收益等权益信息。

2.1.5 信息不对称理论

信息不对称理论认为，在市场中，交易各方所掌握的信息存在差异，会产生交易行为不公平或市场效率低下等问题。信息不对称可以追溯到 1963 年阿罗关于医疗服务市场中信息不对称问题的研究。后来，Akerlof（1970）在《柠檬市场：质量不确定性与市场机制》中讨论了旧车市场中的信息不对称问题，丰富了信息不对称理论。Akerlof（1970）指出，在二手车质量方面，卖方相对于买方来说具有信息优势。这种非对称分布会增加买方的不确定性担忧，降低其愿意对二手车支付的价格，结果是旧车市场中实质价格高于买方支付价格的内涵价值高者越来越少，实质价格低于买方支付价格的内涵价值低者越来越多，即卖方与买方之间的信息不对称问题会造成“劣币驱除良币”，使市场产生大量的效率损失，出现“柠檬市场”。

按照发生时间，可以将信息不对称分为逆向选择和道德风险。逆向选择主要发生在当事人签约前，由于代理人比委托人掌握更多有关公司生存发展的信息，出于薪酬提高、职业晋升、声誉维护等私利考虑，代理人更可能采用“报喜不报忧”的传递策略，结果是公司信息披露不充分，代理人与委托人之间的信息障碍加剧，最终导致资源配置效率遭受损失，损害委托人利益，亦称事前的机会主义行为。道德风险主要发生在当事人签约后，由于委托人无法直接有效地观察到代理人的行动，代理人可以采取不被委托人察觉的违背受托责任的行为。例如，代理人可能通过降低努力程度或者将公司状况恶化归因于不可抗力因素，减少被更换或降职的风险，同时满足在职消费等私利，结果导致委托人利益受损，市场产生大量的效率损失，亦称事后的机会主义行为。从内容上，信息不对称可以分为隐藏信息和隐藏行动。隐藏信息指委托人在商业交易中处于信息劣势地位，无法及时准确地接收并理解有关企业经营质量和发展前景的信息，难以知晓代理人财务决策背后所蕴含的私利目的。隐藏行动指代理人在整个交易履行过程中知道自己的行动，但委托人并不清楚。按照生成因素，可以将信息不对称分为“外生性”信息不对称和“内生性”信息不对称。因客观的无限性和认知的有限性所产生的信息不对称称为“外生性”信息不对称。具体来说，事物具有的客观属性无法被完全穷尽，而人类由于信息接收和处理能力有限，难以知晓所有市场交易信息，两者矛盾导致信息呈现出非对称分布。“内生性”信息不对称是指因完全信息搜集不经济所产生的信息不对称。中国市场信息透明度相对较低、信息搜集成本较高、政策不确定性较强等特征预示着当事人信息搜集成本可能高于信息不对称所导致的损失，结果是当事人信息搜集意愿下降，信息不对称程度上升。

2.2 文献综述

2.2.1 金融资产配置相关研究

20 世纪 80 年代出现的经济金融化趋势在宏观层面引发了金融运行模式的转变，微观层面则表现为非金融上市公司的金融资产配置行为。随着企业金融投机活动的开展，金融资产配置问题得到学术界的广泛关注。根据研究需要，本书主要梳理金融资产配置动机、金融资产配置经济后果与金融资产配置治理三个方面的相关文献。

（1）金融资产配置动机。

就金融资产配置动机而言，学者普遍认为融资约束与资本套利是非金融上市公司热衷金融产品的驱动因素。考虑到金融投资的高流动性、高投机性等特征，一方面企业涉足金融领域可以储备流动性，盘活产业资本，拓宽融资渠道，提升企业资金融通能力，从而降低融资成本，缓解企业的融资约束，平滑实业投资，表现为资金储备的融资约束动机（Smith and Stulz，1985；Ding et al.，2013；胡奕明等，2017；Jibril et al.，2018；闫海洲和陈百助，2018；郝项超，2020）；另一方面则可能过分重视短期利益，为分享金融领域高额回报挤占实业投资资金，危害主营业务的可持续发展，表现为资本套利动机（Orhangazi，2008；Demir，2009a；Akkemik and Özen，2014；Tori and Onaran，2017；王红建等，2017；戚聿东和张任之，2018；杨筝等，2019；顾雷雷等，2020）。其中，融资约束动机又可以分为“蓄水池”和“实体中介”两类动机。“蓄水池”动机可以追溯到预防性储蓄理论，指非金融上市公司配置金融资产的目的在于储备流动性，当突发事件发生时，金融资产较高的流动性可以满足公司资金需求，即通过金融资产处置应对现金流冲击，缓解公司资金压力（戴赜等，2018）。另外，宏观经济波动越大或潜在投资机会越多，非金融上市公司越可能持币观望或配置金融资产，尤以高融资约束企业为甚（Almeida et al.，2004）。Demir（2009b）以阿根廷等国非金融企业为样本，研究发现企业配置金融资产的一个目的在于应对宏观经济不确定性。Ding 等（2013）指出，融资约束对固定资产配置的抑制作用因企业强化流动性管理得到显著缓解。“实体中介”动机是 Shin 和 Zhao（2013）对新兴市场国家企业金融化问题的解释。具体来说，由于存在银行融资歧视问题，部分低生产效率企业能够以较低的融资成本从银行等金融中介体系获取资金，而后通过委托贷款形式转贷给其他高融资约束企业进行套利，成为实体中介（Du et al.，2017；步晓宁等，2020；张成思等，2020）。步晓宁等（2020）认为，某行业因产业政策实施更可能成为实体中介，呈现群体金融化现象。

（2）金融资产配置经济后果。

金融资产配置经济后果研究主要涉及宏观和微观两个层面。在宏观层面，金融资产配置会对经济增长（Palley，2008）、就业（González and Sala，2014）、经济稳定性（Palley，2008；Bhaduri，2011；Giron and Chapoy，2012）等方面产生负向作用。在微观层面，金融资产配置既可能发挥积极作用，也可能带来负面影响。其原因在于金融资产较高的流动性与收益性预示着融资约束与资本套利是企业配置金融资产的主要动因（王红建等，2017；杨筝等，2019）。出于融资约束动机的金融资产配置能够盘活闲置资本，弥补实业投资资金回流速度慢的缺陷，缓解企业融资约束，从而平滑实业投资（Smith and Stulz，1985；Stulz，1996；Aivazian et al.，2005；Brown et al.，2009；Denis and Sibilkov，2010；Chang et al.，2014；刘贯春等，2019）、提升创新水平（Gehringer，2013；杨筝等，2017）、提高资源配置效率（胡海峰等，2020），增加企业短期经营业绩（王红建等，2017），降低违约风险（邓路等，2020）。金融资产配置的资本套利动机意味着金融资产配置是以牺牲长期发展换取短期利益的舍本逐末行为，会过度占用生产经营性业务投资资源，从而挤出实业投资（Tobin，1965；Stockhammer，2004；Orhangazi，2008；Demir，2009a；Shin，2012；Akkemik and Özen，2014；Tori and Onaran，2017；张成思和张步昙，2016）、削弱技术创新能力（Seo et al.，2012；谢家智等，2014；王红建等，2017；郝项超，2020；段军山和庄旭东，2021）、降低资源配置效率（刘笃池等，2016；胡海峰等，2020），同时会增强金融体系与企业部门的风险联动性，从而将金融市场风险传递到企业，加剧财务风险、股价崩盘风险与经营风险（彭俞超等，

2018；黄贤环等，2018；李建军和韩珣，2019），最终导致企业价值受损（戚聿东和张任之，2018；谢富胜和匡晓璐，2020）。

（3）金融资产配置治理。

现有金融资产配置影响因素研究从多个角度展开，但对其治理措施的讨论主要集中在股东治理层面。就金融资产配置影响因素而言，学术界主要聚焦宏观环境和企业内部因素两个方面。宏观环境方面，胡弈明等（2017）考察了GDP、M2、法定准备金率等宏观经济变量对金融资产配置的影响。相关研究还涉及全球化（Milberg，2008）、汇率（Demir，2009a）、经济政策不确定性（彭俞超等，2018；刘贯春等，2020）、利率管制（杨筝等，2019）、货币政策（李元和王擎，2020）、宏观审慎政策（马勇和陈点点，2020）、融资融券制度（陆蓉和兰袁，2020）等角度。企业内部因素方面，股东价值观念压力（Lazonick，2010；Sen et al.，2015）、经营业绩（Da et al.，2015；宋军和陆旸，2015）、融资决策（韩珣等，2017；文春晖等，2018；彭俞超和黄志刚，2018）、高管过度自信（闫海洲和陈百助，2018）、企业税负（庞凤喜和刘畅，2019）、企业社会责任（刘姝雯等，2019；顾雷雷等，2020；孟庆斌和侯粲然，2020）等是金融资产配置变化的原因。对于金融资产配置治理，股东价值论在公司治理层面作用于金融资产配置已成为学界共识。Crotty（2003）认为，股东利益导向与管理者私利是驱动企业配置金融资产的主要原因，是对公司治理影响非金融上市公司金融资产配置的总结。柳永明和罗云峰（2019）认为，公司治理机制的改善能够助力金融资产配置治理。股权结构决定了上市公司的利益分配（Grossman and Hart，1988），是公司治理问题的逻辑起点（Becht et al.，2003）。随着混合所有制经济改革的推进，非国有资本入股国有企业，国有资本与非国有资本深度融合，有助于实现不同所有制资本相互促进与有效制衡，提高主业业绩并增强公司治理效率，结果是管理层利用金融资产获得短期利益与操纵盈余的动机与机会减少，金融资产配置下降，即国有股权与非国有股权相互制衡的股权结构能够发挥金融资产配置治理的监督功能（曹丰和谷孝颖，2021；祁怀锦等，2021）。但股权制衡度并非越高越好（焦健等，2017）。当超过一定水平时，混改股权制衡可能增加委托代理风险，放大并激发管理层利用金融资产寻租的机会与动机，从而促进国有企业金融资产配置（祁怀锦等，2021）。梁上坤和徐灿宇（2021）得出国有企业混改股权制衡度正向影响金融资产配置的结论。除了金融资产配置内部治理机制研究外，Alexiou 等（2021）还从外部治理层面考察了机构投资者持股对金融资产配置的影响，但仍属于股东治理范畴。

2.2.2 现金流风险相关研究

现金流风险是企业风险管理的先导信号（陈志斌和王诗雨，2015），对有效防范化解实体经济风险至关重要，已引起学术界重视与广泛讨论。聚焦本书研究问题，本部分主要梳理国内外有关现金流风险影响因素方面的文献。

现有现金流风险影响因素研究主要集中在公司内部与外部两个方面。内部因素主要包括企业特征、管理层行为与公司治理情况。企业特征方面，企业规模越小，应对突发事件带来的现金流冲击的能力越弱，现金流风险越大（钟艳，2007）；企业竞争力越强，越有能力将市场变化引致的现金流冲击转嫁给竞争对手，现金流风险越小（陈志斌和王诗雨，2015）。管理层行为方面，Meyer 等（1992）指出多元化经营战略对防范化解现金流风险具有积极作用；范圣然和陈志斌（2016）认为管理层机会主义行为会增加企业面临的现金流风险。公司治理情况方面，Lee 和 Yeh（2004）认为，治理风险较低的企业具有较强的抗冲击能力，现金流风险较小。基于治理结构角度的研究发现，股权制衡度与持股董事比例均负向影响现金流风险，董事长和总经理“两职合一”或拥有国家股控股股东的企业更可能陷入现金流危机，控股股东持股比例能够对现金流风险产生“U”形影响（王克敏等，2006）；基于内部控制角度的研究发现，相较于不存在重大内部控制缺陷的企业，存在重大内部控制缺陷的企业面临更高的现金流风险，且重大内部控制缺陷数量与现金流风险之间呈正向关系（李万福等，2012）。外部因素涉及中观行业环境与宏观经济方面，就中观行业环境而言，行业竞争程度是导致现金流风险发生变化的重要原因（Bolton and Scharfstein，1990；陈志斌和王诗雨，2015）。就宏观经济而言，环境不确定性（花冯涛和徐飞，2018）、经济周期（Altman，1983；吕峻和李梓房，

2008)、货币供应量（Altman，1983)、利率（Pesaran et al.，2006；Nguyen，2007)、汇率（Pesaran et al.，2006)、财政政策（陈志斌和刘静，2010)、经济政策不确定性（高敬忠等，2021）等对企业现金流风险具有重要影响。

2.2.3 盈余持续性相关研究

Dechow 等（2010）认为，报告盈余信息含量是会计报告系统与企业经营基本面共同作用的结果。对于会计报告系统，学者多基于 Sloan（1996）的分类，考察应计项目与现金流量的影响。相对而言，现有文献较少从企业经营基本面角度讨论盈余持续性问题。根据研究需要，本部分主要从经营基本面角度梳理盈余持续性影响因素的相关文献。

Lev（1983）认为，企业规模、产品类型、资本密集度与行业竞争力能够通过影响经营稳定性作用于盈余持续性。Nissim 和 Penman（2001)、Fairfield 和 Yohn（2001)、Penman 和 Zhang（2002)、Soliman（2008）等学者则从产品策略角度分析了盈余持续性发生变化的原因，指出资产周转率对提高盈余信息含量具有积极作用，即相较于采取差异化产品策略（表现为较低的周转率）的企业，采取成本导向的产品策略（表现为较高的周转率）的企业盈余持续性更高。此外，部分学者还从企业战略、盈利能力、利润分配、内部控制等角度探究影响盈余信息含量的因素。企业战略方面，战略差异化程度与盈余持续性呈负向关系（Tang et al.，2011)；与防御型战略相比，进攻型战略会降低盈余持续性（王百强等，2018)；经营主导型公司相较于投资主导型公司具有更高的盈余持续性（彭爱武和张新民，2020)；采用多元化战略的公司盈余持续性较弱，且盈余持续性会随着多元化程度的提高而下降（徐高彦和王晶，2020)；遵循《国家中长期科学和技术发展规划纲要（2006～2020 年)》，实施战略转型有助于提高盈余持续性（胡楠等，2020)。盈利能力方面，盈利公司比亏损公司具有更高的盈余持续性（Hayn，1995)，且高利润增长公司比低利润增长公司具有更高的盈余持续性（Barth et al.，1995；Ghosh et al.，2005；李刚和夏冬林，2007)。利润分配方面，支付股利公司比不支付股利公司具有更高的盈余持续性（Skinner and Soltes，2011)。内部控制方面，内部控制质量能够提高盈余持续性（方红星和张志平，2013）；内部控制缺陷会降低盈余持续性，尤以实质性内部控制缺陷的影响更为明显，而内部控制缺陷整改可以对盈余持续性产生正向影响（宫义飞和谢元芳，2018）。

2.2.4　企业违规相关研究

安然事件与世通事件在推动美国《萨班斯法案》颁布的同时引起社会各界对于企业违规行为的关注，相继出现了一系列有关企业违规问题的研究，主要分为两类：一是企业违规动机；二是企业违规影响因素。

（1）企业违规动机。

学术界关于企业违规动机的研究主要聚焦于管理层或大股东私利方面。管理层进行违规操作的目的在于粉饰业绩（Dechow et al.，2011），从而减轻公司财务压力（Dechow et al.，1996），满足薪酬提高、职业晋升、声誉维护、帝国建造等私利（Goldman and Slezak，2006；权小锋等，2016）；大股东受利益驱使与管理层合谋从事披露失实等违规行为来操纵股价，从而为企业募集更多外部资金投入新项目提供可能（Bar－Gill and Bebchuk，2002）。

（2）企业违规影响因素。

从现存的文献来看，影响企业违规的因素主要涉及外部环境、公司内部治理和外部治理三个方面。就外部环境而言，经济环境（Povel et al.，2007）、社会信任（马德芳和邱保印，2016）等对企业违规具有重要影响。内部治理方面，基于董事会特征角度的研究发现，董事会规模较大的企业违规概率较高（冯旭南和陈工孟，2011）；当独立董事占比较高时，企业违规概率既可能变大（邓可斌和周小丹，2012），也可能变小（冯旭南和陈工孟，2011）；频繁召开董事会会议的企业更可能进行违规操作（蔡志岳和吴世农，2007）；董事长和总经理"两职合一"既可能抑制企业违规（蔡志岳和吴世农，2007），也可能诱发企业违规（冯旭南和陈工孟，2011）。基于高管薪酬角度的研究发现，高管薪酬水平（Erickson et al.，2006）、薪酬结构（Peng and Rell，2008）等均能够作用于企业违规。基于监事会特征角度的研究发现，监事会经济独立性与企业违规呈负向关系（周泽将等，2019）。基于内部审计角度的研究发现，内部审计经理监察能力能够有效防范企业违规（李世辉等，2019）。基于裙带关系角度的研究发现，CEO 和董事间的“老乡”关系会诱发企业违规（陆瑶和胡江燕，2016）。另外，现有文献指出，负债融资（Agrawal and Chadha，2005）、股权结构（Chen et al.，2006；冯旭南和陈工孟，2011）、高管异质性（Khanna et al.，2015；路军，2015）等是导致企业违规发生变化的重要原因。在外部治理中，学术界主要聚焦市场和国家两个层面。市场层面，相关研究涉及机构投资者、审计师、分析师、媒体、保险机构、卖空机制等角度。就机构投资者而言，机构投资者持股能够提高违规稽查率并降低企业违规倾向（陆瑶等，2012）。就审计师而言，外部审计能够对企业违规产生重要影响（Deli and Gillan，2000）。就分析师而言，分析师跟踪能够净化企业违规环境（郑建明等，2015；Chen et al.，2016）。就媒体而言，媒体报道能够对企业违规发挥抑制作用（Miller，2006；周开国等，2016）。就保险机构而言，董事高管责任保险对违规行为治理具有推动力量（雷啸等，2020；李从刚和许荣，2020）。就卖空机制而言，卖空机制能够提高投资者参与公司治理的积极性，优化管理层行为监督约束机制，最终抑制企业违规（孟庆斌等，2019；雷啸等，2019）。国家层面，既有文献主要集中于法律制度的治理作用，指出法治环境是抑制企业违规行为的关键因素（Jiang and Kim，2015）。

2.2.5 盈余价值相关性相关研究

Ball 和 Brown（1968）首次实证研究了会计盈余的信息含量，开启了盈余价值相关性问题研究的新局面。随后，大量文献采用实证方法对其进行补充与拓展，且研究结论基本一致，即会计盈余具有价值相关性（Beaver et al.，1979；Kormend and Lipe，1987；Easton and Harris，1991；Kim and Ritter，1999；赵宇龙，1998；陈晓等，1999）。尽管部分研究指出盈余的解释能力逐渐下降（Lev，1989；Brown et al.，1999），但盈余作为经营成果的集中体现，仍然是投资者了解企业真实经营情况并决策的基本依据（Francis et al.，2002）。相应地，衍生出了一系列研究盈余价值相关性影响因素的文献，涉及会计信息本身特征、企业经营基本面、市场信息环境等。

基于会计信息本身特征的研究主要考察了会计准则对盈余决策有用性的增量影响（Harris et al.，1994；Dhaliwal et al.，1999；Barth et al.，2008；朱凯等，2009），关注会计报告系统对资本市场资源配置功能有效发挥的作用效果。进一步地，企业经营状况（Barth et al.，1998）、关联交易（洪剑峭和方军雄，2005）、企业战略选择（叶康涛等，2014）、技术创新（张璋等，2018）等经营基本面能够影响盈余信息含量，有助于深入挖掘影响资本市场效率的关键因素。此外，彭情和唐雪松（2019）从市场信息环境角度探讨了传闻信息对盈余价值相关性的影响效果。

2.3　文献述评

通过分别对金融资产配置动机、金融资产配置经济后果与金融资产配置治理、现金流风险影响因素、盈余持续性影响因素、企业违规动机与企业违规影响因素以及盈余价值相关性影响因素的相关文献进行梳理，可以发现现有研究已初步建立了关于金融资产配置经济后果的理论分析框架，学者对非金融上市公司金融资产配置治理问题的关注增多，企业违规频发现象也逐渐引起了学术界的关注。但是也可以发现，已有关于金融资产配置经济后果的研究还存在较大争议，且学术界对金融资产配置的治理措施讨论不多，有待进一步探讨。

第一，围绕金融资产配置经济后果的研究发展非常迅速，但已有文献多着眼于金融资产配置对主业发展基础的影响，基于金融风险现实表现的经济后果研究相对较少。现阶段，中国经济步入“新常态”，金融与房地产业异常繁荣，实业利润空间收窄，由此引发的企业投资决策的转变必然会影响主业发展基础，进而作用于企业经营现金流持续性，表现为现金流风险变化。另外，金融资产配置可能放大实体部门与金融体系之间的风险联动效应，从而降低资本市场稳定性，加剧市场摩擦，扰乱市场秩序，表现为违规风险加剧。因此，结合现金流风险与企业违规，已有关于金融资产配置经济后果的研究还存在进一步讨论的空间，其中的传导机制也有待进一步探讨。

第二，企业违规问题逐渐受到学术界关注，但相关文献主要是从机会这个要素着手研究的，关于企业违规动机的研究还相对较少。动机是企业违规行为产生的内在深层原因，对于指导金融监管实践有所裨益，明确分析企业违规动机具有必要性。因此，无论在舞弊理论上还是违规整治活动开展过程中，都有必要探讨金融资产配置对企业违规的影响，挖掘企业内在违规动机，以进一步揭示企业违规的驱动机制。

第三，关于盈余持续性影响因素的研究，既有文献较少关注经济金融化背景问题以及企业横向与纵向竞争能力的传导功能。从文献梳理来看，学者从企业经营基本面角度对盈余持续性问题进行了一定的探讨，但对企业金融投资膨胀现象关注不足。作为实体经济的主要载体，非金融上市公司的核心任务是聚焦主业发展、提供高质量产品与非金融服务。然而，受经济下行与产能过剩影响，实业与金融房地产业间的利润率差距越来越大，致使大量非金融上市公司增加金融活动，这必然会对企业主业发展基础产生影响。基于产品市场竞争理论，企业在同行业内以及产业链中的竞争能力能够解释企业金融资产配置在产品市场上得到的认可度。具体来说，金融资产配置对企业经营基本面的影响能够通过企业同行业视角的横向竞争能力以及相对于供应商与客户的纵向竞争能力体现出来，进而作用于企业的盈余持续性。因此，结合企业横向与纵向竞争能力，探讨金融资产配置的产品市场表现问题，对于金融监管工作的有效开展显得尤为重要。

第四，关于盈余价值相关性影响因素的探讨，既有研究缺少对经济金融化背景问题的关注。梳理现有文献，学术界主要从盈余信息生成与传播角度讨论盈余决策有用性问题，会计报告系统与企业经营基本面共同作用于报告盈余信息含量，传闻等市场信息会影响盈余信息传播效率，最终引发盈余价值相关性变化。不难发现，基于经营基本面的盈余信息对当前与未来现金流量的解释与预测能力更强，是投资者能否充分估计公司市场价值并决策的关键因素。然而，既有研究较少关注企业金融投资膨胀现象及金融资产配置可能导致的盈余决策有用性问题。金融资产配置不仅会对经济、就业等方面产生负向作用，而且还能够影响企业经营基本面。这意味着金融资产配置对主业发展基础的影响可能通过企业盈余信息含量体现在投资者决策同盈余相关性上。因此，有必要对金融资产配置与盈余价值相关性之间的关系进行探讨，以进一步揭示会计信息对资源配置产生影响的金融市场微观实现机制。

第五，学术界就其治理措施讨论仍需要进一步拓展与深入。在经济金融化背景下，非金融上市公司金融资产配置的负面影响显现，金融资产配置治理问题受到党和政府高度重视。然而现有研究主要侧重于股东治理层面。特别地，随着混合所有制经济改革的推进，不同产权股东相互制衡的混合股东治理机制形成并得以发展，混合股东治理对金融资产配置的监督功能引起学者关注。梳理现有关于混合股东治理效果的文献，基于国有企业“混改”的非国有股东治理效果受到学者更多的关注，非国有企业“混改”经济后果受到的关注较少，从而不利于市场参与者全面理解混合所有制经济改革的制度功能。因此，同时考虑国有企业与非国有企业“混改”的制度功能，从战略治理、股东治理、利益相关者治理以及政府治理层面探讨非金融上市公司金融资产配置的治理机制是有其必要性的。

第 3 章

产品市场视角的经济后果研究

本章的研究目的是基于产品市场视角，考察非金融上市公司金融资产配置的经济后果。本章试图研究的第一类问题是非金融上市公司金融资产配置是否以及如何影响企业现金流风险？在行业竞争程度、企业竞争地位与供应链稳定度影响下，两者关系如何变化？金融资产配置对企业现金流风险的影响会因金融资产异质性与金融杠杆变化产生差异吗？第二类问题是非金融上市公司金融资产配置是否以及如何影响盈余持续性？两者关系是否受到行业竞争程度、企业竞争地位与供应链稳定度的影响？金融资产配置对企业盈余持续性的影响会因金融资产异质性与盈余操纵程度不同产生差异吗？金融资产配置与盈余持续性之间是否存在非线性效应？

3.1 金融资产配置与现金流风险

3.1.1 引言

伴随我国步入经济转型期，虚拟经济与实体经济之间的结构性矛盾凸显（刘贯春等，2018）。一方面，金融、房地产等泛金融部门异常繁荣，资本回报率高昂；另一方面，实体企业面临产能过剩、外部需求不足、收益低下等问题。在资本的逐利驱使下，大量产业资本涌入金融领域，呈现严重金融化趋势，致使产业资本与金融资本结构失衡，经营稳定性下降，现金流不可持续性上升，资金链断裂现象频发。2007 年爆发的美国次贷危机对企业经营活动现金流造成了空前的冲击，多数企业遭遇资金链断裂风险，引发社会各界对金融化引致的风险管理问题的广泛关注。2017 年辉山乳业、齐星铁塔等遭遇的资金链危机是实业基础丧失、金融风险显现的外在表现。

现金流风险指不确定性或不可预期性引发的企业经营活动现金流波动，是企业风险管理的先导信号（陈志斌和王诗雨，2015），不仅能够反映企业资金的安全性、完整性与盈利性，体现财务健康程度，而且能够揭示企业的运营能力与经营质量，引起学者高度重视。现有研究发现，环境不确定性（花冯涛和徐飞，2018）、产品市场竞争（陈志斌和王诗雨，2015）、企业投资决策（刘井建等，2021）等对企业现金流风险具有重要影响。然而，在微观企业层面，风险作为企业投资行为的属性只是一个表征，资产配置问题才是根源。随着经济金融化趋势的加深，一系列与金融工具相关的会计准则修订，在国内外理论界与实务界引起较大关注，金融资产配置的会计准则安排成为焦点，具有显著的经济后果。相关经验研究认为，金融资产配置既可能挤出实业投资（Tobin，1965；Orhangazi，2008；翟光宇等，2021）、减少创新投入与创新产出（Seo et al.，2012；Akkemik and Ozen，2014；谢家智等，2014；王红建等，2017；许罡和朱卫东，2017；万良勇等，2020；段军山和庄旭东，2021）、危害企业的可持续发展（Crotty，2002；Demir，2009b；杜勇等，2017），表现为资本套利动机；也可能改善企业融资困境（Stulz，1996；Aivazian et al.，2005；Theurillat et al.，2010）、提高可支配资金数量（Denis and Sibilkov，2010）、平滑实业投资（刘贯春等，2019）、促进未来主业发展（Kliman and Williams，2015），表现为融资约束动机。这意味着出于不同动机的金融资产配置对主业发展基础的影响迥异，具有不同的现金流风险表现。考虑到现金流风险表征为企业经营活动现金流不可持续性与不可预期性，金融资产配置具有限度，不足或过度均不利于资本配置效率提高，从而降低主业稳定性，即金融资产配置与现金流风险之间可能存在非线性效应。由此提出如下思考：金融资产配置是否以及如何影响企业现金流风险？弄清该问题，不仅有助于厘清企业金融化现象扰乱产品市场背后的逻辑，提供金融资产配置与实体经济风险关系的解释机制，深化对企业金融投资经济杠杆作用的认识；而且能够从微观层面对促进金融体系与实体部门良性互动、防范重大风险具有现实指导作用。

作为连接宏观经济与微观企业的桥梁，产品市场竞争能够通过掠夺效应发挥影响企业经营活动现金流的收支地位，继而传导至现金流风险（陈志斌和王诗雨，2015）。根据产品市场竞争理论，微观企业面临的产品市场竞争主要包括同行业视角的横向竞争与供应链视角的纵向竞争。其中，同行业视角的横向竞争又可以分为行业间竞争态势与行业内竞争程度两个方面。行业间竞争越激烈，主业利润空间越小，金融资产配置的资本套利动机越强，但行业间竞争只关系到掠夺动机，掠夺成功与否取决于企业竞争地位（陈志斌和王诗雨，2015）；企业在行业内的竞争地位越高，越可能侵占被掠夺者的市场份额，提高主业业绩（魏志华和朱彩云，2019），降低金融资产配置的资本套利动机，且竞争地位较高的企业通常拥有定价权，对经营活动现金流的预测能力较强，现金流趋于稳定（陈志斌和王诗雨，2015），金融资产配置对现金流风险的作用程度较弱；供应链越稳定，企业供应链协调程度越高，企业与供应商和客户的依存关系①越强，交易成本越低，实业投资回报率越高（Williamson，1979；Schloetzer，2012；李颖和周洋，2020），金融资产配置的逐利倾向越弱，从而缩短金融资产配置加剧现金流风险的区间，且较为稳定的供应链关系意味着企业在支付采购款与收取销售款方面具有比较优势，营运资金周转率较高，经营活动现金流波动性较低，从而能够减弱金融资产配置对现金流风险的影响程度。那么，行业竞争程度、企业竞争地位与供应链稳定度是否能够对企业金融资产配置与现金流风险的关系发挥调节功能？该问题的研究有助于全面理解金融资产配置的风险表现，为形成企业与产品市场良性循环提供实践参考。

3.1.2 理论分析与研究假设

（1）现金流风险层面的经济后果。

现代投资决策的核心问题是资产的有效配置。边际效用价值论认为，边际效用随着资产的增加呈现递减的趋势，效用则表现为先增加后减少的

① 企业与供应商和客户的依存关系是企业纵向竞争地位的体现。

趋势，即资产效率先上升后下降。基于现金流管理理论，资金使用效率是企业现金流风险的内在含义。换言之，现金流风险在企业某类资产投资不断增多的过程中先减少后增加，资产配置显现“U”形规律①。经济金融化背景下则体现为金融资产配置与现金流风险的“U”形关系。

金融资产较高的流动性与收益性决定了融资约束与资本套利是企业配置金融资产的主要动机（Demir，2009a；王红建等，2017；Jibril et al.，2018；杨筝等，2019；顾雷雷等，2020）。根据融资约束动机，金融资产配置起到“缓冲器”作用，可以缓解企业融资约束，平滑实业投资波动，从而降低企业经营活动现金流量不确定性，即现金流风险。当企业内外源融资不足时，金融资产较高的可逆性可以满足企业资金需求，缓解企业实业投资不足问题；当企业外部融资能力较强且具有大量闲置资金时，金融资产配置可以抑制实业投资过度（刘贯春等，2019）。换言之，随着金融资产配置比例的增加，资产配置结构的合理性提高，从而能够提升企业的资金融通能力与经营质量，增强现金流稳定性。其具体表现如下：其一，“蓄水池”效应。依据预防性储蓄理论，金融资产配置可以保持流动性，盘活闲置资本，提升资本利用效率，同时能够通过金融资产处置应对突发事件带来的现金流冲击，从而缓冲现金流波动。其二，资本成本效应（王红建等，2017；马红等，2018）。根据信息不对称理论，金融资产配置能够提高市场流动性，优化资本市场信息环境，减少企业与投资者之间的信息障碍，缓解企业的融资供需矛盾，增加产业资本来源（Demirguc - Kunt and Maksimovic，2002），充实企业长期盈利能力，从而减少现金流波动。其三，资源配置效应（饶华春，2009）。基于资产需求理论，金融资产配置通过空间上的资源整合弥补实业投资资金回流速度慢的缺陷，增强现金流稳定性。

与流动性风险强调企业资产变现能力不同，现金流风险特指企业经营性现金流量的波动性，这意味着企业金融资产配置具有限度，并非越多越好。其主要原因在于金融资产配置的资本套利动机，即逐利驱使企业过度持有金融资产，挤出实业投资，危害主业发展基础，从而加剧企业现金流的不可持续性与不可预期性，增加企业面临的现金流风险。换言之，金融

① 切合经济学中边际报酬先增加后减少对应着边际成本先减少后增加的“U”形特征。

资产配置过度会降低资产配置结构的合理性，削弱实业投资在企业价值[①]创造过程中的基础作用，放大金融市场与企业部门的风险联动效应，从而导致企业经营稳定性下降，现金流不确定性上升，现金流风险增加。其具体表现如下：其一，短期性。金融资产配置过度是管理层迎合股东利益最大化要求和私利动机的结果（刘姝雯等，2019），将导致企业因过分寻求短期利益忽视能够带来持续稳定现金流的主营业务的长期发展，从而产生大量暂时性现金流入，加剧现金流波动。其二，波动性。跨行业套利的企业有动机通过举债方式投资金融资产，从而可能推动企业负债率上升（刘贯春等，2018）；同时金融资产配置过度对主业投资的抑制作用会减少企业用于银行信贷的抵押品数量，缩减融资规模（黄贤环等，2018），削弱外部融资能力。这都将致使企业经营资产配置面临信贷资金不确定性困境，从而增加实业投资波动性，降低企业经营稳定性，直观表现为较大的现金流波动。其三，风险性。根据资本资产定价理论，企业在分享金融领域高额收益的同时承担着较高风险（Stockhammer，2010；王红建等，2016）。金融资产对外部冲击较强的敏感性决定了金融投资收益波动性较强，且金融资产配置会增强金融体系与企业部门的风险联动性，从而将金融市场风险传递到企业（李建军和韩珣，2019）。显然，上述结果会增加企业经营活动及其现金流量的不确定性。

H3－1：随着金融资产配置比例的增加，现金流风险先减少后增加，两者呈“U”形关系。

（2）行业竞争程度与企业竞争地位的调节功能。

企业作为一个开放的经济系统，总是嵌于一定的产业情境之中，其中最为典型的便是行业情境，由行业竞争程度与企业竞争地位构成（陈志斌和王诗雨，2015）。基于掠夺理论，行业竞争程度与企业竞争地位能够通过掠夺效应发挥作用于企业投资活动，影响经营质量，最终引发现金流风险变化。具体来说，较高的行业竞争程度意味着行业内的每个企业都可能成为掠夺者，也可能成为被掠夺者，这将造成实业投资机会缩减，企业产品市场需求不足，实业投资回报下降，增加金融资产配置的资本套利动机。

① 根据费希尔（Fisher）模型，企业价值是企业未来现金流量的函数。

然而，行业竞争程度通常只能影响企业掠夺动机，行业内的竞争地位才是企业掠夺成功的关键（陈志斌和王诗雨，2015）。这是因为如果企业相较于被掠夺者没有竞争优势，即使企业侵占对方市场份额的动机再强，也不会对其产生威胁，呈现明显的掠夺效应。因此可以认为，行业竞争程度无法显著影响金融资产配置与现金流风险的关系。就企业竞争地位而言，即便面临较低的行业间竞争程度，由于拥有定价权，高竞争地位企业亦可能成为掠夺实施者，且更可能取得成功（陈志斌和王诗雨，2015），从而调节金融资产配置与现金流风险的关系。具体地，企业竞争地位的调节功能可以从两个角度展开。

首先，企业竞争地位使金融资产配置拐点右移。高竞争地位意味着企业相较于竞争对手更可能获得消费者青睐，能够将行业内其他企业拥有的产品市场资源边缘化。其结果是高竞争地位企业的经营绩效与治理水平突出，对金融资产的非理性逐利倾向较弱，致使金融资产配置缓冲企业现金流风险的功能凸显，边际风险为负的区间延长，为零时对应的金融资产配置比例右移。其具体可以从三个方面论述：一是高竞争地位企业追求经营目标长期化。声誉能够通过提高行业进入壁垒提高企业掠夺成功的概率，是企业竞争能力的体现（Fombrun and Shanley，1990），更可能受到高竞争地位企业重视。为维护企业声誉，保持并扩大竞争优势，高竞争地位企业将格外关注利益相关者利益的平衡与提高，实现长期可持续发展（Jones and Wicks，1999；刘姝雯等，2019），从而增加以固定资产和研发创新为代表的实业投资，减少对金融资产的非理性逐利行为。此外，声誉可能成为高竞争地位企业机会主义行为的约束机制（Fama，1980；Dyck et al.，2008），抑制其以牺牲长期发展换取短期利益的金融化倾向。二是高竞争地位企业实业投资回报率高。相较于同行业其他企业，高竞争地位企业的持续竞争能力较强，不仅拥有产品市场价格制定的话语权，而且具有较高的风险承担意愿与能力，从而更可能准确评估企业投资项目风险与收益，加大潜在价值较高的实业投资项目供给（严楷等，2019），提高实业投资回报率，最终减少以逐利为目的的金融资产配置。另外，与低竞争地位企业面临产品市场信息壁垒不同，高竞争地位尤其是处于领先地位的企业能够及时、准确地识别实业投资机会，且有能力进行竞争战略调整，满足产品市场需求（Teece et al. ，1997），从而提高实业投资收益率，减少出于资本套利动机的金融资产配置。三是高竞争地位企业信息透明度高。企业竞争地位越高，越可能成为行业内的领导者，受大量企业追随，且可能引发更多的产品市场监督，产生“眼球”效应。与此同时，高竞争地位表明企业内部治理效率较高，企业与产品市场利益相关者之间的信息不对称问题较弱。以上都预示着高竞争地位企业具有较高的信息透明度，投资动机、经营风险等内部信息能够有效传递至产品市场，从而减少管理层利用金融资产类别操纵、公允价值估值等手段粉饰盈余信息的机会，抑制短期利益导向的金融资产配置。

其次，企业竞争地位弱化金融资产配置与现金流风险的关系。高竞争地位企业因拥有定价权更可能在产品市场竞争中获得领先地位，产生消除波动的“自然防护效应”（Gaspar and Massa，2006），从而提高现金流运行的稳定性，弱化金融资产配置对现金流风险的影响。具体来说，第一，企业竞争地位越高，现金流结构越合理。根据资源基础理论与动态能力理论①，高竞争地位企业不仅拥有充足且不可模仿的资源，而且具有较强的动态能力，可以有效整合内外部资源。这预示着高竞争地位企业能够根据市场竞争形势及时调整生产经营策略，深化掠夺效应，从而提高企业经营活动现金流的可预期性，推动中庸型匹配策略实施，促使经营活动现金流入与经营活动现金流出在期限、数量等方面相吻合，减少现金流波动（陈志斌和王诗雨，2015），最终放缓金融资产配置增加时现金流风险的变动幅度。第二，企业竞争地位越高，应对产品市场变化引致的现金流冲击的能力越强。高竞争地位企业对产品市场需求、当期及未来现金流量的预测能力较强，经营活动依计划变动，且较少依赖于企业短期营运资金。其结果是企业具有较强的抗冲击能力，现金流运行趋于稳定（周夏飞和周强龙，2014；陈志斌和王诗雨，2015），最终减弱金融资产配置对现金流风险的作用程度。此外，高竞争地位企业拥有的制定产品市场价格的话语权使其有能力将市场变化引致的现金流冲击转嫁给竞争对手或者消费者，从而提高

① 资源基础理论强调资源充足性与不可模仿性对于提升企业产品市场竞争能力的重要性，而动态能力理论则侧重于关注外部环境变化时，企业对现有资源的重新配置是否有助于形成企业持续竞争能力。因此可以认为，动态能力理论是对资源基础理论内涵的延伸。

现金流稳定性（Tesler，1987；Peress，2010），弱化金融资产配置通过平滑实业投资降低现金流风险以及金融资产配置过度挤出实业投资进而增加现金流风险的关系。

H3－2：行业竞争程度无法调节金融资产配置与现金流风险的关系。

H3－3：企业竞争地位能够调节金融资产配置与现金流风险的关系：

H3－3a：企业竞争地位使关系曲线的拐点右移；

H3－3b：企业竞争地位弱化两者关系，即使关系曲线扁平化。

（3）供应链稳定度的调节功能。

供应链稳定度是企业关系型交易的一个主要特征，较高的供应链稳定度意味着企业与供应商和客户之间具有良好的合作伙伴关系，企业供应链协调能力较强，企业与上下游之间的依存度较大。因此可以认为，供应链稳定度同样能够通过掠夺效应发挥引发企业投资选择转变，继而传导至现金流风险。具体地，供应链稳定度的调节功能可以从两个角度展开。

首先，供应链稳定度使金融资产配置拐点右移。供应链稳定度越高，企业与供应商和客户之间的交易成本越低，供应链中的信息共享机制越完善。其结果是供应链稳定度能够提升主业获利水平并削弱企业机会主义行为的信息优势，从而减少对金融资产的非理性逐利行为，致使金融资产配置缓冲企业现金流风险的功能凸显，边际风险为负的区间延长，为零时对应的金融资产配置比例右移。具体来说，一是企业供应链稳定度越高，经营目标越关乎企业整体布局、长远发展与未来规划。由于供应链运行效率关系到企业经营质量（Dhaliwal et al.，2016；唐松和谢雪妍，2021），供应链稳定度较高的企业更可能注重其与供应商和客户之间利益关系的协调，通过不断增加研发、制造与营销活动供给来巩固主业发展基础，从而与上下游结成长远的合作伙伴关系。此外，较高的供应链稳定度能够促进企业与供应商和客户的信息共享，有助于企业更准确地把握产品市场形势，及时调整生产经营策略（李颖和周洋，2020），从而提高企业与上下游战略目标的一致性，促使企业在保持并扩大竞争优势、持续创造价值的战略背景下进行投资选择，对短期利益导向的金融资产配置保持警惕。二是企业供应链稳定度越高，实业投资回报率越高。供应链稳定度较高的企业通常具有较强的供应链协调能力，不仅能够降低交易成本（Williamson，1979），提高实业投资回报率，而且可以通过增强内外部资源整合效率促进企业研发、制造和营销活动，充实主营业务盈利能力，表现为较高的实业投资收益率，从而削弱企业金融资产配置的资本套利动机。与此同时，较高的供应链稳定度有助于企业关注并协调各方利益，提高企业与供应商和客户的依存度，为企业获得关系型租金提供可能，甚至可能增加企业的超额收益（殷俊明和王跃堂，2010），从而提高单位资本回报率，减少企业以牺牲主业发展换取短期利润的金融资产配置行为。另外，供应链稳定度能够通过信息共享效率提升促使企业洞悉产品市场需求变化，及时调整实业投资方向（李颖和周洋，2020），从而产生较高的投入资本回报率，减少以逐利为目的的金融资产配置。三是企业供应链稳定度越高，产品市场信息透明度越高。较高的供应链稳定度预示着供应链信息传递较为通畅，有助于企业经营信息及时有效地传递，从而提高产品市场信息透明度，压缩企业通过金融资产及其相关收益操纵粉饰业绩的空间，减少短期利益导向的金融资产配置。

其次，供应链稳定度弱化金融资产配置与现金流风险的关系。供应链稳定度较高的企业通常执行较为稳定的收付现政策，营运资金周转率较高，现金流运行趋于稳定（陈志斌和王诗雨，2015），从而弱化金融资产配置对现金流风险的影响。具体可以从两个方面论述：第一，较高的供应链稳定度能够提高资源配置效率。供应链稳定度越高，企业与供应商和客户的信息共享越充分，从而能够优化产品市场信息环境，改善“逆向选择”问题，降低资源错配引致的效率损失（Schloetzer，2012；Luo and Shang，2013），提高供应链整体利益（李颖和周洋，2020）。其结果是企业供应链协调程度增加，内外部资源得到高效配置，持续盈利能力增强（王贞洁和王竹泉，2017），企业经营活动现金流的可持续性与可预期性上升，从而减少现金流异常波动，减弱金融资产配置与现金流风险之间可能存在的非线性效应。第二，较高的供应链稳定度能够增强企业经营活动现金流的收支地位。供应链稳定度越高的企业越可能实现供应链协调与优化，表现为企业与供应商和客户的依存关系的增强。这将增加企业在采购与销售活动中的话语权，使其能够通过与供应商和顾客博弈确定支付采购款与收取销售款的时间、比重等，提高营运资金周转率（李颖和周洋，2020），从而减少企业经营活动现金流的非常性波动，弱化金融资产配置对现金流风险的“U”形影响。

H3－4：供应链稳定度能够调节金融资产配置与现金流风险的关系：

H3－4a：供应链稳定度使关系曲线的拐点右移；

H3－4b：供应链稳定度弱化两者关系，即使关系曲线扁平化。

3.1.3 研究设计

（1）样本选取与数据来源。

本章以2007～2020年A股非金融上市公司为研究样本。选择2007年为开始年份源于三点考虑：第一，新企业会计准则于2007年全面实施，财务数据口径不统一问题得到解决；第二，2007年美国次贷危机引发社会各界对金融化引致的虚拟经济过度膨胀问题的广泛关注；第三，股权分置改革于2007年基本完成。然后根据研究需要进行如下处理：第一，剔除金融业与房地产业的样本，因为金融业企业财务报表较为特殊且房地产业具备金融属性；第二，剔除交叉上市的样本，排除不同市场监管环境的影响；第三，剔除样本期间出现ST、PT、*ST等特别处理情况的公司样本；第四，剔除资不抵债的样本；第五，剔除数据缺失的样本。最终得到24001个公司年度观测值。此外，异常值可能影响到实证结果的稳健性，为避免这个问题，对所有连续变量在1%和99%分位数上进行缩尾处理。

现金流风险、金融资产配置、行业竞争程度、企业竞争地位、供应链稳定度与控制变量的数据源于CSMAR数据库，由笔者整理计算所得。需要说明的是，行业虚拟变量根据2012年证监会行业分类结果确定，其中制造业细分类别众多，保留两位代码，其他行业采用一位代码表示。

（2）主要实证模型与变量说明。

依照Lind和Mehlum（2010）以及陈志斌和王诗雨（2015）的研究，采用模型（3－1）验证H3－1：

$$R\_CF_{i,t} = \alpha + \beta_1 Financial_{i,t} + \beta_2 Financial_{i,t}^2 + \sum \alpha_m controls_{i,t} + \varepsilon_{i,t} \tag{3-1}$$

模型中的$R_CF_{i,t}$为被解释变量，代表现金流风险，用企业三年经营活动现金净流量/总资产的标准差衡量。$Financial_{i,t}$为解释变量，代表金融资产配置，用金融资产相对规模表示。其中的金融资产包括交易类金融资产、投资性房地产、委托贷款等新兴金融资产与长期金融股权投资四类（宋军和陆旸，2015）。具体地，交易类金融资产由“交易性金融资产”“衍生金融资产①”“可供出售金融资产净额”“持有至到期投资净额”等科目综合反映；投资性房地产因市场化改革过程中逐渐显现的虚拟化与独立化特征成为一项重要的金融资产；委托贷款等新兴金融资产指企业持有的委托贷款、理财产品与信托产品，通过筛选“其他流动资产”明细得到；长期金融股权投资为非金融上市公司对金融机构的权益性投资，根据“长期股权投资”明细数据获得。需要说明的是，考虑到2017年修订的《企业会计准则第22号——金融工具确认和计量》《企业会计准则第37号——金融工具列报》等准则要求境内上市企业自2019年1月1日起实行金融资产“三分类”，增加“债权投资”“其他债权投资”“其他权益工具投资”“其他非流动金融资产”等项目并删减“可供出售金融资产”“持有至到期投资”等项目，金融资产配置数据根据报表项目进行相应调整。$\sum \alpha_m controls_{i,t}$ 为控制变量组，定义如其他变量说明部分如表3－1所示。

根据Lind和Mehlum（2010）提出的三步程序，H3－1成立的条件是：第一，$Financial_{i,t}^2$的系数β_2为正且显著；第二，$Financial_{i,t}$取值范围两端的斜率足够陡峭，即$\beta_1 + 2\beta_2 Financial_{\min}$显著为负，$\beta_1 + 2\beta_2 Financial_{\max}$显著为正；第三，拐点$Financial_{i,t}^*$落在取值区间内。后两个条件可进一步表示为：

$$\beta_1 + 2\beta_2 Financial_{\min} < 0 < \beta_1 + 2\beta_2 Financial_{\max} \quad (3-2)$$

借鉴Haans等（2016）等相关学者的研究，建立非线性关系调节模型（3－3）验证H3－2、H3－3与H3－4：

$$\begin{aligned} R\_CF_{i,t} = {} & \alpha + \beta_1 Financial_{i,t} + \beta_2 Financial_{i,t}^2 + \beta_3 M_{i,t} \\ & + \beta_4 Financial_{i,t} \times M_{i,t} + \beta_5 Financial_{i,t}^2 \\ & \times M_{i,t} + \sum \alpha_m controls_{i,t} + \varepsilon_{i,t} \end{aligned} \quad (3-3)$$

其中$M_{i,t}$为调节变量，即行业竞争程度（$HHI_{i,t}$）、企业竞争地位（$Epcm_{i,t}$）与供应链稳定度（$Stable_{i,t}$）。在变量度量上，行业竞争程度描述了行业间竞争态势，借鉴Haushalter等（2006）、韩忠雪和周婷婷（2011）、傅

① 衍生金融资产在报表中单独列报（CSMAR数据统计显示，研究样本中单独列报衍生金融资产的非金融上市公司有259家），归类于此能够准确全面反映交易类金融资产配置情况。

傅传锐和洪运超（2018）等学者的研究，用赫芬达尔指数衡量，表示为行业内各企业营业收入与行业总营业收入比值的平方和。其值越大，行业竞争程度越低。企业竞争地位可以反映行业内竞争程度，参考 Gaspar 和 Massa（2006）、Peress（2010）、吴昊旻等（2012）、周夏飞和周强龙（2014）、傅传锐和洪运超（2018）等的做法，用行业调整勒纳指数度量，即个股勒纳指数［(营业收入－营业成本－销售费用－管理费用)/营业收入］减去以上市公司销售额占比加权平均得到的行业勒纳指数，从而便于对不同行业的企业竞争地位进行比较。其值越大，企业竞争地位越高。供应链稳定度能够体现企业与供应商和客户的依存关系，揭示企业纵向竞争环境（Dhaliwal et al.，2016），用向稳定供应商、稳定客户采购销售比例（%）之和的均值表示，其值越大，供应链稳定度越高。其中，稳定供应商与稳定客户分别指上市公司前五大供应商与客户在上一年度依然出现的供应商与客户（王熊元和彭旋，2016；王丹等，2020）。其他变量含义同上。

根据 Haans 等（2016），调节变量对“U”形关系的影响存在两种效应：第一，使拐点向左偏移或向右偏移；第二，使关系曲线变缓或变陡。

就第一种调节效应而言，通过对模型（3－3）求 $Financial_{i,t}$ 的一阶偏导并令其等于零可得拐点 $Financial^*_{i,t}$：

$$Financial^*_{i,t} = \frac{-\beta_1 - \beta_4 M_{i,t}}{2\beta_2 + 2\beta_5 M_{i,t}} \tag{3-4}$$

由式（3－4）可知，调节变量 $M_{i,t}$ 会影响拐点 $Financial^*_{i,t}$。为了直观呈现 $M_{i,t}$ 的作用效果，对式（3－4）求导：

$$\frac{\delta Financial^*_{i,t}}{\delta M_{i,t}} = \frac{\beta_1\beta_5 - \beta_2\beta_4}{2\,(\beta_2 + \beta_4 M_{i,t})^2} \tag{3-5}$$

由于分母大于零，偏移方向取决于分子 $\beta_1\beta_5 - \beta_2\beta_4$ 的符号：为负时表明随着 $M_{i,t}$ 的增加，拐点向左偏移；为正则向右偏移。

第二种调节效应不依赖于除 β_5 之外的任何其他系数，即需要检验 β_5 的方向与显著性。如果 $\beta_5 < 0$ 且显著，则关系曲线变缓；反之变陡。

（3）其他变量说明。

控制变量包括：公司规模 $Size_{i,t}$（资产总额的自然对数）、有息资产负债率 $Idebt_{i,t}$［(短期借款＋长期借款＋应付债券)/总资产］、总资产收益率

$Roa_{i,t}$（净利润与总资产的比值）、企业年龄 $Age_{i,t}$［Ln（当年年份－成立年份＋1）］、投资支出 $Invest_{i,t}$［(构建固定资产、无形资产等支付的现金－处置固定资产、无形资产等收回的现金净额)/总资产］、融资需求 $Fcfi_{i,t}$［(经营现金净流量－投资现金净流量)/期初总资产］、大股东占款 $Or_{i,t}$（其他应收款与总资产的比值）、产权性质 $State_{i,t}$（国有企业为1，非国有企业为0）、股权制衡度 $Ebd_{i,t}$（第二至第十大股东持股比例/第一大股东持股比例）、独立董事规模 $Indperc_{i,t}$（独立董事人数/董事会人数）、高管持股 $Hold_{i,t}$（高管持股数与总股数的比值）、十大审计 $Top10_{i,t}$（审计师来自十大会计师事务所赋值为1，否则为0）、分析师关注 $Follow_{i,t}$（分析师跟踪人数加1后取自然对数）、年份虚拟变量以及行业虚拟变量。

表3－1　变量定义

变量类型	变量符号	变量名称	度量方法
被解释变量	$R\_CF_{i,t}$	现金流风险	t－2年至t年企业经营活动现金净流量/总资产的标准差
解释变量	$Financial_{i,t}$	金融资产配置	金融资产/总资产
调节变量	$HHI_{i,t}$	行业竞争程度	赫芬达尔指数
	$Epcm_{i,t}$	企业竞争地位	行业调整勒纳指数
	$Stable_{i,t}$	供应链稳定度	向稳定供应商、稳定客户采购销售比例（%）之和的均值
控制变量	$Size_{i,t}$	企业规模	资产总额的自然对数
	$Idebt_{i,t}$	有息资产负债率	(短期借款＋长期借款＋应付债券)/总资产
	$Roa_{i,t}$	总资产收益率	净利润与总资产的比值
	$Age_{i,t}$	企业年龄	Ln（当年年份－成立年份＋1）
	$Invest_{i,t}$	投资支出	(构建固定资产、无形资产等支付的现金－处置固定资产、无形资产等收回的现金净额)/总资产
	$Fcfi_{i,t}$	融资需求	(经营现金净流量－投资现金净流量)/期初总资产
	$Or_{i,t}$	大股东占款	其他应收款与总资产的比值
	$State_{i,t}$	产权性质	国有企业为1，非国有企业为0
	$Ebd_{i,t}$	股权制衡度	第二至第十大股东持股比例/第一大股东持股比例
	$Indperc_{i,t}$	独立董事规模	独立董事人数/董事会人数
	$Hold_{i,t}$	高管持股	高管持股数与总股数的比值
	$Top10_{i,t}$	十大审计	审计师来自十大会计师事务所赋值为1，否则为0
	$Follow_{i,t}$	分析师关注	分析师跟踪人数加1后取自然对数

3.1.4　基本回归分析

表3-2是主要变量的描述性统计。$R_CF_{i,t}$的均值为0.0450，最小值为0.0028，最大值为0.2234，说明非金融上市公司面临一定程度的现金流风险，且彼此间存在较大的差异，数据具有较强的可操作性。由于存在高利润率“虹吸效应”，且现金流风险具有全面性、复杂性与可控性①，非金融上市公司应将现金流风险管理提升到重要高度。$Financial_{i,t}$的均值为0.0642，最小值为0.0000，最大值为0.5128，表明非金融上市公司存在一定程度的金融化倾向，金融资产配置在不同公司—年度样本间差异明显。$HHI_{i,t}$的均值为0.0540，最小值为0.0078，最大值为0.4558，行业集中度较低，波动较大，说明行业竞争较为激烈，企业掠夺动机较强，从而可能导致非金融上市公司实施投机性掠夺行为，降低横向竞争效率，同时不同非金融上市公司所处行业的竞争程度存在较大差异，对其调节功能的研究在数据上具有一定的可操作性。$Epcm_{i,t}$的均值为0.0006，最小值为-0.4644，最大值为0.3433，表明从平均意义上来看非金融上市公司在产品市场竞争中具有一定程度的比较优势，有助于掠夺成功，且彼此间具有差异性。$Stable_{i,t}$的均值为12.3215，标准差为16.4917，说明非金融上市公司供应链稳定度较高，且具有显著差异，进一步意味着增强企业与供应商和客户的依存关系、提高供应链稳定性是非金融上市公司纵向竞争地位上升的重要途径。

控制变量的描述性统计结果显示，$Size_{i,t}$的均值为22.0362，$Age_{i,t}$的均值为2.8251，意味着平均而言非金融上市公司规模与年龄较大，可支配资金较多，从而表现出较为明显的金融资产配置倾向。$Idebt_{i,t}$的均值为0.1612，最小值为0.0000，最大值为0.5620，表明非金融上市公司面临一定的偿债压力，揭示了现金流风险管理的必要性，且彼此间具有较明显的差异。$Roa_{i,t}$的均值为0.0399，说明非金融上市公司总体上面临盈利能力较

① 高利润率“虹吸效应”指企业资金从主业流向金融投资领域引发投机盛行与资金链紧张的现象。现金流风险充斥着制造业企业的整个价值运动过程，因内外环境变动呈现动态性和复杂性的特点，且能够在使用价值运动过程管理中得到控制。

低的困境，揭示了金融化趋势不断加强的原因。$Invest_{i,t}$的均值为 0.0476，最小值为 -0.0346，最大值为 0.2247，表明非金融上市公司用于主业发展的实业投资水平存在较大差异，直观表现为不同程度的现金流变动。$Fcfi_{i,t}$的均值为 0.1292，最小值为 -0.2304，最大值为 0.6676，说明非金融上市公司普遍具有融资需求，不同程度的融资需求揭示了企业不同的金融资产配置动机，进而作用于现金流风险水平。$Or_{i,t}$的均值为 0.0160，意味着非金融上市公司的大股东具有利益侵占动机，经济金融化背景下更可能与管理层合谋进行金融资产配置。就公司治理变量而言，$State_{i,t}$的均值为 0.4008，即研究样本中，有 40.08% 的非金融上市公司属于国有企业；$Ebd_{i,t}$的均值为 0.8798，最小值为 0.0409，最大值为 3.7955，说明非金融上市公司的股权制衡水平总体偏低①，股东价值导向更可能作用于企业投资决策，进而影响现金流风险，但彼此存在较大差异；$Indperc_{i,t}$的均值为 0.3733，非金融上市公司的独立董事占比为 37.33%；$Hold_{i,t}$的均值为 0.0586，最小值为 0.0000，最大值为 0.5718，表明高管持股这种股权激励方式受到非金融上市公司不同程度的重视；$Top10_{i,t}$的均值为 0.5082，聘请十大会计师事务所实施外部审计的非金融上市公司占比为 50.82%；$Follow_{i,t}$的均值为 1.4221，意味着分析师在改善公司治理、降低实体经济运行的潜在风险成本方面发挥关键作用。

表 3-2　　主要变量的描述性统计

变量	观测值	均值	标准差	25% 分位	中位数	75% 分位	最小值	最大值
$R\_CF_{i,t}$	24001	0.0450	0.0387	0.0194	0.0341	0.0579	0.0028	0.2234
$Financial_{i,t}$	24001	0.0642	0.1004	0.0018	0.0210	0.0810	0.0000	0.5128
$HHI_{i,t}$	24001	0.0540	0.0848	0.0127	0.0163	0.0508	0.0078	0.4558
$Epcm_{i,t}$	24001	0.0006	0.1190	-0.0486	0.0000	0.0572	-0.4644	0.3433
$Stable_{i,t}$	24001	12.3215	16.4917	0.0000	1.7000	22.2650	0.0000	63.4050
$Size_{i,t}$	24001	22.0362	1.1460	21.2125	21.9209	22.7424	19.6408	25.2678
$Idebt_{i,t}$	24001	0.1612	0.1417	0.0316	0.1378	0.2580	0.0000	0.5620
$Roa_{i,t}$	24001	0.0399	0.0632	0.0134	0.0374	0.0693	-0.2267	0.2233
$Age_{i,t}$	24001	2.8251	0.3421	2.6391	2.8904	3.0910	1.7918	3.4657

① 赵景文和于增彪（2005）、李琳等（2009）、刘亚伟和张兆国（2016）等将股权制衡度是否大于 1 作为判断股权制衡水平高低的一个标准。

续表

变量	观测值	均值	标准差	25%分位	中位数	75%分位	最小值	最大值
$Invest_{i,t}$	24001	0.0476	0.0475	0.0141	0.0342	0.0674	-0.0346	0.2247
$Fcfi_{i,t}$	24001	0.1292	0.1496	0.0383	0.1105	0.1995	-0.2304	0.6676
$Or_{i,t}$	24001	0.0160	0.0234	0.0033	0.0080	0.0181	0.0002	0.1428
$State_{i,t}$	24001	0.4008	0.4901	0	0	1	0	1
$Ebd_{i,t}$	24001	0.8798	0.7599	0.3031	0.6729	1.2301	0.0409	3.7955
$Indperc_{i,t}$	24001	0.3733	0.0523	0.3333	0.3333	0.4286	0.3333	0.5714
$Hold_{i,t}$	24001	0.0586	0.1236	0.0000	0.0003	0.0386	0.0000	0.5718
$Top10_{i,t}$	24001	0.5082	0.4999	0	1	1	0	1
$Follow_{i,t}$	24001	1.4221	1.1781	0.0000	1.3863	2.3979	0.0000	3.7612

表3-3是主要变量的相关性检验结果。从中可以看出，各变量间相关系数的绝对值低于0.8，说明本节所用回归模型不存在明显的多重共线性问题①。其中，$Financial_{i,t}$与$R_CF_{i,t}$的相关系数为-0.041，在1%的水平上显著，可以在一定程度上为H3-1提供支持，$Financial_{i,t}$与$R_CF_{i,t}$是否呈“U”形关系还需要通过回归分析确定。$HHI_{i,t}$与$R_CF_{i,t}$的相关系数为0.043，显著性水平为1%，$Epcm_{i,t}$与$R_CF_{i,t}$的相关系数为-0.077，在1%的水平上显著，即行业竞争程度与现金流风险负相关，企业竞争地位与现金流风险负相关，与陈志斌和王诗雨（2015）的观点一致，原因在于行业竞争越激烈，非金融上市公司之间的相互制约程度越大，掠夺效应越不明显，而企业竞争地位越高，其在行业内的定价能力越强，越可能成为掠夺实施者，产生掠夺效应。$Stable_{i,t}$与$R_CF_{i,t}$的相关系数为-0.005，不显著，但$Stable_{i,t}$与$Financial_{i,t}$的相关系数为0.062，显著性水平为1%，即供应链稳定度与金融资产配置正相关，意味着企业与供应商和客户之间的依存度较大，可支配资金越多，金融资产配置倾向越明显，契合宋军和陆旸（2015）提出的富余效应。另外，$Size_{i,t}$与$R_CF_{i,t}$、$Roa_{i,t}$与$R_CF_{i,t}$、$Age_{i,t}$与$R_CF_{i,t}$以及$Invest_{i,t}$与$R_CF_{i,t}$均显著负相关，说明企业规模越大、经营业

① 考虑到单独使用相关系数矩阵检验无法完全排除多重共线性的存在，本书同时使用方差膨胀因子（VIF）检验。VIF检验结果显示，各变量的VIF值均小于10，与相关系数矩阵检验结果一致。

绩越高、企业年龄越大或用于主业发展的实业投资支出越多，企业应对现金流冲击的能力越强。$Fcfi_{i,t}$与$R_CF_{i,t}$显著负相关，表明融资需求可能通过强化金融资产配置的融资约束动机降低非金融上市公司经营活动现金流波动。$Or_{i,t}$与$R_CF_{i,t}$显著正相关，意味着非金融上市公司经营活动现金流非常性波动部分源于大股东私利。$State_{i,t}$与$R_CF_{i,t}$、$Ebd_{i,t}$与$R_CF_{i,t}$、$Hold_{i,t}$与$R_CF_{i,t}$、$Top10_{i,t}$与$R_CF_{i,t}$以及$Follow_{i,t}$与$R_CF_{i,t}$均显著负相关，揭示出公司治理机制对于现金流风险管理的重要性；而$Indperc_{i,t}$与$R_CF_{i,t}$显著正相关，可能是因为薪酬激励、地理距离等降低了独立董事制度在企业现金流风险管理中的有效性。

表 3-3　　主要变量的相关性检验

变量	$R\_CF_{i,t}$	$Financial_{i,t}$	$Epcm_{i,t}$	$HHI_{i,t}$	$Stable_{i,t}$	$Size_{i,t}$
$R\_CF_{i,t}$	1					
$Financial_{i,t}$	-0.041***	1				
$HHI_{i,t}$	0.043***	0.023***	1			
$Epcm_{i,t}$	-0.077***	0.053***	0.003	1		
$Stable_{i,t}$	-0.005	0.062***	-0.064***	0.039***	1	
$Size_{i,t}$	-0.153***	-0.041***	-0.01	0.124***	-0.033***	1
$Idebt_{i,t}$	0.004	-0.231***	-0.032***	-0.104***	-0.063***	0.328***
$Roa_{i,t}$	-0.016**	0.094***	0.024***	0.566***	-0.040***	0.045***
$Age_{i,t}$	-0.027***	0.138***	-0.064***	-0.089***	0.078***	0.167***
$Invest_{i,t}$	-0.056***	-0.161***	-0.020***	0.138***	-0.024***	0.040***
$Fcfi_{i,t}$	-0.038***	0.052***	0.027***	0.309***	0.005	0.077***
$Or_{i,t}$	0.094***	-0.030***	0.131***	-0.164***	-0.074***	-0.040***
$State_{i,t}$	-0.027***	-0.101***	0.066***	-0.132***	-0.193***	0.260***
$Ebd_{i,t}$	-0.030***	0.024***	0.024***	0.058***	0.100***	-0.089***
$Indperc_{i,t}$	0.023***	0.050***	0.024***	0.009	0.043***	-0.021***
$Hold_{i,t}$	-0.036***	0.056***	-0.015**	0.145***	0.128***	-0.195***
$Top10_{i,t}$	-0.069***	0.019***	-0.028***	0.059***	0.104***	0.106***
$Follow_{i,t}$	-0.086***	-0.068***	0.061***	0.339***	-0.056***	0.386***

续表

变量	$Idebt_{i,t}$	$Roa_{i,t}$	$Age_{i,t}$	$Invest_{i,t}$	$Fcfi_{i,t}$	$Or_{i,t}$
$Idebt_{i,t}$	1					
$Roa_{i,t}$	-0.297***	1				
$Age_{i,t}$	0.007	-0.081***	1			
$Invest_{i,t}$	0.142***	0.150***	-0.176***	1		
$Fcfi_{i,t}$	-0.044***	0.359***	-0.105***	0.501***	1	
$Or_{i,t}$	0.077***	-0.158***	0.035***	-0.135***	-0.156***	1
$State_{i,t}$	0.184***	-0.088***	0.091***	-0.048***	-0.098***	0.017***
$Ebd_{i,t}$	-0.109***	0.005	0.035***	0.008	0.055***	0.011*
$Indperc_{i,t}$	-0.029***	-0.013**	0.015**	-0.009	-0.001	0.019***
$Hold_{i,t}$	-0.166***	0.110***	-0.114***	0.077***	0.095***	-0.071***
$Top10_{i,t}$	-0.055***	0.045***	0.047***	0.016**	0.037***	-0.059***
$Follow_{i,t}$	-0.056***	0.418***	-0.163***	0.252***	0.326***	-0.131***
变量	$State_{i,t}$	$Ebd_{i,t}$	$Indperc_{i,t}$	$Hold_{i,t}$	$Top10_{i,t}$	$Follow_{i,t}$
$State_{i,t}$	1					
$Ebd_{i,t}$	-0.271***	1				
$Indperc_{i,t}$	-0.097***	-0.017***	1			
$Hold_{i,t}$	-0.366***	0.165***	0.103***	1		
$Top10_{i,t}$	-0.087***	0.030***	0.033***	0.082***	1	
$Follow_{i,t}$	-0.040***	0.044***	-0.019***	0.073***	0.065***	1

注：表3-3列示的是Pearson系数，***、**与*分别表示在1%、5%与10%的水平上显著。

为缓解回归模型可能存在的多重共线性问题，本章对交互项涉及的变量进行中心化处理。表3-4中列（1）检验了金融资产配置与企业现金流风险的关系，可以发现，$Financial^2_{i,t}$的系数为0.0506，显著性水平为1%，条件（3-1）适用。根据表3-2，$Financial_{min}$为0.0000，$Financial_{max}$为0.5128，$Financial_{i,t}$的均值为0.0642，经过中心化处理后，不等式（3-2）变为$\beta_1+2\beta_2$（$Financial_{min}-0.0642$）$<0<\beta_1+2\beta_2$（$Financial_{max}-0.0642$），即有$-0.0414<0<0.0105$①，后两个条件适用。这说明金融资产配置与现金流风险呈"U"形关系，H3-1得到验证。换言之，金融资产配置存在

① 本书列示的是保留4位有效数字后的结果。下同。

阈值，低于阈值，随着金融资产配置比例的增加，现金流风险会下降；超过阈值，金融资产配置比例的进一步上升将加剧企业现金流风险。检验结果证实了金融资产配置融资约束与资本套利两种动机的存在，与金融资产双重属性相契合。金融资产高流动性意味着非金融上市公司配置金融资产能够储备流动性，缓冲因融资约束导致的实业投资波动，提高经营活动持续性与稳定性，降低企业现金流不确定性，呈现出一种未雨绸缪的选择；高收益性预示着追求短期利益日渐成为非金融上市公司经营目标，从而更可能忽视主业可持续发展，减少实业投资，增加主业基础丧失可能性，加剧经营活动波动，加大现金流风险，表现为一种舍本逐末行为。

表3－4中列（2）与列（3）报告的是H3－2与H3－3的检验结果。其中，列（2）是行业竞争程度调节功能的检验结果。可以发现，$Financial_{i,t}^2$的系数为0.0404，显著性水平为5%，同时满足$-0.0390<0<0.0024$，即金融资产配置具有限度，持有比例较低时，现金流风险得以分散；当超过一定水平，现金流风险增加。再次证实了H3－1。然而，$Financial_{i,t}\times HHI_{i,t}$与$Financial_{i,t}^2\times HHI_{i,t}$的系数均不显著，说明行业竞争程度无法调节金融资产配置与现金流风险的关系，支持H3－2，意味着即使行业竞争较为激烈，企业实施掠夺的动机较强，如果没有比较优势，也不会对竞争对手产生威胁，发挥掠夺效应。列（3）检验了企业竞争地位的调节效应。结果显示，$Financial_{i,t}^2$的系数为0.0503，在1%的水平上显著，且有$-0.0417<0<0.0099$，验证了H3－1。另外，$Financial_{i,t}\times Epcm_{i,t}$的系数为0.1378，具有1%的显著性水平；$Financial_{i,t}^2\times Epcm_{i,t}$的系数为－0.2784，具有5%的显著性水平。所以$\beta_1\beta_5-\beta_2\beta_4=0.0029>0$，说明企业竞争地位使关系曲线的拐点右移，H3－3a得以支持。这表明高竞争地位企业相较于同行业其他企业拥有更强的定价能力，能够通过深化掠夺效应提高主业业绩与治理水平，从而削弱企业配置金融资产的资本套利动机，致使金融资产配置的风险分散功能凸显，金融资产配置分散现金流风险的区间延长，边际风险为零时金融资产配置比例右移。对于第二种调节效应，由于β_5为负且显著，说明企业竞争地位能够弱化“U”形关系，使其扁平化，H3－3b得以支持。这意味着企业竞争地位越高，预测当期与未来现金流量的能力越强，经营活动依计划变动，现金流入与流出的匹配程度越高，现金流运行越稳定，从

而弱化了金融资产配置表现出的投资平滑与投资替代效应。此外，在面临产品市场引致的现金流冲击时，高竞争地位企业能够利用其在市场价格制定中的话语权将风险转嫁给竞争对手或者消费者，从而弱化金融资产配置对现金流风险的影响。综上所述，企业竞争地位的两种调节效应得到验证。

表3-4中列（4）列示了供应链稳定度调节功能的检验结果。可以发现，$Financial_{i,t}^2$ 的系数为0.0573，显著性水平为1%，且满足 $-0.0437<0<0.0151$，随着金融资产配置比例的增加，现金流风险先下降后上升，两者呈"U"形关系，支持H3-1。另外，$Financial_{i,t} \times Stable_{i,t}$ 的系数为0.0005，在10%的水平上显著；$Financial_{i,t}^2 \times Stable_{i,t}$ 的系数为-0.0031，在1%的水平上显著。因此 $\beta_1\beta_5-\beta_2\beta_4=0.0001>0$，说明供应链稳定度使关系曲线的拐点右移，H3-4a得以支持。这意味着供应链稳定度不仅可以促使企业基于供应链整体利益最大化目标进行战略投资，而且能够为企业准确评估实业投资项目风险与收益提供信息支撑。此外，较高的供应链稳定度能够完善信息共享机制，降低企业与供应商和客户之间的交易成本，有助于企业获得关系型租金。以上将增强主业盈利能力并提高产品市场信息透明度，从而弱化金融资产配置的资本套利动机，致使金融资产配置的风险分散功能凸显，金融资产配置分散现金流风险的区间延长，边际风险为零时金融资产配置比例右移。对于第二种调节效应，由于 β_5 为负且显著，说明供应链稳定度能够弱化"U"形关系，使其扁平化，H3-4b得以支持。这表明供应链越稳定，供应链运行效率越高，企业内外部资源配置越高效，持续盈利能力越强，现金流收支地位越高，从而有助于提高企业经营活动现金流的可持续性与可预期性，弱化金融资产配置通过平滑实业投资降低现金流风险以及金融资产配置过度挤出实业投资进而增加现金流风险的关系。综上所述，供应链稳定度的两种调节效应得到验证。

表3-4　　基本回归分析

变量	(1)	(2)	(3)	(4)
	现金流风险	现金流风险	现金流风险	现金流风险
$Financial_{i,t}$	-0.0349*** (0.0049)	-0.0338*** (0.0049)	-0.0352*** (0.0050)	-0.0363*** (0.0050)

续表

变量	(1)	(2)	(3)	(4)
	现金流风险	现金流风险	现金流风险	现金流风险
$Financial_{i,t}^2$	0.0506*** (0.0172)	0.0404** (0.0171)	0.0503*** (0.0174)	0.0573*** (0.0176)
$HHI_{i,t}$		-0.0088 (0.0070)		
$Financial_{i,t} \times HHI_{i,t}$		0.0705 (0.0629)		
$Financial_{i,t}^2 \times HHI_{i,t}$		0.3246 (0.2422)		
$Epcm_{i,t}$			-0.0189*** (0.0036)	
$Financial_{i,t} \times Epcm_{i,t}$			0.1378*** (0.0441)	
$Financial_{i,t}^2 \times Epcm_{i,t}$			-0.2784** (0.1343)	
$Stable_{i,t}$				0.0001*** (0.0000)
$Financial_{i,t} \times Stable_{i,t}$				0.0005* (0.0003)
$Financial_{i,t}^2 \times Stable_{i,t}$				-0.0031*** (0.0009)
$Size_{i,t-1}$	-0.0047*** (0.0003)	-0.0047*** (0.0003)	-0.0046*** (0.0003)	-0.0046*** (0.0003)
$Idebt_{i,t-1}$	0.0115*** (0.0024)	0.0112*** (0.0024)	0.0129*** (0.0024)	0.0110*** (0.0024)
$Roa_{i,t-1}$	0.0214*** (0.0061)	0.0219*** (0.0061)	0.0415*** (0.0067)	0.0222*** (0.0061)
$Age_{i,t}$	0.0021** (0.0009)	0.0020** (0.0009)	0.0017** (0.0009)	0.0024*** (0.0009)
$Invest_{i,t}$	-0.0508*** (0.0073)	-0.0509*** (0.0073)	-0.0505*** (0.0073)	-0.0513*** (0.0073)
$Fcfi_{i,t}$	0.0091*** (0.0031)	0.0091*** (0.0031)	0.0102*** (0.0031)	0.0091*** (0.0031)
$Or_{i,t}$	0.0870*** (0.0147)	0.0884*** (0.0147)	0.0798*** (0.0146)	0.0899*** (0.0147)

续表

变量	(1)	(2)	(3)	(4)
	现金流风险	现金流风险	现金流风险	现金流风险
$State_{i,t}$	-0.0033*** (0.0006)	-0.0033*** (0.0006)	-0.0037*** (0.0006)	-0.0030*** (0.0006)
$Ebd_{i,t}$	-0.0013*** (0.0003)	-0.0013*** (0.0003)	-0.0012*** (0.0003)	-0.0014*** (0.0003)
$Indperc_{i,t}$	0.0175*** (0.0047)	0.0177*** (0.0047)	0.0178*** (0.0047)	0.0177*** (0.0047)
$Hold_{i,t}$	-0.0120*** (0.0020)	-0.0119*** (0.0020)	-0.0111*** (0.0020)	-0.0120*** (0.0020)
$Top10_{i,t}$	-0.0020*** (0.0005)	-0.0021*** (0.0005)	-0.0020*** (0.0005)	-0.0021*** (0.0005)
$Follow_{i,t}$	-0.0011*** (0.0003)	-0.0011*** (0.0003)	-0.0009*** (0.0003)	-0.0011*** (0.0003)
_cons	0.1478*** (0.0075)	0.1486*** (0.0075)	0.1450*** (0.0074)	0.1452*** (0.0075)
年份和行业	控制	控制	控制	控制
N	24001	24001	24001	24001

注：括号中为聚类稳健标准误；***、** 与 * 分别表示在 1%、5% 与 10% 的水平上显著。

3.1.5 内生性处理

内生性问题产生的来源可以归纳为两个方面：一是模型度量偏误，即变量度量偏误；二是模型设置偏误，即广义上的遗漏变量偏误，包括一般性遗漏变量偏误与自选择、样本选择和互为因果等特殊性遗漏变量偏误。考虑到现金流风险高的企业可能面临较少的实业投资机会，在资本逐利驱使下更可能投资金融资产，互为因果可能是本章内生性问题产生的主要来源。因此，采用行之有效的工具变量法对上述问题进行解决，即用 2SLS 进行回归检验。借鉴 EI Ghoul 等（2011）、权小锋等（2015）、彭俞超等（2018）、李建军和韩珣（2019）、胡海峰等（2020）、翟光宇等（2021）等的思路，选取企业所在同一行业其他公司的金融资产配置均值作为金融资产配置的工具变量（$Financial-IV_{i,t}$）。这是因为同行业企业经营环境与供求机制相近，资本回报率变化趋势相似，金融资产配置主要驱动因素相同，同行业其他公司金融投资情况与焦点企业金融资产配置高度相关，但不会直接影响焦点企业现金流风险。因此，该工具变量在经济意义上满足相关性与外生性要求。2SLS 估计结果见表 3－5，表 3－5 中列（1）与列（2）对应第一阶段结果，列（3）对应第二阶段回归结果。列（1）中 $Financial-IV_{i,t}$ 的系数为 0.2211，显著性水平为 1%，即其与内生解释变量显著正相关；第二阶段结果显示，$Financial_{i,t}^2$ 的系数为 2.0864，在 1% 的水平上显著，且有 0.7132 < 0 < 1.4266。这说明金融资产配置与现金流风险的“U”形关系在控制内生性问题后仍然存在。需要说明的是，通过弱工具变量检验发现，F 统计量分别为 43.6619 和 14.4233，均大于 10，且 P 值均为 0.0000；此外，瓦尔德检验最小特征值为 24.9992，大于 15% 水平的临界值 4.58。因此可以拒绝存在弱工具变量的原假设，认为工具变量的选择是合理的。

表 3－5　内生性处理——2SLS 估计

变量	(1)	(2)	(3)
	第一阶段		第二阶段
	金融资产配置	金融资产配置平方项	现金流风险
$Financial-IV_{i,t}$	0.2211*** (0.0309)	0.0081 (0.0094)	
$Financial-IV_{i,t}^2$	2.0225*** (0.4689)	0.8153*** (0.1639)	
$Financial_{i,t}$			-0.4453*** (0.0947)
$Financial_{i,t}^2$			2.0864*** (0.4577)
$Size_{i,t-1}$	0.0036*** (0.0008)	0.0000 (0.0003)	-0.0034*** (0.0005)
$Idebt_{i,t-1}$	-0.1202*** (0.0049)	-0.0225*** (0.0015)	0.0075 (0.0077)
$Roa_{i,t-1}$	0.0938*** (0.0130)	0.0224*** (0.0041)	0.0162* (0.0097)
$Age_{i,t}$	0.0138*** (0.0020)	0.0017*** (0.0006)	0.0046*** (0.0014)

续表

变量	(1)	(2)	(3)
	第一阶段		第二阶段
	金融资产配置	金融资产配置平方项	现金流风险
$Invest_{i,t}$	-0.3076*** (0.0154)	-0.0582*** (0.0047)	-0.0601*** (0.0199)
$Fcfi_{i,t}$	0.0892*** (0.0064)	0.0159*** (0.0021)	0.0138** (0.0064)
$Or_{i,t}$	-0.2408*** (0.0273)	-0.0856*** (0.0079)	0.1674*** (0.0300)
$State_{i,t}$	-0.0144*** (0.0015)	-0.0022*** (0.0005)	-0.0050*** (0.0012)
$Ebd_{i,t}$	-0.0053*** (0.0009)	-0.0012*** (0.0003)	-0.0011* (0.0006)
$Indperc_{i,t}$	0.0370*** (0.0117)	0.0064* (0.0035)	0.0192*** (0.0068)
$Hold_{i,t}$	0.0160*** (0.0060)	0.0044** (0.0019)	-0.0141*** (0.0032)
$Top10_{i,t}$	-0.0030** (0.0012)	-0.0010*** (0.0004)	-0.0013* (0.0007)
$Follow_{i,t}$	-0.0093*** (0.0007)	-0.0021*** (0.0002)	-0.0006 (0.0007)
_cons	-0.0774*** (0.0176)	0.0121** (0.0057)	0.0883*** (0.0158)
年份和行业	控制	控制	控制
N	23955	23955	23955

注：括号中为聚类稳健标准误；***、** 与 * 分别表示在1%、5%与10%的水平上显著。列（1）中 $Size_{i,t}$ 的系数为0.000047，因小数点位数设置显示不全。

3.1.6 稳健性检验

（1）改变回归方法。

Bootstrap 标准误估计方法以抽样为基础，能够得到比 Robust 更加保守的统计推断，更好地克服短面板数据分析中组间异方差问题的干扰，保证估计的有效性。为此本章采用 Bootstrap 方法进行稳健性检验，结果如表 3－6 所示。可以发现，$Financial_{i,t}^2$ 的系数均显著为正，且均满足不等式 $\beta_1+2\beta_2$（$Financial_{min}-0.0642$）$<0<\beta_1+2\beta_2$（$Financial_{max}-0.0642$）；$Financial_{i,t}\times Epcm_{i,t}$、$Financial_{i,t}^2\times Epcm_{i,t}$、$Financial_{i,t}\times Stable_{i,t}$ 与 $Financial_{i,t}^2\times Stable_{i,t}$ 的系数均显著，方向与前面一致，且 $\beta_1\beta_5-\beta_2\beta_4>0$，$Financial_{i,t}\times HHI_{i,t}$ 与 $Financial_{i,t}^2\times HHI_{i,t}$ 的系数均不显著。以上结果表明金融资产配置与现金流风险的"U"形关系以及企业竞争地位与供应链稳定度的调节效应仍然存在，与结论一致。

表 3－6　　稳健性检验——Bootstrap 估计

变量	(1)	(2)	(3)	(4)
	现金流风险	现金流风险	现金流风险	现金流风险
$Financial_{i,t}$	－0.0349*** (0.0055)	－0.0338*** (0.0056)	－0.0352*** (0.0056)	－0.0363*** (0.0050)
$Financial_{i,t}^2$	0.0506** (0.0206)	0.0404** (0.0178)	0.0503** (0.0209)	0.0573*** (0.0183)
$HHI_{i,t}$		－0.0088 (0.0074)		
$Financial_{i,t}\times HHI_{i,t}$		0.0705 (0.0762)		
$Financial_{i,t}^2\times HHI_{i,t}$		0.3246 (0.2736)		
$Epcm_{i,t}$			－0.0189*** (0.0038)	
$Financial_{i,t}\times Epcm_{i,t}$			0.1378*** (0.0480)	
$Financial_{i,t}^2\times Epcm_{i,t}$			－0.2784* (0.1506)	
$Stable_{i,t}$				0.0001*** (0.0000)
$Financial_{i,t}\times Stable_{i,t}$				0.0005* (0.0003)

续表

变量	(1)	(2)	(3)	(4)
	现金流风险	现金流风险	现金流风险	现金流风险
$Financial_{i,t}^2 \times Stable_{i,t}$				-0.0031 *** (0.0009)
$Size_{i,t-1}$	-0.0047 *** (0.0003)	-0.0047 *** (0.0003)	-0.0046 *** (0.0003)	-0.0046 *** (0.0003)
$Idebt_{i,t-1}$	0.0115 *** (0.0024)	0.0112 *** (0.0021)	0.0129 *** (0.0025)	0.0110 *** (0.0026)
$Roa_{i,t-1}$	0.0214 *** (0.0058)	0.0219 *** (0.0062)	0.0415 *** (0.0072)	0.0222 *** (0.0055)
$Age_{i,t}$	0.0021 ** (0.0009)	0.0020 ** (0.0009)	0.0017 * (0.0009)	0.0024 *** (0.0008)
$Invest_{i,t}$	-0.0508 *** (0.0092)	-0.0509 *** (0.0078)	-0.0505 *** (0.0092)	-0.0513 *** (0.0067)
$Fcfi_{i,t}$	0.0091 ** (0.0038)	0.0091 *** (0.0030)	0.0102 *** (0.0038)	0.0091 *** (0.0026)
$Or_{i,t}$	0.0870 *** (0.0157)	0.0884 *** (0.0145)	0.0798 *** (0.0157)	0.0899 *** (0.0150)
$State_{i,t}$	-0.0033 *** (0.0006)	-0.0033 *** (0.0007)	-0.0037 *** (0.0006)	-0.0030 *** (0.0006)
$Ebd_{i,t}$	-0.0013 *** (0.0003)	-0.0013 *** (0.0004)	-0.0012 *** (0.0003)	-0.0014 *** (0.0004)
$Indperc_{i,t}$	0.0175 *** (0.0057)	0.0177 *** (0.0043)	0.0178 *** (0.0058)	0.0177 *** (0.0045)
$Hold_{i,t}$	-0.0120 *** (0.0019)	-0.0119 *** (0.0017)	-0.0111 *** (0.0019)	-0.0120 *** (0.0020)
$Top10_{i,t}$	-0.0020 *** (0.0005)	-0.0021 *** (0.0005)	-0.0020 *** (0.0005)	-0.0021 *** (0.0004)
$Follow_{i,t}$	-0.0011 *** (0.0003)	-0.0011 *** (0.0003)	-0.0009 *** (0.0003)	-0.0011 *** (0.0003)
_cons	0.1478 *** (0.0078)	0.1486 *** (0.0075)	0.1450 *** (0.0077)	0.1452 *** (0.0066)
年份和行业	控制	控制	控制	控制
N	24001	24001	24001	24001

注：括号中为聚类稳健标准误；*** 、** 与 * 分别表示在 1%、5% 与 10% 的水平上显著。

（2）变更变量度量指标。

为缓解变量度量偏误问题，本章分别变更金融资产配置、现金流风险与供应链稳定度的度量指标。具体地，用金融资产配置滞后一期（指标1）与行业调整金融投资率（指标2）两个指标重新衡量金融资产配置，其中的金融投资率基于现金流量表，将金融资产配置度量为投资支付现金与投资活动现金流出（投资支付现金+购建固定资产、无形资产和其他长期资产支付现金+取得子公司及其他营业单位支付的现金净额+支付其他与投资活动有关的现金）的比值；用每股经营活动现金净流量三年滚动标准差（指标1）与t-2年至t年企业经营活动现金净流量/(总资产-金融资产)的标准差（指标2）重新衡量现金流风险；用供应链协调程度重新衡量供应链稳定度，考虑到供应链越稳定，企业与供应商和客户之间的依存度越大，供应链协调能力越强，且营运资金周转率能够反映供应链协调与优化程度（李颖和周洋，2020），用营运资金周转率（营业收入/营运资金）表示供应链协调程度，重新度量供应链稳定度。检验结果分别见表3-7中列（1）和列（2）、列（3）和列（4）以及列（5），$Financial_{i,t}^2$ 的系数均显著为正，且均满足不等式 $\beta_1+2\beta_2(Financial_{\min}-Financial_{均值})<0<\beta_1+2\beta_2(Financial_{\max}-Financial_{均值})$，回归结果支持H3-1；$Financial_{i,t}\times Stable_{i,t}$ 与 $Financial_{i,t}^2\times Stable_{i,t}$ 的系数均显著，方向与前面一致，且 $\beta_1\beta_5-\beta_2\beta_4>0$，再次支持正文结论。

表3-7　　　　稳健性检验——变更变量度量指标

变量	(1)	(2)	(3)	(4)	(5)
	变更金融资产配置度量指标		变更现金流风险度量指标		变更供应链稳定度度量指标
	指标1	指标2	指标1	指标2	供应链协调程度
$Financial_{i,t}$	-0.0330*** (0.0050)	-0.0028*** (0.0009)	-0.3648*** (0.0490)	-0.0108* (0.006)	-0.0344*** (0.0049)
$Financial_{i,t}^2$	0.0482*** (0.0178)	0.0053* (0.0029)	0.3709** (0.1531)	0.1463*** (0.024)	0.0484*** (0.0171)
$Stable_{i,t}$					0.0001*** (0.0000)

续表

变量	(1)	(2)	(3)	(4)	(5)
	变更金融资产配置度量指标		变更现金流风险度量指标		变更供应链稳定度度量指标
	指标1	指标2	指标1	指标2	供应链协调程度
$Financial_{i,t} \times Stable_{i,t}$					0.0006* (0.0003)
$Financial_{i,t}^2 \times Stable_{i,t}$					-0.0031** (0.0015)
$Size_{i,t-1}$	-0.0048*** (0.0003)	-0.0047*** (0.0003)	0.0813*** (0.0037)	-0.0054*** (0.000)	-0.0047*** (0.0003)
$Idebt_{i,t-1}$	0.0134*** (0.0024)	0.0143*** (0.0024)	0.2981*** (0.0267)	0.0164*** (0.003)	0.0120*** (0.0024)
$Roa_{i,t-1}$	0.0230*** (0.0062)	0.0203*** (0.0060)	0.3162*** (0.0531)	0.0292*** (0.007)	0.0215*** (0.0061)
$Age_{i,t}$	0.0019** (0.0009)	0.0016* (0.0009)	-0.0356*** (0.0091)	0.0041*** (0.001)	0.0021** (0.0009)
$Invest_{i,t}$	-0.0425*** (0.0073)	-0.0437*** (0.0073)	-0.3848*** (0.0733)	-0.0619*** (0.009)	-0.0507*** (0.0073)
$Fcfi_{i,t}$	0.0044 (0.0031)	0.0070** (0.0031)	0.1125*** (0.0296)	0.0058 (0.004)	0.0093*** (0.0031)
$Or_{i,t}$	0.0894*** (0.0152)	0.0930*** (0.0145)	0.3570*** (0.1313)	0.1047*** (0.018)	0.0862*** (0.0147)
$State_{i,t}$	-0.0033*** (0.0006)	-0.0029*** (0.0006)	0.0212*** (0.0066)	-0.0033*** (0.001)	-0.0032*** (0.0006)
$Ebd_{i,t}$	-0.0013*** (0.0003)	-0.0011*** (0.0003)	-0.0073** (0.0034)	-0.0011*** (0.000)	-0.0013*** (0.0003)
$Indperc_{i,t}$	0.0157*** (0.0047)	0.0158*** (0.0047)	0.1228** (0.0513)	0.0162*** (0.005)	0.0174*** (0.0047)
$Hold_{i,t}$	-0.0120*** (0.0020)	-0.0117*** (0.0020)	0.1452*** (0.0213)	-0.0148*** (0.002)	-0.0118*** (0.0020)
$Top10_{i,t}$	-0.0020*** (0.0005)	-0.0020*** (0.0005)	-0.0073 (0.0055)	-0.0020*** (0.001)	-0.0021*** (0.0005)
$Follow_{i,t}$	-0.0010*** (0.0003)	-0.0009*** (0.0003)	0.0118*** (0.0031)	-0.0012*** (0.000)	-0.0010*** (0.0003)

续表

变量	(1)	(2)	(3)	(4)	(5)
	变更金融资产配置度量指标		变更现金流风险度量指标		变更供应链稳定度度量指标
	指标 1	指标 2	指标 1	指标 2	供应链协调程度
_cons	0.1544 *** (0.0076)	0.1486 *** (0.0075)	-1.4381 *** (0.0860)	0.1738 *** (0.009)	0.1475 *** (0.0075)
年份和行业	控制	控制	控制	控制	控制
N	23204	23979	24004	22359	23998

注：括号中为聚类稳健标准误；*** 、** 与 * 分别表示在1% 、5% 与 10% 的水平上显著。委托贷款等新兴金融资产从 2007 年开始统计是表 3-7 列（4）观测值 N 较少的原因。

（3）改变样本区间。

考虑到现金流风险计算时用到 t-2 年与 t-1 年的数据，而 2006 年会计准则于 2007 年 1 月 1 日开始实施并规范企业金融资产列报，为避免 2006 年会计准则实施带来的 2007 年前后财务数据口径不统一对实证结果产生干扰，本章剔除了 2007 年和 2008 年数据后重新对假设进行检验，结果见表 3-8，与前面得到的结论相一致。另外，2017 年修订《企业会计准则第 22 号——金融工具确认和计量》《企业会计准则第 37 号——金融工具列报》等准则，要求境内上市企业自 2019 年 1 月 1 日起实行金融资产“三分类”，不再采用“四分类”。为缓解准则修订带来的金融资产配置数据口径不统一问题，本章剔除 2019 年与 2020 年数据后重新进行假设检验，结果见表 3-9，再次验证了假设。

表 3-8　　稳健性检验——改变样本区间（考虑 2006 会计准则影响）

变量	(1)	(2)	(3)	(4)
	现金流风险	现金流风险	现金流风险	现金流风险
$Financial_{i,t}$	-0.0320 *** (0.0049)	-0.0307 *** (0.0049)	-0.0323 *** (0.0050)	-0.0332 *** (0.0053)
$Financial_{i,t}^2$	0.0421 ** (0.0174)	0.0311 * (0.0173)	0.0416 ** (0.0175)	0.0481 ** (0.0218)
$HHI_{i,t}$		-0.0040 (0.0074)		

续表

变量	(1)	(2)	(3)	(4)
	现金流风险	现金流风险	现金流风险	现金流风险
$Financial_{i,t} \times HHI_{i,t}$		0.0905 (0.0645)		
$Financial_{i,t}^2 \times HHI_{i,t}$		0.2843 (0.2466)		
$Epcm_{i,t}$			-0.0182*** (0.0036)	
$Financial_{i,t} \times Epcm_{i,t}$			0.1340*** (0.0443)	
$Financial_{i,t}^2 \times Epcm_{i,t}$			-0.2498* (0.1340)	
$Stable_{i,t}$				0.0001*** (0.0000)
$Financial_{i,t} \times Stable_{i,t}$				0.0005* (0.0003)
$Financial_{i,t}^2 \times Stable_{i,t}$				-0.0039*** (0.0012)
$Size_{i,t-1}$	-0.0049*** (0.0003)	-0.0049*** (0.0003)	-0.0048*** (0.0003)	-0.0047*** (0.0003)
$Idebt_{i,t-1}$	0.0137*** (0.0025)	0.0134*** (0.0025)	0.0149*** (0.0025)	0.0131*** (0.0025)
$Roa_{i,t-1}$	0.0196*** (0.0062)	0.0200*** (0.0063)	0.0387*** (0.0069)	0.0205*** (0.0063)
$Age_{i,t}$	0.0018** (0.0009)	0.0018** (0.0009)	0.0015* (0.0009)	0.0022** (0.0009)
$Invest_{i,t}$	-0.0523*** (0.0075)	-0.0525*** (0.0075)	-0.0518*** (0.0075)	-0.0527*** (0.0075)
$Fcfi_{i,t}$	0.0080** (0.0031)	0.0079** (0.0031)	0.0089*** (0.0031)	0.0079** (0.0031)
$Or_{i,t}$	0.0925*** (0.0155)	0.0939*** (0.0155)	0.0852*** (0.0155)	0.0955*** (0.0155)
$State_{i,t}$	-0.0031*** (0.0006)	-0.0032*** (0.0006)	-0.0036*** (0.0007)	-0.0029*** (0.0006)

续表

变量	(1)	(2)	(3)	(4)
	现金流风险	现金流风险	现金流风险	现金流风险
$Ebd_{i,t}$	-0.0012 *** (0.0003)	-0.0012 *** (0.0003)	-0.0011 *** (0.0003)	-0.0013 *** (0.0003)
$Indperc_{i,t}$	0.0147 *** (0.0048)	0.0150 *** (0.0048)	0.0150 *** (0.0047)	0.0150 *** (0.0047)
$Hold_{i,t}$	-0.0118 *** (0.0020)	-0.0117 *** (0.0020)	-0.0110 *** (0.0020)	-0.0118 *** (0.0020)
$Top10_{i,t}$	-0.0020 *** (0.0005)	-0.0020 *** (0.0005)	-0.0020 *** (0.0005)	-0.0021 *** (0.0005)
$Follow_{i,t}$	-0.0010 *** (0.0003)	-0.0010 *** (0.0003)	-0.0008 *** (0.0003)	-0.0010 *** (0.0003)
_cons	0.1622 *** (0.0077)	0.1625 *** (0.0077)	0.1593 *** (0.0076)	0.1593 *** (0.0077)
年份和行业	控制	控制	控制	控制
N	22359	22359	22359	22359

注：括号中为聚类稳健标准误； *** 、 ** 与 * 分别表示在 1% 、5% 与 10% 的水平上显著。

表 3-9　　稳健性检验——改变样本区间（考虑金融资产三分类影响）

变量	(1)	(2)	(3)	(4)
	现金流风险	现金流风险	现金流风险	现金流风险
$Financial_{i,t}$	-0.0349 *** (0.0062)	-0.0340 *** (0.0062)	-0.0355 *** (0.0063)	-0.0401 *** (0.0073)
$Financial^2_{i,t}$	0.0614 *** (0.0219)	0.0504 ** (0.0216)	0.0616 *** (0.0219)	0.0968 *** (0.0360)
$HHI_{i,t}$		-0.0178 ** (0.0085)		
$Financial_{i,t} \times HHI_{i,t}$		0.0797 (0.0710)		
$Financial^2_{i,t} \times HHI_{i,t}$		0.3659 (0.2888)		
$Epcm_{i,t}$			-0.0173 *** (0.0045)	

续表

变量	(1) 现金流风险	(2) 现金流风险	(3) 现金流风险	(4) 现金流风险
$Financial_{i,t} \times Epcm_{i,t}$			0.1509 ** (0.0588)	
$Financial_{i,t}^2 \times Epcm_{i,t}$			-0.3153 * (0.1735)	
$Stable_{i,t}$				0.0001 *** (0.0000)
$Financial_{i,t} \times Stable_{i,t}$				0.0009 ** (0.0004)
$Financial_{i,t}^2 \times Stable_{i,t}$				-0.0064 *** (0.0020)
$Size_{i,t-1}$	-0.0044 *** (0.0004)	-0.0044 *** (0.0004)	-0.0042 *** (0.0004)	-0.0043 *** (0.0004)
$Idebt_{i,t-1}$	0.0133 *** (0.0028)	0.0128 *** (0.0028)	0.0148 *** (0.0028)	0.0129 *** (0.0028)
$Roa_{i,t-1}$	0.0304 *** (0.0081)	0.0311 *** (0.0081)	0.0513 *** (0.0091)	0.0311 *** (0.0081)
$Age_{i,t}$	0.0024 ** (0.0010)	0.0023 ** (0.0010)	0.0020 ** (0.0010)	0.0026 *** (0.0010)
$Invest_{i,t}$	-0.0485 *** (0.0085)	-0.0482 *** (0.0085)	-0.0482 *** (0.0085)	-0.0491 *** (0.0085)
$Fcfi_{i,t}$	0.0045 (0.0036)	0.0043 (0.0036)	0.0055 (0.0036)	0.0044 (0.0036)
$Or_{i,t}$	0.0849 *** (0.0174)	0.0858 *** (0.0174)	0.0778 *** (0.0173)	0.0876 *** (0.0174)
$State_{i,t}$	-0.0035 *** (0.0007)	-0.0035 *** (0.0007)	-0.0039 *** (0.0007)	-0.0033 *** (0.0007)
$Ebd_{i,t}$	-0.0016 *** (0.0004)	-0.0016 *** (0.0004)	-0.0015 *** (0.0004)	-0.0016 *** (0.0004)
$Indperc_{i,t}$	0.0185 *** (0.0057)	0.0188 *** (0.0057)	0.0192 *** (0.0057)	0.0188 *** (0.0057)

续表

变量	(1)	(2)	(3)	(4)
	现金流风险	现金流风险	现金流风险	现金流风险
$Hold_{i,t}$	-0.0121 *** (0.0024)	-0.0121 *** (0.0025)	-0.0111 *** (0.0024)	-0.0122 *** (0.0024)
$Top10_{i,t}$	-0.0019 *** (0.0006)	-0.0020 *** (0.0006)	-0.0019 *** (0.0006)	-0.0019 *** (0.0006)
$Follow_{i,t}$	-0.0016 *** (0.0003)	-0.0016 *** (0.0003)	-0.0014 *** (0.0003)	-0.0016 *** (0.0003)
_cons	0.1379 *** (0.0088)	0.1389 *** (0.0088)	0.1342 *** (0.0088)	0.1353 *** (0.0089)
年份和行业	控制	控制	控制	控制
N	18437	18437	18437	18437

注：括号中为聚类稳健标准误；*** 、** 与 * 分别表示在 1%、5% 与 10% 的水平上显著。

（4）外部冲击。

2012 年 12 月 19 日证监会发布的《上市公司监管指引第 2 号——上市公司募集资金管理和使用的监管要求》，该项政策允许企业将闲置资金投资于安全性和流动性较高的金融产品。换言之，该项指引为企业金融资产配置行为创造了有利条件，更可能加剧企业偏离主业涉足金融领域以过度寻求短期获利的倾向，增加现金流风险。因此，金融资产配置与企业现金流风险在该项指引发布之前更可能呈现出负向关系，而在该项指引发布之后表现出比较明显的“U”形关系。为了研究企业金融化监管政策的影响，本章区分 2012 年之前与 2012 年之后两个样本组进行检验，结果见表 3-10。在 2012 年之前的样本组中，$Financial_{i,t}^2$ 的系数为正但不显著，$Financial_{i,t}$ 的系数为 -0.0597，显著性水平为 1%，验证了金融资产配置的现金流风险分散功能，证实了金融资产配置融资约束动机的存在。在 2012 年之后的样本组中，$Financial_{i,t}^2$ 的系数为 0.0352，在 10% 的水平上显著，条件（3-1）适用；考虑到样本区间变化后 $Financial_{i,t}$ 的均值为 0.0742，不等式（3-2）变为 $\beta_1 + 2\beta_2 (Financial_{min} - 0.0742) < 0 < \beta_1 + 2\beta_2 (Financial_{max} - 0.0742)$，即有 $-0.0344 < 0 < 0.0017$，后两个条件适用。这说明金融资产配置对现金流风险的“U”形影响在 2012 年之后更显著，证实了金融资产的双重属性。

综上所述，前述论断得到支持。

表 3-10　稳健性检验——外部冲击

变量	(1)	(2)
	2012 年之前	2012 年之后
$Financial_{i,t}$	-0.0597*** (0.0152)	-0.0292*** (0.0053)
$Financial_{i,t}^2$	0.0813 (0.0550)	0.0352* (0.0181)
$Size_{i,t-1}$	-0.0022*** (0.0008)	-0.0054*** (0.0004)
$Idebt_{i,t-1}$	-0.0070 (0.0053)	0.0160*** (0.0028)
$Roa_{i,t-1}$	0.0407*** (0.0156)	0.0164** (0.0068)
$Age_{i,t}$	0.0050** (0.0022)	0.0017* (0.0010)
$Invest_{i,t}$	-0.0086 (0.0192)	-0.0594*** (0.0083)
$Fcfi_{i,t}$	-0.0057 (0.0089)	0.0126*** (0.0033)
$Or_{i,t}$	0.0531* (0.0308)	0.1046*** (0.0170)
$State_{i,t}$	-0.0040*** (0.0015)	-0.0024*** (0.0007)
$Ebd_{i,t}$	-0.0025** (0.0010)	-0.0009** (0.0004)
$Indperc_{i,t}$	0.0161 (0.0139)	0.0180*** (0.0052)
$Hold_{i,t}$	0.0128 (0.0086)	-0.0135*** (0.0021)

续表

变量	(1)	(2)
	2012 年之前	2012 年之后
$Top10_{i,t}$	-0.0044 *** (0.0015)	-0.0016 *** (0.0005)
$Follow_{i,t}$	-0.0020 ** (0.0008)	-0.0008 *** (0.0003)
_cons	0.0867 *** (0.0185)	0.1689 *** (0.0087)
年份和行业	控制	控制
N	4804	17613

注：括号中为聚类稳健标准误；***、** 与 * 分别表示在 1%、5% 与 10% 的水平上显著。

3.1.7 进一步分析

(1) 机制检验。

为了验证金融资产配置是否通过影响资本配置效率作用于企业现金流风险，本章借助 Edwards 和 Lambert (2007) 开发的路径分析方法，参照董保宝 (2014) 的研究设计，使用如下模型进行检验：

$$Ineffinv_{i,t} = \alpha + \beta_1 Financial_{i,t} + \beta_2 Financial_{i,t}^2 + \sum \alpha_m controls_{i,t} + \varepsilon_{i,t} \quad (3-6)$$

$$R\_CF_{i,t} = \alpha + \beta_1 Financial_{i,t} + \beta_2 Ineffinv_{i,t} + \beta_3 Financial_{i,t}^2 + \beta_4 Financial_{i,t} \times Ineffinv_{i,t} + \sum \alpha_m controls_{i,t} + \varepsilon_{i,t} \quad (3-7)$$

上述模型中的 $Indffinv_{i,t}$ 为中介变量，即非效率资本配置。借鉴 Richardson (2006) 以及刘行和叶康涛 (2013) 的投资效率度量模型，先求得企业预期投资水平，然后用实际投资水平与预期投资水平差额的绝对值表示企业非效率资本配置，且数值越大，非效率资本配置程度越高。其他变量定义与前面一致。具体度量模型如下：

$$Inv_{i,t} = Inv_{i,t-1} + Cash_{i,t-1} + Size_{i,t-1} + Lev_{i,t-1} + Grow_{i,t-1} + \mathrm{Ret}_{i,t-1} + Age_{i,t-1} + Year + Industry + \varepsilon_{i,t} \quad (3-8)$$

其中，$Inv_{i,t}$为企业当年新增资本投资额，用（构建固定资产、无形资产与其他长期资产支付的现金－处置固定资产、无形资产与其他长期资产收回的现金净额）/期初总资产表示；$Inv_{i,t-1}$代表上年新增资本投资额；$Cash_{i,t-1}$反映$t-1$年末的现金持有量，即货币资金/总资产；$Size_{i,t-1}$为$t-1$年的企业规模，对总资产取自然对数表示；$Lev_{i,t-1}$反映企业$t-1$年的资产负债率，表示为总负债/总资产；$Grow_{i,t-1}$为企业$t-1$年的成长性，即营业收入增长率；$Ret_{i,t-1}$代表企业$t-1$年的个股回报率；$Age_{i,t-1}$为企业年龄；$Year$和$Industry$表示年度和行业虚拟变量；$\varepsilon_{i,t}$呈现了企业实际投资水平与预期投资水平的偏离情况。

若模型（3－6）中的β_2显著为正，且满足不等式（3－2），则说明金融资产配置与非效率资本配置呈"U"形关系；然后对模型（3－7）进行回归分析，如果β_3显著为正，且满足不等式（3－2），β_2显著为正，则表明非效率资本配置在金融资产配置影响现金流风险过程中起到中介作用，即金融资产配置与现金流风险的"U"形关系是金融资产配置与非效率资本配置之间"U"形关系传导的结果。

表3－11为非线性中介模型的检验结果。表3－11中列（1）呈现了金融资产配置与非效率资本配置的关系。结果显示，$Financial^2_{i,t}$的系数为0.0380，在1%的水平上显著，同时有$-0.0157<0<0.0233$，表明金融资产配置与非效率资本配置之间存在"U"形关系，是金融资产配置两种动机共同作用的结果。具体地，融资约束动机通过化解融资约束促进金融资产配置与实业投资良性互动，从而提高实业投资效率；资本套利动机通常伴随着金融资产配置过度带来的实业投资不足问题，表现为非效率资本配置程度上升。列（2）纳入了中介变量$Ineffinv_{i,t}$以及$Financial_{i,t}$与$Ineffinv_{i,t}$的交互项$Financial_{i,t}\times Ineffinv_{i,t}$。由结果可知，$Financial^2_{i,t}$的系数为0.0411，显著性水平为5%，且满足$-0.0370<0<0.0052$，再次验证了H3－1；$Ineffinv_{i,t}$的系数为0.0631，在1%的水平上显著，即非效率资本配置是企业现金流风险产生的主要原因，契合现金流管理理论观点。换言之，非效率资本配置会降低企业经营稳定性与持续性，增加经营活动现金流不确定性与不可预期性，加剧现金流风险；$Financial_{i,t}\times Ineffinv_{i,t}$的系数不显著，说明非效率资本配置与现金流风险的关系不受金融资产配置的影响。综上证实了

非效率资本配置在金融资产配置影响现金流风险过程中的中介作用。研究结论表明，金融资产配置双重属性能够通过平滑与挤出实业投资对资产结构合理性产生“U”形影响，继而作用于企业现金流风险。

表 3-11　　金融资产配置影响现金流风险的机制检验

变量	(1)	(2)
	非效率资本配置	现金流风险
$Financial_{i,t}$	-0.0108 *** (0.0034)	-0.0317 *** (0.0048)
$Financial^2_{i,t}$	0.0380 *** (0.0104)	0.0411 ** (0.0172)
$Ineffinv_{i,t}$		0.0631 *** (0.0090)
$Financial_{i,t} \times Ineffinv_{i,t}$		0.0556 (0.0849)
$Size_{i,t-1}$	-0.0020 *** (0.0002)	-0.0043 *** (0.0003)
$Idebt_{i,t-1}$	0.0066 *** (0.0016)	0.0119 *** (0.0024)
$Roa_{i,t-1}$	0.0049 (0.0037)	0.0172 *** (0.0059)
$Age_{i,t}$	-0.0007 (0.0007)	0.0022 *** (0.0008)
$Invest_{i,t}$	0.3579 *** (0.0075)	-0.0769 *** (0.0078)
$Fcfi_{i,t}$	0.0209 *** (0.0019)	0.0085 *** (0.0031)
$Or_{i,t}$	0.0097 (0.0079)	0.0804 *** (0.0143)
$State_{i,t}$	-0.0019 *** (0.0004)	-0.0029 *** (0.0006)
$Ebd_{i,t}$	0.0004 (0.0003)	-0.0014 *** (0.0003)

续表

变量	(1)	(2)
	非效率资本配置	现金流风险
$Indperc_{i,t}$	0.0101 *** (0.0035)	0.0182 *** (0.0047)
$Hold_{i,t}$	-0.0030 * (0.0017)	-0.0120 *** (0.0020)
$Top10_{i,t}$	-0.0007 * (0.0004)	-0.0021 *** (0.0005)
$Follow_{i,t}$	-0.0014 *** (0.0002)	-0.0008 *** (0.0003)
_cons	0.0593 *** (0.0053)	0.1376 *** (0.0074)
年份和行业	控制	控制
N	23542	23542

注：括号中为聚类稳健标准误；***、** 与 * 分别表示在1%、5%与10%的水平上显著。

（2）区分金融资产配置类型。

根据管理会计的分类标准，长期金融股权投资可以视为企业整体布局和长远规划下的战略投资，是企业提高未来盈利能力的重要手段，有助于提高经营稳定性，降低现金流波动。为此，本章区分长期金融股权投资与交易类金融资产、投资性房地产、委托贷款等非战略性金融资产进行异质性分析，结果分别见表3-12中列（1）与列（2）。可以看出，$Sfa_{i,t}$的系数为-0.0909，在5%的水平上显著，说明长期金融股权投资负向影响企业现金流风险，证实了长期金融股权投资的战略特征；$Nsfa_{i,t}^2$的系数为0.0711，显著性水平为1%，满足条件（3-1），同时考虑到$Nsfa_{min}$为0.0000，$Nsfa_{max}$为0.4830，$Nsfa_{i,t}$的均值为0.0577，不等式（3-2）变为$\beta_1+2\beta_2$（$Nsfa_{min}-0.0742$）$<0<\beta_1+2\beta_2$（$Nsfa_{max}-0.0742$），即有$-0.0462<0<0.0225$，后两个条件得以满足，表明非战略性金融资产配置与现金流风险呈"U"形关系。这意味着金融资产配置对现金流风险的"U"形影响主要是非战略性金融资产配置发挥作用。此外，考虑到战略性金融资产与非战略性金融资产之间较强的相关性可能使回归结果产生偏误，本章还报告了两个变量一

起放入模型的结果，如表 3－12 中列（3）所示，与单独放入模型的结果一致。

表 3－12　　金融资产配置类型的细分考察

变量	(1)	(2)	(3)
	战略性金融资产	非战略性金融资产	综合
$Sfa_{i,t}$	－0.0909 ** (0.0381)		－0.0762 ** (0.0382)
$Sfa_{i,t}^2$	0.5493 (0.3403)		0.4236 (0.3411)
$Nsfa_{i,t}$		－0.0380 *** (0.0053)	－0.0376 *** (0.0053)
$Nsfa_{i,t}^2$		0.0711 *** (0.0197)	0.0702 *** (0.0197)
$Size_{i,t-1}$	－0.0047 *** (0.0003)	－0.0048 *** (0.0003)	－0.0047 *** (0.0003)
$Idebt_{i,t-1}$	0.0146 *** (0.0024)	0.0117 *** (0.0024)	0.0117 *** (0.0024)
$Roa_{i,t-1}$	0.0197 *** (0.0061)	0.0207 *** (0.0061)	0.0210 *** (0.0061)
$Age_{i,t}$	0.0018 ** (0.0009)	0.0020 ** (0.0009)	0.0021 ** (0.0009)
$Invest_{i,t}$	－0.0437 *** (0.0072)	－0.0497 *** (0.0073)	－0.0504 *** (0.0073)
$Fcfi_{i,t}$	0.0067 ** (0.0031)	0.0090 *** (0.0031)	0.0090 *** (0.0031)
$Or_{i,t}$	0.0905 *** (0.0147)	0.0883 *** (0.0147)	0.0881 *** (0.0147)
$State_{i,t}$	－0.0029 *** (0.0006)	－0.0032 *** (0.0006)	－0.0033 *** (0.0006)
$Ebd_{i,t}$	－0.0012 *** (0.0003)	－0.0013 *** (0.0003)	－0.0013 *** (0.0003)

续表

变量	(1)	(2)	(3)
	战略性金融资产	非战略性金融资产	综合
$Indperc_{i,t}$	0.0164 *** (0.0047)	0.0172 *** (0.0047)	0.0172 *** (0.0047)
$Hold_{i,t}$	-0.0125 *** (0.0020)	-0.0119 *** (0.0020)	-0.0121 *** (0.0020)
$Top10_{i,t}$	-0.0020 *** (0.0005)	-0.0020 *** (0.0005)	-0.0020 *** (0.0005)
$Follow_{i,t}$	-0.0009 *** (0.0003)	-0.0010 *** (0.0003)	-0.0010 *** (0.0003)
_cons	0.1486 *** (0.0076)	0.1492 *** (0.0075)	0.1469 *** (0.0076)
年份和行业	控制	控制	控制
N	24001	24001	24001

注：括号中为聚类稳健标准误；*** 、** 与 * 分别表示在1%、5%与10%的水平上显著。

（3）金融杠杆的影响。

基于宏观审慎监管理论，金融杠杆能够揭示金融与产业的融合发展以及宏观经济波动情况，进而作用于企业投资活动，最终引发风险变化。具体地，金融杠杆的调节功能可以从两个角度展开：首先，金融杠杆使金融资产配置拐点右移。高金融杠杆意味着大量金融资本集聚于金融体系内部"空转"，导致非金融上市公司发展难以获得信贷资金支持，融资约束问题加剧，从而增加企业出于融资约束动机的金融资产配置，致使金融资产配置缓冲企业现金流风险的功能凸显，边际风险为负的区间延长，为临时对应的金融资产配置比例将右移。其次，金融杠杆弱化金融资产配置与现金流风险的关系。如前所述，金融资产配置主要通过影响企业主业经营质量降低或提高现金流风险。而高金融杠杆可能通过影响经济波动和货币政策传导有效性增加企业实业投资风险，进而弱化金融资产配置对现金流风险的"U"形影响。为此，本章分别利用金融机构层面指标（金融机构同业杠杆，等于（总资产-所有者权益-一般性存款）/总资产）和宏观层面指标（M2/GDP）衡量金融杠杆，基于非线性关系调节模型（3-3）检验金融杠杆的影响，结果见表3－13。$Financial_{i,t}^2$的系数分别为0.0572与0.0595，均在1%的水平上显著，同时满足不等式$\beta_1+2\beta_2$（$Financial_{min}-0.0642$）<0<$\beta_1+2\beta_2$（$Financial_{max}-0.0642$），支持H3－1；$Financial_{i,t}\times Pe_{i,t}$的系数分别为0.2674与0.0008，显著性水平均为5%，$Financial_{i,t}^2\times Pe_{i,t}$的系数分别为－0.7412与－0.0030，显著性水平分别为10%与5%，所以$\beta_1\beta_5-\beta_2\beta_4$分别为0.0124与0.0001，均大于0，说明金融杠杆使关系曲线的拐点右移，且能够弱化“U”形关系，使其扁平化。此结论不仅揭示了金融加杠杆的本质，即金融资本为实现增值逐渐脱离产业资本集聚于金融体系内部层层嵌套与“空转”的过程，而且反映了金融杠杆的风险联动性，即高金融杠杆可能通过放大经济波动与降低货币政策传导效率将金融风险传递到企业层面。

表3－13　金融杠杆的影响

变量	(1)	(2)
	金融机构层面	宏观层面
$Financial_{i,t}$	－0.0373*** (0.0052)	－0.0373*** (0.0051)
$Financial_{i,t}^2$	0.0572*** (0.0187)	0.0595*** (0.0184)
$Pe_{i,t}$	－0.0028 (0.0167)	0.0000 (0.0000)
$Financial_{i,t}\times Pe_{i,t}$	0.2674** (0.1200)	0.0008** (0.0003)
$Financial_{i,t}^2\times Pe_{i,t}$	－0.7412* (0.4380)	－0.0030** (0.0012)
$Size_{i,t-1}$	－0.0047*** (0.0003)	－0.0047*** (0.0003)
$Idebt_{i,t-1}$	0.0116*** (0.0024)	0.0116*** (0.0024)
$Roa_{i,t-1}$	0.0216*** (0.0061)	0.0215*** (0.0061)
$Age_{i,t}$	0.0021** (0.0009)	0.0021** (0.0009)

续表

变量	(1)	(2)
	金融机构层面	宏观层面
$Invest_{i,t}$	-0.0511*** (0.0074)	-0.0511*** (0.0073)
$Fcfi_{i,t}$	0.0090*** (0.0031)	0.0090*** (0.0031)
$Or_{i,t}$	0.0874*** (0.0147)	0.0877*** (0.0147)
$State_{i,t}$	-0.0033*** (0.0006)	-0.0033*** (0.0006)
$Ebd_{i,t}$	-0.0013*** (0.0003)	-0.0013*** (0.0003)
$Indperc_{i,t}$	0.0174*** (0.0048)	0.0173*** (0.0048)
$Hold_{i,t}$	-0.0121*** (0.0020)	-0.0120*** (0.0020)
$Top10_{i,t}$	-0.0021*** (0.0005)	-0.0021*** (0.0005)
$Follow_{i,t}$	-0.0011*** (0.0003)	-0.0011*** (0.0003)
_cons	0.1462*** (0.0078)	0.1464*** (0.0078)
年份和行业	控制	控制
N	24001	24001

注：括号中为聚类稳健标准误；***、**与*分别表示在1%、5%与10%的水平上显著。列（2）中 $Pe_{i,t}$ 的系数为0.00001，因小数点位数设置显示不全。

3.1.8　小结

基于企业金融化现象，本章以2007~2020年A股上市的非金融上市公司为样本，从产品市场视角探究了金融资产配置与现金流风险的关系，考察了行业竞争程度、企业竞争地位与供应链稳定度的调节功能，验证了金融工具会计准则的经济后果。研究发现，金融资产配置与现金流风险呈“U”形关系；行业竞争程度无法显著影响金融资产配置与现金流风险的关系，企业竞争地位与供应链稳定度均存在两种调节效应，即削弱企业配置金融资产的资本套利动机，致使金融资产配置的风险分散功能凸显，边际风险为零时金融资产配置比例右移，同时能够产生消除波动的“自然防护效应”，弱化金融资产配置对现金流风险的“U”形影响，使其扁平化。进一步地，作用机制考察发现，金融资产配置与非效率资本配置之间呈“U”形关系，进而导致现金流风险上升，即非效率资本配置对金融资产配置与现金流风险的“U”形关系具有中介效应；区分金融资产配置类型后发现，非战略性金融资产配置与现金流风险之间存在“U”形关系，战略性金融资产配置负向影响现金流风险；结合金融杠杆分析发现，金融杠杆能够调节金融资产配置与现金流风险的关系，使关系曲线拐点右移与扁平化。

本节的研究贡献主要表现为：第一，基于产品市场视角，证实金融资产配置与现金流风险的“U”形关系。金融资产配置的融资约束与资本套利动机预示着金融资产配置存在阈值，低于阈值，能够缓解企业融资约束，提高主业稳定性，减少现金流波动；超过阈值，将挤出实业投资，危害主业可持续性发展，增加现金流不确定性。非线性关系的发现补充了金融资产配置经济后果的研究结论，有助于全面理解金融投资与实业发展之间的关系，为促进金融体系与实体部门良性互动，提升产品市场表现提供经验证据。第二，以产品市场竞争为切入点，探讨了行业竞争程度、企业竞争地位以及供应链稳定度对金融资产配置与现金流风险关系的调节功能。研究发现，行业竞争程度的调节效应不明显，企业竞争地位与供应链稳定度使关系曲线拐点右移与扁平化。这意味着同行业视角的横向竞争优势与供应链视角的纵向竞争优势是企业掠夺成功的关键，有助于增强企业经营稳定性，提高现金流可持续性，从而深化对金融资产配置产品市场表现的认识，为企业保持并扩大竞争优势、持续创造价值提供线索。第三，揭示了金融资产配置对现金流风险影响的传导路径与异质性。非效率资本配置的中介效应检验能够提供金融资产配置与实体经济风险关系的解释机制，为金融资产配置的产品市场表现提供更为可视化的结论，深化对企业金融投资经济杠杆作用的认识；金融资产配置类型划分研究结果能够展现两者关系形成的主要载体，对于明晰金融监管工作的侧重点有所裨益；金融杠杆的“U”形关系调节效应揭示出金融杠杆对实体经济运行环境的负面影响，有助于深化实体部门和宏观金融体系关系研究，呈现宏观审慎政策对企业投资决策风险的微观作用机制。

3.2 金融资产配置与盈余持续性

3.2.1 引言

20世纪70年代，新自由主义盛行加剧了经济金融化，使整个资本结构的重心由产业资本不可逆转地转向金融资本（刘姝雯等，2019）。伴随经济重构，大量非金融上市公司偏离主业，纷纷涉足金融领域，出现“脱实向虚”苗头。据CSMAR数据统计，配置金融资产的非金融上市公司数量从2007年的946家增长到2020年的3618家，规模从2007年的2586.66亿元增长到2020年的36251.52亿元，均呈现快速增长势头，非金融上市公司金融化趋势日益明显。

非金融上市公司金融投机活动的开展引发学术界关于金融资产配置问题的讨论。学者普遍认为融资约束与资本套利是非金融上市公司配置金融资产的主要动机（Smith and Stulz，1985；Demir，2009a；Tori and Onaran，2017；王红建等，2017；胡奕明等，2017；Jibril et al.，2018；杨筝等，2019；郝项超，2020）。显然，金融资产配置动机是产业资本与金融资本均衡与否的重要影响因素，能够导致不同的经济后果（戚聿东和张任之，2018）。相关研究从金融资产配置对实业投资（Orhangazi，2008；刘贯春等，2019）、创新投入（Gehringer，2013；郝项超，2020）、资源配置效率（刘笃池等，2016；胡海峰等，2020）、风险管理（Duchin et al.，2017；黄贤环等，2018；彭俞超等，2018；李建军和韩珣，2019）、经营绩效（王红建等，2017；戚聿东和张任之，2018）的影响等方面展开。尽管现有文献讨论了金融资产配置对主业发展基础的影响，但对其在产品市场上的表现关注不足。产品市场是检验非金融上市公司金融资产配置是否有效、能否与市场回报形成良性循环的一个重要场所（谢小芳等，2009）。然而鲜有文献从盈余持续性角度讨论非金融上市公司金融资产配置的产品市场表现。持续增加消费者价值是非金融上市公司金融资产配置能够得到产品市场认可的关键，一个外在表现是企业具有持续稳定的利润来源，即盈余持续性。那么，金融资产配置是否以及如何影响盈余持续性？该问题研究有助于加深对金融化现象扰乱产品市场内在逻辑的理解，为金融与实体经济的关系研究提供来自微观层面的证据。

产品市场竞争描述了企业参与经营活动的环境（张永冀和孟庆斌，2016），能够通过掠夺效应发挥作用于企业经营基本面（陈志斌和王诗雨，2015），最终表现在盈余持续性上，具体包括同行业视角的横向竞争与供应链视角的纵向竞争。行业竞争程度与企业竞争地位是横向竞争的两个方面，前者主要从作用强度上影响企业经营，后者则主要从相对位势上产生影响。当行业间竞争态势较为激烈时，企业间的相互制约程度较大，掠夺行为带来的影响较小，但企业由于面临较大的产品市场不确定性，难以准确评估实业投资项目风险与收益，同时考虑到金融资产公允价值计量过程的复杂性会增加企业盈余操纵的空间，管理层更可能进行金融资产配置，充实短期盈利能力（张永冀和孟庆斌，2016）。企业竞争地位是企业在不影响产品需求的情况下制定更高价格的能力（周夏飞和周强龙，2014）。竞争地位越高，企业越有意愿且越有能力将被掠夺者的产品市场资源边缘化（陈志斌和王诗雨，2015），同时能够及时、准确地识别并满足产品市场需求。这说明较高的竞争地位有助于巩固主业发展基础，持续为消费者创造价值。就供应链视角的纵向竞争而言，供应链越稳定，企业与供应商和客户之间的依存度越大，企业纵向竞争地位越高，供应链协调能力越强，从而有助于及时获得有效的产品市场信息并调整生产经营策略（李颖和周洋，2020），保持并扩大竞争优势，减少盈余异常波动。此外，供应链稳定度较高的企业更可能在维护供应链整体利益、与供应商和客户结成长远联盟关系的战略背景下进行投资选择，结果是企业持续竞争能力形成，盈余持续性增加。那么，行业竞争程度、企业竞争地位与供应链稳定度是否能够对非金融上市公司金融资产配置与盈余持续性的关系发挥调节功能？该问题研究对于深刻理解非金融上市公司经营“脱实向虚”的产品市场表现具有重要意义，同时也能为促进公司可持续发展提供实践启示。

3.2.2 理论分析与研究假设

(1) 盈余持续性层面的经济后果。

如前所述，融资约束与资本套利是非金融上市公司配置金融资产的主要动机。考虑到盈余由经营活动现金流与应计利润组成，盈余持续性不仅与企业现金流风险有关，还受应计利润的可持续性与可预期性影响。因此，与现金流风险主要反映企业经营状况、揭示资产结构合理性不同，盈余持续与否取决于利润结构质量。随着经济下行压力的增大，非金融上市公司普遍面临利润空间收窄的困境（刘笃池等，2016），金融资产配置动机逐渐从融资约束向资本套利转变（王红建等，2017）。这是因为在相当长的时间里，金融领域一直拥有非常高的回报率，金融资产配置能够通过分享金融领域的高额利润提高短期资本回报率（王红建等，2016），成为企业利润快速增加的重要手段。因此可以认为，金融资产配置与现金流风险的关系是两种动机共同作用的结果，而金融资产配置对盈余持续性的影响主要是资本套利动机发挥作用。

从资本套利动机来看，金融资产配置主要从以下五个方面削弱企业可持续增长能力，表现为盈余持续性的下降：其一，金融资产配置会造成企业管理目标短视化。金融领域较高的利润机会能够引发管理层经营目标的转变，使其过度关注短期利益，减弱加大实业投入、完善管理制度、提升产品质量的动力，进而脱离企业可持续发展目标（Stockhammer，2004；Orhangazi，2008；戚聿东和张任之，2018）。其二，金融资产配置会挤出实业投资。根据资源有限理论，企业可用资本有限，热衷于金融资产配置必然会导致企业实业投资供给不足，两者呈替代关系（Tobin，1965；Crotty，2005；Tori and Onaran，2017；李馨子等，2019）。其三，金融资产配置会削弱企业融资能力。金融资产配置可能引致的固定资产减少与负债率上升降低了企业可抵押资产的价值与偿债能力，从而提高企业获取信贷的难度，缩减可获得的信贷规模，增加企业融资成本（Tornell，1990；Palley，2008；Demir，2009a；刘珺等，2014；黄贤环等，2018；刘贯春等，2018）。其四，金融资产配置会增加企业经营风险。实体部门与金融体系间的风险联动性预示着金融资产配置能够产生“风险传染效应”，即金融资产的高风险特征能够传递到企业，从而放大企业经营风险（黄贤环等，2018；李建军和韩珣，2019）。此外，大量产业资本涌入金融领域会产生资产泡沫，增加企业运营风险（王红建等，2017）。其五，金融资产配置带来的盈余大部分应为不可持续盈余。短视化与投机化预示着金融投资收益具有较大的波动性，无法转化成企业的持续盈利能力。与此同时，金融资产在确认与计量过程的较大灵活性为管理层通过金融资产及其相关收益操纵粉饰业绩提供可能，致使盈余中的操纵部分增加。综上所述，在经济金融化背景下，非金融上市公司日益增多的金融资产会降低利润结构质量，损害企业持续盈利能力。

H3－5：非金融上市公司金融资产配置将显著降低盈余持续性。

（2）行业竞争程度与企业竞争地位的调节功能。

根据掠夺理论，行业竞争程度与企业竞争地位能够通过企业采取竞争行为产生的掠夺效应影响企业经营基本面，最终引发盈余持续性变化。当行业竞争激烈时，企业与同行业其他企业间的相互依存度较小，实施掠夺的动机较强，但造成的影响在进攻与防御行为的抵消下呈现出频率快、程度小等特征，即掠夺效应不明显（陈志斌和王诗雨，2015）。特别地，剧烈的行业竞争会加剧产品市场波动，致使实业投资机会缩减，投资项目亏损甚至失败的可能性增加，同时也会降低消费者消费意愿，导致企业产品市场需求不足，实业投资风险上升。其结果是企业倾向于持币观望或通过配置金融资产改善当前业绩（张永冀和孟庆斌，2016）。另外，行业竞争程度越大，企业利润空间越小，管理层出于薪酬提高、职业晋升、声誉维护、帝国建造等私利考虑进行盈余操纵的动机越强（Shleifer，2004；周夏飞和周强龙，2014），而金融资产确认与计量过程中的主观性与复杂性为管理层实施盈余管理提供了契机（毛志宏和徐畅，2018；曹丰和谷孝颖，2021），结果是管理层通过金融资产及其相关收益操纵粉饰业绩的行为增加，盈余持续性下降。因此可以认为，虽然行业竞争程度无法通过发挥掠夺效应显著影响企业经营基本面，进而调节金融资产配置与盈余持续性的关系，但行业竞争程度仍可能通过产生利润破坏效应发挥调节功能，即行业竞争越激烈，金融资产配置对盈余持续性的负向影响越显著。

企业竞争地位是对行业内竞争程度的体现，较高的竞争地位意味着企业相较于其他企业具有更高品质的产品、更具竞争力的品牌等，从而更可能获得消费者青睐，掠夺竞争对手的产品市场份额，增强产业资本实力，促进主业发展，减少短期利益导向的金融资产配置，提高盈余持续性。具体可以从四个方面论述：第一，企业竞争地位越高，经营目标越关乎企业长远发展。高竞争地位企业通常具有较强的定价能力，能够在产品市场竞争中占据领先地位（周夏飞和周强龙，2014），从而更可能获得超额回报。这将促使企业更加注重主业长期发展，通过增加研发、制造与营销活动供给保持并扩大竞争优势，巩固获利结构（吴昊旻等，2012）。第二，企业竞争地位越高，资源充足性与不可模仿性越强。根据资源基础理论，资源充足性与不可模仿性能够强化企业的持续竞争优势，提高消费者认可度。对于竞争地位较高的企业而言，其产品具有较低的替代性（周夏飞和周强龙，2014）。低替代性有助于企业抢占更多的市场优质资源，资源优势又能够增强企业产品品质或独特性，从而形成良性“循环”。第三，企业竞争地位越高，信息配置效率越高。相较于被掠夺者，高竞争地位企业面临的信息不对称程度更低（陈志斌和王诗雨，2015），更可能获取产品市场需求信息，准确把握未来发展前景，从而有效识别实业投资机会，及时调整生产经营策略，提高信息配置效率。此外，高竞争地位企业能够基于信息共享与内部学习产生的知识溢出效应与协同效应实现产品市场开拓、产业链整合等经营战略。第四，企业竞争地位越高，盈余管理水平越低。较强的定价能力不仅有助于高竞争地位企业获取持续更高的回报，而且可以增强企业应对外生不利冲击的能力（Gaspar and Massa，2006；Peress，2010；周夏飞和周强龙，2014），从而减弱管理层利用金融资产操纵盈余的动机。综上所述，企业竞争地位能够通过掠夺效应发挥夯实主业基础，减少出于资本套利动机的金融资产配置，从而弱化金融资产配置对盈余持续性的负向影响。

H3－6：行业竞争程度能够负向调节金融资产配置与盈余持续性的关系，即行业竞争程度越高，金融资产配置与盈余持续性的负向关系越明显。

H3－7：企业竞争地位能够正向调节金融资产配置与盈余持续性的关

系，即企业竞争地位越高，金融资产配置与盈余持续性的负向关系越不明显。

（3）供应链稳定度的调节功能。

从供应链稳定度角度看，企业与供应商和客户的依存关系关系到企业经营质量（Dhaliwal et al.，2016；唐松和谢雪妍，2021），是对企业纵向竞争地位的体现。因此，根据掠夺理论，供应链稳定度同样可以基于掠夺效应对企业经营基本面产生影响，弱化金融资产配置的资本套利动机，继而传导至盈余持续性。具体来说，第一，较高的供应链稳定度能够抑制企业经营目标短视化倾向。较高的供应链稳定度意味着企业更加注重与上下游合作伙伴关系的建立与维护，战略安排更多考虑供应商、客户等各利益相关者的利益诉求。换言之，供应链稳定度较高的企业更可能将资源用于研发、制造与营销活动，从而强化主业发展能力，提高供应链运行效率与整体利益，结果是企业以牺牲长期发展换取短期利益的倾向降低，对金融资产的非理性逐利行为减少，盈余可持续性与可预期性上升。第二，较高的供应链稳定度能够减少资源错配。供应链稳定度越高，企业供应链协调能力越强，企业与供应商和客户间的信任度越高，从而有助于企业获得更多信用支持，促使稀缺资源向优质企业聚集，降低资源错配引致的效率损失（Schloetzer，2012；Luo and Shang，2013；李颖和周洋，2020）。其结果是企业能够有效整合内外部资源，增强产业资本势力，减少短期利益导向的金融资产配置，提高产品市场认可度。第三，较高的供应链稳定度能够提高信息配置效率。供应链越稳定，供应链协调程度越高，信息共享机制越完善，企业信息搜集成本较低，越可能洞悉消费者需求变化，确定潜在投资项目的收益与成本，制定合理的投资决策，提高信息配置效率。同时由于存在知识溢出效应，企业更可能从与供应链合作伙伴的信息共享与内部学习中获取投资决策额外信息，及时进行经营战略调整（李颖和周洋，2020）。以上都将减少金融投机等机会主义行为，增加盈余持续性。第四，较高的供应链稳定度能够降低盈余操纵动机。供应链稳定度反映了供应链协调效率，不仅能够降低企业与供应商和客户之间的交易成本（Williamson，1979），而且可能使企业获得关系型租金，甚至超额回报（殷俊明和王跃堂，2010），从而提高主业盈利能力（李颖和周洋，2020）。此外，在面临外生不利冲击时，供应链稳定度较高的企业能够通过较高的议价能力保持盈利水平。因此，供应链稳定度能够降低管理层通过金融资产粉饰业绩的动机，减少盈余异常波动。综上所述，供应链越稳定，企业纵向竞争地位越高，越可能因其较强的议价能力提高经营质量，从而改善企业投资行为短视化与投机化问题，减弱金融资产配置对盈余持续性的作用程度。

H3－8：供应链稳定度能够正向调节金融资产配置与盈余持续性的关系，即供应链稳定度越高，金融资产配置与盈余持续性的负向关系越不明显。

3.2.3 研究设计

（1）样本选择与数据来源。

初始样本选择和筛选与3.1节的内容保持一致，最终得到25306个公司年度观测值。为避免异常值对实证结果产生干扰，同样对所有连续变量在上下1%分位数上进行缩尾处理。数据来源方面，盈余持续性、金融资产配置、行业竞争程度、企业竞争地位、供应链稳定度与其他变量的数据源于CSMAR数据库，由笔者整理计算所得。其中行业虚拟变量的设置与3.1节的保持一致。

（2）主要实证模型与变量说明。

Sloan（1996）、Dichev和Tang（2009）等学者采用一阶自回归模型来度量盈余持续性，即用当期盈余持续到下一期盈余的比例表示。该模型不仅能够直观反映盈余持续性的内在含义，而且可以在一定程度上保证盈余信息之间具有较强的可比性，因而成为学术界较为通行的衡量方法。为此，本节将其作为基础模型，借鉴肖华和张国清（2013）以及宫义飞和谢元芳（2018）的研究，建立模型（3－9）对H3－5进行检验：

$$E_{i,t+1} = \alpha_0 + \alpha_1 E_{i,t} + \alpha_2 Financial_{i,t} \times E_{i,t} + \alpha_3 Financial_{i,t} + \sum \alpha_n controls_{i,t} + \varepsilon_{i,t} \tag{3-9}$$

模型中的 $E_{i,t+1}$（$E_{i,t}$）代表盈余水平。对于盈余度量，现有研究采用较多的是资产收益率（ROA＝净利润/平均资产总额）（Richardson et al.，

2005；肖华和张国清，2013；宫义飞和谢元芳，2018；周兵等，2018），然而考虑到资产收益率不仅涉及经营收益，还包含金融收益①，为更好地揭示企业产品市场表现，本节用营业毛利率［(营业收入－营业成本)/营业收入］衡量。这是因为营业收入与营业成本强调经常性与日常性，营业收入增加与营业成本减少是企业持续盈利能力提升的表征，其总体效果更能反映产品市场认可度。$Financial_{i,t}$为金融资产配置，与3.1节的度量方法一致，用金融资产相对规模表示。$\sum \alpha_n controls_{i,t}$ 表示一系列影响企业盈余持续性的变量，具体见其他变量说明部分或表3－14。估计系数 α_1 代表盈余持续性，预期显著为正；估计系数 α_2 表示金融资产配置带来的增量效应，是本节的关注重点，显著为负说明金融资产配置会降低盈余持续性，表现为一种资本套利动机，支持H3－5，否则H3－5无法得到验证。

为验证行业竞争程度、企业竞争地位与供应链稳定度的调节功能，本节构建如下模型：

$$
\begin{aligned}
E_{i,t+1} = {} & \alpha_0 + \alpha_1 E_{i,t} + \alpha_2 Financial_{i,t} \times E_{i,t} \times M_{i,t} + \alpha_3 Financial_{i,t} \times E_{i,t} \\
& + \alpha_4 Financial_{i,t} \times M_{i,t} + \alpha_5 E_{i,t} \times M_{i,t} + \alpha_6 Financial_{i,t} + \alpha_7 M_{i,t} \\
& + \sum \alpha_n controls_{i,t} + \varepsilon_{i,t} \qquad (3-10)
\end{aligned}
$$

其中，$M_{i,t}$为调节变量，即行业竞争程度（$HHI_{i,t}$）、企业竞争地位（$Epcm_{i,t}$）与供应链稳定度（$Stable_{i,t+1}$②），变量度量方法与3.1节的内容一致。其他变量含义同上。根据调节效应检验程序，交乘项系数 α_2是本节的关注重点。$M_{i,t}$表示行业竞争程度时，α_2显著为负表明行业竞争程度会负向调节金融资产配置与盈余持续性的关系，支持H3－6；$M_{i,t}$表示企业竞争地位与供应链稳定度时，α_2显著为正说明企业竞争地位与供应链稳定度能够正向调节金融资产配置与盈余持续性的关系，H3－7与H3－8得以支持。否则假设无法得到验证。

（3）其他变量说明。

控制变量包括：企业规模 $Size_{i,t}$（资产总额的自然对数）、经营负债比

① 金融收益有广义与狭义之分，广义的金融收益包括公允价值变动损益、投资收益、其他综合收益等非经常性收益（钟华明，2021）。

② 由于供应链稳定度涉及两个年度的数据，$Stable_{i,t+1}$反映的是上市公司前五大供应商与客户在t年与t+1年均存在时的采购销售比例均值，契合本节设定的检验模型。

率 $Odebt_{i,t}$（经营负债/总负债）、现金流量 $Cf_{i,t}$（经营活动现金净流量与总资产的比值）、企业年龄 $Age_{i,t}$［Ln（当年年份 - 成立年份 + 1）］、资本支出 $Cap_{i,t}$［Ln（构建固定资产、无形资产等支付的现金）］、是否亏损 $Loss_{i,t}$（净利润小于0赋值为1，否则为0）、产权性质 $State_{i,t}$（国有企业为1，非国有企业为0）、股权制衡度 $Ebd_{i,t}$（第二至第十大股东持股比例/第一大股东持股比例）、独立董事规模 $Indperc_{i,t}$（独立董事人数/董事会人数）、高管持股 $Hold_{i,t}$（高管持股数与总股数的比值）、十大审计 $Top10_{i,t}$（审计师来自十大会计师事务所赋值为1，否则为0）、审计意见 $Audit_{i,t}$（标准无保留意见的为1，否则为0）、年份虚拟变量以及行业虚拟变量。

表3-14　变量定义

变量类型	变量符号	变量名称	度量方法
被解释变量	$E_{i,t+1}$	下期营业毛利率	（下期营业收入 - 下期营业成本）/下期营业收入
解释变量	$E_{i,t}$	当期营业毛利率	（当期营业收入 - 当期营业成本）/当期营业收入
	$Financial_{i,t}$	金融资产配置	金融资产/总资产
调节变量	$HHI_{i,t}$	行业竞争程度	赫芬达尔指数
	$Epcm_{i,t}$	企业竞争地位	行业调整勒纳指数
	$Stable_{i,t+1}$	供应链稳定度	向稳定供应商、稳定客户采购销售比例（%）之和的均值
控制变量	$Size_{i,t}$	企业规模	资产总额的自然对数
	$Odebt_{i,t}$	经营负债比率	经营负债/总负债
	$Cf_{i,t}$	现金流量	经营活动现金净流量与总资产的比值
	$Age_{i,t}$	企业年龄	Ln（当年年份 - 成立年份 + 1）
	$Cap_{i,t}$	资本支出	Ln（构建固定资产、无形资产等支付的现金）
	$Loss_{i,t}$	是否亏损	净利润小于0赋值为1，否则为0
	$State_{i,t}$	产权性质	国有企业为1，非国有企业为0
	$Ebd_{i,t}$	股权制衡度	第二至第十大股东持股比例/第一大股东持股比例
	$Indperc_{i,t}$	独立董事规模	独立董事人数/董事会人数
	$Hold_{i,t}$	高管持股	高管持股数与总股数的比值
	$Top10_{i,t}$	十大审计	审计师来自十大会计师事务所赋值为1，否则为0
	$Audit_{i,t}$	审计意见	标准无保留意见的为1，否则为0

3.2.4 基本回归分析

表3－15是主要变量的描述性统计。$E_{i,t+1}$与$E_{i,t}$的均值分别为0.2850与0.2886，说明企业下期营业毛利率略有下降，在一定程度上揭示了非金融上市公司盈余的持续性，但日益明显的金融化趋势可能迅速降低当期盈余持续到下期盈余的比例，在企业战略转型升级、经济转向高质量发展的关键阶段，保持较高的盈余持续性已成为社会各界的共识。$Financial_{i,t}$、$HHI_{i,t}$、$Epcm_{i,t}$与$Stable_{i,t}$以及$Size_{i,t}$、$Age_{i,t}$等部分控制变量的描述性统计与3.1节的结果基本一致，此处不再说明。就其他控制变量而言，$Odebt_{i,t}$的均值为0.5965，最小值为0.0981，最大值为1.0000，表明非金融上市公司普遍依赖于经营负债融通资金，即企业在日常经营过程中与供应商、客户等利益相关者交易而产生的负债融资成为企业可靠的资金来源，且彼此间具有较明显的差异。$Cf_{i,t}$的均值为0.0485，最小值为－0.1585，最大值为0.2495，说明平均而言，样本企业经营活动现金净流量占总资产的比重为4.85%，且在不同公司——年度样本间差异明显。$Cap_{i,t}$的均值为18.4538，标准差为1.6309，反映了非金融上市公司用于主业发展的实业投资水平及差异性。$Loss_{i,t}$的均值为0.0836，即8.36%的样本处于亏损状态。$Audit_{i,t}$的均值为0.9739，说明从平均意义上来看97.32%的样本企业的财务报告被审计出具标准无保留意见。

表3－15　　　　主要变量的描述性统计

变量	观测值	均值	标准差	25%分位	中位数	75%分位	最小值	最大值
$E_{i,t+1}$	25306	0.2850	0.1740	0.1584	0.2514	0.3758	－0.0015	0.8218
$E_{i,t}$	25306	0.2886	0.1740	0.1622	0.2547	0.3795	0.0038	0.8232
$Financial_{i,t}$	25306	0.0613	0.1007	0.0004	0.0159	0.0760	0.0000	0.5090
$HHI_{i,t}$	25306	0.0567	0.0904	0.0135	0.0163	0.0536	0.0078	0.4558
$Epcm_{i,t}$	24930	0.0115	0.1163	－0.0401	0.007	0.067	－0.4175	0.3548
$Stable_{i,t+1}$	25306	12.9058	16.8269	0.0000	3.2525	23.2300	0.0000	64.3450
$Size_{i,t}$	25306	21.8487	1.1499	20.9937	21.7288	22.5595	19.5486	25.1098
$Odebt_{i,t}$	25306	0.5965	0.2590	0.3843	0.5883	0.8279	0.0981	1.0000
$Cf_{i,t}$	25306	0.0485	0.0703	0.0089	0.0469	0.0890	－0.1585	0.2495
$Age_{i,t}$	25306	2.7462	0.3890	2.5649	2.7726	3.0445	1.3863	3.4340

续表

变量	观测值	均值	标准差	25%分位	中位数	75%分位	最小值	最大值
$Cap_{i,t}$	25306	18.4538	1.6309	17.4933	18.5046	19.4975	13.7318	22.2565
$Loss_{i,t}$	25306	0.0836	0.2768	0	0	0	0	1
$State_{i,t}$	25306	0.3639	0.4811	0	0	1	0	1
$Ebd_{i,t}$	25306	0.9148	0.7865	0.3253	0.7064	1.2683	0.0421	3.9966
$Indperc_{i,t}$	25306	0.3727	0.0519	0.3333	0.3333	0.4286	0.3333	0.5714
$Hold_{i,t}$	25306	0.0782	0.1466	0.0000	0.0008	0.0779	0.0000	0.6242
$Top10_{i,t}$	25306	0.5008	0.5000	0	1	1	0	1
$Audit_{i,t}$	25306	0.9739	0.1594	1	1	1	0	1

表3-16是主要变量的相关性检验结果。可以发现，各变量间相关系数的绝对值低于0.8，初步判定本节所用回归模型不存在明显的多重共线性问题。进一步地，本节还使用VIF进行检验，结果显示，各变量的VIF值均小于10，排除多重共线性的存在。

相关系数矩阵检验结果方面，$E_{i,t}$与$E_{i,t+1}$的相关系数为0.926，在1%的水平上显著，在一定程度上证实了企业盈余持续性的客观存在。$Financial_{i,t}$与$E_{i,t+1}$的相关系数为0.179，显著性水平为1%，说明金融资产配置能够充实短期盈利能力。$HHI_{i,t}$与$E_{i,t+1}$的相关系数为0.121，显著性水平为1%，$Epcm_{i,t}$与$E_{i,t+1}$的相关系数为0.437，在1%的水平上显著，$Stable_{i,t+1}$与$E_{i,t+1}$的相关系数为0.011，显著性水平为10%，反映了行业竞争程度、企业竞争地位与供应链稳定度对主业盈利的贡献情况。另外，$Size_{i,t}$与$E_{i,t+1}$、$Age_{i,t}$与$E_{i,t+1}$、$Cap_{i,t}$与$E_{i,t+1}$以及$Loss_{i,t}$与$E_{i,t+1}$均显著负相关，即规模越大、年龄越大、现金流出越多或处于亏损状态的企业下期营业毛利率可能越低，可能的解释是企业规模越大或年龄越大时，实业投资需求越小，主业盈利能力越低。$Odebt_{i,t}$与$E_{i,t+1}$以及$Cf_{i,t}$与$E_{i,t+1}$均显著正相关，说明企业占用供应商、客户等利益相关者的资金与经营活动现金净流量能够部分解释下期营业毛利率的变化。$Ebd_{i,t}$与$E_{i,t+1}$、$Indperc_{i,t}$与$E_{i,t+1}$、$Hold_{i,t}$与$E_{i,t+1}$、$Top10_{i,t}$与$E_{i,t+1}$以及$Audit_{i,t}$与$E_{i,t+1}$均显著正相关，揭示出公司治理机制对于企业盈利的重要性；而$State_{i,t}$与$E_{i,t+1}$显著负相关，可能是由国有企业效率低下导致的。

表 3-16　　主要变量的相关性检验

变量	$E_{i,t+1}$	$E_{i,t}$	$Financial_{i,t}$	$HHI_{i,t}$	$Epcm_{i,t}$	$Stable_{i,t+1}$
$E_{i,t+1}$	1					
$E_{i,t}$	0.926***	1				
$Financial_{i,t}$	0.179***	0.178***	1			
$HHI_{i,t}$	0.121***	0.133***	-0.001	1		
$Epcm_{i,t}$	0.437***	0.521***	0.060***	0.015**	1	
$Stable_{i,t+1}$	0.011*	0.022***	0.064***	-0.063***	0.054***	1
$Size_{i,t}$	-0.180***	-0.175***	-0.031***	-0.022***	0.039***	-0.044***
$Odebt_{i,t}$	0.184***	0.185***	0.154***	0.057***	0.097***	0.003
$Cf_{i,t}$	0.235***	0.237***	0.073***	0.01	0.262***	-0.007
$Age_{i,t}$	-0.046***	-0.058***	0.151***	-0.073***	-0.133***	0.062***
$Cap_{i,t}$	-0.093***	-0.075***	-0.141***	-0.060***	0.128***	-0.042***
$Loss_{i,t}$	-0.132***	-0.195***	-0.037***	-0.016**	-0.380***	0.019***
$State_{i,t}$	-0.213***	-0.223***	-0.093***	0.056***	-0.173***	-0.186***
$Ebd_{i,t}$	0.137***	0.150***	0.022***	0.040***	0.095***	0.100***
$Indperc_{i,t}$	0.040***	0.041***	0.053***	0.021***	0.016**	0.044***
$Hold_{i,t}$	0.194***	0.211***	0.054***	0.006	0.189***	0.108***
$Top10_{i,t}$	0.061***	0.060***	0.038***	-0.031***	0.049***	0.106***
$Audit_{i,t}$	0.048***	0.066***	0.005	0.005	0.182***	0.009
变量	$Size_{i,t}$	$Odebt_{i,t}$	$Cf_{i,t}$	$Age_{i,t}$	$Cap_{i,t}$	$Loss_{i,t}$
$Size_{i,t}$	1					
$Odebt_{i,t}$	-0.276***	1				
$Cf_{i,t}$	0.068***	0.129***	1			
$Age_{i,t}$	0.197***	-0.066***	0.026***	1		
$Cap_{i,t}$	0.713***	-0.305***	0.167***	-0.001	1	
$Loss_{i,t}$	-0.032***	-0.112***	-0.151***	0.065***	-0.104***	1
$State_{i,t}$	0.307***	-0.133***	0.023***	0.133***	0.165***	0.050***
$Ebd_{i,t}$	-0.133***	0.082***	-0.036***	-0.011*	-0.080***	-0.013**
$Indperc_{i,t}$	-0.022***	0.019***	-0.015**	0.011*	-0.028***	0.012*
$Hold_{i,t}$	-0.261***	0.185***	-0.023***	-0.158***	-0.116***	-0.079***
$Top10_{i,t}$	0.101***	0.032***	0.029***	0.061***	0.084***	-0.012*
$Audit_{i,t}$	0.061***	0.019***	0.069***	-0.062***	0.119***	-0.227***

续表

变量	$State_{i,t}$	$Ebd_{i,t}$	$Indperc_{i,t}$	$Hold_{i,t}$	$Top10_{i,t}$	$Audit_{i,t}$
$State_{i,t}$	1					
$Ebd_{i,t}$	-0.278***	1				
$Indperc_{i,t}$	-0.094***	-0.022***	1			
$Hold_{i,t}$	-0.383***	0.185***	0.105***	1		
$Top10_{i,t}$	-0.081***	0.029***	0.033***	0.064***	1	
$Audit_{i,t}$	-0.002	-0.020***	-0.003	0.054***	0.017***	1

注：表3-16列示的是Pearson系数，***、**与*分别表示在1%、5%与10%的水平上显著。

表3-17报告的是H3-5、H3-6、H3-7与H3-8的检验结果。其中，表3-17中列（1）对应原始回归模型，可以发现，$E_{i,t}$的系数为0.9245，在1%的水平上显著，说明当期盈余能够持续到下期，企业盈余具有持续性。列（2）检验的是金融资产配置与盈余持续性的关系。结果显示，$Financial_{i,t} \times E_{i,t}$的系数为-0.0552，显著性水平为5%，即金融资产配置水平越高，盈余持续性越低，支持资本套利动机，H3-5得到验证。这表明中国经济步入新常态以来，伴随内需疲弱与产能过剩，非金融上市公司普遍面临利润空间收窄的困境（谢家智等，2014；刘笃池等，2016；刘姝雯等，2019），为改善盈利不断试水金融投资，呈现金融投机苗头，而以逐利为目的的金融资产配置会动摇主业发展基础，损害利润结构质量，削弱企业持续盈利能力，降低其在产品市场上得到的认可度。列（3）是行业竞争程度调节功能的检验结果。可以发现，$Financial_{i,t} \times E_{i,t} \times HHI_{i,t}$的系数为-0.8313，显著性水平为5%，说明行业竞争程度越高，金融资产配置的资本套利动机越明显，金融资产配置对盈余持续性的负向影响越显著，支持H3-6，意味着即使企业与竞争对手间的相互制约致使行业竞争程度无法通过产生掠夺效应发挥调节功能，但较为激烈的行业竞争仍可能通过压缩主业利润强化金融资产配置信息“捂盘”作用，从而调节金融资产配置与盈余持续性的关系。表3-17中列（4）检验了企业竞争地位的调节效应。结果显示，$Financial_{i,t} \times E_{i,t} \times Epcm_{i,t}$的系数为0.5895，在5%的水平上显著，即企业竞争地位能够弱化金融资产配置对盈余持续性的负向影响，H3-7得以支持。这表明高竞争地位企业不仅可以因其较强的定价能力获取优质资源与超额回报，促进主业发展，还能够在面临产品市场引致的不

利冲击时将风险转嫁给竞争对手或者消费者，保持盈利水平，从而削弱管理层通过金融资产配置实施盈余管理的动机。其结果是短期利益导向的金融资产配置减少，盈余持续性上升。列（5）列示了供应链稳定度调节功能的检验结果。可以看出，$Financial_{i,t} \times E_{i,t} \times Stable_{i,t+1}$ 的系数为 0.0023，显著性水平为 10%，说明供应链稳定度能够正向调节金融资产配置与盈余持续性的关系，H3－8 得以支持。这意味着较高的供应链稳定度能够引发非金融上市公司对主营业务可持续发展的重视，通过增加实业投资与供应商和客户结成长远联盟关系，且可以增强企业与供应商和客户间的信任度，促进信息共享与内部学习，提高资源配置效率，同时还有助于实现供应链协调与优化，增强企业应对外生不利冲击的能力，从而减少对金融资产的非理性逐利行为，提高产品市场认可度。

表 3－17　基本回归分析

变量	(1)	(2)	(3)	(4)	(5)
	下期营业毛利率	下期营业毛利率	下期营业毛利率	下期营业毛利率	下期营业毛利率
$E_{i,t}$	0.9245*** (0.0032)	0.9239*** (0.0032)	0.9250*** (0.0032)	0.9802*** (0.0042)	0.9228*** (0.0032)
$Financial_{i,t} \times E_{i,t}$		−0.0552** (0.0276)	−0.0458* (0.0274)	−0.0270 (0.0377)	−0.0566** (0.0282)
$Financial_{i,t}$		0.0218*** (0.0058)	0.0229*** (0.0058)	0.0088 (0.0058)	0.0220*** (0.0059)
$HHI_{i,t}$			0.0170 (0.0134)		
$Financial_{i,t} \times E_{i,t} \times HHI_{i,t}$			−0.8313** (0.3546)		
$Financial_{i,t} \times HHI_{i,t}$			0.1432 (0.0981)		
$E_{i,t} \times HHI_{i,t}$			−0.1750*** (0.0318)		
$Epcm_{i,t}$				−0.1071*** (0.0074)	
$Financial_{i,t} \times E_{i,t} \times Epcm_{i,t}$				0.5895** (0.2420)	

续表

变量	(1) 下期营业毛利率	(2) 下期营业毛利率	(3) 下期营业毛利率	(4) 下期营业毛利率	(5) 下期营业毛利率
$Financial_{i,t} \times Epcm_{i,t}$				-0.0618 (0.0712)	
$E_{i,t} \times Epcm_{i,t}$				0.3452 *** (0.0314)	
$Stable_{i,t+1}$					-0.0001 *** (0.0000)
$Financial_{i,t} \times E_{i,t} \times Stable_{i,t+1}$					0.0023 * (0.0013)
$Financial_{i,t} \times Stable_{i,t+1}$					-0.0004 (0.0003)
$E_{i,t} \times Stable_{i,t+1}$					0.0002 (0.0002)
$Size_{i,t-1}$	0.0000 (0.0006)	-0.0001 (0.0007)	-0.0000 (0.0007)	0.0010 (0.0007)	-0.0003 (0.0007)
$Odebt_{i,t}$	0.0090 *** (0.0020)	0.0084 *** (0.0020)	0.0080 *** (0.0020)	0.0080 *** (0.0020)	0.0080 *** (0.0020)
$Cf_{i,t}$	0.0561 *** (0.0078)	0.0555 *** (0.0078)	0.0571 *** (0.0077)	0.0728 *** (0.0080)	0.0563 *** (0.0078)
$Age_{i,t}$	0.0023 * (0.0012)	0.0020 * (0.0012)	0.0019 (0.0012)	0.0003 (0.0012)	0.0016 (0.0012)
$Cap_{i,t}$	-0.0019 *** (0.0005)	-0.0018 *** (0.0005)	-0.0018 *** (0.0005)	-0.0010 ** (0.0005)	-0.0018 *** (0.0005)
$Loss_{i,t}$	0.0315 *** (0.0022)	0.0318 *** (0.0022)	0.0319 *** (0.0022)	0.0157 *** (0.0022)	0.0318 *** (0.0022)
$State_{i,t}$	-0.0029 *** (0.0011)	-0.0026 ** (0.0011)	-0.0028 *** (0.0010)	-0.0057 *** (0.0011)	-0.0031 *** (0.0011)
$Ebd_{i,t}$	-0.0009 (0.0006)	-0.0008 (0.0006)	-0.0008 (0.0006)	-0.0008 (0.0006)	-0.0007 (0.0006)
$Indperc_{i,t}$	0.0012 (0.0078)	0.0002 (0.0078)	0.0005 (0.0078)	-0.0076 (0.0079)	0.0003 (0.0078)
$Hold_{i,t}$	-0.0014 (0.0030)	-0.0014 (0.0030)	-0.0015 (0.0030)	-0.0026 (0.0032)	-0.0013 (0.0030)
$Top10_{i,t}$	0.0013 (0.0009)	0.0014 (0.0009)	0.0014 (0.0009)	0.0019 ** (0.0009)	0.0014 * (0.0009)

续表

变量	(1) 下期营业毛利率	(2) 下期营业毛利率	(3) 下期营业毛利率	(4) 下期营业毛利率	(5) 下期营业毛利率
$Audit_{i,t}$	-0.0023 (0.0050)	-0.0025 (0.0050)	-0.0026 (0.0050)	0.0068 (0.0049)	-0.0023 (0.0049)
_cons	0.0276** (0.0131)	0.2946*** (0.0131)	0.2928*** (0.0132)	0.2532*** (0.0131)	0.2980*** (0.0132)
年份和行业	控制	控制	控制	控制	控制
N	25306	25306	25306	24930	25306

注：括号中为聚类稳健标准误；***、** 与 * 分别表示在 1%、5% 与 10% 的水平上显著。列（1）中 $Size_{i,t}$ 的系数为 0.00002，列（3）中 $Size_{i,t}$ 的系数为 -0.00002，因小数点位数设置显示不全。

3.2.5 内生性处理

（1）基于 2SLS 的检验。

考虑到盈余持续性可能降低企业资本套利动机，从而减少金融资产配置，变量之间互为因果可能是内生性问题产生的主要来源。因此，与 3.1 节的研究一致，采用工具变量法对上述问题进行解决。具体地，选取企业所在同一行业其他公司的金融资产配置均值作为金融资产配置的工具变量（$Financial-IV_{i,t}$），进行 2SLS 回归。这是因为行业经营环境关系到企业面临的实业投资机会、风险与收益，更可能使同行业企业普遍面临主业利润空间收窄的困境，从而引发其对金融资产较为相近的非理性逐利行为，即同一行业其他公司的金融资产配置水平与焦点企业金融投资决策相关，但与企业现阶段的盈余持续性之间没有直接关系。表 3-18 列示 2SLS 回归结果，就第一阶段而言，列（1）中 $Financial-IV_{i,t}$ 的系数为 0.2365，在 1% 的水平上显著，说明同一行业其他公司金融投资决策能够正向影响焦点企业金融资产配置。对于第二阶段，$Financial_{i,t} \times E_{i,t}$ 的系数为 -0.4788，显著性水平为 5%，表明金融资产配置对盈余持续性的负向影响在控制内生性问题之后仍然成立。通过弱工具变量检验发现，F 统计量分别为 145.413 与 322.864，均大于 10，且 P 值均为 0.0000；此外，瓦尔德检验最小特征值为 30.7612，大于 15% 水平的临界值 4.58。因此不存在弱工具变量问题，工具变量的选择是恰当的。

表 3-18　　内生性处理——2SLS 估计

变量	(1)	(2)	(3)
	第一阶段		第二阶段
	金融资产配置	金融资产配置与当期营业毛利率交乘项	下期营业毛利率
$Financial-IV_{i,t}$	0.2365*** (0.0309)	0.0135** (0.0063)	
$Financial-IV_{i,t} \times E_{i,t}$	1.7096*** (0.1112)	1.0499*** (0.0415)	
$E_{i,t}$	0.0641*** (0.0045)	0.0128*** (0.0016)	0.9125*** (0.0067)
$Financial_{i,t} \times E_{i,t}$			-0.4788** (0.2266)
$Financial_{i,t}$			0.2721** (0.1251)
$Size_{i,t-1}$	0.0076*** (0.0009)	0.0014*** (0.0002)	-0.0014 (0.0010)
$Odebt_{i,t}$	0.0332*** (0.0027)	0.0029*** (0.0006)	0.0013 (0.0042)
$Cf_{i,t}$	0.0562*** (0.0090)	0.0109*** (0.0021)	0.0466*** (0.0091)
$Age_{i,t}$	0.0118*** (0.0017)	-0.0008** (0.0004)	-0.0014 (0.0021)
$Cap_{i,t}$	-0.0095*** (0.0007)	-0.0007*** (0.0002)	0.0004 (0.0012)
$Loss_{i,t}$	-0.0065*** (0.0021)	0.0026*** (0.0004)	0.0345*** (0.0027)
$State_{i,t}$	-0.0105*** (0.0015)	0.0002 (0.0003)	0.0002 (0.0018)
$Ebd_{i,t}$	-0.0049*** (0.0008)	0.0003 (0.0002)	0.0006 (0.0009)
$Indperc_{i,t}$	0.0362*** (0.0117)	-0.0025 (0.0024)	-0.0102 (0.0099)
$Hold_{i,t}$	0.0048 (0.0051)	0.0025** (0.0012)	-0.0016 (0.0032)

续表

变量	(1)	(2)	(3)
	第一阶段		第二阶段
	金融资产配置	金融资产配置与当期营业毛利率交乘项	下期营业毛利率
$Top10_{i,t}$	-0.0022* (0.0012)	-0.0001 (0.0003)	0.0019** (0.0009)
$Audit_{i,t}$	0.0040 (0.0041)	-0.0016 (0.0012)	-0.0045 (0.0052)
$\_cons$	-0.0492*** (0.0158)	-0.0154*** (0.0038)	0.3021*** (0.0145)
年份和行业	控制	控制	控制
N	25254	25254	25254

注：括号中为聚类稳健标准误；***、**与*分别表示在1%、5%与10%的水平上显著。

（2）基于2014年促进实体经济发展的政策导向的准自然实验检验。

2014年7月，伴随国务院工作会议召开，“脱实向虚”首次出现在官方文件中；2014年10月，“社会责任立法”作为依法治国的重要任务被提出；2014年11月，习近平总书记首次就经济新常态进行系统性阐述，强调经济增长的核心动力为“从要素驱动、投资驱动转向创新驱动”。不难发现，实体企业如何巩固主业基础，激发创新活力，培育并保持核心竞争优势，谋求持续健康发展受到党和政府高度重视。2014年各类政策文件的发布标志着国家新一轮治理企业金融化趋势、防止经济“脱实向虚”、促进国民经济发展工作启动，可以看作一项准自然实验。对此，参考陆蓉和常维（2018）的研究，本节构建双重差分模型（3-11）检验这一外生事件前后三年与五年金融资产配置影响下盈余持续性的变化：

$$E_{i,t+1} = \alpha_0 + \alpha_1 E_{i,t} + \alpha_2 Post_{i,t} \times Treated_{i,t} \times E_{i,t} + \alpha_3 Treated_{i,t} \times E_{i,t} + \alpha_4 Post_{i,t} \times E_{i,t} + \sum \alpha_n controls_{i,t} + \varepsilon_{i,t} \quad (3-11)$$

模型（3-11）中的$Post_{i,t}$为实验期识别变量，考虑到各类政策文件的发布时间在2014年下半年甚至是年末，将2014年之后的阶段定义为1，2014年之前（含2014年）的阶段定义为0；$Treated_{i,t}$为分组变量，配置金融资产的企业更可能受到金融化治理相关政策文件的影响，即干预组，赋值1，否则为控制组，赋值0。其他变量含义同上。若α_2显著为正，则意味着 2014 年的外部冲击能够削弱金融资产配置对盈余持续性的负向影响，增加产品市场认可度。

表 3－19 中列（1）与列（2）分别对应前后三年与前后五年的准自然实验回归结果。可以发现，$Post_{i,t} \times Treated_{i,t} \times E_{i,t}$ 的系数分别为 0.0172 与 0.0133，显著性水平均为 10%，说明 2014 年发展实体经济的政策导向能够促使配置金融资产的企业重视主业发展，减少跨行业套利行为，增强企业产品市场竞争能力，从而持续为消费者等各利益相关者创造价值，提高盈余持续性。鉴于双重差分模型得以有效应用的前提是实验开始前干预组与控制组具有平行趋势，即被解释变量的取值趋势在干预组与控制组中没有显著差异，本节参考李晓溪等（2019）、赖黎等（2019）、黄俊威和龚光明（2019）的做法，考察 2014 年各类政策文件发布的动态效应进行平行趋势假设检验。以前后五年的情况为例进行说明，首先，以发布前第 5 年为基期，同时分时段设置 6 个虚拟变量：发布前第 4 年、第 3 年、第 2 年与第 1 年，Pre4、Pre3、Pre2 与 Pre1 取值为 1；发布当年，Current 取值为 1；发布以后年度，Post 取值为 1。其次，将这些时间虚拟变量纳入模型（3－11）进行估计，从而得到平均处理效应的时间趋势。图 3－1 与图 3－2 分别对应前后三年与前后五年的动态效应。不难看出，2014 年各类政策文件发布前的动态系数不显著，即 2014 年之前配置金融资产与未配置金融资产的非金融上市公司在盈余持续性变化趋势上没有显著差异，说明研究样本满足平行趋势假设。同时，为进一步确保基于 DID 模型的回归结果有效可靠，本节借鉴 La Ferrara 等（2012）、任胜钢等（2019）等的做法，通过 500 次随机设定实验组进行安慰剂测试，前后三年与前后五年对应的结果分别见图 3－3 与图 3－4。可以看出，估计系数以 0 为中心分布，多数 P 值大于 0.1，且得到真实估计值（左侧垂直线）的概率极低，安慰剂检验通过。

表 3－19　内生性处理——2014 年促进实体经济发展的政策导向的影响

变量	（1）	（2）
	前后三年	前后五年
$E_{i,t}$	0.9218*** （0.0092）	0.9111*** （0.0067）

续表

变量	(1)	(2)
	前后三年	前后五年
$Post_{i,t} \times Treated_{i,t} \times E_{i,t}$	0.0172* (0.0099)	0.0133* (0.0078)
$Treated_{i,t} \times E_{i,t}$	-0.0080 (0.0069)	-0.0043 (0.0052)
$Post_{i,t} \times E_{i,t}$	-0.0007 (0.0114)	-0.0067 (0.0088)
$Size_{i,t-1}$	0.0008 (0.0010)	0.0002 (0.0008)
$Odebt_{i,t}$	0.0085*** (0.0030)	0.0075*** (0.0024)
$Cf_{i,t}$	0.0982*** (0.0118)	0.0846*** (0.0094)
$Age_{i,t}$	0.0014 (0.0019)	0.0005 (0.0014)
$Cap_{i,t}$	-0.0022*** (0.0007)	-0.0025*** (0.0006)
$Loss_{i,t}$	0.0319*** (0.0035)	0.0254*** (0.0027)
$State_{i,t}$	-0.0049*** (0.0016)	-0.0038*** (0.0013)
$Ebd_{i,t}$	0.0002 (0.0008)	-0.0007 (0.0006)
$Indperc_{i,t}$	0.0010 (0.0115)	0.0031 (0.0090)
$Hold_{i,t}$	-0.0043 (0.0044)	-0.0002 (0.0033)
$Top10_{i,t}$	-0.0001 (0.0012)	0.0015 (0.0010)
$Audit_{i,t}$	-0.0067 (0.0090)	-0.0014 (0.0062)
_cons	0.0372 (0.0228)	0.0471*** (0.0169)
年份和行业	控制	控制
N	13198	22243

注：括号中为聚类稳健标准误；***、** 与 * 分别表示在 1%、5% 与 10% 的水平上显著。

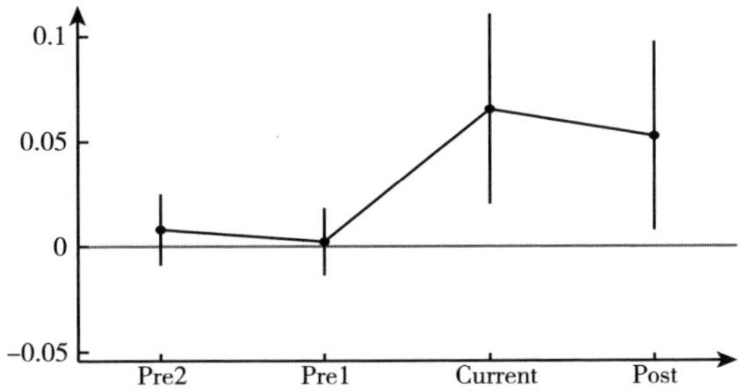

图3-1 动态系数图（前后三年）

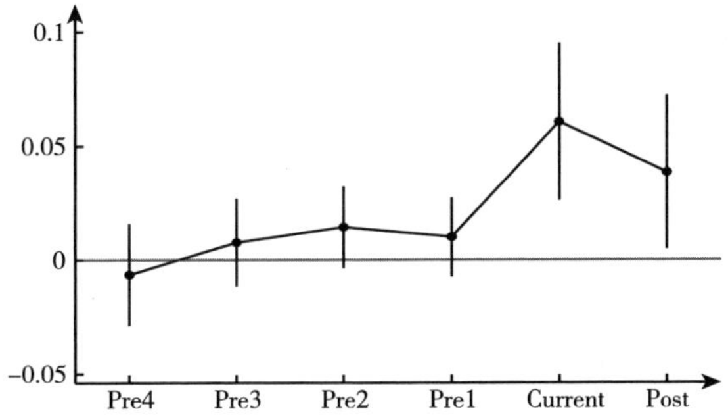

图3-2 动态系数图（前后五年）

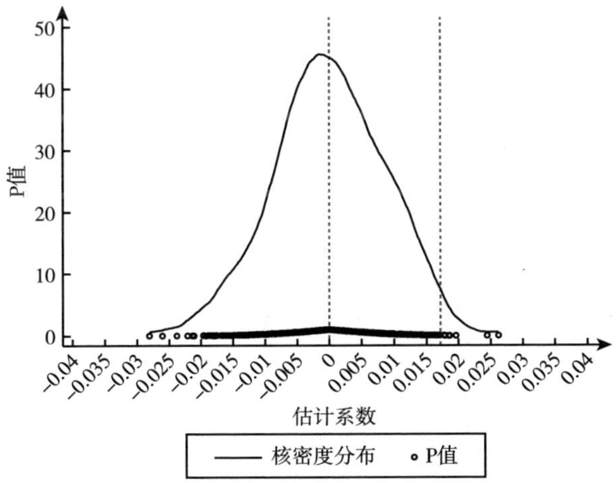

图3-3 安慰剂检验（前后三年）

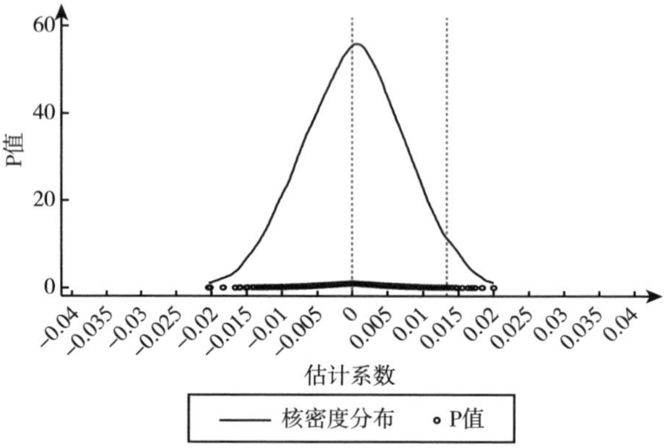

图3-4　安慰剂检验（前后五年）

3.2.6　稳健性检验

（1）改变回归方法。

如3.1节中所述，Bootstrap标准误方法利用抽样思想进行统计推断，可以得到更加稳健的回归结果。为此，本节基于Bootstrap标准误方法检验假设，结果见表3-20。可以看出，表3-20中列（1）中$E_{i,t}$的系数显著为正，盈余具有持续性，与结论一致；列（2）中$Financial_{i,t} \times E_{i,t}$的系数显著为负，列（3）中$Financial_{i,t} \times E_{i,t} \times HHI_{i,t}$的系数显著为负，列（4）中$Financial_{i,t} \times E_{i,t} \times Epcm_{i,t}$的系数显著为正，列（5）中$Financial_{i,t} \times E_{i,t} \times Stable_{i,t+1}$的系数显著为正，金融资产配置与盈余持续性的负向关系以及行业竞争程度、企业竞争地位与供应链稳定度的调节功能仍然存在，支持假设。

表3-20　稳健性检验——Bootstrap估计

变量	(1)	(2)	(3)	(4)	(5)
	下期营业毛利率	下期营业毛利率	下期营业毛利率	下期营业毛利率	下期营业毛利率
$E_{i,t}$	0.9245*** (0.0038)	0.9239*** (0.0030)	0.9250*** (0.0030)	0.9802*** (0.0033)	0.9228*** (0.0027)

续表

变量	(1) 下期营业毛利率	(2) 下期营业毛利率	(3) 下期营业毛利率	(4) 下期营业毛利率	(5) 下期营业毛利率
$Financial_{i,t} \times E_{i,t}$		-0.0552* (0.0289)	-0.0458 (0.0279)	-0.0270 (0.0370)	-0.0566* (0.0322)
$Financial_{i,t}$		0.0218*** (0.0052)	0.0229*** (0.0053)	0.0088* (0.0050)	0.0220*** (0.0056)
$HHI_{i,t}$			0.0170 (0.0119)		
$Financial_{i,t} \times E_{i,t} \times HHI_{i,t}$			-0.8313** (0.3813)		
$Financial_{i,t} \times HHI_{i,t}$			0.1432 (0.1022)		
$E_{i,t} \times HHI_{i,t}$			-0.1750*** (0.0357)		
$Epcm_{i,t}$				-0.1071*** (0.0073)	
$Financial_{i,t} \times E_{i,t} \times Epcm_{i,t}$				0.5895** (0.2515)	
$Financial_{i,t} \times Epcm_{i,t}$				-0.0618 (0.0753)	
$E_{i,t} \times Epcm_{i,t}$				0.3452*** (0.0347)	
$Stable_{i,t+1}$					-0.0001*** (0.0000)
$Financial_{i,t} \times E_{i,t} \times Stable_{i,t+1}$					0.0023* (0.0014)
$Financial_{i,t} \times Stable_{i,t+1}$					-0.0004 (0.0003)
$E_{i,t} \times Stable_{i,t+1}$					0.0002 (0.0002)

续表

变量	(1)	(2)	(3)	(4)	(5)
	下期营业毛利率	下期营业毛利率	下期营业毛利率	下期营业毛利率	下期营业毛利率
$Size_{i,t-1}$	0.0000 (0.0006)	-0.0001 (0.0007)	-0.0000 (0.0007)	0.0010 (0.0006)	-0.0003 (0.0006)
$Odebt_{i,t}$	0.0090*** (0.0018)	0.0084*** (0.0020)	0.0080*** (0.0020)	0.0080*** (0.0024)	0.0080*** (0.0019)
$Cf_{i,t}$	0.0561*** (0.0084)	0.0555*** (0.0073)	0.0571*** (0.0073)	0.0728*** (0.0096)	0.0563*** (0.0064)
$Age_{i,t}$	0.0023* (0.0014)	0.0020* (0.0011)	0.0019 (0.0012)	0.0003 (0.0013)	0.0016 (0.0013)
$Cap_{i,t}$	-0.0019*** (0.0006)	-0.0018*** (0.0005)	-0.0018*** (0.0005)	-0.0010** (0.0005)	-0.0018*** (0.0004)
$Loss_{i,t}$	0.0315*** (0.0025)	0.0318*** (0.0023)	0.0319*** (0.0023)	0.0157*** (0.0020)	0.0318*** (0.0023)
$State_{i,t}$	-0.0029** (0.0013)	-0.0026*** (0.0010)	-0.0028*** (0.0009)	-0.0057*** (0.0008)	-0.0031*** (0.0011)
$Ebd_{i,t}$	-0.0009* (0.0005)	-0.0008 (0.0005)	-0.0008 (0.0005)	-0.0008 (0.0007)	-0.0007 (0.0006)
$Indperc_{i,t}$	0.0012 (0.0073)	0.0002 (0.0074)	0.0005 (0.0074)	-0.0076 (0.0091)	0.0003 (0.0085)
$Hold_{i,t}$	-0.0014 (0.0026)	-0.0014 (0.0032)	-0.0015 (0.0032)	-0.0026 (0.0026)	-0.0013 (0.0031)
$Top10_{i,t}$	0.0013* (0.0008)	0.0014* (0.0008)	0.0014* (0.0008)	0.0019*** (0.0007)	0.0014* (0.0008)
$Audit_{i,t}$	-0.0023 (0.0046)	-0.0025 (0.0053)	-0.0026 (0.0053)	0.0068 (0.0045)	-0.0023 (0.0049)
$\_cons$	0.0276** (0.0129)	0.2946*** (0.0161)	0.2928*** (0.0163)	0.2532*** (0.0131)	0.2980*** (0.0131)
年份和行业	控制	控制	控制	控制	控制
N	25306	25306	25306	24930	25306

注：括号中为聚类稳健标准误；***、**与*分别表示在1%、5%与10%的水平上显著。列（1）中 $Size_{i,t}$ 的系数为0.00002，列（3）中 $Size_{i,t}$ 的系数为-0.00002，因小数点位数设置显示不全。

（2）变更变量度量指标。

为了增强研究结论的稳健性，本节分别变更金融资产配置、盈余持续性与供应链稳定度的度量指标。具体到本节研究问题，借鉴张成思和张步昙（2016）、王营和曹廷求（2020）等的研究，本节基于利润表，从金融渠道获利（标准化处理：公允价值变动损益、投资收益等狭义金融收益与营业利润差额，除以营业利润绝对值）角度衡量金融资产配置；考虑到产品市场表现主要与企业主业经营能力相关联，主业发展又是企业价值持续增长的核心动力（刘姝雯等，2019），借鉴 Higgins（1977）的做法，用可持续增长率表示盈余持续性；鉴于供应链集成度能够揭示供应链稳定性（陈正林和王彧，2014），借鉴陈正林和王彧（2014）、李颖和周洋（2020）的研究，用供应链集成度重新衡量供应链稳定度，即上市公司连续三年向前五大供应商与客户采购销售比例的均值除以方差后取自然对数。检验结果见表3-21，列（1）中 $Financial_{i,t} \times E_{i,t}$ 的系数显著为负；列（2）中 $Financial_{i,t}$ 的系数为-0.0218，在5%的水平上显著；列（3）中 $Financial_{i,t} \times E_{i,t} \times Stable_{i,t+1}$ 的系数为正，且通过显著性检验。综上所述，变更衡量指标的回归结果再次支持结论。

表3-21　　稳健性检验——变更变量度量指标

变量	(1)	(2)	(3)
	变更金融资产配置度量指标	变更盈余持续性度量指标	变更供应链稳定度度量指标
$E_{i,t}$	0.9229*** (0.0033)		0.9170*** (0.0037)
$Financial_{i,t} \times E_{i,t}$	-0.0261*** (0.0041)		-0.0668** (0.0312)
$Financial_{i,t}$	-0.0015** (0.0007)	-0.0218** (0.0085)	0.0257*** (0.0066)
$Stable_{i,t+1}$			0.0000 (0.0002)
$Financial_{i,t} \times E_{i,t} \times Stable_{i,t+1}$			0.0469*** (0.0179)
$Financial_{i,t} \times Stable_{i,t+1}$			-0.0026 (0.0030)

续表

变量	(1) 变更金融资产配置度量指标	(2) 变更盈余持续性度量指标	(3) 变更供应链稳定度度量指标
$E_{i,t} \times Stable_{i,t+1}$			0.0065 *** (0.0015)
$Size_{i,t-1}$	-0.0000 (0.0006)	0.0100 *** (0.0012)	-0.0010 (0.0008)
$Odebt_{i,t}$	0.0092 *** (0.0020)	0.0378 *** (0.0035)	0.0102 *** (0.0023)
$Cf_{i,t}$	0.0515 *** (0.0077)	0.3571 *** (0.0166)	0.0548 *** (0.0091)
$Age_{i,t}$	0.0024 ** (0.0012)	-0.0141 *** (0.0027)	-0.0002 (0.0015)
$Cap_{i,t}$	-0.0018 *** (0.0005)	0.0012 (0.0008)	-0.0013 ** (0.0006)
$Loss_{i,t}$	0.0298 *** (0.0024)		0.0306 *** (0.0022)
$State_{i,t}$	-0.0034 *** (0.0010)	-0.0196 *** (0.0019)	-0.0027 ** (0.0011)
$Ebd_{i,t}$	-0.0009 (0.0006)	0.0086 *** (0.0011)	-0.0007 (0.0007)
$Indperc_{i,t}$	0.0013 (0.0078)	0.0059 (0.0146)	0.0008 (0.0088)
$Hold_{i,t}$	-0.0023 (0.0030)	0.0755 *** (0.0066)	0.0054 (0.0041)
$Top10_{i,t}$	0.0013 (0.0008)	0.0015 (0.0015)	0.0016 * (0.0010)
$Audit_{i,t}$	-0.0015 (0.0049)	-0.0051 (0.0078)	-0.0038 (0.0048)
_cons	0.2904 *** (0.0130)	-0.0882 *** (0.0234)	0.2987 *** (0.0146)
年份和行业	控制	控制	控制
N	25306	26195	20694

注：括号中为聚类稳健标准误；***、** 与 * 分别表示在1%、5%与10%的水平上显著。剔除回归（3-10）中数据缺失的样本后，$Loss_{i,t}$ 均为0，被略去；列（3）中 $Stable_{i,t+1}$ 的系数为0.00004，因小数点位数设置显示不全。

（3）改变样本区间。

如3.1节所述，2017年修订《企业会计准则第22号——金融工具确认和计量》《企业会计准则第37号——金融工具列报》等准则，要求境内上市企业自2019年1月1日起实行金融资产“三分类”。为确保研究结论可靠，考虑到被解释变量超前一期设定的影响，本节剔除2020年数据后对正文假设进行检验，结果见表3-22。可以发现，表3-22中列（1）中 $Financial_{i,t} \times E_{i,t}$ 的系数、列（2）中 $Financial_{i,t} \times E_{i,t} \times HHI_{i,t}$ 的系数、列（3）中 $Financial_{i,t} \times E_{i,t} \times Epcm_{i,t}$ 的系数以及列（4）中 $Financial_{i,t} \times E_{i,t} \times Stable_{i,t+1}$ 的系数均显著，且方向与前面一致，再次验证了假设。

表3-22　　稳健性检验——改变样本区间

变量	(1)	(2)	(3)	(4)
	下期营业毛利率	下期营业毛利率	下期营业毛利率	下期营业毛利率
$E_{i,t}$	0.9247*** (0.0034)	0.9257*** (0.0034)	0.9822*** (0.0045)	0.9235*** (0.0035)
$Financial_{i,t} \times E_{i,t}$	-0.0620* (0.0319)	-0.0504 (0.0320)	-0.0250 (0.0414)	-0.0630* (0.0324)
$Financial_{i,t}$	0.0190*** (0.0063)	0.0204*** (0.0065)	0.0051 (0.0062)	0.0191*** (0.0065)
$HHI_{i,t}$		0.0174 (0.0144)		
$Financial_{i,t} \times E_{i,t} \times HHI_{i,t}$		-0.7998** (0.3615)		
$Financial_{i,t} \times HHI_{i,t}$		0.1358 (0.1038)		
$E_{i,t} \times HHI_{i,t}$		-0.1332*** (0.0299)		
$Epcm_{i,t}$			-0.1099*** (0.0079)	

续表

变量	(1) 下期营业毛利率	(2) 下期营业毛利率	(3) 下期营业毛利率	(4) 下期营业毛利率
$Financial_{i,t} \times E_{i,t} \times Epcm_{i,t}$			0.6018 ** (0.2712)	
$Financial_{i,t} \times Epcm_{i,t}$			-0.0830 (0.0778)	
$E_{i,t} \times Epcm_{i,t}$			0.3615 *** (0.0346)	
$Stable_{i,t+1}$				-0.0001 *** (0.0000)
$Financial_{i,t} \times E_{i,t} \times Stable_{i,t+1}$				0.0029 * (0.0015)
$Financial_{i,t} \times Stable_{i,t+1}$				-0.0002 (0.0003)
$E_{i,t} \times Stable_{i,t+1}$				0.0001 (0.0002)
$Size_{i,t-1}$	0.0003 (0.0007)	0.0003 (0.0007)	0.0014 ** (0.0007)	0.0001 (0.0007)
$Odebt_{i,t}$	0.0090 *** (0.0021)	0.0087 *** (0.0021)	0.0087 *** (0.0021)	0.0087 *** (0.0021)
$Cf_{i,t}$	0.0553 *** (0.0081)	0.0565 *** (0.0081)	0.0730 *** (0.0084)	0.0560 *** (0.0081)
$Age_{i,t}$	0.0022 * (0.0012)	0.0021 * (0.0012)	0.0007 (0.0012)	0.0019 (0.0012)
$Cap_{i,t}$	-0.0020 *** (0.0005)	-0.0020 *** (0.0005)	-0.0013 ** (0.0005)	-0.0020 *** (0.0005)
$Loss_{i,t}$	0.0332 *** (0.0024)	0.0333 *** (0.0024)	0.0165 *** (0.0024)	0.0332 *** (0.0024)
$State_{i,t}$	-0.0029 *** (0.0011)	-0.0030 *** (0.0011)	-0.0061 *** (0.0011)	-0.0033 *** (0.0011)

续表

变量	(1) 下期营业毛利率	(2) 下期营业毛利率	(3) 下期营业毛利率	(4) 下期营业毛利率
$Ebd_{i,t}$	-0.0004 (0.0006)	-0.0004 (0.0006)	-0.0005 (0.0006)	-0.0004 (0.0006)
$Indperc_{i,t}$	0.0006 (0.0082)	0.0008 (0.0082)	-0.0056 (0.0083)	0.0005 (0.0082)
$Hold_{i,t}$	-0.0011 (0.0032)	-0.0012 (0.0032)	-0.0022 (0.0034)	-0.0009 (0.0032)
$Top10_{i,t}$	0.0005 (0.0009)	0.0005 (0.0009)	0.0010 (0.0009)	0.0005 (0.0009)
$Audit_{i,t}$	-0.0034 (0.0057)	-0.0036 (0.0057)	0.0066 (0.0056)	-0.0032 (0.0057)
_cons	0.2914*** (0.0141)	0.2898*** (0.0141)	0.2477*** (0.0141)	0.2944*** (0.0142)
年份和行业	控制	控制	控制	控制
N	22293	22293	21953	22293

注：括号中为聚类稳健标准误；***、** 与 * 分别表示在1%、5%与10%的水平上显著。

（4）竞争性解释。

根据企业生命周期理论，不同生命周期阶段的企业具有不同的投资需求与盈利能力。当步入衰退期时，经营质量下降，企业倾向于涉足金融领域以改善经营业绩，维系日常运营，表现为短期投资倾向增加，盈余持续性下降。那么，金融资产配置对盈余持续性的影响是否是由配置金融资产的企业处于衰退期、经营前景黯淡导致的？为排除这种可能性，本节借鉴曹裕等（2010）以及黄宏斌等（2016）的做法，将企业生命周期划分为成长期、成熟期与衰退期（具体分类方法见表3-23），考察金融资产配置与盈余持续性的关系，分组检验结果见表3-24。可以看出，当处于成长期时，$Financial_{i,t} \times E_{i,t}$的系数为-0.2009，在1%的水平上显著，当迈入成熟期与步入衰退期时，$Financial_{i,t} \times E_{i,t}$的系数均不显著，表明两者关系并非由企业处于衰退期、经营前景黯淡导致。

表 3-23　　企业生命周期识别

变量	成长期		成熟期	衰退期				
	初创期	增长期	成熟期	波动期			淘汰期	
经营现金流净额	-	+	+	-	+	+	-	-
投资现金流净额	-	-	-	-	+	+	+	+
筹资现金流净额	+	+	-	-	+	-	+	-

表 3-24　　稳健性检验——竞争性解释

变量	(1)	(2)	(3)
	成长期	成熟期	衰退期
$E_{i,t}$	0.9154 *** (0.0053)	0.9389 *** (0.0043)	0.8968 *** (0.0092)
$Financial_{i,t} \times E_{i,t}$	-0.2009 *** (0.0664)	0.0268 (0.0341)	0.0171 (0.0496)
$Financial_{i,t}$	0.0386 *** (0.0124)	0.0191 ** (0.0088)	0.0276 *** (0.0099)
$Size_{i,t-1}$	-0.0005 (0.0010)	0.0002 (0.0010)	0.0005 (0.0018)
$Odebt_{i,t}$	0.0061 ** (0.0030)	0.0085 *** (0.0030)	0.0100 * (0.0054)
$Cf_{i,t}$	0.0367 *** (0.0115)	0.0369 *** (0.0128)	0.0815 *** (0.0188)
$Age_{i,t}$	0.0007 (0.0017)	0.0036 * (0.0019)	0.0028 (0.0033)
$Cap_{i,t}$	-0.0032 *** (0.0008)	-0.0014 * (0.0008)	-0.0011 (0.0012)
$Loss_{i,t}$	0.0353 *** (0.0041)	0.0379 *** (0.0037)	0.0259 *** (0.0038)
$State_{i,t}$	-0.0023 (0.0016)	-0.0032 ** (0.0016)	-0.0026 (0.0027)
$Ebd_{i,t}$	-0.0002 (0.0009)	-0.0011 (0.0008)	-0.0018 (0.0014)

续表

变量	(1)	(2)	(3)
	成长期	成熟期	衰退期
$Indperc_{i,t}$	0.0042 (0.0112)	-0.0053 (0.0119)	0.0055 (0.0211)
$Hold_{i,t}$	-0.0019 (0.0047)	-0.0065 (0.0043)	0.0041 (0.0081)
$Top10_{i,t}$	0.0006 (0.0013)	0.0030** (0.0013)	0.0008 (0.0022)
$Audit_{i,t}$	-0.0159 (0.0104)	0.0072 (0.0080)	-0.0047 (0.0073)
_cons	0.3315*** (0.0210)	0.2986*** (0.0211)	0.2525*** (0.0317)
年份和行业	控制	控制	控制
N	11028	9349	4859

注：括号中为聚类稳健标准误；***、**与*分别表示在1%、5%与10%的水平上显著。

3.2.7 进一步分析

(1) 机制检验。

如前所述，产品市场竞争具体包括同行业视角的横向竞争与供应链视角的纵向竞争。由于作为企业价值创造驱动因素的投资活动能否得到产品市场认可取决于其对企业竞争能力的影响（Porter，1980；李心合，2018；魏志华和朱彩云，2019），金融资产配置是经济金融化趋势在企业投资决策上的表现，其对企业经营基本面的影响可能通过企业横向与纵向竞争能力传递到产品市场，并最终反映在企业盈余持续性上。为了验证该论断的合理性，本节运用中介效应模型进行检验，即模型（3-9）与如下模型：

$$HV_{i,t} = \alpha_0 + \alpha_1 Financial_{i,t} + \sum \alpha_n controls_{i,t} + \varepsilon_{i,t} \quad (3-12)$$

$$E_{i,t+1} = \alpha_0 + \alpha_1 E_{i,t} + \alpha_2 Financial_{i,t} \times E_{i,t} + \alpha_3 Financial_{i,t} + \alpha_4 HV_{i,t} \times E_{i,t} + \alpha_5 HV_{i,t} + \sum \alpha_n controls_{i,t} + \varepsilon_{i,t} \quad (3-13)$$

其中，$HV_{i,t}$为中介变量，指代企业横向竞争能力（$Hc_{i,t}$）与纵向竞争能力（$Vc_{i,t}$）两个变量。企业横向与纵向竞争能力分别表示企业相较于同行业竞争对手以及供应链上下游企业的竞争力量（魏志华和朱彩云，2019）。借鉴宋渊洋和李元旭（2013）、魏志华和朱彩云（2019）、张新民等（2021）等学者的研究，分别用企业产品市场销售份额以及净商业信用度量。具体而言，产品市场销售份额代表企业与同行业竞争对手的相对市场份额，等于企业产品市场份额与行业前三大竞争对手产品市场份额的比值（Anderson and Zeithaml，1984）；净商业信用等于经营业收入平滑后的预收账款、应付账款和应付票据之和与预付账款、应收账款和应收票据加总的差额。其中，企业产品市场销售份额不仅能够反映消费者对企业产品的青睐程度，还能体现企业相对于行业内其他企业的竞争能力，其值越大，企业横向竞争能力越强；考虑到商业信用较高的融资成本①，企业有较强的动机提前还款，减少商业信用使用（Nilsen，2002；饶品贵和姜国华，2013；张新民等，2021），因此净商业信用可以综合反映企业相对于供应商与客户的议价能力，是产业链视角下企业纵向竞争能力的体现，其值越小，企业纵向竞争能力越强。其他变量含义同上。

表3－25为中介模型的实证结果。表3－25中列（1）是金融资产配置与横向竞争能力的检验结果。$Financial_{i,t}$的系数为－0.0114，显著性水平为1%，说明金融资产配置会削减企业产品市场销售份额，增加企业被行业其他企业市场掠夺的风险，表现为横向竞争能力降低。列（2）中 $Hc_{i,t} \times E_{i,t}$ 的系数为0.2521，显著性水平为1%，即企业横向竞争能力上升会增强盈余持续性，结合表3－17中列（2）的回归结果，可以认为金融资产配置会通过削弱企业横向竞争能力对盈余持续性产生负向影响。列（3）与列（4）对应产业链视角下的回归结果，当纵向竞争能力为被解释变量时，$Financial_{i,t}$的系数为0.1424，在1%的水平上显著，表明金融资产配置会降低纵向竞争能力。当下期营业毛利率为被解释变量时，$Vc_{i,t} \times E_{i,t}$ 的系数为－0.0259，显著性水平为5%，验证了纵向竞争能力与盈余持续性的正向关系。同样结合表3－17中列（2）的回归结果，企业纵向竞争能力在金融

① 商业信用使用意味着企业放弃现金折扣、销售折扣等提前付款折扣优惠，这不仅会增加企业资金流出，而且可能损害已有的合作关系；此外，与银行信贷不同，商业信用通常与货物相联系，且期限较短，其隐含的成本较为高昂（Nilsen，2002）。

资产配置负向影响盈余持续性过程中的中介作用得到验证。

表 3 – 25　　金融资产配置影响盈余持续性的机制检验

变量	(1)	(2)	(3)	(4)
	横向竞争能力	下期营业毛利率	纵向竞争能力	下期营业毛利率
$E_{i,t}$		0.9245*** (0.0033)		0.9246*** (0.0034)
$Financial_{i,t} \times E_{i,t}$		–0.0521* (0.0276)		–0.0540** (0.0274)
$Financial_{i,t}$	–0.0114*** (0.0025)	0.0220*** (0.0057)	0.1424*** (0.0179)	0.0217*** (0.0058)
$Hc_{i,t} \times E_{i,t}$		0.2521*** (0.0922)		
$Hc_{i,t}$		0.0122 (0.0169)		
$Vc_{i,t} \times E_{i,t}$				–0.0259** (0.0122)
$Vc_{i,t}$				0.0063*** (0.0024)
$Size_{i,t-1}$	0.0183*** (0.0004)	–0.0000 (0.0007)	0.0381*** (0.0025)	–0.0003 (0.0007)
$Odebt_{i,t}$	0.0137*** (0.0009)	0.0084*** (0.0020)	0.2120*** (0.0071)	0.0069*** (0.0020)
$Cf_{i,t}$	0.0094*** (0.0034)	0.0542*** (0.0078)	0.4534*** (0.0262)	0.0531*** (0.0081)
$Age_{i,t}$	–0.0032*** (0.0007)	0.0019 (0.0012)	0.0458*** (0.0048)	0.0017 (0.0012)
$Cap_{i,t}$	0.0005** (0.0002)	–0.0018*** (0.0005)	0.0179*** (0.0019)	–0.0018*** (0.0005)
$Loss_{i,t}$	–0.0012* (0.0007)	0.0317*** (0.0022)	0.0887*** (0.0071)	0.0312*** (0.0022)
$State_{i,t}$	–0.0001 (0.0006)	–0.0027** (0.0011)	0.0627*** (0.0041)	–0.0029*** (0.0011)

续表

变量	(1)	(2)	(3)	(4)
	横向竞争能力	下期营业毛利率	纵向竞争能力	下期营业毛利率
$Ebd_{i,t}$	-0.0009 *** (0.0003)	-0.0008 (0.0006)	-0.0144 *** (0.0022)	-0.0007 (0.0006)
$Indperc_{i,t}$	0.0261 *** (0.0049)	0.0001 (0.0078)	-0.0909 *** (0.0310)	0.0004 (0.0078)
$Hold_{i,t}$	0.0053 *** (0.0010)	-0.0010 (0.0030)	-0.0635 *** (0.0119)	-0.0013 (0.0030)
$Top10_{i,t}$	0.0009 ** (0.0004)	0.0014 * (0.0009)	-0.0059 * (0.0033)	0.0014 (0.0009)
$Audit_{i,t}$	-0.0023 * (0.0013)	-0.0024 (0.0050)	-0.0897 *** (0.0148)	-0.0019 (0.0049)
_cons	-0.3437 *** (0.0083)	0.2950 *** (0.0143)	-1.2140 *** (0.0452)	0.3022 *** (0.0134)
年份和行业	控制	控制	控制	控制
N	25306	25306	25306	25306

注：括号中为聚类稳健标准误；*** 、** 与 * 分别表示在 1%、5% 与 10% 的水平上显著。

（2）区分金融资产配置类型。

如 3.1 节所述，长期金融股权投资可以视为企业整体布局、长远发展与未来规划下的战略投资。增加长期金融股权投资有助于企业长期盈利能力提高，盈余可持续性与可预期性上升。相应地，本节区分长期金融股权投资与交易类金融资产、投资性房地产、委托贷款等非战略性金融资产进行异质性分析，考虑到战略性金融资产与非战略性金融资产之间较强的相关性可能使回归结果产生偏误，本节报告了两个变量单独放入与一起放入模型的结果，分别见表 3-26 中列（1）和列（2）以及列（3）。可以发现，两者一致。具体来看，$Sfa_{i,t} \times E_{i,t}$的系数为正但不显著，在一定程度上反映出长期金融股权投资的战略特征，结果不显著可能是因为长期金融股权投资的转换成本较高，无法通过在短期内变现满足主业运营资金需求；$Nsfa_{i,t} \times E_{i,t}$的系数为 -0.0714，在 5% 的水平上显著，说明非战略性金融资产配置会降低非金融上市公司盈余持续性。这意味着金融资产配置对盈余持续性的负向影响主要是非战略性金融资产配置发挥作用。

表 3-26　　　　金融资产配置类型的细分考察

变量	(1)	(2)	(3)
	战略性金融资产	非战略性金融资产	综合
$E_{i,t}$	0.9244 *** (0.0032)	0.9239 *** (0.0032)	0.9237 *** (0.0032)
$Sfa_{i,t} \times E_{i,t}$	0.1894 (0.1501)		0.1895 (0.1502)
$Sfa_{i,t}$	0.0152 (0.0262)		0.0126 (0.0262)
$Nsfa_{i,t} \times E_{i,t}$		-0.0714 ** (0.0305)	-0.0714 ** (0.0305)
$Nsfa_{i,t}$		0.0261 *** (0.0065)	0.0260 *** (0.0065)
$Size_{i,t-1}$	-0.0001 (0.0007)	0.0000 (0.0007)	-0.0001 (0.0007)
$Odebt_{i,t}$	0.0090 *** (0.0020)	0.0082 *** (0.0020)	0.0082 *** (0.0020)
$Cf_{i,t}$	0.0562 *** (0.0078)	0.0552 *** (0.0078)	0.0552 *** (0.0078)
$Age_{i,t}$	0.0023 * (0.0012)	0.0021 * (0.0012)	0.0020 * (0.0012)
$Cap_{i,t}$	-0.0019 *** (0.0005)	-0.0018 *** (0.0005)	-0.0018 *** (0.0005)
$Loss_{i,t}$	0.0314 *** (0.0022)	0.0317 *** (0.0022)	0.0317 *** (0.0022)
$State_{i,t}$	-0.0029 *** (0.0011)	-0.0026 ** (0.0010)	-0.0026 ** (0.0011)
$Ebd_{i,t}$	-0.0009 (0.0006)	-0.0007 (0.0006)	-0.0008 (0.0006)
$Indperc_{i,t}$	0.0007 (0.0078)	0.0002 (0.0078)	-0.0003 (0.0078)
$Hold_{i,t}$	-0.0012 (0.0030)	-0.0015 (0.0030)	-0.0013 (0.0030)

续表

变量	(1)	(2)	(3)
	战略性金融资产	非战略性金融资产	综合
$Top10_{i,t}$	0.0013 (0.0009)	0.0013 (0.0009)	0.0014 (0.0009)
$Audit_{i,t}$	-0.0024 (0.0050)	-0.0026 (0.0050)	-0.0027 (0.0050)
_cons	0.2955*** (0.0131)	0.2936*** (0.0131)	0.2947*** (0.0131)
年份和行业	控制	控制	控制
N	25306	25306	25306

注：括号中为聚类稳健标准误；***、**与*分别表示在1%、5%与10%的水平上显著。

（3）盈余操纵的影响。

理论分析表明，盈余持续性是企业经营基本面与会计报告系统共同作用的结果，即盈余包括真实部分与操纵部分。出于资本套利动机的金融资产配置是以牺牲长期发展换取短期利益的金融化行为，不仅会侵蚀主业发展，而且可能增强管理层受托责任解除、帝国建造等私利动机，增加其通过金融资产分类、公允价值估值等调整盈余数字的操纵行为。因此，在经济金融化背景下，企业盈余操纵程度越大意味着管理层通过金融资产配置实施盈余管理的行为越多，盈余可持续性与可预期性越低。为此，本节基于修正琼斯模型计算得到可操纵应计的绝对值（$EM_{i,t}$），然后根据调节效应检验模型，考察盈余操纵的影响，结果见表3-27中列（1）。可以看出，$Financial_{i,t} \times E_{i,t} \times EM_{i,t}$的系数为-1.2941，在5%的水平上显著，说明企业盈余操纵程度越大，金融资产配置与盈余持续性的负向关系越明显。此外，为保证结论的准确性，本节还参照Barton和Simko（2002）、王克敏等（2018）等的研究，采用盈余管理空间（t-1期末净经营资产/t-2期末资产总额）指标，并依据年度行业中位数设置虚拟变量，大于中位数表示盈余操纵程度大，赋值1，否则赋值0，考察盈余操纵的影响，分组检验结果见表3-27中列（2）与列（3）。可以发现，在盈余操纵程度大的样本组中，$Financial_{i,t} \times E_{i,t}$的系数为-0.0975，显著性水平为5%；而在盈余操纵程度小的样本组中，$Financial_{i,t} \times E_{i,t}$的系数为负但不显著。这说明当企业盈余操纵程度较大时，金融资产配置对盈余持续性的负向影响更显著。综上所述，前述论断得到支持。

表 3-27　　　　　　　　　　盈余操纵的影响

变量	(1)	(2)	(3)
	下期营业毛利率	盈余操纵程度大	盈余操纵程度小
$E_{i,t}$	0.9223 *** (0.0034)	0.9222 *** (0.0045)	0.9094 *** (0.0066)
$Financial_{i,t} \times E_{i,t}$	-0.0573 * (0.0296)	-0.0975 ** (0.0428)	-0.0482 (0.0535)
$Financial_{i,t}$	0.0245 *** (0.0063)	0.0328 *** (0.0081)	0.0203 * (0.0104)
$EM_{i,t}$	-0.0134 * (0.0075)		
$Financial_{i,t} \times E_{i,t} \times EM_{i,t}$	-1.2941 ** (0.5049)		
$Financial_{i,t} \times EM_{i,t}$	0.1198 (0.1187)		
$E_{i,t} \times EM_{i,t}$	-0.2176 *** (0.0419)		
$Size_{i,t-1}$	-0.0007 (0.0007)	0.0011 (0.0011)	-0.0029 ** (0.0011)
$Odebt_{i,t}$	0.0092 *** (0.0021)	0.0067 ** (0.0031)	0.0120 *** (0.0036)
$Cf_{i,t}$	0.0484 *** (0.0087)	0.0678 *** (0.0126)	0.0411 *** (0.0131)
$Age_{i,t}$	0.0013 (0.0013)	-0.0020 (0.0019)	0.0033 (0.0023)
$Cap_{i,t}$	-0.0015 *** (0.0005)	-0.0026 *** (0.0008)	-0.0003 (0.0008)
$Loss_{i,t}$	0.0314 *** (0.0022)	0.0315 *** (0.0035)	0.0299 *** (0.0029)

续表

变量	(1)	(2)	(3)
	下期营业毛利率	盈余操纵程度大	盈余操纵程度小
$State_{i,t}$	-0.0027** (0.0011)	-0.0036** (0.0016)	-0.0023 (0.0016)
$Ebd_{i,t}$	-0.0006 (0.0006)	-0.0008 (0.0008)	-0.0009 (0.0011)
$Indperc_{i,t}$	0.0015 (0.0082)	-0.0031 (0.0118)	0.0042 (0.0133)
$Hold_{i,t}$	0.0011 (0.0035)	0.0026 (0.0045)	0.0155 (0.0096)
$Top10_{i,t}$	0.0015 (0.0009)	0.0013 (0.0013)	0.0024* (0.0014)
$Audit_{i,t}$	-0.0006 (0.0050)	0.0121 (0.0100)	-0.0083 (0.0057)
_cons	0.2938*** (0.0139)	0.2892*** (0.0222)	0.3231*** (0.0208)
年份和行业	控制	控制	控制
N	22670	11132	10033

注：括号中为聚类稳健标准误；***、** 与 * 分别表示在 1%、5% 与 10% 的水平上显著。

（4）非线性效应。

如前所述，金融资产配置对盈余持续性的影响主要是资本套利动机发挥作用。然而，非金融上市公司金融活动的不同阶段可能具有不同的动机，从而关系到金融资产短期财富、“蓄水池”、资源挤占等效应的发挥，表现为盈余持续性的变化。具体来说，非金融上市公司金融活动大致经历了平缓变化、加速扩张与增长放缓三个阶段（谢富胜和匡晓璐，2020）。相应地，金融资产配置程度呈现递增趋势。随着金融活动扩大，企业能够通过分享金融资产的高额收益率来充实短期盈利能力，体现为短期财富效应；当金融资产增加到一定程度时，资产配置结构改善，金融资产成为企业平滑实业投资、巩固主业发展基础的重要手段，体现为“蓄水池”效应；一旦金融资产过度占用实业投资资源，将侵蚀企业价值，体现为资源挤占效应。那么，金融资产配置与盈余持续性之间是否存在非线性效应？本节通过区分金融资产配置程度予以考察，检验结果见表3-28。可以发现，金融资产配置程度较低组与金融资产配置程度较高组中 $Financial_{i,t} \times E_{i,t}$ 的系数均显著为负，金融资产配置程度中间组中 $Financial_{i,t} \times E_{i,t}$ 的系数为正但不显著，表明金融资产配置与盈余持续性之间的关系并非完全线性。

表3-28　　非线性效应

变量	(1)	(2)	(3)
	金融资产配置程度（低）	金融资产配置程度（中）	金融资产配置程度（高）
$E_{i,t}$	0.9059*** (0.0103)	0.9247*** (0.0079)	0.9275*** (0.0052)
$Financial_{i,t} \times E_{i,t}$	-0.2826* (0.1644)	0.0286 (0.1215)	-0.0691** (0.0343)
$Financial_{i,t}$	0.0227 (0.0335)	0.0117 (0.0295)	0.0176** (0.0073)
$Size_{i,t-1}$	0.0003 (0.0010)	-0.0013 (0.0012)	-0.0004 (0.0011)
$Odebt_{i,t}$	0.0138*** (0.0031)	0.0054 (0.0040)	0.0027 (0.0034)
$Cf_{i,t}$	0.0217* (0.0112)	0.0520*** (0.0149)	0.0940*** (0.0140)
$Age_{i,t}$	0.0021 (0.0017)	-0.0008 (0.0025)	0.0029 (0.0021)
$Cap_{i,t}$	-0.0025*** (0.0008)	-0.0012 (0.0009)	-0.0010 (0.0008)
$Loss_{i,t}$	0.0348*** (0.0035)	0.0321*** (0.0040)	0.0281*** (0.0039)
$State_{i,t}$	-0.0034** (0.0016)	-0.0013 (0.0021)	-0.0017 (0.0018)
$Ebd_{i,t}$	-0.0010 (0.0009)	-0.0018 (0.0013)	-0.0000 (0.0009)
$Indperc_{i,t}$	0.0043 (0.0125)	-0.0050 (0.0166)	0.0037 (0.0127)

续表

变量	(1)	(2)	(3)
	金融资产配置程度（低）	金融资产配置程度（中）	金融资产配置程度（高）
$Hold_{i,t}$	-0.0024 (0.0045)	0.0047 (0.0083)	-0.0023 (0.0046)
$Top10_{i,t}$	0.0030** (0.0014)	0.0019 (0.0017)	-0.0004 (0.0014)
$Audit_{i,t}$	-0.0022 (0.0076)	-0.0087 (0.0110)	0.0008 (0.0080)
_cons	0.2931*** (0.0217)	0.3413*** (0.0256)	0.2810*** (0.0217)
年份和行业	控制	控制	控制
N	9542	5303	10461

注：括号中为聚类稳健标准误；*** 、** 与 * 分别表示在 1% 、5% 与 10% 的水平上显著。

3.2.8 小结

产品市场是否认可金融资产配置关系到企业经营持续与否。基于此，本节以 2007~2020 年 A 股上市的非金融上市公司为样本，立足产品市场视角，考察金融资产配置与盈余持续性的关系，同时探究行业竞争程度、企业竞争地位与供应链稳定度的调节功能。研究发现，金融资产配置显著降低了企业盈余持续性；行业竞争程度能够通过产生利润破坏效应发挥调节功能，即行业竞争程度越大，金融资产配置与盈余持续性的负向关系越明显；企业竞争地位与供应链稳定度在金融资产配置影响盈余持续性的过程中起到正向调节作用，即企业竞争地位与供应链稳定度越高，产业资本势力越强，企业以牺牲长期发展换取短期利益的倾向越低，金融资产配置与盈余持续性的负向关系越不明显。进一步地，对作用机制考察后发现，企业横向与纵向竞争能力在金融资产配置降低产品市场认可度过程中发挥中介作用，即金融资产配置会通过削弱企业横向与纵向竞争能力损害企业盈余持续性；区分金融资产配置类型后发现，金融资产配置降低盈余持续性主要是非战略性金融资产配置发挥作用；结合盈余操纵分析后发现，盈余操纵程度越大的企业金融资产配置越可能降低盈余持续性；非线性效应分析后发现，金融资产配置与盈余持续性的负向关系在金融资产配置程度较低与较高组中更显著。

本节的研究贡献主要表现为：第一，基于产品市场视角，考察了金融资产配置对盈余持续性的影响效果。研究证实了金融资产配置与盈余持续性的负向关系，揭示了金融资产配置的资本套利动机，为产品市场认可度分析提供了新思路，同时丰富并拓展了金融资产配置经济后果研究领域的内容与视角，有助于全面认识实体经济“脱实向虚”的内在逻辑与产品市场表现。第二，以产品市场竞争为切入点，探讨了同行业视角的横向竞争与供应链视角的纵向竞争对金融资产配置与盈余持续性关系的调节功能。行业竞争程度、企业竞争地位以及供应链稳定度的调节效应表现为，行业竞争越激烈，非金融上市公司金融资产配置越可能降低盈余持续性，企业竞争地位与供应链稳定度能够正向调节金融资产配置与盈余持续性的负向关系，从而揭示出回归并关注主业对企业持续创造价值的重要性与必要性，丰富“投资中心论”思想，对于引领企业“避虚就实”、促进企业与产品市场良性互动有所裨益。第三，讨论了金融资产配置对盈余持续性影响的传导路径与异质性。基于企业横向与纵向竞争能力的中介效应检验能够诠释企业经营“脱实向虚”造成产品市场效率损失的途径，深化金融资产配置产品市场表现的相关研究；金融资产配置类型划分研究结果能够揭示金融资产配置降低企业盈余持续性的主要来源，对金融监管实践具有重要启示；盈余操纵的调节效应在一定程度上解释了经济新常态背景下的“实冷虚热”问题，揭示出金融资产配置信息“捂盘”作用，为深刻理解企业经营“脱实向虚”后果提供经验证据；金融资产配置与盈余持续性非线性关系研究结果表明，合理的资产结构更可能巩固主业发展基础，提高非金融上市公司持续盈利能力，从而为辩证看待金融资产配置的产品市场表现、充分发挥金融服务实体经济功能提供参考。

第 4 章

资本市场视角的经济后果研究

本章的研究目的是基于资本市场视角，考察非金融上市公司金融资产配置的经济后果。本章试图研究的第一类问题是非金融上市公司金融资产配置是否以及如何影响企业违规？金融资产配置是否影响违规稽查与违规倾向？金融资产配置对不同类型违规行为的影响是否存在差异？金融资产配置影响下企业违规的具体动机是什么？金融资产配置与企业违规的关系是否受到金融市场化的影响？金融资产配置与企业违规之间是否存在非线性效应？金融资产配置同伴效应是否存在且对企业违规产生影响？第二类问题是非金融上市公司金融资产配置是否以及如何影响盈余价值相关性？金融资产配置对盈余价值相关性的影响会因盈余不同持续性构成产生结构性差异吗？金融资产配置与盈余价值相关性的关系是否受到金融资产异质性与金融市场化的影响？金融资产配置与盈余价值相关性之间是否存在非线性效应？

4.1 金融资产配置与企业违规

4.1.1 引言

作为实体经济的主要载体，非金融上市公司实业投资长期以来一直是中国经济增长的重要力量（宋军和陆旸，2015；李馨子等，2019）。然而，随着中国经济步入“新常态”，“实冷虚热”问题显现，金融化趋势明显，非金融上市公司脱离主业、热衷金融投资行为严重。CSMAR 数据统计显示，配置金融资产的公司数量与规模逐年上升，2020年已有3618家非金融上市公司配置金融资产，规模高达36251.52亿元。虽然金融资产配置在流动性和预期收益方面存在一定优势，成为大量非金融上市公司应对实业投资收益下降的主要方式（李馨子等，2019），但资本逐利驱使下的金融资产配置是一种“舍本逐末”活动，能够加剧代理问题，引发企业短视行为（刘姝雯等，2019），擅自改变资金用途、操纵股价等资本市场操作违规①便是其中一种。同时金融体系的风险联动效应还会降低资本市场稳定性，恶化市场信息环境，增加披露失实操作空间，致使金融资产配置信息“捂盘”作用凸显（彭俞超等，2018）。由此提出如下思考：金融资产配置是否以及如何影响企业违规？该问题研究不仅能够加深对金融化现象扰乱资本市场内在逻辑的理解，建立金融资产配置与市场经济秩序不规范关系的解释机制，而且可以为有效治理违规行为、培育长期稳定发展的资本市场提供参考。

Scott（1997）指出，证券市场管制源于信息不对称，目的是保护投资者利益，维护市场长期稳定发展。中国资本市场目前尚不完备，金融资产配置引致的大量资金涌入金融领域可能造成价格机制“失灵”，主要表现为资产价格泡沫化（张慕濒和孙亚琼，2014；刘笃池等，2016），从而增加投资者“狂热”心理导致的投机活动等噪音交易，降低市场信息效率（顾小龙等，2016）。这预示着监管难度上升，大量违规事实被掩盖，违规被稽查概率减少。根据Correia（2009）、陆瑶和胡江燕（2016）以及孟庆斌等（2019）的“公司违规成本与收益分析”模型，企业违规成本大小取决于违规被稽查概率与违规暴露引起的损失程度。因此，金融资产配置引致的违规被稽查概率减少会降低企业违规成本。与此同时，由于大量资金涌入金融与房地产领域会加速金融资本膨胀，推高金融投资收益，企业通过虚构投资项目“圈钱”、擅自改变资金用途等违规行为涉足金融领域能够获得更高收益，即增加企业违规收益。较低的违规成本与较高的违规收益必

---

① 如前所述，资本市场操作违规属于企业违规，具体有欺诈上市、擅自改变资金用途、占用公司资产、违规担保、操纵股价、内幕交易、出资违规、违规买卖股票等行为。除资本市场操作违规类别外，企业违规还包括披露失实（推迟披露、虚假记载、重大遗漏、虚构利润、虚列资产、其他披露不实等行为）、一般会计处理不当等类别（朱沛华，2020）。

然会增加违规总效用，进而提高企业违规倾向（陆瑶等，2012；李世辉等，2019）。那么，金融资产配置是否会降低企业违规被稽查的可能性？金融资产配置是否会提高企业违规倾向？弄清这两个问题，有助于厘清企业违规频发背后的逻辑，对市场参与者净化企业违规环境、维护各方合法利益及促进资本市场健康发展具有重要启示。

4.1.2 理论分析与研究假设

（1）企业违规层面的经济后果。

舞弊三角理论认为，企业违规是机会、动机以及自我合理化三者共同作用的结果（Albrecht et al.，1995）。以牺牲长期发展换取短期利益的金融资产配置是企业金融化的表现，会加剧企业信息不对称风险和代理冲突。一方面，金融资产配置会增加信息生成、解读与传播过程中的“逆向选择”与“道德风险”。首先，金融资产配置会加剧企业信息披露失真。金融资产配置能够通过金融体系与企业部门之间的风险联动效应增加非金融上市公司经营不确定性（李建军和韩珣，2019），从而提高企业信息操纵倾向，而金融资产公允价值计量过程的复杂性会增加企业与外部投资者之间的信息障碍，使金融资产配置成为企业盈余操纵的一种手段（毛志宏和徐畅，2018）。其结果是市场信息环境恶化，违规空间增加。其次，金融资产配置会弱化金融市场中介机构信息解读职能。证券分析师是金融市场上至关重要的信息中介者，通过信息解读职能的发挥能够促进公司年报、新闻媒体等多方信息纳入股价（姜超，2013；夏常源和贾凡胜，2019），增加市场信息总量（Chan and Hameed，2006）。而金融资产配置催生的金融投机风气可能加剧投资者热衷短期炒作而忽略公司基本面信息的倾向，致使证券分析师缺乏深度挖掘公司经营信息的动机甚至可能诱发其迎合投资者发布有偏报告（张宗新和杨万成，2016），从而降低市场信息效率，为企业违规提供便利条件。最后，金融资产配置会降低公司真实信息传播效率。金融资产配置导致的大量资金涌入金融领域更可能催生金融投机风气和资产价格泡沫，引发资本市场混乱（张慕濒和孙亚琼，2014；刘笃池等，2016），致使信息传播机制出现偏差，市场信息环境恶化，企业违规机会增加。另一方面，非金融上市公司金融化是股东价值最大化观念与企业机会主义动机共同推动的结果意味着配置金融资产的公司治理更可能出现结构性短视问题①（刘姝雯等，2019），表现为治理效率低下，代理冲突严重。具体可以从两个方面展开：第一，金融资产配置的高投机性与高风险性会滋生管理层机会主义行为，加大企业与投资者的利益分离，继而可能增加管理层出于薪酬提高、职业晋升、声誉维护、帝国建造等私利考虑进行违规操作的盈余管理动机，降低个体忠诚度，表现为企业擅自改变资金用途、操纵股价、违规买卖股票等资本市场操作违规与虚假记载、虚列资产等披露不实行为的增加。第二，金融资产配置导致的大量资金涌入金融领域会加速金融资本膨胀与产业资本萎缩，拉大实体与金融部门间的利润率差距，增强非金融上市公司的跨行业套利动机（王红建等，2016；杨筝等，2019），使其过分重视短期利益而忽视主业发展，进而可能弱化其受托责任，导致虚构项目“圈钱”、擅自改变资金用途、现金流信息披露不实等违规行为，甚至可能诱发大股东受利益驱使与管理层合谋进行公司资产占用等不当行为的利益侵占动机。此外，根据投资短视理论，金融资产配置引发的资产价格泡沫会加剧管理层短视，降低其努力程度和工作效率，从而更可能激发管理层私利驱使下的盈余管理动机，增加其将违规行为进行合理化归因的可能性。综上所述，金融资产配置能够影响机会、动机以及自我合理化三个企业违规成因，从而增加企业违规。

H4-1：金融资产配置会导致企业违规。

（2）违规稽查与违规倾向层面的经济后果。

前面分析表明，金融资产配置不仅能够通过增加企业信息不对称风险加大监管难度，从而降低企业被稽查概率，为企业违规提供条件，而且可以通过加剧代理冲突诱发企业寻求金融领域超额利润的套利动机以及管理层私利驱使下的盈余管理动机和大股东与管理层合谋的利益侵占动机，表现为企业违规收益上升，违规倾向增加。基于此，被稽查概率与违规倾向可能是企业金融资产配置影响违规行为的核心因素。根据 Correia（2009）、

① 公司治理结构性短视问题主要表现为非金融上市公司受金融市场控制，即以股票期权为代表的薪酬激励制度盛行，以短期利润最大化为导向的价值评价体系形成等（刘贯春等，2018；谢富胜和匡晓璐，2020）。

陆瑶和胡江燕（2016）以及孟庆斌等（2019）的“公司违规成本与收益分析”模型，违规成本 $C = p \times PC$，p 为企业违规被稽查概率，PC 代表违规被稽查后面临的罚款、处分等直接成本和声誉受损、股价下跌等间接成本；违规收益（由 G 表示）包括企业违规带来的额外收益（由 EA 表示）与违规使管理者避免因亏损造成薪酬减少等收益（由 SL 表示）两部分。因此有 $\partial C / \partial p > 0$，即企业违规成本与违规被稽查概率正相关。由前面分析可知，一方面，金融资产配置能够降低 p，结果是企业违规成本下降，违规倾向增加；另一方面，金融资产配置能够通过提高 EA 与 SL 增加企业违规倾向。具体来说，第一，金融资产配置导致的大量资金涌入金融领域更可能加速金融资本膨胀，推高金融投资收益，结果是企业能够通过擅自改变资金用途、内幕交易等违规行为获取更高的回报，即提高 EA。第二，股东利益导向会导致管理层更加重视股票短期价格与股票期权价值，增加其面临的市场压力（刘姝雯等，2019；钟华明，2021）。而在实体经济持续疲软与虚拟经济过度膨胀的背景下，金融资产配置的高收益性不断凸显，使其成为非金融上市公司短期内改善经营业绩的重要手段（王红建等，2016）。此外，金融资产确认与计量过程中的主观性与复杂性有助于管理层通过金融资产及其相关收益操纵粉饰业绩。因此，管理层能够通过虚构投资项目“圈钱”、操纵股价等违规行为分享金融领域高额回报或借助金融资产配置调节盈余，充实企业短期获利能力，从而解除受托责任，使管理者避免因亏损造成薪酬减少，表现为 SL 增加。综上所述，金融资产配置能够通过增加企业信息不对称风险减少企业违规被发现的可能性，进而降低违规成本，增加违规倾向；且可以因其可能诱发的价格泡沫、较快的收益实现速度以及金融资产在确认与计量过程的较大灵活性保持较高的违规收益水平，从而提高企业违规倾向。

H4－2：金融资产配置会降低企业违规被稽查概率并增加违规倾向。

4.1.3 研究设计

（1）样本选择与数据来源。

初始样本选择和筛选与第 3 章的内容保持一致，最终得到 29700 个公司年度观测值。为了避免离群值对研究结果的干扰，同样对所有连续变量进行1%水平上的双向缩尾处理。数据来源方面，企业违规、金融资产配置与其他变量数据来自 CSMAR 数据库，加以整理计算得到。其中行业虚拟变量的设置与第3章的保持一致。

（2）主要实证模型与变量说明。

为检验金融资产配置对企业违规的影响，参照陈冬华等（2013）、李世辉等（2019）、周泽将等（2019）等的研究设计，构建如下模型：

$$P\_IDF_{i,t} = \alpha_0 + \alpha_1 Financial_{i,t} + \sum \alpha_p controls_{i,t} + \varepsilon_{i,t} \quad (4-1)$$

其中，$P_IDF_{i,t}$为被解释变量，表示 i 公司 t 年的违规情况，遵循陈冬华等（2013）的方法，对被处罚公司进行追溯确定违规年份，衡量企业是否违规，即当年涉及违规行为的，赋值为1，否则为0，采用 Probit 方法①进行分析。$Financial_{i,t}$为金融资产配置，与第3章的度量方法一致，根据金融资产占总资产的比重衡量。$\sum \alpha_p controls_{i,t}$ 为参考 Khanna 等（2015）、周泽将等（2019）等控制的影响企业违规行为的变量，包括企业规模 $Size_{i,t}$、有息资产负债率 $Idebt_{i,t}$、总资产收益率 $Roa_{i,t}$、营业周期 $Oc_{i,t}$、是否亏损 $Loss_{i,t}$、产权比率 $Er_{i,t}$、企业税负 $Tax_{i,t}$、产权性质 $State_{i,t}$、股权制衡度 $Ebd_{i,t}$、独立董事规模 $Indperc_{i,t}$、十大审计 $Top10_{i,t}$、独立董事本地化 $Local_{i,t}$ 等，具体度量方法见其他变量说明部分或表4-1。估计系数 α_1 是本章的关注重点，显著为正说明金融资产配置会增加企业违规，支持 H4-1，否则 H4-1 无法得到验证。

为了验证 H4-2，本章采用 Poirier（1980）提出的部分可观测 Bivariate Probit 估计方法进行检验。借鉴 Wang 等（2010）、陆瑶等（2012）以及孟庆斌等（2019）的研究，设置潜变量 $Detect^*_{i,t}$与 $Violation^*_{i,t}$分别表示企业违规被稽查概率与企业违规倾向，两者乘积为实际可观测的违规 $P\_IDF_{i,t}$，等于1意味着 i 公司 t 年发生违规且被稽查，等于0表示 i 公司 t 年未违规或发生违规未被稽查。为有效区分违规稽查和违规倾向，完全识别模型参数，$Detect^*_{i,t}$与 $Violation^*_{i,t}$分别对应一组不完全相同的解释变量，且解释变量

① 考虑到样本量足够大时，Probit 与 Logit 回归没有显著区别，为与 H4-2 检验方法 Bivariate Probit 对照，本章选用 Probit 模型进行分析。

要满足观测值变化假设。具体地，$Detect^*_{i,t}$的控制变量包括企业规模$Size_{i,t}$、有息资产负债率$Idebt_{i,t}$、是否亏损$Loss_{i,t}$、产权性质$State_{i,t}$、股权制衡度$Ebd_{i,t}$、独立董事规模$Indperc_{i,t}$、行业违规情况$Indufraud_{i,t}$、行业信心$Tqmed_{i,t}$、股票流动性$Turnover_{i,t}$与股票日收益的年度波动率$Volat_{i,t}$；$Violation^*_{i,t}$的控制变量有企业规模$Size_{i,t}$、有息资产负债率$Idebt_{i,t}$、是否亏损$Loss_{i,t}$、产权性质$State_{i,t}$、股权制衡度$Ebd_{i,t}$、独立董事规模$Indperc_{i,t}$、十大审计$Top10_{i,t}$、股票年收益率$Ret_{i,t}$与分析师关注$Follow_{i,t}$。具体度量方法见其他变量说明部分或表4－1。考虑到变量过多带来的模型不收敛问题，参考陆瑶等（2012）和孟庆斌等（2019）的做法，Bivariate Probit 回归时未设置时间固定效应与行业固定效应变量，但已通过控制变量（如行业信心）对其影响进行了控制。具体模型如下：

$$Detect^*_{i,t} = \alpha_0 + \alpha_1 Financial_{i,t} + \sum \alpha_d controls_{i,t} + \varepsilon_{i,t} \quad (4-2)$$

$$Violation^*_{i,t} = \alpha_0 + \alpha_1 Financial_{i,t} + \sum \alpha_v controls_{i,t} + \varepsilon_{i,t} \quad (4-3)$$

（3）其他变量说明。

控制变量包括：企业规模$Size_{i,t}$（总资产自然对数值）、有息资产负债率$Idebt_{i,t}$［(短期借款＋长期借款＋应付债券)/总资产］、总资产收益率$Roa_{i,t}$（净利润与总资产的比值）、营业周期$Oc_{i,t}$（应收账款周转天数＋存货周转天数）、是否亏损$Loss_{i,t}$（净利润小于0赋值为1，否则为0）、产权比率$Er_{i,t}$（负债总额/所有者权益总额）、企业税负$Tax_{i,t}$（所得税费用与营业收入的比值）、产权性质$State_{i,t}$（国有企业为1，非国有企业为0）、股权制衡度$Ebd_{i,t}$（第二至第十大股东持股比例/第一大股东持股比例）、独立董事规模$Indperc_{i,t}$（独立董事人数/董事会人数）、十大审计$Top10_{i,t}$（审计师来自十大会计师事务所赋值为1，否则为0）、独立董事本地化$Local_{i,t}$（独立董事与上市公司工作地点一致的为1，否则为0）、行业违规情况$Indufraud_{i,t}$（同行业中违规公司占比）、行业信心$Tqmed_{i,t}$（同行业公司TobinQ中位数）、股票流动性$Turnover_{i,t}$（年换手率）、股票日收益的年度波动率$Volat_{i,t}$（股票日收益率的标准差）、股票年收益率$Ret_{i,t}$（年个股回报率）、分析师关注$Follow_{i,t}$（分析师跟踪人数加1后取自然对数）、年份虚拟变量以及行业虚拟变量。

表4-1 变量定义

变量类型	变量符号	变量名称	度量方法
被解释变量	$P\_IDF_{i,t}$	企业违规	当年涉及违规行为的，赋值为1，否则为0
解释变量	$Financial_{i,t}$	金融资产配置	金融资产/总资产
控制变量	$Size_{i,t}$	企业规模	总资产自然对数值
	$Idebt_{i,t}$	有息资产负债率	(短期借款+长期借款+应付债券)/总资产
	$Roa_{i,t}$	总资产收益率	净利润与总资产的比值
	$Oc_{i,t}$	营业周期	Ln（应收账款周转天数+存货周转天数）
	$Loss_{i,t}$	是否亏损	净利润小于0赋值为1，否则为0
	$Er_{i,t}$	产权比率	负债总额/所有者权益总额
	$Tax_{i,t}$	企业税负	所得税费用与营业收入的比值
	$State_{i,t}$	产权性质	国有企业为1，非国有企业为0
	$Ebd_{i,t}$	股权制衡度	第二至第十大股东持股比例/第一大股东持股比例
	$Indperc_{i,t}$	独立董事规模	独立董事人数/董事会人数
	$Top10_{i,t}$	十大审计	审计师来自十大会计师事务所赋值为1，否则为0
	$Local_{i,t}$	独立董事本地化	独立董事与上市公司工作地点一致的为1，否则为0
	$Indufraud_{i,t}$	行业违规情况	同行业中违规公司占比
	$Tqmed_{i,t}$	行业信心	同行业公司 TobinQ 中位数
	$Turnover_{i,t}$	股票流动性	年换手率
	$Volat_{i,t}$	股票日收益的年度波动率	股票日收益率的标准差
	$Ret_{i,t}$	股票年收益率	年个股回报率
	$Follow_{i,t}$	分析师关注	分析师跟踪人数加1后取自然对数

4.1.4 基本回归分析

表4-2是主要变量的描述性统计。$P_IDF_{i,t}$的均值为0.2118，说明存在违规行为的非金融上市公司占比为21.18%。鉴于违规呈现出的频发趋势及其危害性，在全面深化中国资本市场的重要改革阶段，企业违规行为治理应引起社会各界的重视。$Financial_{i,t}$与$Size_{i,t}$、$Idebt_{i,t}$等部分控制变量的描述性统计与第3章的结果基本一致，此处不再说明。就其他控制变量而言，$Oc_{i,t}$的均值为5.1251，表明非金融上市公司在一定程度上存在资金周转问题，

经营效率有待进一步提升。$Er_{i,t}$的均值为1.0265，最小值为0.0511，最大值为6.9322，说明平均而言样本企业负债总额与所有者权益总额的比值为1.0265，不同公司的长期偿债能力具有差异性。$Tax_{i,t}$的均值为0.0189，最小值为-0.0227，最大值为0.1162，表明非金融上市公司所得税费用占营业收入的比重为1.89%，且在不同公司—年度样本间差异明显，在一定程度上反映了企业税负对经济“脱实向虚”的诱致效应。$Local_{i,t}$的均值为0.4291，即从平均意义上来看聘用本地化的独立董事的非金融上市公司占比为42.91%。$Indufraud_{i,t}$的均值为0.2277，最小值为0.0840，最大值为0.4138，说明不同行业的违规问题存在较大差异；$Tqmed_{i,t}$的均值为1.7163，最小值为1.0619，最大值为3.0027，揭示了不同行业的经营状况。这意味着不同行业受到监管部门的关注程度不同，进而表现为不同的违规暴露概率。$Turnover_{i,t}$的均值为407.3801，$Volat_{i,t}$的均值为0.0301，分别反映了股票流动性与股票收益率的波动情况，关系到非金融上市公司违规被稽查的可能性大小。$Ret_{i,t}$的均值为0.2026，最小值为-0.6891，最大值为3.0379，表明股票年收益率在不同公司——年度样本间差异明显，揭示了非金融上市公司不同的违规倾向。

表4-2　　主要变量的描述性统计

变量	观测值	均值	标准差	25%分位	中位数	75%分位	最小值	最大值
$P\_IDF_{i,t}$	29700	0.2118	0.4086	0	0	0	0	1
$Financial_{i,t}$	29700	0.0687	0.1027	0.0042	0.0269	0.0871	0.0000	0.5372
$Size_{i,t}$	29700	21.8943	1.1657	21.0361	21.7628	22.6058	19.5935	25.2512
$Idebt_{i,t}$	29700	0.1483	0.1402	0.0170	0.1176	0.2428	0.0000	0.5491
$Roa_{i,t}$	29700	0.0421	0.0608	0.0162	0.0411	0.0716	-0.2389	0.2067
$Oc_{i,t}$	29700	5.1251	0.8963	4.6359	5.2164	5.7081	2.3098	7.2603
$Loss_{i,t}$	29700	0.0895	0.2855	0	0	0	0	1
$Er_{i,t}$	29700	1.0265	1.1291	0.3281	0.6755	1.2888	0.0511	6.9322
$Tax_{i,t}$	29700	0.0189	0.0215	0.0053	0.0138	0.0261	-0.0227	0.1162
$State_{i,t}$	29700	0.3620	0.4806	0	0	1	0	1
$Ebd_{i,t}$	29700	0.9214	0.7883	0.3301	0.7129	1.2762	0.0418	3.9765
$Indperc_{i,t}$	29700	0.3733	0.0519	0.3333	0.3333	0.4286	0.3333	0.5714

续表

变量	观测值	均值	标准差	25%分位	中位数	75%分位	最小值	最大值
$Top10_{i,t}$	29700	0.5140	0.4998	0	1	1	0	1
$Local_{i,t}$	29700	0.4291	0.4950	0	0	1	0	1
$Indufraud_{i,t}$	26939	0.2277	0.0590	0.1832	0.2345	0.2697	0.0840	0.4138
$Tqmed_{i,t}$	26939	1.7163	0.4115	1.4106	1.6364	1.9704	1.0619	3.0027
$Turnover_{i,t}$	26939	407.3801	275.5374	201.6725	335.9149	543.5168	48.6282	1358.2267
$Volat_{i,t}$	26939	0.0301	0.0091	0.0236	0.0285	0.0351	0.0135	0.0568
$Ret_{i,t}$	26939	0.2026	0.6855	-0.2454	0.0191	0.4270	-0.6891	3.0379
$Follow_{i,t}$	26939	1.4194	1.1745	0.0000	1.3863	2.3979	0.0000	3.7612

表4-3是主要变量的相关性检验结果。可以看出，各变量间相关系数的绝对值低于0.8，可以认为本节所用回归模型不存在明显的多重共线性问题。与第3章的做法一致，为增强结论可靠性，本章还使用VIF进行检验，结果再次排除多重共线性的存在。

相关系数矩阵检验结果方面，$Financial_{i,t}$与$P_IDF_{i,t}$的相关系数为-0.016，显著性水平为1%，可能的解释是金融资产配置带来的信息不对称问题会导致大量违规事实被掩盖，从而降低违规被稽查概率，但两者之间具体呈现什么关系还需要通过回归分析确定。另外，$Size_{i,t}$与$P_IDF_{i,t}$、$Roa_{i,t}$与$P_IDF_{i,t}$、$Tax_{i,t}$与$P_IDF_{i,t}$以及$Ret_{i,t}$与$P_IDF_{i,t}$均显著负相关，说明规模越大、经营业绩越高、税负越多或股票年收益率越高的企业违规总效用可能越低，结果是违规倾向降低，企业违规可能性减少。$Idebt_{i,t}$与$P_IDF_{i,t}$、$Oc_{i,t}$与$P_IDF_{i,t}$、$Loss_{i,t}$与$P_IDF_{i,t}$、$Er_{i,t}$与$P_IDF_{i,t}$、$Indufraud_{i,t}$与$P_IDF_{i,t}$、$Tqmed_{i,t}$与$P_IDF_{i,t}$、$Turnover_{i,t}$与$P_IDF_{i,t}$以及$Volat_{i,t}$与$P_IDF_{i,t}$均显著正相关，意味着有息资产负债率、营业周期、净利润亏损情况、产权比率、行业违规情况、行业整体经营状况、股票换手率、股票收益率波动情况能够部分解释企业违规且被稽查的概率。$State_{i,t}$与$P_IDF_{i,t}$、$Top10_{i,t}$与$P_IDF_{i,t}$、$Local_{i,t}$与$P_IDF_{i,t}$以及$Follow_{i,t}$与$P_IDF_{i,t}$均显著负相关，揭示出公司治理机制对于违规风险防范的重要性；而$Ebd_{i,t}$与$P_IDF_{i,t}$以及$Indperc_{i,t}$与$P_IDF_{i,t}$均显著正相关，可能是因为股权制衡机制引发的利益分歧会降低企业违规治理效率以及薪酬激励、地理距离等会降低独立董事制度在企业违规治理中的有效性。

表 4 – 3　　主要变量的相关性检验结果

变量	$P\_IDF_{i,t}$	$Financial_{i,t}$	$Size_{i,t}$	$Idebt_{i,t}$	$Roa_{i,t}$	$Oc_{i,t}$	$Loss_{i,t}$
$P\_IDF_{i,t}$	1						
$Financial_{i,t}$	-0.016***	1					
$Size_{i,t}$	-0.036***	0.036***	1				
$Idebt_{i,t}$	0.063***	-0.057***	0.335***	1			
$Roa_{i,t}$	-0.146***	0.005	0.027***	-0.306***	1		
$Oc_{i,t}$	0.073***	-0.094***	-0.163***	-0.095***	-0.083***	1	
$Loss_{i,t}$	0.124***	0.013**	-0.060***	0.150***	-0.665***	0.051***	1
$Er_{i,t}$	0.059***	-0.078***	0.300***	0.566***	-0.331***	-0.066***	0.222***
$Tax_{i,t}$	-0.049***	0.139***	0.021***	-0.176***	0.409***	0.046***	-0.203***
$State_{i,t}$	-0.099***	0.031***	0.281***	0.198***	-0.087***	-0.230***	0.025***
$Ebd_{i,t}$	0.085***	-0.018***	-0.107***	-0.115***	0.004	0.095***	0.005
$Indperc_{i,t}$	0.011*	0.017***	-0.022***	-0.033***	-0.014**	0.046***	0.015**
$Top10_{i,t}$	-0.023***	-0.003	0.108***	-0.058***	0.051***	0.017***	-0.022***
$Local_{i,t}$	-0.015**	-0.005	-0.036***	-0.029***	0.017***	0.011*	-0.031***
$Indufraud_{i,t}$	0.140***	-0.035***	-0.003	-0.093***	-0.033***	0.156***	0.031***
$Tqmed_{i,t}$	0.029***	-0.025***	-0.137***	-0.104***	0.032***	0.096***	0.004
$Turnover_{i,t}$	0.051***	0.037***	-0.257***	0.038***	-0.153***	0.090***	0.087***
$Volat_{i,t}$	0.052***	-0.017***	-0.259***	0.003	-0.081***	0.074***	0.078***
$Ret_{i,t}$	-0.030***	0.013**	-0.071***	0.016***	0.127***	-0.013**	-0.073***
$Follow_{i,t}$	-0.090***	-0.115***	0.372***	-0.067***	0.394***	-0.067***	-0.217***
变量	$Er_{i,t}$	$Tax_{i,t}$	$State_{i,t}$	$Ebd_{i,t}$	$Indperc_{i,t}$	$Top10_{i,t}$	$Local_{i,t}$
$Er_{i,t}$	1						
$Tax_{i,t}$	-0.195***	1					
$State_{i,t}$	0.239***	-0.030***	1				
$Ebd_{i,t}$	-0.113***	0.008	-0.279***	1			
$Indperc_{i,t}$	-0.023***	0.013**	-0.093***	-0.014**	1		
$Top10_{i,t}$	-0.050***	0.017***	-0.078***	0.027***	0.033***	1	
$Local_{i,t}$	-0.001	0.001	0.054***	-0.045***	-0.001	-0.007	1
$Indufraud_{i,t}$	-0.040***	-0.056***	-0.175***	0.082***	0.064***	0.093***	0.043***

续表

变量	$Er_{i,t}$	$Tax_{i,t}$	$State_{i,t}$	$Ebd_{i,t}$	$Indperc_{i,t}$	$Top10_{i,t}$	$Local_{i,t}$
$Tqmed_{i,t}$	-0.099***	-0.015**	-0.095***	0.043***	0.024***	0.001	0.055***
$Turnover_{i,t}$	0.013**	-0.128***	-0.013**	-0.031***	0.012**	-0.056***	-0.004
$Volat_{i,t}$	0.003	-0.073***	-0.055***	0.026***	0.01	-0.084***	0.018***
$Ret_{i,t}$	0.014**	0.065***	0.026***	-0.024***	-0.014**	-0.069***	0.002
$Follow_{i,t}$	-0.107***	0.186***	-0.038***	0.043***	-0.015**	0.066***	0.032***

变量	$Indufraud_{i,t}$	$Tqmed_{i,t}$	$Turnover_{i,t}$	$Volat_{i,t}$	$Ret_{i,t}$	$Follow_{i,t}$
$Indufraud_{i,t}$	1					
$Tqmed_{i,t}$	0.142***	1				
$Turnover_{i,t}$	-0.061***	0.353***	1			
$Volat_{i,t}$	-0.069***	0.415***	0.583***	1		
$Ret_{i,t}$	-0.223***	0.384***	0.336***	0.391***	1	
$Follow_{i,t}$	0.020***	0.076***	-0.207***	-0.086***	0.065***	1

注：表4-3列示的是Pearson系数，***、**与*分别表示在1%、5%与10%的水平上显著。

表4-4列示了H4-1与H4-2的检验结果。表4-4中列（1）检验了金融资产配置与企业违规的关系，Probit结果显示，$Financial_{i,t}$的系数为0.2475，在1%的水平上显著，说明金融资产配置能够增加企业违规，H4-1得到验证。这意味着金融资产配置不仅会通过降低信息生成、解读与传播效率恶化市场信息环境，致使监管部门等外部利益相关者信息缺口变大，从而为企业违规提供机会，而且能够引致公司治理结构性短视问题，弱化公司治理绩效，加剧代理问题，进而诱发企业套利、盈余管理与利益侵占的违规动机并降低企业违规行为的犯罪感与自省力，最终增加企业违规。列（2）与列（3）报告的是金融资产配置对违规稽查与违规倾向的影响效果，Bivariate Probit结果显示，当违规稽查为被解释变量时，$Financial_{i,t}$的系数为-1.1686，显著性水平为1%；当违规倾向为被解释变量时，$Financial_{i,t}$的系数为0.7951，在5%的水平上显著。这表明金融资产配置能够降低违规被稽查概率并提高企业违规倾向，支持H4-2。此结论证实了违规稽查与违规倾向是企业金融资产配置影响违规行为的核心因素，即金融资产配置不仅能够通过阻碍公司特质信息有效进入市场降低企业违规被稽查概率，增加违规成本，而且可以通过其较高的收益与较快的收益实现速度提高企

业违规收益，最终增加违规倾向。

表 4-4 基本回归分析

变量	(1)	(2)	(3)
	Probit	Bivariate Probit	
	企业违规	违规稽查	违规倾向
$Financial_{i,t}$	0.2475 *** (0.0889)	-1.1686 *** (0.3740)	0.7951 ** (0.3281)
$Size_{i,t}$	-0.0013 (0.0090)	-0.1578 *** (0.0597)	0.1547 *** (0.0533)
$Idebt_{i,t}$	0.5605 *** (0.0820)	-0.8122 (0.7614)	1.5558 ** (0.7246)
$Loss_{i,t}$	0.1263 *** (0.0385)	-0.1613 (0.1928)	0.5866 *** (0.1141)
$State_{i,t}$	-0.2495 *** (0.0213)	-0.2199 (0.1481)	-0.0321 (0.1397)
$Ebd_{i,t}$	0.0888 *** (0.0109)	0.2633 *** (0.0670)	-0.0810 (0.0671)
$Indperc_{i,t}$	0.0413 (0.1636)	-1.1388 ** (0.5680)	0.9173 ** (0.4363)
$Top10_{i,t}$	-0.0923 *** (0.0175)		-0.0805 *** (0.0284)
$Roa_{i,t}$	-2.7220 *** (0.2173)		
$Oc_{i,t}$	0.0629 *** (0.0110)		
$Er_{i,t}$	0.0370 *** (0.0098)		
$Tax_{i,t}$	0.0222 (0.5028)		
$Local_{i,t}$	-0.0358 ** (0.0176)		

续表

变量	(1)	(2)	(3)
	Probit	Bivariate Probit	
	企业违规	违规稽查	违规倾向
$Indufraud_{i,t}$		3.8080*** (0.8437)	
$Tqmed_{i,t}$		-0.0249 (0.0308)	
$Turnover_{i,t}$		0.0001* (0.0001)	
$Volat_{i,t}$		6.1712*** (1.8974)	
$Ret_{i,t}$			-0.0040 (0.0156)
$Follow_{i,t}$			-0.0894*** (0.0220)
_cons	-1.0755*** (0.2208)	3.3563** (1.4020)	-3.7479*** (1.1156)
年份和行业	控制	未控制	未控制
N	29700	26939	26939

注：括号中为聚类稳健标准误；***、** 与 * 分别表示在 1%、5% 与 10% 的水平上显著。

4.1.5　内生性处理

互为因果与关联效应均可能引致内生性问题，从而导致金融资产配置增加企业违规。其原因在于：第一，实施违规行为的企业更可能存在经营目标短视化与公司治理结构性短视问题，从而导致投资行为短视化与投机化，表现为短期利益导向的金融资产配置增多；第二，资本市场机制相对滞后、监管制度不够完善等问题可能是金融资产配置与企业违规显著正相关的原因，即某些环境特征变量遗漏会导致结果估计失效。为此，与第 3 章的研究一致，本章选取企业所在同一行业其他公司的金融资产配置均值作为金融资产配置的工具变量（$Financial-IV_{i,t}$）。这是因为相近的经营环境与供求机制决定了其与焦点企业金融资产配置高度相关，但同行业其他公司金融投资情况不会直接影响焦点企业违规行为，因此在经济意义上满足工具变量的相关性与外生性要求。然后进行 IV Probit 估计，结果见表 4－5。就第一阶段而言，$Financial-IV_{i,t}$的系数为 0.3942，显著性水平为 1%，表明同一行业其他公司金融投资决策能够正向影响焦点企业金融资产配置。对于第二阶段，$Financial_{i,t}$的系数为 2.2053，在 5% 的水平上显著，与前面结果一致，说明控制内生性问题后金融资产配置与企业违规的正向关系仍然存在。

表 4－5　内生性处理——IV Probit 估计

变量	(1)	(2)
	第一阶段	第二阶段
	金融资产配置	企业违规
$Financial-IV_{i,t}$	0.3942*** (0.0253)	
$Financial_{i,t}$		2.2053** (1.0160)
$Size_{i,t}$	0.0045*** (0.0006)	−0.0107 (0.0103)
$Idebt_{i,t}$	0.0034 (0.0055)	0.5553*** (0.0825)
$Roa_{i,t}$	−0.1390*** (0.0140)	−2.4442*** (0.2565)
$Oc_{i,t}$	−0.0092*** (0.0007)	0.0806*** (0.0145)
$Loss_{i,t}$	0.0058** (0.0026)	0.1144*** (0.0384)
$Er_{i,t}$	−0.0114*** (0.0007)	0.0603*** (0.0150)

续表

变量	(1)	(2)
	第一阶段	第二阶段
	金融资产配置	企业违规
$Tax_{i,t}$	0.6449*** (0.0312)	-1.1928 (0.8118)
$State_{i,t}$	0.0056*** (0.0014)	-0.2604*** (0.0218)
$Ebd_{i,t}$	-0.0049*** (0.0007)	0.0977*** (0.0122)
$Indperc_{i,t}$	0.0078 (0.0107)	0.0233 (0.1649)
$Top10_{i,t}$	-0.0012 (0.0012)	-0.0894*** (0.0178)
$Local_{i,t}$	0.0019* (0.0012)	-0.0396** (0.0179)
_cons	-0.0038 (0.0147)	-1.1098*** (0.2278)
年份和行业	控制	控制
N	29641	29641

注：括号中为聚类稳健标准误；***、**与*分别表示在1%、5%与10%的水平上显著。

4.1.6 稳健性检验

(1) 改变回归方法。

与第3章的做法一致，本章采用Bootstrap标准误方法进行稳健性检验，结果见表4-6。Probit结果显示，$Financial_{i,t}$的系数显著为正。Bivariate Probit结果显示，当违规稽查为被解释变量时，$Financial_{i,t}$的系数显著为负；当违规倾向为被解释变量时，$Financial_{i,t}$的系数显著为正。以上结果表明，金融资产配置与企业违规的关系以及金融资产配置对违规稽查与违规倾向的影响仍然存在，与正文结论一致。

表 4-6　　稳健性检验——Bootstrap 估计

变量	(1)	(2)	(3)
	Probit	Bivariate Probit	
	企业违规	违规稽查	违规倾向
$Financial_{i,t}$	0.2475*** (0.0889)	-1.1686*** (0.3999)	0.7951** (0.4014)
$Size_{i,t}$	-0.0013 (0.0090)	-0.1578** (0.0611)	0.1547*** (0.0544)
$Idebt_{i,t}$	0.5605*** (0.0820)	-0.8122 (0.7251)	1.5558** (0.7689)
$Loss_{i,t}$	0.1263*** (0.0385)	-0.1613 (0.2096)	0.5866*** (0.1255)
$State_{i,t}$	-0.2495*** (0.0213)	-0.2199** (0.0930)	-0.0321 (0.0991)
$Ebd_{i,t}$	0.0888*** (0.0109)	0.2633*** (0.0295)	-0.0810 (0.0584)
$Indperc_{i,t}$	0.0413 (0.1636)	-1.1388* (0.5885)	0.9173* (0.5246)
$Top10_{i,t}$	-0.0923*** (0.0175)		-0.0805*** (0.0221)
$Roa_{i,t}$	-2.7220*** (0.2173)		
$Oc_{i,t}$	0.0629*** (0.0110)		
$Er_{i,t}$	0.0370*** (0.0098)		
$Tax_{i,t}$	0.0222 (0.5028)		
$Local_{i,t}$	-0.0358** (0.0176)		

续表

变量	(1)	(2)	(3)
	Probit	Bivariate Probit	
	企业违规	违规稽查	违规倾向
$Indufraud_{i,t}$		3.8080*** (1.3731)	
$Tqmed_{i,t}$		-0.0249 (0.0333)	
$Turnover_{i,t}$		0.0001 (0.0001)	
$Volat_{i,t}$		6.1712** (2.8559)	
$Ret_{i,t}$			-0.0040 (0.0151)
$Follow_{i,t}$			-0.0894*** (0.0222)
_cons	-1.0755*** (0.2208)	3.3563*** (1.2374)	-3.7479*** (1.2054)
年份和行业	控制	未控制	未控制
N	29700	26939	26939

注：括号中为聚类稳健标准误；***、** 与 * 分别表示在1%、5%与10%的水平上显著。

（2）变更变量度量指标。

为增强研究结果的可靠性，本章分别变更金融资产配置与企业违规的度量指标。具体地，基于利润表，从金融渠道获利（标准化处理：公允价值变动损益、投资收益等狭义金融收益与营业利润差额，除以营业利润绝对值）角度重新衡量金融资产配置；用违规次数与违规程度两个指标重新衡量企业违规，其中违规程度的衡量方法为：公司高管受到处罚而公司未受罚或者公司受罚方式为“其他”的，赋值为1；公司受罚方式为批评或谴责的，赋值为2；公司受罚方式为警告、罚款或没收的，赋值为3；若一年内存在多种情形的，择重赋值。鉴于违规次数与违规程度分别为计数变量与序数变量，分别采用泊松回归与 Ordered Probit 方法进行分析。变更衡量指标的回归结果见表 4－7，$Financial_{i,}$ 的系数均显著为正，说明金融资产配置能够增加企业违规概率、违规次数与违规程度，夯实正文结论。

表 4－7　　　　稳健性检验——变更变量度量指标

变量	(1)	(2)	(3)
	变更金融资产配置度量指标	变更企业违规度量指标	
	基于利润表	违规次数	违规程度
$Financial_{i,t}$	0.0653 *** (0.0084)	0.2949 ** (0.1415)	0.3070 *** (0.0962)
$Size_{i,t}$	0.0028 (0.0089)	0.0319 ** (0.0143)	0.0039 (0.0097)
$Idebt_{i,t}$	0.5440 *** (0.0821)	0.6423 *** (0.1332)	0.5920 *** (0.0874)
$Roa_{i,t}$	－2.5684 *** (0.2172)	－3.5937 *** (0.3175)	－2.9217 *** (0.2342)
$Oc_{i,t}$	0.0606 *** (0.0109)	0.1294 *** (0.0182)	0.0627 *** (0.0117)
$Loss_{i,t}$	0.0437 (0.0396)	0.2947 *** (0.0624)	0.1477 *** (0.0412)
$Er_{i,t}$	0.0319 *** (0.0097)	0.0729 *** (0.0157)	0.0431 *** (0.0102)
$Tax_{i,t}$	0.3116 (0.4947)	－0.3995 (0.8276)	－0.4256 (0.5489)
$State_{i,t}$	－0.2562 *** (0.0213)	－0.3929 *** (0.0362)	－0.2155 *** (0.0229)
$Ebd_{i,t}$	0.0891 *** (0.0109)	0.1485 *** (0.0164)	0.0546 *** (0.0119)
$Indperc_{i,t}$	0.0327 (0.1638)	0.1905 (0.2732)	0.1167 (0.1769)
$Top10_{i,t}$	－0.0918 *** (0.0175)	－0.1581 *** (0.0284)	－0.0835 *** (0.0189)
$Local_{i,t}$	－0.0358 ** (0.0176)	－0.0752 *** (0.0287)	－0.0320 * (0.0191)

续表

变量	(1)	(2)	(3)
	变更金融资产配置度量指标	变更企业违规度量指标	
	基于利润表	违规次数	违规程度
_cons	-1.1143*** (0.2207)	-2.7561*** (0.3463)	
年份和行业	控制	控制	控制
N	29700	29700	29700

注：括号中为聚类稳健标准误；***、**与*分别表示在1%、5%与10%的水平上显著。

（3）改变样本区间。

与第 3 章的研究一致，为缓解 2017 年准则修订带来的金融资产配置数据口径不统一问题，本章剔除 2019 年与 2020 年数据后重新进行假设检验，结果见表 4－8。Probit 结果显示，$Financial_{i,t}$的系数显著为正，再次支持 H4－1；Bivariate Probit 结果表明，金融资产配置显著降低了违规被稽查概率并提高了违规倾向，再次验证 H4－2。

表 4－8　稳健性检验——改变样本区间

变量	(1)	(2)	(3)
	Probit	Bivariate Probit	
	企业违规	违规稽查	违规倾向
$Financial_{i,t}$	0.3915*** (0.1083)	-1.6556*** (0.3627)	1.3039*** (0.3560)
$Size_{i,t}$	-0.0104 (0.0102)	-0.1386*** (0.0400)	0.1190*** (0.0346)
$Idebt_{i,t}$	0.4649*** (0.0903)	-1.1513** (0.4865)	1.6317*** (0.4453)
$Loss_{i,t}$	0.1193*** (0.0435)	-0.3576* (0.1906)	0.7216*** (0.1333)
$State_{i,t}$	-0.2272*** (0.0236)	-0.1636 (0.1358)	-0.0671 (0.1161)
$Ebd_{i,t}$	0.0827*** (0.0125)	0.2537*** (0.0692)	-0.0572 (0.0563)

续表

变量	(1)	(2)	(3)
	Probit	Bivariate Probit	
	企业违规	违规稽查	违规倾向
$Indperc_{i,t}$	-0.1382 (0.1860)	-1.1136* (0.5798)	0.6833 (0.4537)
$Top10_{i,t}$	-0.0774*** (0.0197)		-0.0462* (0.0236)
$Roa_{i,t}$	-2.8171*** (0.2728)		
$Oc_{i,t}$	0.0519*** (0.0120)		
$Er_{i,t}$	0.0437*** (0.0105)		
$Tax_{i,t}$	-0.0648 (0.5687)		
$Local_{i,t}$	-0.0153 (0.0193)		
$Indufraud_{i,t}$		3.2838*** (0.6546)	
$Tqmed_{i,t}$		-0.0055 (0.0325)	
$Turnover_{i,t}$		0.0001* (0.0001)	
$Volat_{i,t}$		1.9459 (1.4535)	
$Ret_{i,t}$			-0.0004 (0.0155)
$Follow_{i,t}$			-0.0889*** (0.0157)

续表

变量	(1)	(2)	(3)
	Probit	Bivariate Probit	
	企业违规	违规稽查	违规倾向
$\_cons$	-0.7146*** (0.2481)	3.4373*** (0.9610)	-3.0546*** (0.7017)
年份和行业	控制	未控制	未控制
N	22990	20914	20914

注：括号中为聚类稳健标准误；***、** 与 * 分别表示在 1%、5% 与 10% 的水平上显著。

(4) 外部冲击。

2012 年 12 月，《上市公司监管指引第 2 号——上市公司募集资金管理和使用的监管要求》发布，自此上市公司可以将闲置资金投向安全性较高的金融产品。换言之，在该指引发布之前，企业持有理财产品等金融资产是一种违规行为，从而可能降低企业的金融投资意愿及违规行为。为了考察企业金融化监管政策是否能够影响金融资产配置与企业违规的关系，本章将样本分为 2012 年之前和 2012 年之后两个子样本进行研究，检验结果见表 4-9。可以发现，在 2012 年之前的样本组中，$Financial_{i,t}$ 的系数不显著；在 2012 年之后的样本组中，$Financial_{i,t}$ 的系数显著为正。这说明金融资产配置的正向影响在企业金融化监管政策出台之后更显著，验证了上述论断。

表 4-9　稳健性检验——外部冲击

变量	(1)	(2)
	2012 年之前	2012 年之后
$Financial_{i,t}$	-0.0783 (0.2088)	0.3233*** (0.1033)
$Size_{i,t}$	-0.1383*** (0.0217)	0.0315*** (0.0104)
$Idebt_{i,t}$	0.7714*** (0.1627)	0.5534*** (0.1008)
$Roa_{i,t}$	-1.3676*** (0.4887)	-2.9181*** (0.2531)

续表

变量	(1)	(2)
	2012 年之前	2012 年之后
$Oc_{i,t}$	0.0433 * (0.0239)	0.0618 *** (0.0130)
$Loss_{i,t}$	0.0707 (0.0902)	0.1340 *** (0.0450)
$Er_{i,t}$	0.0540 *** (0.0196)	0.0331 *** (0.0119)
$Tax_{i,t}$	-0.5811 (1.1056)	0.1614 (0.5905)
$State_{i,t}$	-0.1477 *** (0.0437)	-0.2807 *** (0.0258)
$Ebd_{i,t}$	0.0761 *** (0.0266)	0.0899 *** (0.0125)
$Indperc_{i,t}$	-0.0575 (0.3913)	0.0901 (0.1885)
$Top10_{i,t}$	-0.1322 *** (0.0442)	-0.0904 *** (0.0201)
$Local_{i,t}$	0.0935 ** (0.0382)	-0.0791 *** (0.0209)
_cons	1.7838 *** (0.5121)	-1.5506 *** (0.2616)
年份和行业	控制	控制
N	6510	21285

注：括号中为聚类稳健标准误；***、** 与 * 分别表示在 1%、5% 与 10% 的水平上显著；分组检验时部分行业虚拟变量被略去是观测值减少的原因。

4.1.7 进一步分析

（1）机制检验。

理论分析表明，金融资产配置能够通过加剧企业信息不对称风险和代理冲突增加企业违规。为了验证该论断的合理性，本章借鉴温忠麟和叶宝娟（2014）总结的中介效应检验方法，在模型（4－1）的基础上构建模型

（4－4）与模型（4－5）进行检验：

$$AIAC_{i,t} = \alpha_0 + \alpha_1 Financial_{i,t} + \sum \alpha_p controls_{i,t} + \varepsilon_{i,t} \quad (4-4)$$

$$P\_IDF_{i,t} = \alpha_0 + \alpha_1 Financial_{i,t} + \alpha_2 AIAC_{i,t} + \sum \alpha_p controls_{i,t} + \varepsilon_{i,t} \quad (4-5)$$

其中，$AIAC_{i,t}$为中介变量，表示信息不对称程度（$AI_{i,t}$）与代理成本（$AC_{i,t}$）。在变量度量上，以分析师盈余预测分歧度衡量信息不对称程度，即 i 公司 t 年所有分析师每股收益预测的标准差与 i 公司 t 年每股收益实际值的绝对值之比；以总资产周转率度量代理成本。Brown 等（1987）、Marquardt 和 Wiedman（1998）、郑建明等（2015）、卜君和孙光国（2020）等学者认为分析师盈余预测分歧度可以揭示企业信息环境，其值越大，信息不对称程度越高。总资产周转率能够体现管理层经营管理成效，反映企业委托代理冲突程度，其值越大，代理成本越低（张修平等，2020）。其他变量含义同上。

表4－10列示了模型（4－4）与模型（4－5）的检验结果。当信息不对称程度为被解释变量时，$Financial_{i,t}$的系数为0.7961，在1%的水平上显著，即金融资产配置会提高信息不对称程度，表明金融资产配置能够通过降低信息生成、解读与传播效率阻碍公司特质信息有效进入市场，从而扰乱资本市场信息环境。就在维护良好市场信息环境方面发挥关键作用的证券分析师而言，金融资产配置会通过增强金融体系与企业部门的风险联动性加剧企业经营风险（李建军和韩珣，2019）。这将增加证券分析师报告风险，降低其跟随或报告意愿，从而减少市场中的公司特质信息含量，恶化市场信息环境（夏常源和贾凡胜，2019）。当企业违规为被解释变量时，$AI_{i,t}$的系数为0.0178，显著性水平为1%；$Financial_{i,t}$的系数为0.1961，显著性水平为10%。结合表4－1中列（1）的回归结果，信息不对称程度的中介效应成立，即金融资产配置能够通过加剧企业信息不对称风险导致企业违规。当代理成本为被解释变量时，$Financial_{i,t}$的系数为－0.6406，在1%的水平上显著，表明金融资产配置会增加代理成本，揭示了经济重构引致的公司治理结构性短视问题。当企业违规为被解释变量时，$AC_{i,t}$的系数为－0.0582，显著性水平为5%；$Financial_{i,t}$的系数为0.2090，显著性水平为5%。同样结合表4－1中列（1）的检验结果，代理成本的中介作用得

到验证，即金融资产配置能够加剧代理冲突增加企业违规。

表 4-10　　金融资产配置影响企业违规的机制检验

变量	(1)	(2)	(3)	(4)
	信息不对称程度	企业违规	代理成本	企业违规
$Financial_{i,t}$	0.7961*** (0.1991)	0.1961* (0.1139)	-0.6406*** (0.0228)	0.2090** (0.0903)
$AI_{i,t}$		0.0178*** (0.0032)		
$AC_{i,t}$				-0.0582** (0.0265)
$Size_{i,t}$	-0.0141 (0.0219)	-0.0027 (0.0110)	0.0151*** (0.0023)	-0.0005 (0.0090)
$Idebt_{i,t}$	1.6020*** (0.2086)	0.6591*** (0.1002)	-0.2638*** (0.0220)	-0.5471*** (0.0822)
$Roa_{i,t}$	-14.3764*** (0.6191)	-2.2930*** (0.2826)	2.1925*** (0.0620)	-2.6113*** (0.2231)
$Oc_{i,t}$	0.1073*** (0.0268)	0.0733*** (0.0129)	-0.2209*** (0.0037)	0.0495*** (0.0123)
$Loss_{i,t}$	-1.6747*** (0.1503)	0.2267*** (0.0462)	0.0578*** (0.0095)	0.1289*** (0.0384)
$Er_{i,t}$	-0.1762*** (0.0348)	0.0374** (0.0147)	0.0511*** (0.0033)	0.0393*** (0.0098)
$Tax_{i,t}$	-10.7759*** (1.0895)	0.1419 (0.6006)	-5.8543*** (0.1366)	-0.2757 (0.5227)
$State_{i,t}$	-0.0347 (0.0477)	-0.2822*** (0.0250)	-0.0387*** (0.0051)	-0.2518*** (0.0213)
$Ebd_{i,t}$	-0.1021*** (0.0225)	0.0910*** (0.0124)	-0.0094*** (0.0025)	0.0882*** (0.0109)
$Indperc_{i,t}$	1.1678*** (0.3587)	-0.0258 (0.1870)	-0.0203 (0.0362)	0.0396 (0.1636)
$Top10_{i,t}$	0.0391 (0.0380)	-0.0801*** (0.0198)	0.0034 (0.0040)	-0.0920*** (0.0175)

续表

变量	(1)	(2)	(3)	(4)
	信息不对称程度	企业违规	代理成本	企业违规
$Local_{i,t}$	-0.0273 (0.0384)	-0.0262 (0.0201)	-0.0079 ** (0.0040)	-0.0363 ** (0.0176)
_cons	1.0616 * (0.5524)	-1.2174 *** (0.2746)	1.6103 *** (0.0583)	-0.9759 *** (0.2251)
年份和行业	控制	控制	控制	控制
N	22963	22963	29699	29699

注：括号中为聚类稳健标准误；*** 、** 与 * 分别表示在 1% 、5% 与 10% 的水平上显著。

（2）区分企业违规类型。

如前所述，企业违规主要包括披露失实、资本市场操作违规与一般会计处理不当三个类别。考虑到企业披露失实面临的处罚力度可能更弱，根据“公司违规成本与收益分析”模型，可以得到披露失实违规成本更小，违规倾向更大的推断，即金融资产配置对披露失实的影响可能更显著。为更好地揭示金融资产配置导致企业违规的主要载体，本章区分企业违规类型进行异质性分析，结果见表 4-11。具体来看，当被解释变量为披露失实时，$Financial_{i,t}$的系数为 0.3198，显著性水平为 1%；当被解释变量为资本市场操作违规与一般会计处理不当时，$Financial_{i,t}$的系数为正但不显著。这说明金融资产配置对企业披露失实的影响更显著，即在经济金融化背景下，企业更可能实施披露失实行为。这一点与企业违规行为的现实分布相契合。

表 4-11　　企业违规类型的细分考察

变量	(1)	(2)	(3)
	披露失实	资本市场操作违规	一般会计处理不当
$Financial_{i,t}$	0.3198 *** (0.0960)	0.0094 (0.1190)	0.0381 (0.1635)
$Size_{i,t}$	-0.0047 (0.0098)	0.0192 * (0.0114)	0.0054 (0.0150)
$Idebt_{i,t}$	0.5136 *** (0.0883)	0.6157 *** (0.1055)	0.3163 ** (0.1295)

续表

变量	(1)	(2)	(3)
	披露失实	资本市场操作违规	一般会计处理不当
$Roa_{i,t}$	-2.9691*** (0.2360)	-1.8819*** (0.2642)	-3.0106*** (0.3467)
$Oc_{i,t}$	0.0673*** (0.0119)	0.0791*** (0.0143)	0.0036 (0.0176)
$Loss_{i,t}$	0.1227*** (0.0415)	0.0805* (0.0487)	-0.0154 (0.0655)
$Er_{i,t}$	0.0517*** (0.0102)	-0.0076 (0.0128)	0.0187 (0.0151)
$Tax_{i,t}$	-0.5059 (0.5561)	0.2893 (0.6238)	-1.8269* (0.9322)
$State_{i,t}$	-0.2128*** (0.0230)	-0.3417*** (0.0286)	-0.2679*** (0.0367)
$Ebd_{i,t}$	0.0763*** (0.0118)	0.0908*** (0.0134)	0.0600*** (0.0182)
$Indperc_{i,t}$	0.1913 (0.1771)	0.2743 (0.2117)	0.8038*** (0.2722)
$Top10_{i,t}$	-0.1008*** (0.0190)	-0.0719*** (0.0225)	-0.1414*** (0.0299)
$Local_{i,t}$	-0.0235 (0.0192)	-0.0394* (0.0227)	0.0040 (0.0299)
_cons	-1.2819*** (0.2393)	-2.3878*** (0.2835)	-2.0687*** (0.3661)
年份和行业	控制	控制	控制
N	29700	29700	29671

注：括号中为聚类稳健标准误；***、**与*分别表示在1%、5%与10%的水平上显著；分组检验时部分行业虚拟变量被略去是表4-11中列（3）观测值减少的原因。

（3）企业违规动机讨论。

前述理论分析指出，金融资产配置会增加企业违规动机，具体包括寻求金融领域超额利润的套利动机、管理层私利驱使下的盈余管理动机以及大股东与管理层合谋的利益侵占动机。为了厘清金融资产配置导致企业违规的内在深层原因，本章借鉴王红建等（2017）的做法，分别比较套利动机强弱、盈余管理动机强弱与利益侵占动机强弱的分组检验结果，若金融资产配置对高动机企业违规的正向影响更显著，则可以认为企业存在该种违规动机，反之该违规动机不足以被佐证。变量定义方面，参照 Dechow 等（1995）、Wang 和 Xiao（2011）、梁上坤和陈冬华（2015）、李旎和郑国坚（2015）、马勇和陈点点（2020）、李增福等（2021）等的研究，分别使用行业收益率差距（企业 ROE 与金融业和房地产业平均 ROE 的差距）、盈余管理程度（基于修正琼斯模型计算得到的可操纵应计的绝对值）与大股东资金占用［（其他应收款－其他应付款）/总资产］来表示企业的套利动机、盈余管理动机与利益侵占动机，并根据年度行业中位数设置虚拟变量。分组检验结果见表 4－12，表 4－12 中列（1）$Financial_{i,t}$的系数为 0.3739，显著性水平为 1%，列（3）中 $Financial_{i,t}$的系数为 0.2605，显著性水平为 5%，列（5）中 $Financial_{i,t}$的系数为 0.3088，显著性水平为 5%，列（2）、列（4）与列（6）中 $Financial_{i,t}$的系数均不显著，验证了套利动机、盈余管理动机与利益侵占动机的存在。

表 4－12　违规动机检验

变量	(1)	(2)	(3)	(4)	(5)	(6)
	套利动机		盈余管理动机		利益侵占动机	
	强	弱	强	弱	强	弱
$Financial_{i,t}$	0.3739*** (0.1349)	0.0498 (0.1198)	0.2605** (0.1327)	−0.0264 (0.1365)	0.3088** (0.1289)	0.1295 (0.1245)
$Size_{i,t}$	0.0131 (0.0128)	−0.0172 (0.0129)	−0.0182 (0.0134)	−0.0392*** (0.0138)	0.0331** (0.0134)	−0.0316** (0.0123)
$Idebt_{i,t}$	0.8222*** (0.1283)	0.4162*** (0.1092)	0.4657*** (0.1213)	0.6672*** (0.1263)	0.5156*** (0.1187)	0.6381*** (0.1180)
$Roa_{i,t}$	−0.8243* (0.4208)	−2.0886*** (0.3158)	−2.3833*** (0.2883)	−2.2882*** (0.4261)	−3.1059*** (0.3167)	−2.3992*** (0.3003)
$Oc_{i,t}$	0.0458*** (0.0171)	0.0620*** (0.0145)	0.0359** (0.0159)	0.0834*** (0.0170)	0.0472*** (0.0160)	0.0721*** (0.0151)

续表

变量	(1)	(2)	(3)	(4)	(5)	(6)
	套利动机		盈余管理动机		利益侵占动机	
	强	弱	强	弱	强	弱
$Loss_{i,t}$		0.1362*** (0.0446)	0.1115** (0.0558)	0.2238*** (0.0564)	0.1448*** (0.0560)	0.1064** (0.0531)
$Er_{i,t}$	0.0609*** (0.0166)	0.0458*** (0.0126)	0.0414*** (0.0134)	0.0300* (0.0156)	0.0205 (0.0168)	0.0443*** (0.0123)
$Tax_{i,t}$	0.6202 (0.7640)	-0.0300 (0.7056)	0.8629 (0.7044)	-0.3952 (0.8213)	-0.3333 (0.7182)	0.2677 (0.7049)
$State_{i,t}$	-0.2137*** (0.0332)	-0.2828*** (0.0279)	-0.2951*** (0.0315)	-0.2442*** (0.0310)	-0.2354*** (0.0309)	-0.2672*** (0.0297)
$Ebd_{i,t}$	0.0809*** (0.0159)	0.1027*** (0.0152)	0.1357*** (0.0163)	0.0680*** (0.0168)	0.0903*** (0.0151)	0.0951*** (0.0159)
$Indperc_{i,t}$	0.3321 (0.2416)	-0.2163 (0.2237)	-0.1136 (0.2456)	0.1463 (0.2418)	0.5475** (0.2297)	-0.4445* (0.2342)
$Top10_{i,t}$	-0.0876*** (0.0258)	-0.0877*** (0.0240)	-0.0792*** (0.0260)	-0.0755*** (0.0259)	-0.0942*** (0.0244)	-0.0881*** (0.0253)
$Local_{i,t}$	-0.0347 (0.0260)	-0.0292 (0.0241)	-0.0529** (0.0265)	-0.0444* (0.0263)	-0.0219 (0.0245)	-0.0436* (0.0255)
_cons	-1.6472*** (0.3223)	-0.5872* (0.3129)	-0.4320 (0.3322)	-0.2980 (0.3370)	-1.6358*** (0.3235)	-0.6070** (0.3092)
年份和行业	控制	控制	控制	控制	控制	控制
N	15223	14447	12604	13035	15308	14392

注：括号中为聚类稳健标准误；***、**与*分别表示在1%、5%与10%的水平上显著。回归(4-1)中 $Loss_{i,t}$ 被略去。

(4) 金融市场化的影响。

完善的金融市场体系是市场有效运行、实体经济可持续发展的重要保障（刘笃池等，2016）。金融市场化指金融部门运行逐渐由政府管制向市场决定转变的过程（周业安和赵坚毅，2005）。较高的金融市场化水平意味着银行等金融机构信贷资源能够依据市场化机制流动，可以打破融资隐性壁垒，改善企业融资环境（Laeven，2003；谭小芬等，2016），致使金融资产配置“短期化、投机化与去责任化”凸显，违规概率上升。与此同时，金融市场化水平提高能够加剧银行等金融机构竞争（白俊红和刘宇英，2021），促使金融产品多元化，从而增强企业信贷可获得性和融资工具可选择性，缓解融资约束问题（严楷等，2019），揭示出企业金融资产配置的短期逐利性及其可能引致的违规问题。本章采用中国各地区市场化指数中的金融市场化程度指标，并依据中位数设置虚拟变量，大于中位数表示金融市场化高，赋值1，否则赋值0，检验金融市场化的影响，结果见表4－13。可以发现，在高样本组中，$Financial_{i,t}$的系数为0.2685，显著性水平为5%；在低样本组中，$Financial_{i,t}$的系数为0.2392，在10%的水平上显著。通过组间系数差异检验发现，P值为0.8738，说明无论在高金融市场化还是低金融市场化样本组内，金融资产配置均会导致企业违规，且两者之间没有显著差异，可能的解释是较高的金融市场化能够缓解市场信息障碍，压缩企业违规空间。具体来说，伴随中国金融市场化改革，市场化利率决定机制不断形成，利率的价格信号功能逐渐发挥（杨筝等，2019；王嘉鑫等，2020），主要表现为利率信息的跨市场传递。一方面，以利率市场化为代表的金融市场化改革能够增加信息有用性竞争（Boyd and DeNicolo，2005），提高企业信息披露意愿与质量；另一方面，利率，即资本要素价格，能够释放企业资金使用风险等信息，以利率市场化为代表的金融市场化改革能够通过消除信贷歧视促使资金使用成本与风险匹配，从而有效传递企业内部信息。

表4－13　　　　金融市场化的影响

变量	(1)	(2)
	金融市场化高	金融市场化低
$Financial_{i,t}$	0.2685** (0.123)	0.2392* (0.138)
$Size_{i,t}$	−0.0099 (0.013)	0.0177 (0.013)
$Idebt_{i,t}$	0.5622*** (0.117)	0.5096*** (0.122)

续表

变量	(1)	(2)
	金融市场化高	金融市场化低
$Roa_{i,t}$	-2.9207*** (0.305)	-2.4135*** (0.324)
$Oc_{i,t}$	0.0724*** (0.016)	0.0549*** (0.016)
$Loss_{i,t}$	0.1489*** (0.056)	0.1346** (0.055)
$Er_{i,t}$	0.0361** (0.016)	0.0314** (0.013)
$Tax_{i,t}$	-0.2069 (0.735)	-0.2256 (0.732)
$State_{i,t}$	-0.2786*** (0.033)	-0.2472*** (0.030)
$Ebd_{i,t}$	0.1066*** (0.015)	0.0603*** (0.017)
$Indperc_{i,t}$	0.3100 (0.226)	-0.2246 (0.244)
$Top10_{i,t}$	-0.0969*** (0.024)	-0.0782*** (0.026)
$Local_{i,t}$	-0.0515** (0.024)	-0.0156 (0.027)
_cons	-0.8150** (0.326)	-1.3406*** (0.316)
年份和行业	控制	控制
N	15721	12958

注：括号中为聚类稳健标准误；***、**与*分别表示在1%、5%与10%的水平上显著。

（5）非线性效应。

如第3章所述，非金融上市公司金融活动的不同阶段具有不同的动机，可能关系到金融资产短期财富、“蓄水池”、资源挤占等效应的发挥，致使金融资产配置与企业违规之间的关系并非完全线性。为此，本章区分金融资产配置程度进行非线性效应分析，检验结果见表4-14。可以看出，在金融资产配置程度较低组中，$Financial_{i,t}$的系数为0.5966，在5%的水平上显著；在金融资产配置程度中间组中，$Financial_{i,t}$的系数为正但不显著；在金融资产配置程度较高组中，$Financial_{i,t}$的系数为0.3055，显著性水平为5%，验证了金融资产配置影响的非线性特征。

表4-14　非线性效应

变量	(1)	(2)	(3)
	金融资产配置程度（低）	金融资产配置程度（中）	金融资产配置程度（高）
$Financial_{i,t}$	0.5966 ** (0.2602)	0.4085 (0.3025)	0.3055 ** (0.1196)
$Size_{i,t}$	0.0039 (0.0148)	-0.0211 (0.0195)	-0.0002 (0.0142)
$Idebt_{i,t}$	0.3216 ** (0.1261)	0.3519 * (0.1801)	0.8968 *** (0.1419)
$Roa_{i,t}$	-3.1700 *** (0.3557)	-2.4343 *** (0.4915)	-2.3461 *** (0.3351)
$Oc_{i,t}$	0.0681 *** (0.0181)	0.0823 *** (0.0258)	0.0417 ** (0.0167)
$Loss_{i,t}$	0.0354 (0.0598)	0.1902 ** (0.0838)	0.2072 *** (0.0635)
$Er_{i,t}$	0.0307 ** (0.0146)	0.0467 ** (0.0204)	0.0413 ** (0.0180)
$Tax_{i,t}$	0.4254 (0.8648)	0.4366 (1.2282)	-0.1401 (0.7258)
$State_{i,t}$	-0.2274 *** (0.0337)	-0.2872 *** (0.0464)	-0.2497 *** (0.0351)
$Ebd_{i,t}$	0.0840 *** (0.0174)	0.0804 *** (0.0256)	0.1015 *** (0.0170)
$Indperc_{i,t}$	0.0262 (0.2602)	-0.4318 (0.3702)	0.2569 (0.2578)

续表

变量	(1)	(2)	(3)
	金融资产配置程度（低）	金融资产配置程度（中）	金融资产配置程度（高）
$Top10_{i,t}$	-0.1280*** (0.0278)	-0.0480 (0.0390)	-0.0796*** (0.0279)
$Local_{i,t}$	-0.0295 (0.0276)	0.0121 (0.0395)	-0.0640** (0.0285)
_cons	-1.0779*** (0.3590)	-0.7921 (0.4901)	-1.0996*** (0.3555)
年份和行业	控制	控制	控制
N	11880	5921	11880

注：括号中为聚类稳健标准误；***、**与*分别表示在1%、5%与10%的水平上显著；分组检验时部分行业虚拟变量被略去是观测值减少的原因。

（6）同伴效应。

现实中，任何一个企业都是由人的主观行为参与的开放的经济系统，投资行为不仅是其独立决策的结果，而且会受其所嵌入的社会环境中其他行为主体的影响（Manski，1993；易志高等，2019）。同样，非金融上市公司金融资产配置不仅是“单一企业”内部的决策选择，还可能受同伴企业金融投资行为驱动。为了考察同伴效应是否能够影响金融资产配置及其与企业违规的关系，本章以行业为例，基于Manski（1993）提出的参照组组内均值线性模型，借鉴沈洪涛和苏亮德（2012）、易志高等（2019）、周泽将等（2019）、王营和曹廷求（2020）等的研究，分别构建模型（4-6）与模型（4-7）对金融资产配置同伴效应的存在性与金融资产配置同伴效应的经济后果进行检验：

$$Financial_{i,t} = \alpha_0 + \alpha_1 Peer_{i,t-1} + \sum \alpha_f controls_{i,t-1} + \varepsilon_{i,t} \tag{4-6}$$

$$P\_IDF_{i,t} = \alpha_0 + \alpha_1 Peer_{i,t-1} + \sum \alpha_p controls_{i,t-1} + \varepsilon_{i,t} \tag{4-7}$$

其中，$Peer_{i,t-1}$为解释变量，表示同伴企业金融资产配置，用与i公司同行业的同伴公司$t-1$年金融资产配置均值衡量。$\sum \alpha_f controls_{i,t-1}$表示一系列影响$i$公司金融资产配置的变量，包括企业规模$Size_{i,t-1}$、有息资产负债率$Idebt_{i,t-1}$、总资产收益率$Roa_{i,t-1}$、营业周期$Oc_{i,t-1}$、是否亏损$Loss_{i,t-1}$、

产权比率 $Er_{i,t-1}$、企业税负 $Tax_{i,t-1}$、产权性质 $State_{i,t-1}$、股权制衡度 $Ebd_{i,t-1}$、独立董事规模 $Indperc_{i,t-1}$、十大审计 $Top10_{i,t-1}$、独立董事本地化 $Local_{i,t-1}$、行业竞争程度 $HHI_{i,t-1}$等。其他变量含义同上。模型（4-6）中估计系数 α_1表示金融资产配置同伴效应，若其显著为正，则说明公司金融投资决策能够受到同伴公司行为的影响，反之，同伴效应不存在；模型（4-7）主要考察的是金融资产配置行为同伴效应变量 $Peer_{i,t-1}$与企业违规之间的关系，所以需要重点关注估计系数 α_1是否显著不为0。

表4-15中列（1）是金融资产配置同伴效应存在性的检验结果。可以发现，$Peer_{i,t-1}$的系数为0.3032，在1%的水平上显著，证实了金融资产配置同伴效应的存在性，意味着企业可以依托行业这种信息渠道模仿同类，以回应产业资本萎缩困境，实现资本逐利避险，从而呈现制度性同形现象。表4-15中列（2）考察了金融资产配置同伴效应与企业违规的关系。结果显示，$Peer_{i,t-1}$的系数为1.0464，显著性水平为5%，说明金融资产配置同伴效应能够增加企业违规。这意味着金融资产配置同伴效应能够通过增强合法性与提升群体监管难度来降低企业违规被稽查概率并提高企业违规倾向，从而导致企业违规。

表4-15　　金融资产配置的同伴效应与企业违规

变量	(1) 金融资产配置同伴效应的存在性	(2) 金融资产配置同伴效应的经济后果
$Peer_{i,t-1}$	0.3032*** (0.0309)	1.0464** (0.4390)
$Size_{i,t-1}$	0.0047*** (0.0007)	-0.0113 (0.0097)
$Idebt_{i,t-1}$	0.0075 (0.0061)	0.6150*** (0.0883)
$Roa_{i,t-1}$	-0.1230*** (0.0195)	-2.7737*** (0.2452)
$Oc_{i,t-1}$	-0.0085*** (0.0009)	0.0797*** (0.0116)

续表

变量	(1)	(2)
	金融资产配置同伴效应的存在性	金融资产配置同伴效应的经济后果
$Loss_{i,t-1}$	0.0054 * (0.0029)	0.1280 *** (0.0415)
$Er_{i,t-1}$	-0.0124 *** (0.0009)	0.0211 * (0.0111)
$Tax_{i,t-1}$	0.6448 *** (0.0511)	-0.5672 (0.5403)
$State_{i,t-1}$	0.0034 ** (0.0015)	-0.2966 *** (0.0224)
$Ebd_{i,t-1}$	-0.0046 *** (0.0008)	0.0988 *** (0.0117)
$Indperc_{i,t-1}$	0.0056 (0.0115)	-0.1289 (0.1750)
$Top10_{i,t-1}$	-0.0004 (0.0012)	-0.0672 *** (0.0187)
$Local_{i,t-1}$	0.0024 ** (0.0012)	-0.0189 (0.0185)
$HHI_{i,t-1}$	-0.0706 *** (0.0169)	
_cons	0.0027 (0.0181)	-0.7930 *** (0.2407)
年份和行业	控制	控制
N	25600	25600

注：括号中为聚类稳健标准误；***、** 与 * 分别表示在 1%、5% 与 10% 的水平上显著。

4.1.8 小结

基于经济金融化背景下企业违规频发现象，本章以 2007～2020 年 A 股上市的非金融上市公司为样本，从资本市场视角考察了金融资产配置与企业违规的关系，并进一步讨论了金融资产配置对违规稽查与违规倾向的影响。研究发现：金融资产配置能够通过影响机会、动机以及自我合理化三个成因增加企业违规；金融资产配置降低了违规被稽查概率并提高了违规倾向，表现为大量违规事实被掩盖，违规总效用增长，违规行为盛行。进一步地，作用机制考察后发现，信息不对称程度与代理成本在金融资产配置与企业违规的正向关系中发挥中介作用，即金融资产配置不仅会抑制公司特质信息融入市场，扰乱市场信息环境，致使监管部门等外部利益相关者信息缺口变大，企业违规被稽查发现的可能性减小，从而为企业违规提供机会，增加企业违规，而且能够加剧公司治理结构性短视问题，激化代理冲突，进而增加企业违规动机与违规借口，导致企业违规；区分企业违规类型后发现，金融资产配置对披露失实行为的正向影响更显著；违规动机考察后发现，金融资产配置会诱发企业套利、盈余管理与利益侵占动机；非线性效应分析后发现，金融资产配置对企业违规的正向影响更可能出现在金融资产配置程度较低与较高组中；同伴效应分析后发现，金融资产配置存在同伴效应，会增加企业违规。

本节的研究贡献主要表现为：第一，基于资本市场视角，考察金融资产配置对企业违规的影响效果。研究发现，金融资产配置能够通过增加违规空间、激发违规动机与强化违规借口正向影响企业违规。关于两者关系的探讨能够深化并拓展金融资产配置经济后果的研究视角与内容，反映金融资产配置的“短视化”“投机化”与“经济生态破坏化”，从而有助于加深对金融化现象扰乱资本市场内在逻辑的理解，为规范企业行为、培育长期稳定发展的资本市场提供启示。第二，以违规稽查和违规倾向为切入点，深化金融资产配置与企业违规的关系研究。研究证实，金融资产配置会降低违规被稽查概率并提高违规倾向，意味着企业投资行为“短视化”与“投机化”可以通过增加稽查难度与违规总效用恶化违规环境，致使违规行为盛行，市场秩序紊乱。此结论为金融资产配置的违规风险表现提供更为可视化的结论，揭示出良好的信息环境对资本市场有效运行的重要性与必要性，对于净化企业违规环境、促进资本市场健康发展有所裨益。第三，讨论金融资产配置对企业违规影响的传导路径与异质性，挖掘企业内在违规动机，研究社会互动因素的影响。基于信息不对称程度与代理成本的中介效应检验能够提供金融资产配置与市场经济秩序不规范关系的解释机制，深化对企业金融化“经济生态破坏化”的认识；企业违规类型划分研究结果能够揭示金融资产配置导致企业违规的主要载体，对于明晰违规监管工作的侧重点有所裨益；企业违规动机研究有助于厘清企业违规频发背后的逻辑，为有效治理违规行为、维护市场长期稳定发展提供参考；金融资产配置与企业违规非线性关系研究结果表明，合理的资产结构更可能提高上市公司质量，推动市场有效运行，从而为辩证看待金融资产配置的资本市场表现、促进企业与资本市场良性互动提供经验证据；同伴效应讨论能够深化对企业金融化决策传染效应危害性的认识，从而为防止经济脱实向虚、优化企业违规环境提供线索。

4.2 金融资产配置与盈余价值相关性

4.2.1 引言

20 世纪 70 年代，信息不对称问题受到广泛关注（Vickrey，1961；Akerlof，1970；Mirrlees，1971），信息经济学发展成为主流的新市场经济理论，揭示了信息在资源有效配置中的重要性。无论是信息不对称带来的逆向选择问题还是道德风险问题，都会增加投资者对公司发展前景的估计风险，使资本市场产生大量的效率损失，损害社会效益（彭情和唐雪松，2019）。会计作为一种信息传递机制，能够向外界传递有关公司生存发展的财务信息，创造良好的信息环境，促使投资者合理决策，推进资本市场持续有效运行，这也是会计之所以存在的基本原因（Scott，1997）。会计盈余作为反映企业经营成果的直接信号备受重视（Ball and Brown，1968；Lev，1989；Ball and Shivakumar，2008）。自 Ball 和 Brown（1968）开创性地验证了盈余具有投资参考价值以来，盈余价值相关性一直是学术研究的重要话题。

伴随中国步入经济转型期，企业低成本优势弱化，同时受到技术瓶颈、产能过剩与外部需求不足等不利影响，实体企业利润下浮。然而金融行业能够凭借利率管制获取超额回报，房地产行业得益于土地资源稀缺与城镇化进程成为高额利润的代表。在资本的逐利驱使下，金融投资日渐成为实体企业发展的重要特征（王红建等，2017）。随着金融投资日益成为企业盈利的重要途径（谢家智等，2014），金融资产配置能够挤出实业投资和创新投入（Orhangazi，2008；谢家智等，2014；王红建等，2017），危害企业的可持续发展（Demir，2009b），其对盈余价值相关性的影响便成为一个重要问题。Scott（1997）指出，现值会计确认滞后较小，能够在当期捕捉到影响公司价值的信息，以其为基础的盈余价值相关性较高。金融工具会计是现值会计的应用之一，可以在一定程度上揭示出企业财务状况的重大变动及未来前景，提高决策有用性。然而在2007～2008年股市崩盘后，金融工具现值的应用受到多方质疑，主要源于现值不稳定性增加的盈余波动性以及现值会计估计带来的可靠性、稳健性等问题。这必然会扭曲公司价值，使得投资者对盈余信息的信任程度下降，盈余价值相关性降低。根据有效市场假说，市场有效即信息有效，投资者能够吸收并理解金融工具的会计信息从而正确决策，为盈余价值相关性下降提供了合理解释。但是，由于存在认知偏差，投资者往往只关注盈余的账面信息，不能准确及时地识别盈余背后的当前与预期现金流量（Watts and Zimmerman，1986），从而更可能受金融工具短期盈利性误导，引发资本市场“功能锁定”问题①。那么，作为金融工具应用的主要内容，金融资产配置传递的盈余信息能否被投资者识别与利用，导致盈余价值相关性下降？该问题研究有助于理解中国会计制度变迁缓解“功能锁定”问题及保障资本市场有效运行的内在逻辑，从金融化趋势下的信息环境视角为会计准则国际趋同效果提供间接证据。

自Ramakrishnan和Thomas（1998）提出盈余持续性观念以来，利润结构质量在股东财富增值、资源高效配置上的重要性日益受到监管部门与投资者重视②。对于会计信息是否丧失价值相关性这个问题，有效市场假说实际上揭示的是投资者对金融资产配置影响下利润结构中持续性观念的运用。具体来说，投资者能够区分不同盈余构成对未来现金流量的预测能力，识别金融资产配置产生的非经常性损益及其对企业持续盈利能力的影响。由此可见，金融资产配置会对利润结构的价值相关性产生影响。那么，金

① “功能锁定”本质上是一种“路径依赖”现象，揭示的是投资者会计信息解读习惯。具体可以从两个方面理解：一是投资者锁定于企业对外报告的盈余绝对数字，无法识别利润结构增量信息，不能合理预期企业真实现金流量，从而导致“逆向选择”；二是投资者决策与会计信息列报位置相关，更倾向于关注净利润等损益信息，忽视其他综合收益等权益信息。聚焦本书研究问题，此处及后面提及的“功能锁定”侧重于第一种情形。

② 1999年非经常损益概念首次出现在证监会关于上市公司利润指标披露的要求中，2008年非经常性损益项目披露内容得到进一步修订与完善，以减少市场对公司盈利持续性的估计偏差，增强会计盈余同投资者决策的相关性。这些会计制度变革为有效市场假说在中国资本市场落地提供了条件。

融资产配置对盈余价值相关性的影响会因盈余不同持续性构成产生结构性差异吗？该问题研究能够深化对金融资产配置引致的会计信息决策有用性问题的认识，为引导经济“脱虚向实”、促进企业与资本市场良性互动提供更为可视化的依据。

4.2.2 理论分析与研究假设

（1）盈余价值相关性层面的经济后果。

如3.2节所述，随着经济下行压力的增大、金融领域超额利润的显现，企业金融资产配置动机逐渐从资金储备向资本套利转变（王红建等，2017）。以逐利为目的的金融资产配置容易导致企业实业基础丧失，进而损害企业盈利能力，危害盈余持续性。然而作为投资者关注的核心指标（Francis et al.，2002），此时会计盈余传递的信息能否被市场确切理解关系到投资者的利益，进而表现为盈余价值相关性的变化。对此，存在两种对立的理论解释：有效市场假说与“功能锁定”假说。

有效市场假说认为，投资者能够准确解析会计指标内涵，并及时运用已有信息判断公司持续盈利能力从而正确决策。基于此，市场能够认识到金融资产配置带来的经营目标短视化，以及由此引致的盈余信息含量变化。具体有如下三个方面：第一，金融资产配置会侵蚀实业投资，降低盈余持续性。资源限制理论指出，企业资金具有相对有限性。金融资产投资将减少用于固定资产、无形资产等经营资产的投入，阻碍企业核心竞争能力的形成，减弱企业的可持续盈利能力（杜勇等，2017）；与此同时，金融资产高额的投资收益率可能使企业过分重视短期利益而降低实业投资意愿，忽略主营业务的可持续发展（Orhangazi，2008）。第二，金融资产配置会加剧经营风险，增加盈余波动性。基于资本资产定价理论，高金融投资收益意味着金融资产配置具有高风险性（王红建等，2016）。换言之，金融投资收益具有较大的波动性，且金融体系波动可能通过风险联动性增加经营业绩的不稳定性（李建军和韩珣，2019）；此外，金融资产配置具有顺周期效应，更易受到外界冲击，导致企业资产泡沫化，从而增加企业风险，降低收益稳定性。第三，金融资产配置会产生可靠性和稳健性问题，降低盈余信息质量。2006年会计准则将公允价值适度引入金融资产计量中，意味着金融资产配置对企业盈余的改善部分来自提前确认的未实现收益，从而模糊了永久性收益与暂时性收益的界限（李增福等，2013），降低盈余信息的可靠性与稳健性；同时，具有“理性人”假设特征的管理层为了维护个人利益和声誉更可能进行盈余信息操纵，从而削弱盈余对公司市场价值的预测能力，降低盈余价值相关性。由此可见，在有效市场下，金融资产配置对企业价值长期增长的危害会减少投资者决策时对盈余信息的依赖，表现为较低的盈余价值相关性。

与有效市场不同，“功能锁定”假说认为，投资者倾向于依据某项会计指标或表面信息进行决策，所以更可能对公司市场价值做出不充分和有偏差的估计。李增福等（2013）发现金融资产公允价值变动不同列报位置具有不同的股票市场反应，为“功能锁定”现象提供了经验证据。基于此，投资者决策取决于企业对外报送的会计盈余数量等表面信息，无法洞悉企业为改善当期经营业绩牺牲长期盈利能力的金融化行为，从而给予盈余绝对数字更多的关注，高估公司价值，最终导致盈余价值相关性较弱。具体来说，在相当长的时间里，金融领域一直拥有非常高的回报率，主要源于金融业的垄断地位以及房地产行业的异常繁荣（王红建等，2017）。随着经济下行压力的加大，实体企业经营惨淡，此时金融资产配置行为能够通过分享金融领域的高额利润提高短期资本回报率（王红建等，2016）①，成为企业利润快速增加的重要手段，从而满足投资者的盈余预期，增强其对公司报告数据的乐观估计与信心。与此同时，企业金融化的“短期化、投机化与去责任化”更可能催生管理层私利最大化动机。一个突出表现是企业正向盈余管理活动的增加，以向市场传递业绩良好的信号，催生投资者乐观情绪。因此，如果资本市场“功能锁定”现象存在，金融资产配置对企业短期盈利能力的充实会引致“信息泡沫”，表现为决策同盈余相关性不明显。

① 具体以华北制药与方大炭素为例，通过公司公告与年报不难发现，华北制药从委托贷款等获得的投资收益是其当期投入资本回报率免于大幅下降的主要原因，特别地，2012年获得的利息收入高达9999万元，远大于其利润总额1406万元；方大炭素投入资本回报率上升（从2016年的0.92%上升为2017年的34.96%）部分源于企业持续购买理财产品增加的投资收益。

H4－3a：基于有效市场假说，金融资产配置将显著降低公司的盈余价值相关性。

H4－3b：基于“功能锁定”假说，金融资产配置将引致“信息泡沫”，不会显著影响公司的盈余价值相关性。

（2）利润结构价值相关性层面的经济后果。

有效市场假说与“功能锁定”假说的主要区别在于投资者决策时能否识别不同质量的盈余（陆宇建和蒋玥，2012）。作为反映企业经营状况的历史信息，盈余对企业未来投资价值的解释与预测需要依赖于盈余信息的持续性（彭爱武等，2020）。因此，对于盈余价值相关性，需要结合不同持续性的盈余构成，即利润结构质量进行深入研究。然而现有盈余价值相关性影响因素研究大多认为企业对外报告的会计盈余具有同质性，侧重于盈余总量信息的决策有用性，对利润结构质量的关注不足。考虑到盈余独特的时间序列特征（Watts and Zimmerman，1986），从价值角度看盈余持续性已成为投资者的关注焦点。因为只有可持续盈余才能更好地预测企业未来现金流量，揭示企业长期盈利能力，从而有助于投资者准确评估公司价值并理性决策。因此可以推断，如果有效市场假说在中国资本市场上成立，金融资产配置对盈余价值相关性的影响更可能表现在可持续性盈余价值相关性上。金融投资较高的收益与较快的收益实现速度虽然能够改善企业当期业绩，充实短期盈利能力（黄贤环等，2021），但由于资源有限以及管理层私利最大化，金融资产配置将挤出主业投资供给，削弱实业基础，降低核心竞争力，危害企业的持续盈利能力（杜勇等，2017；翟光宇等，2021），加大投资者对盈余信息预测能力的质疑，亦可能通过盈余操纵加大投资者对盈余信息可靠性的质疑，从而降低可持续盈余价值相关性。值得注意的是，从盈余属性角度出发，金融资产配置带来的盈余大部分应归属不可持续盈余范畴，价值相关性较弱。这是由金融投资高风险性与高投机性特征决定的。具体来说，高风险性意味着盈余具有较大的波动性，不能像主营业务那样带来稳定的利润来源，无法转化成企业的持续盈利能力，得不到投资者关注或关注程度较低；高投机性表明金融投资收益具有偶然性，通常只能影响当期盈余项目，对投资者决策的重要性较低。

而如果中国资本市场存在“功能锁定”现象，投资者会忽略利润结构质量对企业盈余信息含量的影响，从而给予金融资产配置影响下可持续盈余与不可持续盈余相同的价值含义。换言之，金融资产配置带来的包括公允价值变动损益在内的不可持续盈余因其未实现性导致企业利润泡沫化（钱爱民和张新民，2008），其结果是投资者产生与可持续盈余相同的价值预期。此外，锁定于表面信息致使投资者无力识别盈余中的真实部分与操纵部分，无法“看穿”金融资产配置引致的盈余操纵行为，进而造成盈余总量相同、利润结构质量不同的企业具有相同的估值。具体来说，金融资产配置的短期性、与主业不匹配等特征会增强管理层受托责任解除、帝国建造等私利动机，增加其通过公允价值估值、经常性与非经常性损益分类等调整盈余数字的操纵行为，从而加剧投资者认知偏差及其对企业价值的片面理解，表现为对不同持续性盈余相同的反应。因此，可以认为“功能锁定”假说下，金融资产配置对盈余价值相关性的影响未体现在利润结构上。

H4-4a：基于有效市场假说，金融资产配置能够影响利润结构价值相关性，且主要表现为可持续盈余价值相关性的降低。

H4-4b：基于“功能锁定”假说，金融资产配置不影响利润结构价值相关性，即可持续与不可持续盈余价值相关性不存在明显差异。

4.2.3 研究设计

（1）样本选择与数据来源。

初始样本选择和筛选与前面保持一致，最终得到25134个公司年度观测值。为减少离群值的影响，同样对连续变量进行上下1%的缩尾处理。数据来源方面，盈余价值相关性、利润结构与金融资产配置相关数据来自CSMAR数据库，由笔者整理计算所得；金融市场化的数据来自Wind数据库，并根据数据变化趋势，模拟出相关指数；控制变量的数据来自CSMAR数据库。其中行业虚拟变量的设置与前面保持一致。

（2）主要实证模型与变量说明。

盈余价值相关性反映的是一种关系（不是一个具体变量），是会计盈余信息对投资者是否有用的实证检验概念，揭示的是契约性信息与充分信息的关系（杜兴强，2008），即会计盈余与投资者决策需要的相关性。具体度量方法为盈余解释股票回报能力的报酬模型。

基于 Easton 和 Harris（1991）的报酬模型，借鉴张璋等（2018）与彭情和唐雪松（2019）的研究，构建模型（4-8）验证 H4-3：

$$R_{i,t} = \alpha_0 + \alpha_1 EPS_{i,t}/P_{i,t-1} + \alpha_2 \Delta EPS_{i,t}/P_{i,t-1} + \alpha_3 Financial_{i,t} \times (\Delta EPS_{i,t}/P_{i,t-1}) + \alpha_4 Financial_{i,t} + \sum \alpha_r controls_{i,t} + \varepsilon_{i,t} \quad (4-8)$$

其中，$R_{i,t}$为股票回报率；$EPS_{i,t}$为每股收益；$\Delta EPS_{i,t}$为未预期每股收益，等于 $EPS_{i,t} - EPS_{i,t-1}$；$P_{i,t-1}$为股票价格；$Financial_{i,t}$为金融资产配置，与前面一致，用金融资产相对规模表示。$\sum \alpha_m controls_{i,t}$ 为控制变量组，定义如其他变量说明部分或表 4-16 所示。

依据 H4-3a 与 H4-3b，模型（4-8）需要重点关注交乘项系数 α_3的方向和显著性。若 α_3显著为负，则表明金融资产配置显著降低了公司会计盈余的价值相关性，支持有效市场假说；若 α_3不显著，则说明金融资产配置不会显著影响公司的盈余价值相关性，支持“功能锁定”假说。

利润结构指各盈余项目的构成情况。因不同组成部分的持续性不同，代表的盈利能力不同，利润结构质量会关系到市场对企业发展前景的预期与资源配置效率。结合中国证监会为提高利润信息相关性新增的关于盈余持续性的披露要求，本章将盈余分解为扣除非经常性损益的部分与非经常性损益，分别作为可持续盈余与不可持续盈余的代理变量。

参考陆宇建和蒋玥（2012）等学者的研究设计，建立模型（4-9）检验 H4-4：

$$\begin{aligned} R_{i,t} = {} & \alpha_0 + \alpha_1 SPS_{i,t}/P_{i,t-1} + \alpha_2 NPS_{i,t}/P_{i,t-1} + \alpha_3 \Delta SPS_{i,t}/P_{i,t-1} \\ & + \alpha_4 \Delta NPS_{i,t}/P_{i,t-1} + \alpha_5 Financial_{i,t} \times (\Delta SPS_{i,t}/P_{i,t-1}) \\ & + \alpha_6 Financial_{i,t} \times (\Delta NPS_{i,t}/P_{i,t-1}) \\ & + \alpha_7 Financial_{i,t} + \sum \alpha_r controls_{i,t} + \varepsilon_{i,t} \end{aligned} \quad (4-9)$$

其中，$SPS_{i,t}$为每股可持续盈余，用扣除非经常性损益后的每股收益表示；$NPS_{i,t}$为每股不可持续盈余，表示为每股非经常性损益；$\Delta SPS_{i,t}$为未预期每股可持续盈余，等于 $SPS_{i,t}$减去 $SPS_{i,t-1}$；$\Delta NPS_{i,t}$为未预期每股不可持续盈余，用 $NPS_{i,t}$与 $NPS_{i,t-1}$的差额表示；其他变量含义同上。需要说明的是，根据《公开发行证券的公司信息披露解释性公告第1号——非经常性损益（2008）》，非经常性损益指与公司正常经营无关以及虽然相关但因其性质特殊和偶发性，影响会计信息使用者正常判断公司经营业绩与盈利能力的各项交易与事项产生的损益，具体包括非流动性资产处置损益、债务重组损益、交易性金融资产持有与处置损益等利得与损失，契合Ramakrishnan和Thomas（1998）提出的“暂时性盈余”“价格无关盈余”概念，表现出不可持续性，对应的会计科目主要有营业外收入、营业外支出以及与金融资产配置相关的公允价值变动损益、投资收益、资产（信用）减值损失等①。就广义上的不可持续盈余而言，还包括其他综合收益（张成思和张步昙，2016；刘贯春等，2019；钟华明，2021），但其他综合收益既在现行利润表中列报，又在现行资产负债表中列报，是所有者权益不是损益，因此将在稳健性检验部分予以讨论。

若有效市场假说在中国资本市场上成立，模型（4-9）中的α_5与α_6应明显不同，具体在于α_5显著为负，α_6不显著，即金融资产配置对不同持续性盈余的价值相关性具有不同的影响，突出表现是可持续盈余价值相关性的降低；反之，则进一步支持“功能锁定”假说。

（3）其他变量说明。

控制变量包括：企业规模$Size_{i,t}$（资产总额的自然对数）、有息资产负债率$Idebt_{i,t}$［（短期借款+长期借款+应付债券）/总资产］、盈利能力$ROIC_{i,t}$（投入资本回报率）、资本支出$Cap_{i,t}$［ln（构建固定资产、无形资产等支付的现金）］、是否亏损$Loss_{i,t}$（净利润小于0赋值为1，否则为0）、发展能力$Tagr_{i,t}$（总资产增长率）、产权比率$Er_{i,t}$（负债总额/所有者权益总额）、产权性质$State_{i,t}$（国有企业为1，非国有企业为0）、股权制衡度$Ebd_{i,t}$（第二至第十大股东持股比例/第一大股东持股比例）、独立董事规模$Indperc_{i,t}$（独立董事人数/董事会人数）、十大审计$Top10_{i,t}$（审计师来自十大会计师事务所赋值为1，否则为0）、审计意见$Audit_{i,t}$（标准无保留意见的为1，否则为0）、股票流动性$Turnover_{i,t}$（年换手率）、是否支付股利

① 交易性金融资产与衍生金融资产主要影响公允价值变动损益与投资收益，可供出售金融资产、持有至到期投资与长期金融股权投资主要涉及投资收益与资产（信用）减值损失科目，投资性房地产可能影响公允价值变动损益与资产减值损失，委托贷款等新兴金融资产主要对应投资收益科目。

$Div_{i,t}$（公司当年支付股利时，取值为 1，否则为 0）、年份虚拟变量以及行业虚拟变量。

表 4-16　　　　变量定义

变量类型	变量符号	变量名称	度量方法
被解释变量	$R_{i,t}$	股票回报率	t 年 5 月至 t+1 年 4 月考虑现金红利再投资的股票回报率
解释变量	$Financial_{i,t}$	金融资产配置	金融资产占总资产的比重
	$EPS_{i,t}/P_{i,t-1}$	预期会计盈余	每股收益/t 年 4 月末股票价格
	$\Delta EPS_{i,t}/P_{i,t-1}$	未预期会计盈余	未预期每股收益/t 年 4 月末股票价格
	$SPS_{i,t}$	利润结构	每股可持续盈余
	$NPS_{i,t}$		每股不可持续盈余
控制变量	$Size_{i,t}$	企业规模	资产总额的自然对数
	$Idebt_{i,t}$	有息资产负债率	(短期借款+长期借款+应付债券)/总资产
	$ROIC_{i,t}$	盈利能力	投入资本回报率
	$Cap_{i,t}$	资本支出	Ln（构建固定资产、无形资产等支付的现金）
	$Loss_{i,t}$	是否亏损	净利润小于 0 赋值为 1，否则为 0
	$Tagr_{i,t}$	发展能力	总资产增长率
	$Er_{i,t}$	产权比率	负债总额/所有者权益总额
	$State_{i,t}$	产权性质	国有企业为 1，非国有企业为 0
	$Ebd_{i,t}$	股权制衡度	第二至第十大股东持股比例/第一大股东持股比例
	$Indperc_{i,t}$	独立董事规模	独立董事人数/董事会人数
	$Top10_{i,t}$	十大审计	审计师来自十大会计师事务所赋值为 1，否则为 0
	$Audit_{i,t}$	审计意见	标准无保留意见的为 1，否则为 0
	$Turnover_{i,t}$	股票流动性	年换手率
	$Div_{i,t}$	是否支付股利	公司当年支付股利时，取值为 1，否则为 0

4.2.4　基本回归分析

表 4-17 是主要变量的描述性统计。$R_{i,t}$的均值为 0.1147，中位数为 -0.0325，标准差为 0.5152；$EPS_{i,t}$的均值为 0.3478，中位数为 0.2633，标准差为 0.5068。可以看出，企业市场业绩的均值与中位数相差较大，且

标准差较高，说明与经营业绩相比，市场业绩具有较大的波动性。$SPS_{i,t}$的均值为 0.2728，$NPS_{i,t}$ 的均值为 0.0731，$SPS_{i,t}$ 占 $EPS_{i,t}$ 的比重约为 78.44%，表明可持续盈余是非金融上市公司利润增加的主要来源，符合非金融上市公司的财务特征，更揭示出金融资产配置与可持续盈余价值相关性关系的研究价值。$Financial_{i,t}$与 $Size_{i,t}$、$Idebt_{i,t}$等部分控制变量的描述性统计与前面结果基本一致，此处不再说明。就其他控制变量而言，$ROIC_{i,t}$的均值为 0.0563，标准差为 0.0752，25% 分位数为 0.0310，75% 分位数为 0.0892，说明总体来看非金融上市公司利用资本创造回报的能力分布较平稳。$Tagr_{i,t}$的均值为 0.1488，最小值为 -0.3041，最大值为 1.5925，表明平均而言样本企业总资产增长率为 1.0265，且不同企业的发展能力具有差异性，在一定程度上反映了企业对主营业务可持续发展的重视程度。$Div_{i,t}$ 的均值为 0.7163，即平均意义上来看支付股利的非金融上市公司占比为 71.63%，意味着金融资产配置带来的金融市场压力可能是非金融上市公司主业弱化的原因。

表 4-17　　　　主要变量的描述性统计

变量	观测值	均值	标准差	25%分位	中位数	75%分位	最小值	最大值
$R_{i,t}$	25134	0.1147	0.5152	-0.2200	-0.0325	0.2662	-0.5225	2.2207
$EPS_{i,t}$	25134	0.3478	0.5068	0.0900	0.2633	0.5400	-1.2736	2.3600
$SPS_{i,t}$	25117	0.2728	0.4931	0.0400	0.2100	0.4700	-1.3315	2.1600
$NPS_{i,t}$	25117	0.0731	0.1180	0.0100	0.0400	0.0900	-0.1200	0.7100
$Financial_{i,t}$	25134	0.0648	0.1014	0.0014	0.0202	0.0824	0.0000	0.5112
$Size_{i,t}$	25134	22.0115	1.1570	21.1604	21.8824	22.7174	19.8068	25.3554
$Idebt_{i,t}$	25134	0.1538	0.1413	0.0223	0.1259	0.2498	0.0000	0.5563
$ROIC_{i,t}$	25134	0.0563	0.0752	0.0310	0.0561	0.0892	-0.3195	0.2517
$Cap_{i,t}$	25134	18.5845	1.6430	17.6185	18.6325	19.6323	13.7507	22.4345
$Loss_{i,t}$	25134	0.0959	0.2945	0	0	0	0	1
$Tagr_{i,t}$	25134	0.1488	0.2686	0.0106	0.0892	0.2064	-0.3041	1.5925
$Er_{i,t}$	25134	1.0624	1.1517	0.3507	0.7067	1.3370	0.0555	7.0878
$State_{i,t}$	25134	0.3827	0.486	0	0	1	0	1
$Ebd_{i,t}$	25134	0.8926	0.7706	0.3143	0.6852	1.2381	0.0417	3.8868

续表

变量	观测值	均值	标准差	25%分位	中位数	75%分位	最小值	最大值
$Indperc_{i,t}$	25134	0.3736	0.0524	0.3333	0.3333	0.4286	0.3333	0.5714
$Top10_{i,t}$	25134	0.5240	0.4994	0	1	1	0	1
$Audit_{i,t}$	25134	0.9735	0.1606	1	1	1	0	1
$Turnover_{i,t}$	25134	405.4248	276.2963	200.8478	333.1488	537.9178	50.0574	1376.0532
$Div_{i,t}$	25134	0.7163	0.4508	0	1	1	0	1

表4-18是主要变量的相关性检验结果。不难发现，各变量间相关系数的绝对值低于0.8，表明本节所用回归模型不存在明显的多重共线性问题。另外，与前面做法一致，本章还使用VIF对回归模型的共线性问题进行检验，结果同样排除多重共线性的存在。

从相关系数矩阵检验结果来看，$EPS_{i,t}$与$R_{i,t}$、$SPS_{i,t}$与$R_{i,t}$以及$NPS_{i,t}$与$R_{i,t}$均显著正相关，说明每股收益、每股可持续盈余与每股不可持续盈余能够部分解释股票回报率的变化。$Financial_{i,t}$与$R_{i,t}$的相关系数为-0.033，显著性水平为1%，即金融资产配置与股票回报率负相关，意味着金融资产配置对短期业绩的改善作用并未改变投资者对公司市场价值的看法，反而因其对企业持续盈利能力的负面影响降低投资者对企业发展前景的预期，可以在一定程度上为H4-3a提供支持，但金融资产配置与盈余价值相关性之间具体呈现什么关系还需要通过回归分析确定。另外，$Size_{i,t}$与$R_{i,t}$、$Idebt_{i,t}$与$R_{i,t}$以及$Loss_{i,t}$与$P_IDF_{i,t}$均显著负相关，说明规模越大、有息资产负债率越高，或处于亏损状态的公司股票回报率可能越低。其中，企业规模与股票回报率负相关可能是因为大规模企业实业投资需求较小，盈余持续性较低。$ROIC_{i,t}$与$R_{i,t}$、$Tagr_{i,t}$与$R_{i,t}$、$Turnover_{i,t}$与$R_{i,t}$以及$Div_{i,t}$与$R_{i,t}$均显著正相关，反映了公司盈利能力、发展能力、股票流动性与股利支付情况对股票回报率的贡献情况。$Top10_{i,t}$与$R_{i,t}$以及$Audit_{i,t}$与$R_{i,t}$均显著正相关，揭示出审计师对于投资者充分估计公司市场价值并决策的重要性；$State_{i,t}$与$R_{i,t}$以及$Ebd_{i,t}$与$R_{i,t}$均显著负相关，可能是由国有企业效率低下、股权制衡机制引发的利益分歧会降低公司治理效率导致的。$Cap_{i,t}$与$R_{i,t}$、$Er_{i,t}$与$R_{i,t}$以及$Indperc_{i,t}$与$R_{i,t}$均不显著，但资本支出、产权比率与独立董事规模是否会对样本企业盈余价值相关性产生影响还需要通过回归分析确定。

表4-18 主要变量的相关性检验结果

变量	$R_{i,t}$	$EPS_{i,t}$	$SPS_{i,t}$	$NPS_{i,t}$	$Financial_{i,t}$	$Size_{i,t}$	$Idebt_{i,t}$
$R_{i,t}$	1						
$EPS_{i,t}$	0.121***	1					
$SPS_{i,t}$	0.118***	0.953***	1				
$NPS_{i,t}$	0.019***	0.222***	-0.049***	1			
$Financial_{i,t}$	-0.033***	0.093***	0.062***	0.142***	1		
$Size_{i,t}$	-0.031***	0.176***	0.154***	0.095***	-0.039***	1	
$Idebt_{i,t}$	-0.028***	-0.240***	-0.253***	0.026***	-0.232***	0.343***	1
$ROIC_{i,t}$	0.126***	0.759***	0.724***	0.152***	0.058***	0.082***	-0.193***
$Cap_{i,t}$	-0.006	0.243***	0.235***	0.051***	-0.153***	0.716***	0.314***
$Loss_{i,t}$	-0.069***	-0.515***	-0.500***	-0.077***	-0.031***	-0.048***	0.156***
$Tagr_{i,t}$	0.061***	0.305***	0.313***	-0.001	-0.024***	0.011*	-0.050***
$Er_{i,t}$	-0.005	-0.216***	-0.246***	0.087***	-0.180***	0.323***	0.581***
$State_{i,t}$	-0.023***	-0.066***	-0.074***	0.018***	-0.105***	0.290***	0.209***
$Ebd_{i,t}$	-0.012**	0.020***	0.021***	0.004	0.023***	-0.116***	-0.121***
$Indperc_{i,t}$	0.006	-0.002	-0.004	0.009	0.053***	-0.019***	-0.034***
$Top10_{i,t}$	0.027***	0.068***	0.062***	0.030***	0.032***	0.107***	-0.060***
$Audit_{i,t}$	0.035***	0.181***	0.187***	-0.014**	0.004	0.059***	-0.052***
$Turnover_{i,t}$	0.070***	-0.188***	-0.194***	-0.001	0.004	-0.258***	0.042***
$Div_{i,t}$	0.044***	0.462***	0.473***	-0.006	0.061***	0.127***	-0.203***
变量	$ROIC_{i,t}$	$Cap_{i,t}$	$Loss_{i,t}$	$Tagr_{i,t}$	$Er_{i,t}$	$State_{i,t}$	$Ebd_{i,t}$
$ROIC_{i,t}$	1						
$Cap_{i,t}$	0.172***	1					
$Loss_{i,t}$	-0.652***	-0.122***	1				
$Tagr_{i,t}$	0.239***	0.101***	-0.203***	1			
$Er_{i,t}$	-0.209***	0.140***	0.225***	-0.059***	1		
$State_{i,t}$	-0.039***	0.154***	0.031***	-0.139***	0.252***	1	
$Ebd_{i,t}$	-0.019***	-0.069***	0.003	0.129***	-0.121***	-0.282***	1
$Indperc_{i,t}$	-0.020***	-0.025***	0.012**	0.008	-0.023***	-0.090***	-0.016***
$Top10_{i,t}$	0.036***	0.093***	-0.021***	0.016***	-0.049***	-0.081***	0.029***
$Audit_{i,t}$	0.227***	0.123***	-0.220***	0.091***	-0.165***	0.015**	-0.031***
$Turnover_{i,t}$	-0.147***	-0.238***	0.088***	-0.042***	0.017***	-0.013**	-0.029***
$Div_{i,t}$	0.419***	0.205***	-0.505***	0.187***	-0.274***	-0.086***	0.016***

续表

变量	$Indperc_{i,t}$	$Top10_{i,t}$	$Audit_{i,t}$	$Turnover_{i,t}$	$Div_{i,t}$
$Indperc_{i,t}$	1				
$Top10_{i,t}$	0.032***	1			
$Audit_{i,t}$	-0.005	0.022***	1		
$Turnover_{i,t}$	0.014**	-0.053***	-0.038***	1	
$Div_{i,t}$	-0.018***	0.093***	0.209***	-0.151***	1

注：表4-18列示的是Pearson系数，***、**与*分别表示在1%、5%与10%的水平上显著。

表4-19报告的是H4-3与H4-4的检验结果。其中，表4-19中列（1）对应未考虑金融资产配置影响的报酬模型，$EPS_{i,t}/P_{i,t-1}$和$\Delta EPS_{i,t}/P_{i,t-1}$的系数均为正且显著，与Easton和Harris（1991）的结果一致，说明会计盈余具有价值相关性。列（2）在此基础上加入金融资产配置与未预期会计盈余的交乘项$Financial_{i,t} \times \Delta EPS_{i,t}/P_{i,t-1}$以及金融资产配置变量$Financial_{i,t}$，以检验金融资产配置与盈余价值相关性的关系。可以发现，$Financial_{i,t} \times \Delta EPS_{i,t}/P_{i,t-1}$的系数为-1.6180，在1%的水平上显著，表明金融资产配置显著降低了盈余价值相关性，H4-3a得到验证，结果支持有效市场假说。换言之，资本市场不存在显著的“功能锁定”现象。这说明企业将用于主业发展的资源投资金融资产，以分享金融市场的超额利润，虽然能够充实企业短期盈利能力，但会削弱实业基础，降低企业持续盈利能力，弱化会计盈余对当期及未来现金流量的解释与预测能力，致使投资者决策时减少对盈余信息的利用，盈余价值相关性下降。“作为金融工具应用的主要内容，金融资产配置传递的盈余信息能否被投资者识别与利用，导致盈余价值相关性下降”这一研究问题得以解答。列（3）至列（5）给出了金融资产配置对利润结构盈余价值相关性的影响效果。结果显示，列（3）中$Financial_{i,t} \times \Delta SPS_{i,t}/P_{i,t-1}$的系数为-2.0796，显著性水平为1%，列（4）中$Financial_{i,t} \times \Delta NPS_{i,t}/P_{i,t-1}$的系数不显著，说明金融资产配置能够显著降低可持续盈余的价值相关性，但对不可持续盈余价值相关性没有显著影响。换言之，在有效市场假说下，金融资产配置对盈余价值相关性的影响存在结构性差异，且主要表现为可持续盈余价值相关性的降低，支持H4-4a。“金融资产配置对盈余价值相关性的影响会因盈余不同持续性构成产生结构性差异吗？”问题得以解决，验证了金融资产配置具有偏离

主业、牺牲企业持续经营能力的可能性，与金融资产配置短期性、与主营业务不匹配的特点相吻合。考虑到利润结构各项目之间可能存在较强的相关性，从而产生回归偏误问题，本章还报告了不同持续性的盈余信息一起放入模型的结果，如表 4－19 中列（5）所示，$Financial_{i,t} \times \Delta SPS_{i,t}/P_{i,t-1}$ 的系数显著为负，$Financial_{i,t} \times \Delta NPS_{i,t}/P_{i,t-1}$ 的系数不显著，结论不变。

表 4－19　　　　基本回归分析

变量	(1)	(2)	(3)	(4)	(5)
	股票回报率	股票回报率	股票回报率	股票回报率	股票回报率
$EPS_{i,t}/P_{i,t-1}$	1.1093*** (0.1194)	1.1053*** (0.1196)			
$SPS_{i,t}/P_{i,t-1}$			0.5167*** (0.1017)		0.9291*** (0.1137)
$NPS_{i,t}/P_{i,t-1}$				1.5345*** (0.2454)	2.0938*** (0.2724)
$\Delta EPS_{i,t}/P_{i,t-1}$	0.9473*** (0.0766)	0.9284*** (0.0763)			
$\Delta SPS_{i,t}/P_{i,t-1}$			1.1682*** (0.0815)		1.0523*** (0.0834)
$\Delta NPS_{i,t}/P_{i,t-1}$				−0.6104*** (0.1989)	−0.2339 (0.2037)
$Financial_{i,t} \times \Delta EPS_{i,t}/P_{i,t-1}$		−1.6180*** (0.5950)			
$Financial_{i,t} \times \Delta SPS_{i,t}/P_{i,t-1}$			−2.0796*** (0.7423)		−1.7997** (0.7393)
$Financial_{i,t} \times \Delta NPS_{i,t}/P_{i,t-1}$				−0.0779 (1.2724)	0.3430 (1.2935)
$Financial_{i,t}$		−0.1046*** (0.0236)	−0.0953*** (0.0238)	−0.1307*** (0.0240)	−0.1177*** (0.0239)
$Size_{i,t}$	−0.0139*** (0.0037)	−0.0126*** (0.0037)	−0.0076** (0.0036)	−0.0054 (0.0036)	−0.0124*** (0.0037)
$Idebt_{i,t}$	−0.1096*** (0.0224)	−0.1181*** (0.0226)	−0.1120*** (0.0226)	−0.1123*** (0.0227)	−0.1195*** (0.0226)

续表

变量	(1) 股票回报率	(2) 股票回报率	(3) 股票回报率	(4) 股票回报率	(5) 股票回报率
$ROIC_{i,t}$	0.3836*** (0.0569)	0.4034*** (0.0572)	0.5721*** (0.0536)	0.8639*** (0.0475)	0.4625*** (0.0562)
$Cap_{i,t}$	0.0037* (0.0022)	0.0025 (0.0022)	0.0019 (0.0022)	-0.0012 (0.0022)	0.0026 (0.0022)
$Loss_{i,t}$	0.1127*** (0.0119)	0.1160*** (0.0119)	0.0931*** (0.0118)	0.0287** (0.0112)	0.1082*** (0.0119)
$Tagr_{i,t}$	0.0809*** (0.0101)	0.0802*** (0.0101)	0.0761*** (0.0101)	0.0868*** (0.0103)	0.0819*** (0.0101)
$Er_{i,t}$	0.0175*** (0.0028)	0.0165*** (0.0028)	0.0154*** (0.0028)	0.0132*** (0.0028)	0.0147*** (0.0028)
$State_{i,t}$	-0.0214*** (0.0055)	-0.0228*** (0.0055)	-0.0213*** (0.0055)	-0.0195*** (0.0055)	-0.0237*** (0.0055)
$Ebd_{i,t}$	0.0043 (0.0033)	0.0038 (0.0033)	0.0033 (0.0033)	0.0030 (0.0033)	0.0039 (0.0033)
$Indperc_{i,t}$	0.0847* (0.0447)	0.0893** (0.0447)	0.0808* (0.0447)	0.0840* (0.0450)	0.0862* (0.0446)
$Top10_{i,t}$	0.0040 (0.0048)	0.0038 (0.0048)	0.0039 (0.0048)	0.0042 (0.0048)	0.0038 (0.0048)
$Audit_{i,t}$	0.0600*** (0.0157)	0.0594*** (0.0157)	0.0565*** (0.0159)	0.0528*** (0.0155)	0.0572*** (0.0158)
$Turnover_{i,t}$	0.0001*** (0.0000)	0.0001*** (0.0000)	0.0001*** (0.0000)	0.0001*** (0.0000)	0.0001*** (0.0000)
$Div_{i,t}$	0.0178*** (0.0065)	0.0186*** (0.0065)	0.0187*** (0.0065)	0.0125* (0.0065)	0.0213*** (0.0065)
_cons	-0.0567 (0.0679)	-0.0656 (0.0679)	-0.1580** (0.0670)	-0.1667** (0.0656)	-0.0787 (0.0678)
年份和行业	控制	控制	控制	控制	控制
N	25134	25134	25117	25117	25117

注：括号中为聚类稳健标准误；***、** 与 * 分别表示在 1%、5% 与 10% 的水平上显著。

4.2.5 内生性处理

（1）基于2SLS的检验。

盈余价值相关性降低导致的资本配置效率损失可能会对企业金融资产配置水平产生影响，从而导致反向的因果关系。为了解决可能存在的内生性问题，与前面研究一致，本章选取企业所在同一行业其他公司的金融资产配置均值作为金融资产配置的工具变量（$Financial-IV_{i,t}$），进行2SLS回归。这是因为同行业企业面临相似的供求机制、竞争市场、制度环境等，企业经营利润率与金融利润率对总体利润率的贡献相近，同行业其他公司金融投资情况与焦点企业金融资产配置高度相关，但不会直接影响焦点企业会计盈余信息价值相关性，因此在经济意义上满足工具变量的相关性与外生性要求。表4-20列示2SLS回归结果，就第一阶段而言，表4-20中列（1）$Financial-IV_{i,t}$的系数为0.3391，显著性水平为1%，即其与内生解释变量显著正相关；对于第二阶段，$Financial_{i,t}\times\Delta EPS_{i,t}/P_{i,t-1}$的系数为-7.5020，在1%的水平上显著，说明金融资产配置与盈余价值相关性的负向关系在控制内生性问题之后仍然成立。弱工具变量检验结果显示，F统计量分别为62.6322与80.0175，均大于10，且P值均为0.0000；此外，瓦尔德检验最小特征值为67.3393，大于15%水平的临界值4.58。因此可以拒绝“弱工具变量”的原假设，认为工具变量的选择是恰当的。

表4-20　内生性处理——2SLS估计

变量	(1)	(2)	(3)
	第一阶段		第二阶段
	金融资产配置	金融资产配置与未预期会计盈余交乘项	股票回报率
$Financial-IV_{i,t}$	0.3391*** (0.0303)	0.0009 (0.0015)	
$Financial-IV_{i,t}\times\Delta EPS_{i,t}/P_{i,t-1}$	0.1003 (0.3650)	0.7015*** (0.0555)	

续表

变量	(1)	(2)	(3)
	第一阶段		第二阶段
	金融资产配置	金融资产配置与未预期会计盈余交乘项	股票回报率
$EPS_{i,t}/P_{i,t-1}$	0.0671** (0.0273)	-0.0039* (0.0022)	1.1565*** (0.1293)
$\Delta EPS_{i,t}/P_{i,t-1}$	-0.0680*** (0.0170)	-0.0110*** (0.0024)	0.7809*** (0.0896)
$Financial_{i,t} \times \Delta EPS_{i,t}/P_{i,t-1}$			-7.5020*** (2.1727)
$Financial_{i,t}$			-1.7276*** (0.3671)
$Size_{i,t}$	0.0113*** (0.0010)	0.0001 (0.0005)	0.0059 (0.0058)
$Idebt_{i,t}$	-0.0818*** (0.0053)	0.0002 (0.0003)	-0.2529*** (0.0395)
$ROIC_{i,t}$	0.0978*** (0.0148)	0.0034*** (0.0008)	0.6029*** (0.0750)
$Cap_{i,t}$	-0.0109*** (0.0007)	-0.0000 (0.0000)	-0.0157*** (0.0048)
$Loss_{i,t}$	0.0145*** (0.0030)	0.0009*** (0.0002)	0.1469*** (0.0142)
$Tagr_{i,t}$	-0.0097*** (0.0025)	0.0001 (0.0001)	0.0661*** (0.0112)
$Er_{i,t}$	-0.0094*** (0.0007)	-0.0000 (0.0000)	0.0013 (0.0046)
$State_{i,t}$	-0.0109*** (0.0014)	-0.0001 (0.0001)	-0.0424*** (0.0073)
$Ebd_{i,t}$	-0.0050*** (0.0008)	0.0000 (0.0000)	-0.0044 (0.0040)
$Indperc_{i,t}$	0.0392*** (0.0116)	-0.0001 (0.0005)	0.1597*** (0.0508)

续表

变量	(1)	(2)	(3)
	第一阶段		第二阶段
	金融资产配置	金融资产配置与未预期会计盈余交乘项	股票回报率
$Top10_{i,t}$	-0.0026** (0.0012)	-0.0000 (0.0000)	-0.0003 (0.0053)
$Audit_{i,t}$	-0.0096** (0.0042)	0.0003 (0.0003)	0.0454*** (0.0176)
$Turnover_{i,t}$	-0.0000 (0.0000)	0.0000* (0.0000)	0.0001*** (0.0000)
$Div_{i,t}$	0.0039** (0.0016)	0.0002*** (0.0001)	0.0273*** (0.0072)
$\_cons$	-0.0292* (0.0167)	-0.0021** (0.0008)	-0.1338* (0.0750)
年份和行业	控制	控制	控制
N	25086	25086	25086

注：括号中为聚类稳健标准误；*** 、** 与 * 分别表示在1%、5%与10%的水平上显著。表中列（1）与列（2）中部分变量系数因小数点位数设置显示不全。

（2）基于2014年会计准则变革的准自然实验检验。

为适应市场经济发展需要，顺应国际财务报告准则的新一轮变革，财政部于2014年对企业会计准则进行了一次规模较大的调整，修订了六项会计准则，新增了三项会计准则，并发布了一项补充规定。此次修订和增补是对有效市场假说落地、决策有用观践行的推进，也是对2006年会计准则的一次变革，可看作一项全国范围内的准自然实验。特别是，2014年1月26日发布的《企业会计准则第39号——公允价值计量》规范公允价值计量与披露，优化资本市场信息环境，从而减少投资者认知偏差，抑制“功能锁定”现象；2014年6月20日修订的《企业会计准则第37号——金融工具列报》要求企业分析金融工具应用对企业经营成果的影响以及金融工具的风险属性，强调会计信息对投资者的决策有用性。为更好地解决制度变量遗漏可能带来的内生性问题，本章借鉴陆蓉和常维（2018）的做法，构建双重差分模型（4－10）检验2014年会计准则变革前后三年与五年金融资产配置影响下盈余价值相关性的变化：

$$R_{i,t} = \alpha_0 + \alpha_1 EPS_{i,t}/P_{i,t-1} + \alpha_2 \Delta EPS_{i,t}/P_{i,t-1} + \alpha_3 Post_{i,t} \times Treated_{i,t} \times (\Delta EPS_{i,t}/P_{i,t-1}) + \alpha_4 Treated_{i,t} \times (\Delta EPS_{i,t}/P_{i,t-1}) + \alpha_5 Post_{i,t} \times (\Delta EPS_{i,t}/P_{i,t-1}) + \sum \alpha_r controls_{i,t} + \varepsilon_{i,t} \quad (4-10)$$

其中，$Post_{i,t}$为时间虚拟变量，考虑到2014年会计准则变化内容开始施行年份为2014年，将2014年之后（含2014年）定义为事件后时间窗口，赋值为1，定义2014年之前为事件前时间窗口，赋值为0。$Treated_{i,t}$为分组虚拟变量，配置金融资产的公司更易受到《企业会计准则第39号——公允价值计量》《企业会计准则第37号——金融工具列报》等准则的影响，为干预组，取值为1，未配置金融资产的公司为控制组，取值为0。其他变量含义与模型（4－8）保持一致。本部分主要关注系数α_3的方向和显著性，显著为负说明2014年会计准则变革会加剧金融资产配置公司盈余价值相关性低下问题，为有效市场假说提供进一步证据。

表4－21列示准自然实验回归结果。可以看出，表4－21列（1）中$Post_{i,t} \times Treated_{i,t} \times \Delta EPS_{i,t}/P_{i,t-1}$的系数为－2.5131，在10%的水平上显著，列（2）中$Post_{i,t} \times Treated_{i,t} \times \Delta EPS_{i,t}/P_{i,t-1}$的系数为－1.6637，显著性水平为10%。这表明随着会计制度变迁，市场有效性不断提高，投资者能够认识到金融资产配置对公司持续盈利能力的损害，识别盈余信息反映的公司价值，使得金融资产配置公司盈余价值相关性下降。为了确保上述估计结果的准确性，与3.2节的研究一致，本章对研究样本进行平行趋势检验（前后三年与前后五年对应的结果分别见图4－1与图4－2）与安慰剂测试（前后三年与前后五年对应的结果分别见图4－3与图4－4），结果说明双重差分模型是有效的。

表4－21　　内生性处理——2014年会计准则变革的影响

变量	(1)	(2)
	变革前后三年	变革前后五年
$EPS_{i,t}/P_{i,t-1}$	2.1603*** (0.2581)	1.9136*** (0.1707)

续表

变量	(1)	(2)
	变革前后三年	变革前后五年
$\Delta EPS_{i,t}/P_{i,t-1}$	2.1837*** (0.4960)	1.7616*** (0.4220)
$Post_{i,t} \times Treated_{i,t} \times \Delta EPS_{i,t}/P_{i,t-1}$	−2.5131* (1.4984)	−1.6637* (0.8979)
$Treated_{i,t} \times \Delta EPS_{i,t}/P_{i,t-1}$	−0.5613 (0.5121)	−0.1423 (0.4408)
$Post_{i,t} \times \Delta EPS_{i,t}/P_{i,t-1}$	1.7636 (1.4703)	1.1187 (0.8781)
$Size_{i,t}$	−0.0471*** (0.0065)	−0.0248*** (0.0043)
$Idebt_{i,t}$	−0.0236 (0.0361)	−0.0490* (0.0256)
$ROIC_{i,t}$	−0.0715 (0.1061)	0.1239* (0.0724)
$Cap_{i,t}$	−0.0025 (0.0038)	−0.0015 (0.0026)
$Loss_{i,t}$	0.1059*** (0.0200)	0.1188*** (0.0144)
$Tagr_{i,t}$	0.0511*** (0.0135)	0.0493*** (0.0101)
$Er_{i,t}$	0.0250*** (0.0048)	0.0183*** (0.0033)
$State_{i,t}$	−0.0428*** (0.0089)	−0.0270*** (0.0064)
$Ebd_{i,t}$	−0.0018 (0.0056)	−0.0031 (0.0037)

续表

变量	(1) 变革前后三年	(2) 变革前后五年
$Indperc_{i,t}$	0.1019 (0.0757)	0.0527 (0.0511)
$Top10_{i,t}$	0.0122 (0.0077)	0.0035 (0.0054)
$Audit_{i,t}$	0.1002*** (0.0278)	0.0503** (0.0201)
$Turnover_{i,t}$	0.0000* (0.0000)	0.0000*** (0.0000)
$Div_{i,t}$	0.0137 (0.0109)	0.0068 (0.0075)
_cons	0.5765*** (0.1185)	0.9228*** (0.0827)
年份和行业	控制	控制
N	10724	18067

注：括号中为聚类稳健标准误；***、**与*分别表示在1%、5%与10%的水平上显著。

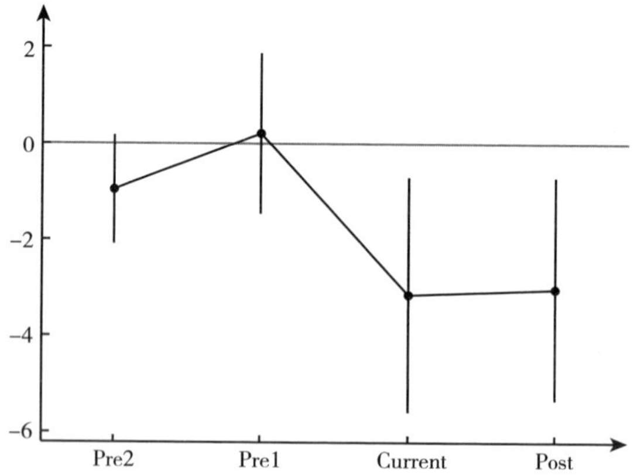

图4-1　动态系数图（变革前后三年）

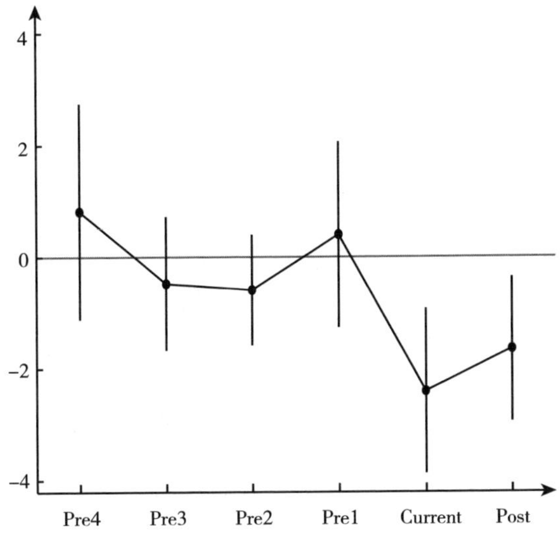

图4－2 动态系数图（变革前后五年）

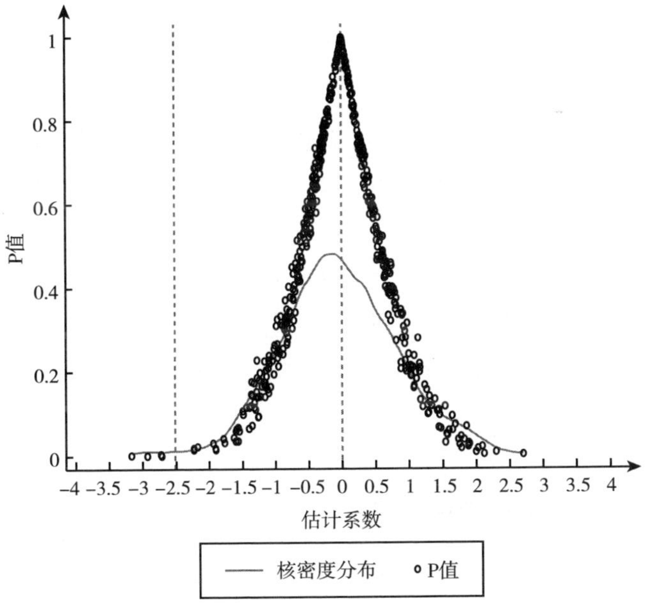

图4－3 安慰剂检验（变革前后三年）

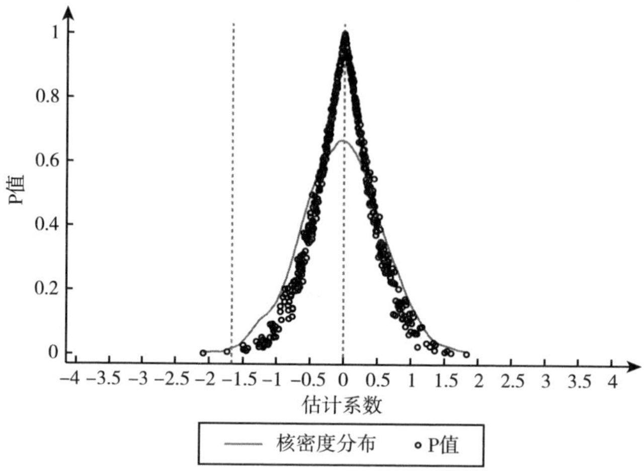

图 4－4　安慰剂检验（变革前后五年）

4.2.6　稳健性检验

（1）改变回归方法。

如前所述，Bootstrap 能够得到比 Robust 更加保守的统计推断。因此本章采用 Bootstrap 标准误估计方法重新进行回归，结果见表 4－22。从中可以看出，表 4－22 列（1）中 $EPS_{i,t}/P_{i,t-1}$ 与 $\Delta EPS_{i,t}/P_{i,t-1}$ 的系数均显著为正，与前结果一致，说明会计盈余具有价值相关性；列（2）中 $Financial_{i,t}\times\Delta EPS_{i,t}/P_{i,t-1}$ 的系数显著为负，列（3）与列（5）中 $Financial_{i,t}\times\Delta SPS_{i,t}/P_{i,t-1}$ 的系数显著为负，列（4）与列（5）中 $Financial_{i,t}\times\Delta NPS_{i,t}/P_{i,t-1}$ 的系数不显著，有效市场假说及其在企业利润结构中的体现仍然存在，结论保持不变。

表 4－22　　稳健性检验——Bootstrap 估计

变量	(1)	(2)	(3)	(4)	(5)
	股票回报率	股票回报率	股票回报率	股票回报率	股票回报率
$EPS_{i,t}/P_{i,t-1}$	1.1093*** (0.1205)	1.1053*** (0.1164)			

续表

变量	(1) 股票回报率	(2) 股票回报率	(3) 股票回报率	(4) 股票回报率	(5) 股票回报率
$SPS_{i,t}/P_{i,t-1}$			0.5167*** (0.0854)		0.9291*** (0.0868)
$NPS_{i,t}/P_{i,t-1}$				1.5345*** (0.2643)	2.0938*** (0.2526)
$\Delta EPS_{i,t}/P_{i,t-1}$	0.9473*** (0.0875)	0.9284*** (0.0811)			
$\Delta SPS_{i,t}/P_{i,t-1}$			1.1682*** (0.0856)		1.0523*** (0.0710)
$\Delta NPS_{i,t}/P_{i,t-1}$				−0.6104*** (0.2002)	−0.2339 (0.2167)
$Financial_{i,t}\times$ $\Delta EPS_{i,t}/P_{i,t-1}$		−1.6180** (0.6765)			
$Financial_{i,t}\times$ $\Delta SPS_{i,t}/P_{i,t-1}$			−2.0796*** (0.7936)		−1.7997** (0.8069)
$Financial_{i,t}\times$ $\Delta NPS_{i,t}/P_{i,t-1}$				−0.0779 (1.4220)	0.3430 (1.6060)
$Financial_{i,t}$		−0.1046*** (0.0241)	−0.0953*** (0.0228)	−0.1307*** (0.0244)	−0.1177*** (0.0208)
$Size_{i,t}$	−0.0139*** (0.0038)	−0.0126*** (0.0030)	−0.0076** (0.0038)	−0.0054 (0.0036)	−0.0124*** (0.0040)
$Idebt_{i,t}$	−0.1096*** (0.0236)	−0.1181*** (0.0232)	−0.1120*** (0.0233)	−0.1123*** (0.0205)	−0.1195*** (0.0271)
$ROIC_{i,t}$	0.3836*** (0.0622)	0.4034*** (0.0502)	0.5721*** (0.0503)	0.8639*** (0.0468)	0.4625*** (0.0612)
$Cap_{i,t}$	0.0037* (0.0021)	0.0025 (0.0022)	0.0019 (0.0024)	−0.0012 (0.0022)	0.0026 (0.0021)
$Loss_{i,t}$	0.1127*** (0.0140)	0.1160*** (0.0095)	0.0931*** (0.0094)	0.0287** (0.0111)	0.1082*** (0.0125)
$Tagr_{i,t}$	0.0809*** (0.0094)	0.0802*** (0.0091)	0.0761*** (0.0096)	0.0868*** (0.0116)	0.0819*** (0.0102)

续表

变量	(1)	(2)	(3)	(4)	(5)
	股票回报率	股票回报率	股票回报率	股票回报率	股票回报率
$Er_{i,t}$	0.0175 *** (0.0032)	0.0165 *** (0.0034)	0.0154 *** (0.0026)	0.0132 *** (0.0023)	0.0147 *** (0.0024)
$State_{i,t}$	-0.0214 *** (0.0051)	-0.0228 *** (0.0058)	-0.0213 *** (0.0048)	-0.0195 *** (0.0057)	-0.0237 *** (0.0060)
$Ebd_{i,t}$	0.0043 (0.0039)	0.0038 (0.0037)	0.0033 (0.0034)	0.0030 (0.0030)	0.0039 (0.0031)
$Indperc_{i,t}$	0.0847 ** (0.0391)	0.0893 * (0.0461)	0.0808 * (0.0459)	0.0840 * (0.0446)	0.0862 ** (0.0376)
$Top10_{i,t}$	0.0040 (0.0054)	0.0038 (0.0049)	0.0039 (0.0050)	0.0042 (0.0052)	0.0038 (0.0044)
$Audit_{i,t}$	0.0600 *** (0.0168)	0.0594 *** (0.0171)	0.0565 *** (0.0151)	0.0528 *** (0.0173)	0.0572 *** (0.0171)
$Turnover_{i,t}$	0.0001 *** (0.0000)	0.0001 *** (0.0000)	0.0001 *** (0.0000)	0.0001 *** (0.0000)	0.0001 *** (0.0000)
$Div_{i,t}$	0.0178 ** (0.0074)	0.0186 *** (0.0056)	0.0187 *** (0.0060)	0.0125 * (0.0064)	0.0213 *** (0.0057)
$\_cons$	-0.0567 (0.0644)	-0.0656 (0.0711)	-0.1580 ** (0.0709)	-0.1667 ** (0.0654)	-0.0787 (0.0773)
年份和行业	控制	控制	控制	控制	控制
N	25134	25134	25117	25117	25117

注：括号中为聚类稳健标准误；***、** 与 * 分别表示在 1%、5% 与 10% 的水平上显著。

（2）变更变量度量指标。

为缓解变量度量偏误问题，本章分别变更金融资产配置、股票回报率与未预期会计盈余的度量指标。具体到本节研究问题，金融资产配置用金融渠道获利（标准化处理：公允价值变动损益、投资收益等狭义金融收益与营业利润差额，除以营业利润绝对值）表示；利用市场调整法计算得到的股票超额回报率替换股票回报率进行实证回归；考虑到“盈余意外”，即实际盈余与分析师预测盈余的差异，是未预期会计盈余的表征，参考何熙琼和尹长萍（2018）的研究，本章以企业每股收益实际值与同一时期内所有分析师对该企业最近一次每股收益预测均值的差额表示"盈余意外"，并采用上年股票价格进行平减得到未预期会计盈余。检验结果分别见表4－23 中列（1）、列（2）与列（3）以及列（4）与列（5），关键解释变量系数方向与前面一致，且均通过显著性检验，再次支持结论。

表 4－23　　稳健性检验——变更变量度量指标

变量	(1)	(2)	(3)	(4)	(5)
	变更金融资产配置度量指标	变更股票回报率度量指标		变更未预期会计盈余度量指标	
$EPS_{i,t}/P_{i,t-1}$	1.1002 *** (0.1193)	1.2555 *** (0.1292)	1.2538 *** (0.1294)	1.9442 *** (0.1261)	1.9362 *** (0.1260)
$\Delta EPS_{i,t}/P_{i,t-1}$	1.2862 *** (0.0859)	1.0044 *** (0.0817)	0.9901 *** (0.0811)	0.0162 *** (0.0062)	0.0149 ** (0.0061)
$Financial_{i,t}\times$ $\Delta EPS_{i,t}/P_{i,t-1}$	-0.4087 *** (0.0510)		-1.1155 * (0.6245)		-0.1315 ** (0.0578)
$Financial_{i,t}$	0.0044 * (0.0025)		-0.0920 *** (0.0251)		-0.1191 *** (0.0271)
$Size_{i,t}$	-0.0154 *** (0.0037)	-0.0141 *** (0.0038)	-0.0130 *** (0.0038)	-0.0273 *** (0.0042)	-0.0256 *** (0.0042)
$Idebt_{i,t}$	-0.1113 *** (0.0224)	-0.0999 *** (0.0230)	-0.1074 *** (0.0231)	-0.0721 *** (0.0251)	-0.0803 *** (0.0252)
$ROIC_{i,t}$	0.3859 *** (0.0567)	0.3498 *** (0.0589)	0.3655 *** (0.0590)	0.5869 *** (0.0658)	0.6090 *** (0.0660)
$Cap_{i,t}$	0.0044 ** (0.0022)	0.0019 (0.0023)	0.0008 (0.0023)	0.0018 (0.0026)	0.0004 (0.0026)
$Loss_{i,t}$	0.0888 *** (0.0123)	0.1175 *** (0.0123)	0.1201 *** (0.0123)	0.0980 *** (0.0135)	0.1002 *** (0.0136)
$Tagr_{i,t}$	0.0771 *** (0.0100)	0.0806 *** (0.0104)	0.0799 *** (0.0104)	0.0720 *** (0.0097)	0.0715 *** (0.0097)
$Er_{i,t}$	0.0177 *** (0.0028)	0.0191 *** (0.0030)	0.0183 *** (0.0030)	0.0295 *** (0.0036)	0.0279 *** (0.0036)
$State_{i,t}$	-0.0214 *** (0.0055)	-0.0272 *** (0.0056)	-0.0283 *** (0.0056)	-0.0151 ** (0.0060)	-0.0164 *** (0.0060)

续表

变量	(1)	(2)	(3)	(4)	(5)
	变更金融资产配置度量指标	变更股票回报率度量指标		变更未预期会计盈余度量指标	
$Ebd_{i,t}$	0. 0047 (0. 0032)	0. 0033 (0. 0033)	0. 0029 (0. 0033)	0. 0078 ** (0. 0035)	0. 0072 ** (0. 0035)
$Indperc_{i,t}$	0. 0893 ** (0. 0446)	0. 1117 ** (0. 0471)	0. 1157 ** (0. 0471)	0. 0887 * (0. 0485)	0. 0948 * (0. 0485)
$Top10_{i,t}$	0. 0042 (0. 0047)	0. 0029 (0. 0049)	0. 0027 (0. 0049)	0. 0032 (0. 0052)	0. 0029 (0. 0052)
$Audit_{i,t}$	0. 0569 *** (0. 0157)	0. 0702 *** (0. 0153)	0. 0696 *** (0. 0153)	0. 0541 *** (0. 0192)	0. 0538 *** (0. 0193)
$Turnover_{i,t}$	0. 0001 *** (0. 0000)	0. 0000 *** (0. 0000)	0. 0000 *** (0. 0000)	0. 0001 *** (0. 0000)	0. 0001 *** (0. 0000)
$Div_{i,t}$	0. 0178 *** (0. 0065)	0. 0158 ** (0. 0067)	0. 0164 ** (0. 0067)	-0. 0010 (0. 0073)	-0. 0009 (0. 0073)
_cons	-0. 0335 (0. 0679)	0. 2392 *** (0. 0695)	0. 2317 *** (0. 0695)	0. 4130 *** (0. 0825)	0. 3963 *** (0. 0825)
年份和行业	控制	控制	控制	控制	控制
N	25134	25134	25134	22667	22667

注：括号中为聚类稳健标准误；***、** 与 * 分别表示在 1%、5% 与 10% 的水平上显著。

（3）改变样本区间。

与前面研究一致，考虑到 2017 年准则修订带来的金融资产配置数据口径不统一对实证结果的影响，本章剔除 2019 年与 2020 年数据后对假设进行检验，结果见表 4-24。可以看出，$Financial_{i,t} \times \Delta EPS_{i,t}/P_{i,t-1}$ 与 $Financial_{i,t} \times \Delta SPS_{i,t}/P_{i,t-1}$ 的系数显著为负，$Financial_{i,t} \times \Delta NPS_{i,t}/P_{i,t-1}$ 的系数不显著，与基本回归结果一致。

表 4-24　　稳健性检验——改变样本区间

变量	(1)	(2)	(3)	(4)
	股票回报率	股票回报率	股票回报率	股票回报率
$EPS_{i,t}/P_{i,t-1}$	1. 9362 *** (0. 1635)			

续表

变量	(1)	(2)	(3)	(4)
	股票回报率	股票回报率	股票回报率	股票回报率
$SPS_{i,t}/P_{i,t-1}$		0.7775 *** (0.1386)		1.5087 *** (0.1561)
$NPS_{i,t}/P_{i,t-1}$			1.6105 *** (0.2948)	2.8941 *** (0.3179)
$\Delta EPS_{i,t}/P_{i,t-1}$	1.2844 *** (0.1158)			
$\Delta SPS_{i,t}/P_{i,t-1}$		2.8021 *** (0.1611)		2.6715 *** (0.1628)
$\Delta NPS_{i,t}/P_{i,t-1}$			-0.1659 (0.1657)	0.2637 (0.1635)
$Financial_{i,t} \times \Delta EPS_{i,t}/P_{i,t-1}$	-2.0280 * (1.0368)			
$Financial_{i,t} \times \Delta SPS_{i,t}/P_{i,t-1}$		-4.4655 *** (1.5354)		-3.3902 ** (1.5425)
$Financial_{i,t} \times \Delta NPS_{i,t}/P_{i,t-1}$			-0.9050 (0.9417)	-0.6038 (1.0122)
$Financial_{i,t}$	-0.0783 *** (0.0266)	-0.0608 ** (0.0267)	-0.1020 *** (0.0271)	-0.0869 *** (0.0268)
$Size_{i,t}$	-0.0256 *** (0.0041)	-0.0176 *** (0.0040)	-0.0126 *** (0.0040)	-0.0250 *** (0.0041)
$Idebt_{i,t}$	-0.0536 ** (0.0243)	-0.0438 * (0.0243)	-0.0504 ** (0.0245)	-0.0541 ** (0.0242)
$ROIC_{i,t}$	0.1208 * (0.0684)	0.3661 *** (0.0647)	0.7487 *** (0.0597)	0.1687 ** (0.0679)
$Cap_{i,t}$	-0.0036 (0.0025)	-0.0031 (0.0025)	-0.0083 *** (0.0025)	-0.0020 (0.0025)
$Loss_{i,t}$	0.1235 *** (0.0136)	0.1001 *** (0.0133)	0.0129 (0.0126)	0.1297 *** (0.0135)
$Tagr_{i,t}$	0.0516 *** (0.0098)	0.0424 *** (0.0099)	0.0585 *** (0.0101)	0.0491 *** (0.0098)

续表

变量	(1)	(2)	(3)	(4)
	股票回报率	股票回报率	股票回报率	股票回报率
$Er_{i,t}$	0.0178*** (0.0031)	0.0141*** (0.0032)	0.0123*** (0.0031)	0.0139*** (0.0032)
$State_{i,t}$	-0.0236*** (0.0060)	-0.0239*** (0.0061)	-0.0185*** (0.0061)	-0.0271*** (0.0060)
$Ebd_{i,t}$	-0.0022 (0.0036)	-0.0030 (0.0036)	-0.0037 (0.0036)	-0.0025 (0.0035)
$Indperc_{i,t}$	0.0602 (0.0494)	0.0484 (0.0494)	0.0468 (0.0501)	0.0546 (0.0493)
$Top10_{i,t}$	0.0045 (0.0052)	0.0040 (0.0052)	0.0033 (0.0053)	0.0047 (0.0052)
$Audit_{i,t}$	0.0494*** (0.0191)	0.0440** (0.0192)	0.0489*** (0.0189)	0.0505*** (0.0192)
$Turnover_{i,t}$	0.0000* (0.0000)	0.0000* (0.0000)	0.0000*** (0.0000)	0.0000 (0.0000)
$Div_{i,t}$	0.0078 (0.0071)	0.0108 (0.0071)	0.0067 (0.0071)	0.0149** (0.0071)
_cons	0.3614*** (0.0765)	0.1959*** (0.0749)	0.1466** (0.0735)	0.3143*** (0.0758)
年份和行业	控制	控制	控制	控制
N	19062	19051	19051	19051

注：括号中为聚类稳健标准误；***、**与*分别表示在1%、5%与10%的水平上显著。

（4）引入全面收益观的影响。

财政部印发的《企业会计准则解释第3号》要求上市公司利润表自2009年1月1日起列报“综合收益总额”项目，引入全面收益观。综合收益为净利润与其他综合收益之和，能够较为全面地反映金融资产配置的影响，提高会计信息透明度（王鑫，2013）。尽管补充了企业收益信息，但收益增加并不等同于持续盈利能力的提升。由此可以得到推论：若有效市场假说成立，金融资产配置将负向影响综合收益价值相关性，且与盈余价值相关性相比，金融资产配置与综合收益价值相关性负向关系更显著。为此，本章以2009~2020年A股非金融上市公司为研究对象，实证检验金融资产配置与综合收益价值相关性及盈余价值相关性的关系，结果分别见表4-25中列（1）与列（2）。从中可以看出，$Financial_{i,t} \times \Delta CIPS_{i,t}/P_{i,t-1}$与$Financial_{i,t} \times \Delta EPS_{i,t}/P_{i,t-1}$的系数分别为-2.0224与-1.6148，显著性水平均为1%，表明金融资产配置显著降低了综合收益与盈余价值相关性。为了便于比较，计算标准化处理后$Financial_{i,t} \times \Delta CIPS_{i,t}/P_{i,t-1}$与$Financial_{i,t} \times \Delta EPS_{i,t}/P_{i,t-1}$的系数，其值分别为-0.0117与-0.0065，说明金融资产配置对综合收益价值相关性的负向影响更明显，有效市场假说得到进一步证实。

表4-25　　稳健性检验——引入全面收益观的影响

变量	(1)	(2)
	股票回报率	股票回报率
$CIPS_{i,t}/P_{i,t-1}$	0.6062*** (0.0996)	
$EPS_{i,t}/P_{i,t-1}$		0.9621*** (0.1233)
$\Delta CIPS_{i,t}/P_{i,t-1}$	0.8145*** (0.0678)	
$\Delta EPS_{i,t}/P_{i,t-1}$		0.9418*** (0.0795)
$Financial_{i,t} \times \Delta CIPS_{i,t}/P_{i,t-1}$	-2.0224*** (0.4078)	
$Financial_{i,t} \times \Delta EPS_{i,t}/P_{i,t-1}$		-1.6148*** (0.6020)
$Financial_{i,t}$	-0.1067*** (0.0244)	-0.1038*** (0.0244)
$Size_{i,t}$	-0.0050 (0.0039)	-0.0064 (0.0039)
$Idebt_{i,t}$	-0.1193*** (0.0240)	-0.1211*** (0.0240)
$ROIC_{i,t}$	0.5297*** (0.0584)	0.4391*** (0.0608)
$Cap_{i,t}$	0.0039* (0.0023)	0.0041* (0.0023)

续表

变量	(1)	(2)
	股票回报率	股票回报率
$Loss_{i,t}$	0.0953*** (0.0124)	0.1110*** (0.0125)
$Tagr_{i,t}$	0.0789*** (0.0105)	0.0809*** (0.0104)
$Er_{i,t}$	0.0142*** (0.0030)	0.0149*** (0.0030)
$State_{i,t}$	-0.0241*** (0.0057)	-0.0243*** (0.0057)
$Ebd_{i,t}$	0.0015 (0.0034)	0.0019 (0.0034)
$Indperc_{i,t}$	0.0948** (0.0464)	0.0982** (0.0463)
$Top10_{i,t}$	0.0049 (0.0049)	0.0052 (0.0049)
$Audit_{i,t}$	0.0632*** (0.0165)	0.0624*** (0.0165)
$Turnover_{i,t}$	0.0001*** (0.0000)	0.0001*** (0.0000)
$Div_{i,t}$	0.0237*** (0.0069)	0.0220*** (0.0069)
_cons	-0.0047 (0.0733)	0.0187 (0.0731)
年份和行业	控制	控制
N	23003	23048

注：括号中为聚类稳健标准误；***、**与*分别表示在1%、5%与10%的水平上显著。

4.2.7 进一步分析

(1) 机制检验。

理论分析表明，金融资产配置能够通过挤出实业投资、加剧经营风险与降低盈余信息质量、降低盈余价值相关性。为了验证该论断的合理性，本章运用模型（4-8）与如下模型进行检验：

$$IBR_{i,t} = \beta_0 + \beta_1 Financial_{i,t} + \sum \alpha_r controls_{i,t} + \varepsilon_{i,t} \quad (4-11)$$

$$\begin{aligned} R_{i,t} = & \alpha_0 + \alpha_1 EPS_{i,t}/P_{i,t-1} + \alpha_2 \Delta EPS_{i,t}/P_{i,t-1} + \alpha_3 Financial_{i,t} \\ & \times (\Delta EPS_{i,t}/P_{i,t-1}) + \alpha_4 Financial_{i,t} + \alpha_5 IBR_{i,t} \times (\Delta EPS_{i,t}/P_{i,t-1}) \\ & + \alpha_6 IBR_{i,t} + \sum \alpha_r controls_{i,t} + \varepsilon_{i,t} \end{aligned} \quad (4-12)$$

其中，$IBR_{i,t}$为中介变量，表示实业投资（$INV_{i,t}$）、经营风险（$BR_{i,t}$）与盈余信息质量（$R\_NOA_{i,t}$）。具体地，借鉴张成思和张步昙（2016）、黄贤环等（2021）等的研究，以购建固定资产、无形资产等支付的现金/总资产衡量实业投资；参考赵龙凯等（2014）、苏坤（2016）、李建军和韩珣（2019）等的研究，采用行业与年度调整后息税前利润与总资产比值的三年滚动标准差度量经营风险；用盈余管理空间（t－1期末净经营资产/t－2期末资产总额）衡量盈余信息质量。其他变量定义与前面一致。

当资本市场有效时，金融资产配置可以通过挤出实业投资降低盈余持续性，减弱会计盈余信息预测未来的能力，致使投资者决策时减少对盈余信息的利用，盈余价值相关性下降。为此，本章检验了基于实业投资的影响机制，结果见表4－26前两列。表4－26列（1）中$Financial_{i,t}$的系数为－0.0053，显著性水平为1%，即金融资产配置挤出了实业投资，说明经济金融化格局引发企业经营目标转变，股东利益最大化观念盛行，致使管理层过分重视股东短期利益而占用企业主营业务投资资源，导致实业投资供给不足。列（2）中$INV_{i,t} \times \Delta EPS_{i,t}/P_{i,t-1}$的系数为7.0075，显著性水平为1%，表明实业投资增强了盈余价值相关性，是企业价值长期增长的主要源泉，能够增加会计盈余信息含量，提高投资者决策时对盈余的关注程度。结合表4－19中列（2）的回归结果，实业投资在金融资产配置影响盈余价值相关性过程的中介作用得到证实。这说明金融资产配置表现为一种资本套利行为，会挤出实业投资，削弱企业可持续发展能力，从而导致盈余信息与企业实际经营质量相脱离，投资者对会计盈余解释与预测功能的质疑增加，盈余价值相关性下降，从而为有效市场假说提供证据。

金融资产配置除通过挤出实业投资这条路径来降低盈余价值相关性外，还可以通过加剧经营风险弱化会计盈余对当期及未来现金流量的解释与预测能力，从而影响到投资者对企业发展前景的预期及对盈余信息的认可与信任程度，最终体现在盈余价值相关性的变化上。为此，本章检验了基于经营风险的影响机制，结果见表 4－26 中列（3）与列（4）。$Financial_{i,t}$的系数为0.0102，显著性水平为10%，说明金融资产配置能够加剧经营风险，与金融资产配置高风险性与高投机性特征相吻合。高风险性意味着盈余具有较大的波动性，高投机性表明金融投资收益具有偶然性，无法转化成企业的持续盈利能力。$BR_{i,t} \times \Delta EPS_{i,t}/P_{i,t-1}$的系数为－3.5462，显著性水平为1%，表明较高的经营风险可能导致企业盈余与实际现金流量相脱离，加剧投资者对会计盈余信息失真问题的担忧，最终降低投资者决策时对会计盈余的重视程度，减弱盈余价值相关性。结合表4－19 中列（2）的回归结果，经营风险在金融资产配置与盈余价值相关性的负向关系中发挥中介作用，即金融资产配置会加剧盈余波动，致使投资者难以依据盈余信息正确决策，盈余价值相关性降低。

在有效市场假说下，金融资产配置对盈余价值相关性的负向影响除了可以通过侵蚀实业投资与加剧经营风险得以实现外，还可能通过降低盈余信息质量予以传导。金融资产配置的短期性、与主业不匹配等特征会加剧管理层短视，增加其通过金融资产及其相关收益操纵粉饰业绩的行为，从而加大投资者对会计盈余真实性和可靠性的质疑，降低盈余价值相关性。为此，本章检验了基于盈余信息质量的影响机制，结果见表 4－26 后两列。表4－26 列（5）中 $Financial_{i,t}$的系数为－0.2018，在 1% 的水平上显著，表明金融资产配置降低了盈余信息质量，验证了金融资产的“盈余管理”功能。列（6）中 $R_NOA_{i,t} \times \Delta EPS_{i,t}/P_{i,t-1}$的系数为1.2841，在1%的水平上显著，说明盈余信息质量越好，盈余持续性与可预测性越高，盈余价值相关性越强。结合表4－19 中列（2）的回归结果，盈余信息质量的传导功能得到验证，意味着金融资产配置会引发企业盈余操纵行为，降低盈余对公司价值的解释与预测能力，导致投资者决策时减少对盈余的依赖，表现为较低的盈余价值相关性。

表 4－26　　金融资产配置影响盈余价值相关性的机制检验

变量	(1)	(2)	(3)	(4)	(5)	(6)
	实业投资	股票回报率	经营风险	股票回报率	盈余信息质量	股票回报率
$EPS_{i,t}/P_{i,t-1}$		1.1003 *** (0.1193)		0.9357 *** (0.1214)		0.9390 *** (0.1207)

续表

变量	(1)	(2)	(3)	(4)	(5)	(6)
	实业投资	股票回报率	经营风险	股票回报率	盈余信息质量	股票回报率
$\Delta EPS_{i,t}/P_{i,t-1}$		1.0301*** (0.0825)		1.1319*** (0.0868)		1.0826*** (0.0855)
$Financial_{i,t}$ × $\Delta EPS_{i,t}/P_{i,t-1}$		-1.1322* (0.6047)		-0.9711* (0.5881)		-1.4513** (0.5817)
$Financial_{i,t}$	-0.0053*** (0.0018)	-0.1067*** (0.0236)	0.0102* (0.0055)	-0.0962*** (0.0250)	-0.2018*** (0.0221)	-0.0966*** (0.0250)
$INV_{i,t}$ × $\Delta EPS_{i,t}/P_{i,t-1}$		7.0075*** (1.7552)				
$INV_{i,t}$		-0.2737*** (0.0872)				
$BR_{i,t}$ × $\Delta EPS_{i,t}/P_{i,t-1}$				-3.5462*** (0.5349)		
$BR_{i,t}$				-0.0124 (0.0364)		
$R\_NOA_{i,t}$ × $\Delta EPS_{i,t}/P_{i,t-1}$						1.2841*** (0.2006)
$R\_NOA_{i,t}$						-0.0111 (0.0078)
$Size_{i,t}$	-0.0372*** (0.0004)	-0.0231*** (0.0049)	-0.0009 (0.0008)	-0.0198*** (0.0039)	-0.0446*** (0.0032)	-0.0200*** (0.0039)
$Idebt_{i,t}$	0.0152*** (0.0018)	-0.1129*** (0.0226)	-0.0222*** (0.0052)	-0.1290*** (0.0233)	0.4665*** (0.0199)	-0.1276*** (0.0236)
$ROIC_{i,t}$	-0.0120*** (0.0033)	0.3975*** (0.0572)	-0.0668*** (0.0121)	0.4509*** (0.0601)	-0.0177 (0.0368)	0.3885*** (0.0590)
$Cap_{i,t}$	0.0347*** (0.0003)	0.0123*** (0.0036)	-0.0016*** (0.0005)	0.0058** (0.0023)	0.0288*** (0.0020)	0.0065*** (0.0023)
$Loss_{i,t}$	-0.0010 (0.0008)	0.1137*** (0.0119)	0.0093*** (0.0025)	0.1132*** (0.0122)	0.0119 (0.0086)	0.1067*** (0.0121)
$Tagr_{i,t}$	0.0151*** (0.0009)	0.0834*** (0.0101)	-0.0060** (0.0025)	0.0911*** (0.0120)	0.1101*** (0.0108)	0.0884*** (0.0120)

续表

变量	(1)	(2)	(3)	(4)	(5)	(6)
	实业投资	股票回报率	经营风险	股票回报率	盈余信息质量	股票回报率
$Er_{i,t}$	0.0004 * (0.0002)	0.0167 *** (0.0028)	0.0020 *** (0.0007)	0.0168 *** (0.0028)	-0.0791 *** (0.0027)	0.0165 *** (0.0028)
$State_{i,t}$	-0.0012 *** (0.0004)	-0.0233 *** (0.0055)	-0.0046 *** (0.0012)	-0.0252 *** (0.0056)	-0.0743 *** (0.0048)	-0.0279 *** (0.0057)
$Ebd_{i,t}$	-0.0003 (0.0002)	0.0038 (0.0033)	0.0021 *** (0.0007)	0.0059 * (0.0035)	0.0285 *** (0.0034)	0.0067 * (0.0035)
$Indperc_{i,t}$	0.0114 *** (0.0034)	0.0919 ** (0.0446)	0.0130 (0.0097)	0.0516 (0.0470)	0.0675 * (0.0384)	0.0525 (0.0470)
$Top10_{i,t}$	0.0003 (0.0004)	0.0041 (0.0047)	0.0004 (0.0010)	0.0047 (0.0050)	0.0026 (0.0042)	0.0047 (0.0050)
$Audit_{i,t}$	-0.0065 *** (0.0012)	0.0567 *** (0.0156)	-0.0395 *** (0.0044)	0.0586 *** (0.0158)	0.0366 *** (0.0129)	0.0582 *** (0.0158)
$Turnover_{i,t}$	-0.0000 *** (0.0000)	0.0001 *** (0.0000)	0.0000 (0.0000)	0.0001 *** (0.0000)	-0.0001 *** (0.0000)	0.0001 *** (0.0000)
$Div_{i,t}$	-0.0004 (0.0005)	0.0177 *** (0.0065)	-0.0215 *** (0.0015)	0.0223 *** (0.0067)	0.0346 *** (0.0062)	0.0225 *** (0.0067)
_cons	0.2346 *** (0.0052)	-0.0080 (0.0698)	0.1607 *** (0.0146)	0.0358 (0.0705)	1.3097 *** (0.0533)	0.0374 (0.0706)
年份和行业	控制	控制	控制	控制	控制	控制
N	25134	25134	23007	23007	23008	23008

注：括号中为聚类稳健标准误；*** 、** 与 * 分别表示在 1%、5% 与 10% 的水平上显著。

(2) 区分金融资产配置类型。

不同交易信息透明度的金融资产配置关系到投资者决策判断的准确性，从而带来盈余价值相关性差异。按照是否需要证券公司做交易中介，可以将金融资产划分为标准化交易类与非标准化交易类金融资产。标准化交易类金融资产具体指交易类金融资产与长期金融股权投资，其交易时间、价格等信息相对透明，有助于投资者识别金融资产配置的逐利动机及其引致的盈余信息含量变化，表现为较低的盈余价值相关性。非标准化交易类金融资产主要包括投资性房地产与委托贷款等新兴金融资产，因其双方通常私下交易，交易时间、价格等信息透明度较低，从而更可能加剧基于金融资产配置的"功能锁定"问题。因此可以推断，相较于非标准化交易类金融资产，标准化交易类金融资产配置与盈余价值相关性的负向关系更显著。为此，本章区分标准化交易类金融资产与非标准化交易类金融资产进行异质性分析，结果见表4－27中列（1）与列（2）。考虑到标准化交易类金融资产与非标准化交易类金融资产之间较强的相关性可能使回归结果产生偏误，本章还报告了两个变量一起放入模型的结果，如表4－27中列（3）所示。可以发现，两者一致，即 $Stfa_{i,t} \times \Delta EPS_{i,t}/P_{i,t-1}$ 的系数均在1%的水平上显著为负，$Nstfa_{i,t} \times \Delta NPS_{i,t}/P_{i,t-1}$ 的系数均为负但不显著，结果支持该推断。

表4－27　　　　　　金融资产配置类型的细分考察

变量	(1)	(2)	(3)
	标准化交易类金融资产	非标准化交易类金融资产	综合
$EPS_{i,t}/P_{i,t-1}$	1.1094 *** (0.1195)	1.1059 *** (0.1195)	1.1071 *** (0.1196)
$\Delta EPS_{i,t}/P_{i,t-1}$	0.9521 *** (0.0765)	0.9362 *** (0.0770)	0.9435 *** (0.0769)
$Stfa_{i,t} \times \Delta EPS_{i,t}/P_{i,t-1}$	－2.3764 *** (0.8003)		－2.3371 *** (0.8053)
$Stfa_{i,t}$	－0.0991 *** (0.0360)		－0.1010 *** (0.0360)
$Nstfa_{i,t} \times \Delta NPS_{i,t}/P_{i,t-1}$		－0.8114 (1.1280)	－0.5463 (1.1295)
$Nstfa_{i,t}$		－0.1275 *** (0.0336)	－0.1287 *** (0.0335)
$Size_{i,t}$	－0.0126 *** (0.0037)	－0.0141 *** (0.0037)	－0.0128 *** (0.0037)
$Idebt_{i,t}$	－0.1111 *** (0.0224)	－0.1178 *** (0.0226)	－0.1195 *** (0.0226)
$ROIC_{i,t}$	0.3954 *** (0.0571)	0.3918 *** (0.0570)	0.4030 *** (0.0572)
$Cap_{i,t}$	0.0028 (0.0022)	0.0034 (0.0022)	0.0025 (0.0022)

续表

变量	(1)	(2)	(3)
	标准化交易类金融资产	非标准化交易类金融资产	综合
$Loss_{i,t}$	0.1153 *** (0.0119)	0.1137 *** (0.0119)	0.1162 *** (0.0119)
$Tagr_{i,t}$	0.0806 *** (0.0101)	0.0805 *** (0.0101)	0.0802 *** (0.0101)
$Er_{i,t}$	0.0168 *** (0.0028)	0.0172 *** (0.0028)	0.0165 *** (0.0028)
$State_{i,t}$	-0.0222 *** (0.0055)	-0.0221 *** (0.0055)	-0.0229 *** (0.0055)
$Ebd_{i,t}$	0.0041 (0.0033)	0.0039 (0.0033)	0.0037 (0.0033)
$Indperc_{i,t}$	0.0864 * (0.0447)	0.0877 ** (0.0447)	0.0895 ** (0.0447)
$Top10_{i,t}$	0.0039 (0.0048)	0.0039 (0.0048)	0.0038 (0.0048)
$Audit_{i,t}$	0.0597 *** (0.0157)	0.0595 *** (0.0157)	0.0591 *** (0.0157)
$Turnover_{i,t}$	0.0001 *** (0.0000)	0.0001 *** (0.0000)	0.0001 *** (0.0000)
$Div_{i,t}$	0.0183 *** (0.0065)	0.0183 *** (0.0065)	0.0188 *** (0.0065)
_cons	-0.0713 (0.0681)	-0.0495 (0.0680)	-0.0624 (0.0682)
年份和行业	控制	控制	控制
N	25134	25134	25134

注：括号中为聚类稳健标准误；*** 、** 与 * 分别表示在 1%、5% 与 10% 的水平上显著。

（3）金融市场化的影响。

为消除金融控制，完善市场机制，释放经济活力，市场化是金融改革一直坚持的发展方向，使中国资本市场逐渐成为有效市场假说应用的“沃土”。如前所述，较高的金融市场化水平能够通过打破融资隐性壁垒与加剧银行等金融机构竞争缓解企业融资约束问题，致使金融资产配置逐利动机凸显，盈余信息对公司价值的解释与预测能力下降，盈余价值相关性减弱。为此，与前一致，本章采用金融市场化虚拟变量考察金融市场化的影响，分组检验结果见表4－28。从中可以看出，在高样本组中，$Financial_{i,t} \times \Delta EPS_{i,t}/P_{i,t-1}$的系数为－1.8022，显著性水平为5%；而在低样本组中，$Financial_{i,t} \times \Delta EPS_{i,t}/P_{i,t-1}$的系数为负不显著。这说明当金融市场化较高时，金融资产配置与盈余价值相关性的负向关系更为明显，金融市场化改革的全面推进伴随着资本市场的渐趋完备。

表4－28　　　　金融市场化的影响

变量	(1)	(2)
	金融市场化高	金融市场化低
$EPS_{i,t}/P_{i,t-1}$	1.3145*** (0.1801)	0.8959*** (0.1587)
$\Delta EPS_{i,t}/P_{i,t-1}$	0.8604*** (0.1069)	0.9964*** (0.1095)
$Financial_{i,t} \times \Delta EPS_{i,t}/P_{i,t-1}$	－1.8022** (0.8037)	－1.3643 (0.9098)
$Financial_{i,t}$	－0.1016*** (0.0306)	－0.0969** (0.0383)
$Size_{i,t}$	－0.0175*** (0.0053)	－0.0094* (0.0053)
$Idebt_{i,t}$	－0.1079*** (0.0329)	－0.1312*** (0.0312)
$ROIC_{i,t}$	0.4162*** (0.0819)	0.3834*** (0.0811)
$Cap_{i,t}$	0.0016 (0.0031)	0.0041 (0.0032)
$Loss_{i,t}$	0.1323*** (0.0182)	0.1029*** (0.0158)
$Tagr_{i,t}$	0.0835*** (0.0131)	0.0790*** (0.0156)
$Er_{i,t}$	0.0203*** (0.0043)	0.0143*** (0.0037)

续表

变量	(1)	(2)
	金融市场化高	金融市场化低
$State_{i,t}$	-0.0178** (0.0082)	-0.0258*** (0.0079)
$Ebd_{i,t}$	0.0045 (0.0043)	0.0030 (0.0050)
$Indperc_{i,t}$	0.1186* (0.0629)	0.0511 (0.0630)
$Top10_{i,t}$	0.0073 (0.0066)	0.0013 (0.0069)
$Audit_{i,t}$	0.0673*** (0.0236)	0.0445** (0.0204)
$Turnover_{i,t}$	0.0001*** (0.0000)	0.0001*** (0.0000)
$Div_{i,t}$	0.0179* (0.0095)	0.0212** (0.0089)
_cons	0.0362 (0.0997)	-0.1399 (0.0939)
年份和行业	控制	控制
N	13677	11456

注：括号中为聚类稳健标准误； *** 、** 与 * 分别表示在 1% 、5% 与 10% 的水平上显著。

（4）非线性效应。

如前所述，制造业企业金融活动的不同阶段可能关系到金融资产短期财富、“蓄水池”、资源挤占等效应的发挥，从而可能影响投资者决策依据的盈余信息含量，表现为盈余价值相关性的变化。那么金融资产配置与盈余价值相关性之间是否存在非线性效应？本章区分金融资产配置程度进行检验，结果见表 4-29。从中可以看出，金融资产配置程度较低与金融资产配置程度较高样本组中 $Financial_{i,t} \times \Delta EPS_{i,t}/P_{i,t-1}$ 的系数分别为 -53.4580 与 -1.4616，均通过显著性检验，金融资产配置程度中间组中 $Financial_{i,t} \times \Delta EPS_{i,t}/P_{i,t-1}$ 的系数为负但不显著，与预期相符，表明金融资产配置与盈余价值相关性之间的关系并非完全线性。

表 4-29　　非线性效应

变量	(1) 金融资产配置程度（低）	(2) 金融资产配置程度（中）	(3) 金融资产配置程度（高）
$EPS_{i,t}/P_{i,t-1}$	1.1856*** (0.1889)	1.1229*** (0.2800)	0.8944*** (0.1884)
$\Delta EPS_{i,t}/P_{i,t-1}$	-2.3252 (1.9456)	-0.0090 (0.7964)	0.9855*** (0.1376)
$Financial_{i,t}\times\Delta EPS_{i,t}/P_{i,t-1}$	-53.4580* (31.2234)	-21.6858 (18.0654)	-1.4616* (0.7785)
$Financial_{i,t}$	-0.5273 (1.4843)	-0.0477 (0.6964)	-0.0397 (0.0310)
$Size_{i,t}$	-0.0198*** (0.0059)	-0.0105 (0.0092)	-0.0044 (0.0057)
$Idebt_{i,t}$	-0.1054*** (0.0358)	-0.1304*** (0.0499)	-0.1098*** (0.0361)
$ROIC_{i,t}$	0.3668*** (0.0924)	0.4152*** (0.1458)	0.4611*** (0.0862)
$Cap_{i,t}$	-0.0004 (0.0037)	0.0015 (0.0052)	0.0058* (0.0033)
$Loss_{i,t}$	0.1081*** (0.0186)	0.1311*** (0.0277)	0.1144*** (0.0189)
$Tagr_{i,t}$	0.0785*** (0.0142)	0.1173*** (0.0263)	0.0620*** (0.0164)
$Er_{i,t}$	0.0154*** (0.0043)	0.0182*** (0.0062)	0.0185*** (0.0047)
$State_{i,t}$	-0.0252*** (0.0088)	-0.0266** (0.0127)	-0.0113 (0.0086)
$Ebd_{i,t}$	0.0070 (0.0054)	-0.0126 (0.0079)	0.0067 (0.0048)
$Indperc_{i,t}$	0.1833** (0.0722)	-0.0018 (0.1075)	0.0490 (0.0671)
$Top10_{i,t}$	0.0089 (0.0077)	-0.0055 (0.0111)	0.0074 (0.0072)
$Audit_{i,t}$	0.0404 (0.0268)	0.0888*** (0.0338)	0.0710*** (0.0227)
$Turnover_{i,t}$	0.0001*** (0.0000)	0.0001*** (0.0000)	0.0000* (0.0000)

续表

变量	(1)	(2)	(3)
	金融资产配置程度（低）	金融资产配置程度（中）	金融资产配置程度（高）
$Div_{i,t}$	0.0248** (0.0102)	0.0293** (0.0149)	0.0071 (0.0102)
_cons	0.0517 (0.1557)	-0.0855 (0.1713)	-0.2510** (0.1039)
年份和行业	控制	控制	控制
N	10054	5027	10053

注：括号中为聚类稳健标准误；*** 、** 与 * 分别表示在1% 、5% 与10% 的水平上显著。

4.2.8 小结

基于企业金融化现象，本章以2007～2020年A股上市的非金融上市公司为样本，从盈余价值相关性角度将企业金融投资决策与资本市场效率联系起来，对2006年会计准则实施后中国资本市场能够有效反映企业经营金融化带来的盈余信息含量变化，还是无法区分不同质量的会计盈余进而导致“功能锁定”现象予以验证，并分析利润结构质量的作用。研究发现：金融资产配置显著降低了盈余价值相关性，支持了有效市场假说，“功能锁定”现象不显著；金融资产配置对盈余价值相关性的影响存在结构性差异，且主要表现为可持续盈余价值相关性的降低，即投资者能够“看穿”盈余构成，识别出金融资产配置带来的包括公允价值变动损益在内的不可持续盈余。进一步地，作用机制考察后发现，金融资产配置能够通过挤出实业投资、加剧经营风险与降低盈余信息质量作用于盈余价值相关性，揭示了有效市场假说应用的逻辑；区分金融资产配置类型后发现，金融资产配置与盈余价值相关性的负向关系主要是标准化交易类金融资产发挥作用；结合金融市场化研究后发现，金融资产配置与盈余价值相关性的负向关系在高金融市场化样本组中更显著，从而为有效市场假说提供了进一步证据；非线性效应分析后发现，金融资产配置对盈余价值相关性的负向影响更可能出现在金融资产配置程度较低与较高组中，验证了金融资产配置影响的非线性特征。

需要强调的是，虽然金融资产配置对盈余价值相关性的降低表明基于金融资产配置的"功能锁定"现象不显著，但本章研究结果并未否定"功能锁定"假说。"功能锁定"存在于中国资本市场，特别是早期阶段，且得到部分研究成果（赵宇龙和王志台，1999；孟焰和袁淳，2005；张国清和赵景文，2008）的支持。但随着中国资本市场制度的不断完善，尤其是会计准则变革的持续推进，市场愈发完备，信息愈加透明，这将有助于投资者准确及时地理解与运用会计信息，提高决策判断准确性，缓解"功能锁定"问题，从而为有效市场假说在中国资本市场落地提供条件。

本节的研究贡献主要表现为：第一，基于资本市场视角，实证研究了金融资产配置对盈余价值相关性的影响。既有文献主要集中于金融资产配置对企业实业基础的影响（Orhangazi，2008；谢家智等，2014；王红建等，2017），对于这种影响是否会被资本市场解析，进而作用于盈余价值相关性关注较少。本章则进一步考察了金融资产配置引致的盈余信息含量变化同投资者决策的相关性，有助于理解会计信息对资源配置产生影响的金融市场微观实现机制。实证结果表明，短期利益导向的金融资产配置会降低盈余信息预测能力，进而减弱盈余价值相关性，支持有效市场假说，拓展了实体经济与资本市场的关系研究，对市场参与者更好地理解经济"脱实向虚"扰乱资本市场的内在逻辑有所裨益，从而对改善资本市场信息环境、提升市场资源配置效率具有重要启示。第二，结合利润结构质量呈现了金融资产配置对盈余价值相关性的作用效果。虽然已有文献指出不同盈余构成的价值相关性不同（Lipe，1986；Ertimur et al.，2003；叶建芳等，2013），但较少探究不同盈余构成所反映的主业发展基础与经营质量，并以此为切入点揭示资本市场运行规律。本章从持续性角度检验金融资产配置对利润结构价值相关性的影响，有助于进一步挖掘盈余决策有用性背后的经营实质，从而为深入认识有效市场假说的内涵提供经验证据。第三，讨论了金融资产配置对盈余价值相关性影响的传导路径与异质性。基于实业投资、经营风险与盈余信息质量的中介效应检验能够提供金融资产配置与资本市场效率关系的解释机制，为金融资产配置的资本市场表现提供更为可视化的结论，有助于丰富"投资中心论"思想，解释有效市场假说应用的逻辑；金融资产配置类型划分的研究结果能够展现金融资产配置影响盈余价值相关性关系的主要载体，从而深化对金融资产配置引致的会计信息决策有用性问题的认识；金融市场化影响结果解释了市场有效运行的制度诱因，对市场参与者更好地理解制度变迁效率与经济“脱实向虚”的严重性有所裨益，从而对市场监管实践具有重要启示；金融资产配置与盈余价值相关性非线性关系研究结果表明合理的资产结构更可能巩固主业发展基础，提高上市公司质量，推动市场有效运行，从而为辩证看待金融资产配置的资本市场表现、充分发挥金融服务实体经济功能提供参考，同时也契合了“防止脱实向虚”政策导向，为提高会计信息决策有用性、充分发挥资本市场资源配置功能带来一定启示。

第 5 章

金融资产配置的治理研究

本章的研究目的是针对金融资产配置对产品市场与资本市场稳定健康发展产生的负面影响，从内部治理与外部治理角度讨论缓解非金融上市公司金融化趋势的有效途径。内部治理更可能通过优化企业经营环境发挥金融资产配置治理的监督功能，即内部治理机制具有更明显的产品市场治理效果；外部治理更可能净化资本市场信息环境，从而对资本市场效率损失产生治理效应。具体地，股权结构决定了利益分配，是公司治理问题的逻辑起点。股东利益诉求实现的首要途径是董事会，作为联结股东与管理层的纽带，其指导战略执行的有效性关系到公司治理绩效。随着公司治理逐渐由股东中心主义转向利益相关者治理模式，因提供董事高管责任保险直接承担企业决策失误风险的保险机构等在提高公司治理有效性中的地位不断上升。进一步地，证券交易所等政府监管部门监督功能的发挥能够为利益相关者治理提供制度支撑，提高公司治理效率。因此，本书从战略治理、股东治理、利益相关者治理以及政府治理层面探讨非金融上市公司金融资产配置的治理机制。如图 5 - 1 所示，本章试图研究的第一个问题是考察战略治理对非金融上市公司金融资产配置的监督功能；第二个问题是考察混合股东治理对非金融上市公司金融资产配置的监督功能；第三个问题是考察董事高管责任保险对非金融上市公司金融资产配置的监督功能；第四个问题是考察非处罚性市场监管对非金融上市公司金融资产配置的监督功能。

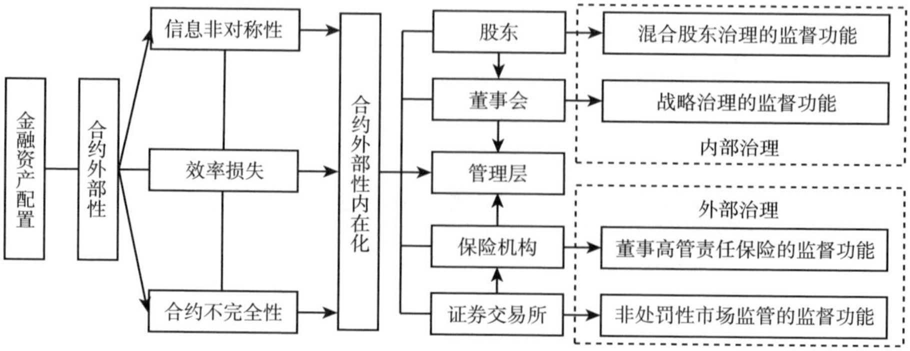

图5-1　金融资产配置治理的逻辑框架

5.1　引言

伴随金融市场过度膨胀以及实体经济持续低迷，经济活动重心由实体部门转向金融领域，信贷资金脱离产业资本聚集于金融体系内部空转问题严重，资本“脱实向虚”现象显现，非金融上市公司金融资产配置规模呈现逐年增长态势。非金融上市公司忽视主营业务可持续发展、盲目试水金融投资是金融化的表现（刘姝雯等，2019），会过度占用生产经营性业务投资资源，削弱主业发展基础，从而降低企业产品市场表现与资本市场表现。面对企业金融化加重趋势，学者对上市公司金融资产配置影响因素的关注增多。梳理现有文献，学术界主要聚焦宏观环境和企业内部因素两个方面。就宏观环境而言，全球化（Milberg，2008）、汇率不确定性（Demir，2009a）、利率管制（杨筝等，2019）、货币政策（李元和王擎，2020）、宏观审慎政策（马勇和陈点点，2020）、融资融券制度（陆蓉和兰袁，2020）、经济政策不确定性（刘贯春等，2020）等对企业金融资产配置具有重要影响。企业内部因素包括价值观念（Lazonick，2010；Sen and Dasgupta，2015）、经营业绩（Da et al.，2015）、融资约束（彭俞超和黄志刚，2018）、高管过度自信（闫海洲和陈百助，2018）、企业税负（庞凤喜和刘畅，2019）、企业社会责任（刘姝雯等，2019；顾雷雷等，2020；孟庆斌和侯粲然，2020）等。不难发现，现有金融资产配置影响因素研究从多个角度展开，但就其治理措施讨论仍需进一步拓展。考虑到经济金融化背景下，公司治理结构改变，企业经营目标由可持续增长转向股东利益最大化，致使管理层为满足股东预期利益要求变得更加短视，对金融资产的非理性逐利行为增加（刘贯春等，2018；刘姝雯等，2019），从而引发实体经济"脱实向虚"，形成恶性循环，遵循本土情境下的治理逻辑，探讨金融资产配置的治理机制具有重要的研究价值，对引导经济"脱虚向实"、促进产品市场与资本市场健康发展具有现实指导作用。

伴随经济重构，公司治理改革的总逻辑是逐渐弱化行政型治理并不断强化经济型治理（李维安等，2019）。金融资产配置是经济金融化趋势在企业资源配置决策上的表现，能够反映战略内容，其对主业发展基础的影响关系到企业可持续发展能力，揭示战略治理效力，是公司战略治理的关注重点（Schmidt and Brauer，2006）。这样，从战略高度来对待金融资产配置治理问题，能够引导管理层进行关乎企业整体布局、长远发展与未来规划的战略投资，抑制金融化倾向。但战略治理主体受利益驱使会尽量避免与管理层形成对立关系，从而可能不会对金融资产配置产生实质性的治理效应，甚至会加剧短期利益导向的金融资产配置。随着混合所有制经济改革的推进，以市场化机制重塑的公司治理机制不断完善，国有资本与非国有资本深度融合，股权结构得以优化，有助于实现不同所有制资本相互促进与有效制衡，提高公司经营绩效与治理有效性。其结果是管理层利用金融资产粉饰业绩的动机与机会减少，金融资产配置下降。即混合股东治理机制能够发挥金融资产配置治理的监督功能。然而，同时承担经济目标与非经济目标的国有股东与以经济目标为主要经营目标的非国有股东之间可能发生利益冲突，弱化内部监督并激发不同产权股东利益侵占动机，从而增加管理层利用金融资产配置攫取私利的空间与动机，加剧金融资产配置（祁怀锦等，2021）。由于公司治理的基础是股东治理，股东治理的监督功能受到较多关注，但随着2008年金融危机的爆发，各利益相关者自我保护意识不断加强，公司治理逐渐由股东中心主义转向利益相关者治理模式（李维安等，2019）。不同于其他利益相关者，保险机构因提供董事高管责任保险成为企业决策失误风险的直接承担者，更可能积极履行调研与监督功能（李从刚和许荣，2020），通过优化会计信息环境与对管理层机会主义行为形成外在压力抑制以逐利为目的的金融资产配置。值得注意的是，董事高管责任保险的“过度庇护”也会为管理层操纵会计信息、攫取私利提供可能，从而增加管理层对金融资产的非理性逐利。进一步地，在“转变政府职能，创新监管方式”导向下，证券交易所的一线监管职能不断凸显，非处罚性市场监管逐渐成为资本市场治理的主要途径，能够及时发现并纠正上市公司潜在的不合规问题，净化资本市场信息环境，从而削弱管理层金融投机行为的信息优势，抑制金融资产配置。更深层次的含义在于，非处罚性市场监管可以改善利益相关者治理环境，对保险机构等利益相关者约束管理层不当行为起到信息支撑作用，缓解企业金融化趋势。但由于证券交易所权威性相对较弱以及监管函件所针对的问题尚未达到惩处程度，非处罚性市场监管可能难以发挥金融资产配置治理的监督功能。那么，战略治理、混合股东治理、董事高管责任保险与非处罚性市场监管能否治理企业金融资产配置？

5.2 战略治理的监督功能

5.2.1 理论分析与研究假设

作为战略管理与公司治理的一个交叉领域，战略治理是“战略性公司治理”，旨在确保公司治理体现战略意图（Kumar，2008），典型地涉及董事会指导战略执行的有效性问题（Ratnatunga and Alam，2011），即资源配置决策与公司战略目标的契合问题（Schmidt and Brauer，2006），一个突出表现是强调董事会的战略角色（Kriger and Rich，1987）。随着公司治理改革的深化，特别是2002年《上市公司治理准则》颁布以来，战略委员会制度逐渐完善，战略委员会设立对于强化董事会战略角色、增强战略治理效力的重要性不断凸显（周建等，2008）。作为董事会下属的专业委员会，战略委员会主要由执行董事与独立董事组成，可以看作是董事会的智囊团或参谋机构，通过从战略高度来看待管理层提出的重要投资决策等并给出建议在较大程度上承担了董事会的战略角色，即战略委员会设立是对董事会战略决策职能专业化的体现。根据劳动分工理论，战略委员会运作效率关系到董事会战略决策专业性，进而作用于战略治理效果。在经济金融化背景下，金融资本过度膨胀且产业资本不断萎缩，致使实体与金融部门间的利润率“剪刀差”持续扩大，非金融上市公司跨行业套利动机增强，结果是管理层过分重视短期利益而忽视主业发展（王红建等，2016；杨筝等，2019），表现为企业研发、制造与营销活动供给不足，从而削弱主业发展基础，降低企业相对于同行业其他企业的竞争能力以及与供应商和客户的谈判能力，弱化战略决策有效性。考虑到管理层提出的投资决策通常经由战略委员会审议并给出建议后提交董事会裁定（覃家琦，2010），战略委员会能够立足企业长期战略目标，依据国家宏观政策导向与企业发展实践准确把握金融投资风险与收益的关系以及主营业务发展和金融资产配置的关系，从而抑制以牺牲长期发展换取短期利益的金融资产配置行为。具体来说，第一，战略委员会运作效率越高，经营目标越关乎企业整体布局、长远发展与未来规划，短期利益导向的金融资产配置越少。较高的战略委员会运作效率能够缓解经济重构引致的公司治理结构性短视问题，促使管理层基于利益相关者利益最大化目标进行投资选择，从而激励其进行关乎企业整体布局和长远规划的战略投资，抑制以牺牲长期发展换取短期利益的倾向，最终减少对金融资产的非理性逐利行为。此外，战略委员会运作效率越高，所提战略决策建议越具针对性与科学性，董事会裁定的发展战略偏离企业实践的可能性越小，战略决策越有效（Ruigrok et al.，2006），从而更易引发管理层对企业主营业务可持续发展的重视，增加实业投资，抑制短期利益导向的金融资产配置。第二，战略委员会运作效率越高，管理层利用金融资产配置操纵会计信息、攫取私利的机会主义空间越小。执行董事能够通过参与公司日常经营及时准确地接收并理解有关企业市场竞争形势和发展前景的信息，这预示着较高的战略委员会运作效率能够改善董事会等利益相关者的信息劣势地位，有助于其知晓企业财务决策背后所蕴含的投机或私利目的，从而更可能对管理层不当行为形成有效监督与约束，减少管理层利用金融资产配置寻租的机会，缩减金融资产配置。

然而，战略委员会不仅能够对企业金融资产配置产生抑制作用，还可能加剧金融资产配置。其原因在于战略委员会在自身利益驱使下可能与管理层形成相互依赖的关系，通过对管理层提出的投资决策形成正面评价诱发更多的价值偏离决策（覃家琦，2010），加剧金融投机行为。具体来说，考虑到战略执行的最终效果主要体现在公司绩效上，为避免承担投资业绩下滑风险，且为更好地体现自身职责与价值，战略委员会倾向于肯定管理层提出的金融投资决策，甚至可能与管理层合谋，通过掩盖公司治理缺陷并隐瞒金融资产配置动机、经营风险等信息误导董事会等其他利益相关者，从而弱化企业监督约束机制，为管理层金融投机行为提供便利条件，增加金融资产配置。

H5－1a：战略治理将抑制金融资产配置。

H5－1b：战略治理将加剧金融资产配置。

5.2.2 研究设计

（1）样本选择与数据来源。

初始样本选择和筛选与前面保持一致，最终得到28113个公司年度观测值。为避免离群值对实证结果产生干扰，同样按连续变量1%和99%分位数进行缩尾处理。数据来源方面，金融资产配置、战略治理与控制变量数据来自CSMAR数据库，由笔者整理计算所得；市场化数据来自Wind数据库，并根据数据变化趋势，模拟出相关指数。其中行业虚拟变量的设置与前面保持一致。

（2）主要实证模型与变量说明。

参考覃家琦（2010）、李馨子等（2019）、刘姝雯等（2019）等学者的研究，构建模型（5－1）检验战略治理对企业金融资产配置的治理效果。

$$Financial_{i,t} = \alpha_0 + \alpha_1 SCT_{i,t} + \sum \alpha_{fs} controls_{i,t} + \varepsilon_{i,t} \qquad (5-1)$$

模型中的$Financial_{i,t}$表示金融资产配置，与前面一致，用金融资产相对规模衡量；$SCT_{i,t}$指代战略治理，考虑到战略委员会召开情况能够反映战略委员会运作效率，用战略委员会召开次数的自然对数衡量战略治理，召开次数为0或者未设立战略委员会的为0。$\sum \alpha_{fs} controls_{i,t}$代表企业金融资产配置的一系列影响因素，具体见其他变量说明部分或表5－1。若 α_1 显著为负，则战略治理抑制金融资产配置，H5－1a 得到验证；若 α_1 显著为正，说明战略治理加剧金融资产配置，H5－1b 得到验证。

（3）其他变量说明。

控制变量包括：企业规模 $Size_{i,t}$（资产总额的自然对数）、偿债能力 $Dpa_{i,t}$（长期债务与营运资金比率）、企业年龄 $Age_{i,t}$［Ln（当年年份－成立年份＋1）］、边际利润率 $Pmr_{i,t}$［(利润＋销售成本)/销售收入］、营业周期 $Oc_{i,t}$［Ln（应收账款周转天数＋存货周转天数）］、投资支出 $Invest_{i,t}$［（构建固定资产、无形资产等支付的现金－处置固定资产、无形资产等收回的现金净额)/总资产］、有形资产占比 $PPE_{i,t}$（固定资产与总资产的比值）、资本密集度 $Emp_{i,t}$（总资产/营业收入）、实际控制人两权分离率 $Seperation_{i,t}$（控制权与所有权的差额）、管理层薪酬 $Pay_{i,t}$（管理层前三名薪酬总额的自然对数）、独立董事规模 $Indperc_{i,t}$（独立董事人数/董事会人数）、十大审计 $Top10_{i,t}$（审计师来自十大会计师事务所赋值为1，否则为0）、管理层金融背景 $Finback_{i,t}$（具有金融背景的为1，否则为0）、是否设立战略委员会 $SC_{i,t}$（当年设立战略委员会的为1，否则为0）、年份虚拟变量以及行业虚拟变量。

表5－1　变量定义

变量类型	变量符号	变量名称	度量方法
被解释变量	$Financial_{i,t}$	金融资产配置	金融资产/总资产
解释变量	$SCT_{i,t}$	战略委员会召开次数	战略委员会召开次数的自然对数，召开次数为0或者未设立战略委员会的为0
控制变量	$Size_{i,t}$	企业规模	资产总额的自然对数
	$Dpa_{i,t}$	偿债能力	长期债务与营运资金比率
	$Age_{i,t}$	企业年龄	Ln（当年年份－成立年份＋1）
	$Pmr_{i,t}$	边际利润率	(利润＋销售成本)/销售收入
	$Oc_{i,t}$	营业周期	Ln（应收账款周转天数＋存货周转天数）
	$Invest_{i,t}$	投资支出	(构建固定资产、无形资产等支付的现金－处置固定资产、无形资产等收回的现金净额)/总资产
	$PPE_{i,t}$	有形资产占比	固定资产与总资产的比值

续表

变量类型	变量符号	变量名称	度量方法
控制变量	$Emp_{i,t}$	资本密集度	总资产/营业收入
	$Seperation_{i,t}$	实际控制人两权分离率	控制权与所有权的差额
	$Pay_{i,t}$	管理层薪酬	管理层前三名薪酬总额的自然对数
	$Indperc_{i,t}$	独立董事规模	独立董事人数/董事会人数
	$Top10_{i,t}$	十大审计	审计师来自十大会计师事务所赋值为1，否则为0
	$Finback_{i,t}$	管理层金融背景	具有金融背景的为1，否则为0
	$SC_{i,t}$	是否设立战略委员会	当年设立战略委员会的为1，否则为0

5.2.3 基本回归分析

表5-2是主要变量的描述性统计。$SCT_{i,t}$的均值为0.1206，最小值为0.0000，最大值为1.7918，表明战略委员会召开情况在不同公司——年度样本间差异明显，揭示了非金融上市公司战略委员会不同的运作效率。随着公司治理改革的深化，战略委员会运作效率对于提高企业战略决策有效性、保持并扩大竞争优势的重要性不断凸显。鉴于此，在经济金融化背景下，战略治理的监督功能应受到学术界广泛关注。$Financial_{i,t}$与$Size_{i,t}$、$Age_{i,t}$等部分控制变量的描述性统计与前面结果基本一致，此处不再说明。就其他控制变量而言，$Dpa_{i,t}$的均值为0.1069，标准差为2.5486，即从平均意义上来看样本企业长期债务与营运资金比率的比值为0.1069，说明非金融上市公司在一定程度上存在债务偿还问题，且彼此间存在较大差异。$Pmr_{i,t}$的均值为1.0110，最小值为0.7381，最大值为1.4808，表明平均而言样本企业边际利润率为1.0110，且数据具有差异性，在一定程度上揭示了非金融上市公司涉足金融领域的动机。$PPE_{i,t}$的均值为0.2246，最小值为0.0037，最大值为0.7086，说明样本企业固定资产占比平均为22.46%，且在不同公司——年度样本间差异明显，反映了非金融上市公司不同的经营目标。$Emp_{i,t}$的均值为2.3257，标准差为1.8119，意味着不同公司的经

营能力存在较大差异。$Seperation_{i,t}$的均值为 4.7732，标准差为 7.4351，非金融上市公司实际控制人两权分离率平均为 4.7732，且彼此间具有较明显的差异，部分解释了企业投资行为短视化与投机化问题。$Pay_{i,t}$的均值为 14.3268，刻画了非金融上市公司管理层薪酬的现实分布特征。$Finback_{i,t}$的均值为 0.6679，即研究样本中，有 66.79% 的非金融上市公司管理层拥有金融背景，从管理层背景特征角度揭示了可能导致经济“脱实向虚”的因素。$SC_{i,t}$的均值为 0.8593，表明设立战略委员会的非金融上市公司占比为 85.93%，显示出战略委员会设立在金融化趋势治理中的功能作用。

表 5-2　　主要变量的描述性统计

变量	观测值	均值	标准差	25% 分位	中位数	75% 分位	最小值	最大值
$Financial_{i,t}$	28113	0.0654	0.1037	0.0009	0.0187	0.0828	0.0000	0.5177
$SCT_{i,t}$	28113	0.1206	0.3529	0.0000	0.0000	0.0000	0.0000	1.7918
$Size_{i,t}$	28113	22.7350	0.9779	22.0285	22.6046	23.3065	20.9052	25.7477
$Dpa_{i,t}$	28113	0.1069	2.5486	0.0009	0.0465	0.3290	-13.4793	13.1129
$Age_{i,t}$	28113	2.7775	0.3855	2.5649	2.8332	3.0445	1.3863	3.4657
$Pmr_{i,t}$	28113	1.0110	0.0791	0.9861	0.9996	1.0194	0.7381	1.4808
$Oc_{i,t}$	28113	5.1241	0.8997	4.6324	5.2166	5.7104	2.2831	7.2456
$Invest_{i,t}$	28113	0.0509	0.0495	0.0154	0.0369	0.0721	-0.0285	0.2349
$PPE_{i,t}$	28113	0.2246	0.1601	0.1003	0.1918	0.3156	0.0037	0.7086
$Emp_{i,t}$	28113	2.3257	1.8119	1.2738	1.8459	2.7061	0.3965	11.9790
$Seperation_{i,t}$	28113	4.7732	7.4351	0.0000	0.0000	7.8836	0.0000	27.9277
$Pay_{i,t}$	28113	14.3268	0.7164	13.8763	14.3283	14.7810	12.4987	16.1858
$Indperc_{i,t}$	28113	0.3734	0.0520	0.3333	0.3333	0.4286	0.3333	0.5714
$Top10_{i,t}$	28113	0.5116	0.4999	0	1	1	0	1
$Finback_{i,t}$	28113	0.6679	0.4710	0	1	1	0	1
$SC_{i,t}$	28113	0.8593	0.3477	1	1	1	0	1

表 5-3 是主要变量的相关性检验结果。与前面做法一致，本章同时使用相关系数矩阵和 VIF 两种方法对本节所用回归模型的共线性问题进行检验，结果显示，各变量间相关系数的绝对值低于 0.8，且各变量的 VIF 值均小于 10，排除多重共线性的存在。从表 5-3 可以看出，$SCT_{i,t}$与 $Financial_{i,t}$的相关系数为 0.004，不显著，$SC_{i,t}$与 $Financial_{i,t}$的相关系数为 0.052，

在1%的水平上显著，即是否设立战略委员会与金融资产配置正相关，可能的解释是相较于未设立战略委员会的企业，设立战略委员会的企业虽然认识到战略委员会对于增强战略治理有效性的重要性，但战略委员会更倾向于体现自身职责与价值，从而更可能与管理层形成相互依赖关系，增加金融资产配置，而考虑到战略治理能否发挥监督功能主要取决于战略委员会运作效率，战略委员会召开次数对金融资产配置的影响效果更可能反映战略治理效力，为此尚需要通过回归分析确定 $SCT_{i,t}$ 与 $Financial_{i,t}$ 的关系。另外，$Size_{i,t}$ 与 $Financial_{i,t}$、$Age_{i,t}$ 与 $Financial_{i,t}$ 以及 $Pmr_{i,t}$ 与 $Financial_{i,t}$ 均显著正相关，说明规模较大、年龄较大或边际利润率较高的企业经营较为稳定，可支配资金较多，金融资产配置较多。$Dpa_{i,t}$ 与 $Financial_{i,t}$ 显著正相关，意味着管理层可能通过银行信贷等举债方式募集资金投向金融领域，以分享金融市场的超额利润。$Emp_{i,t}$ 与 $Financial_{i,t}$ 显著正相关，表明资本密集度越高的非金融上市公司经营能力越低，资本套利动机可能越强。$Oc_{i,t}$ 与 $Financial_{i,t}$ 显著负相关，较长的营业周期预示着企业资金周转速度较慢，结果是金融资产配置资金供给不足。$Invest_{i,t}$ 与 $Financial_{i,t}$ 以及 $PPE_{i,t}$ 与 $Financial_{i,t}$ 均显著负相关，揭示出实业投资与金融资产配置之间此消彼长的关系。$Seperation_{i,t}$ 与 $Financial_{i,t}$ 显著负相关，可能是因为当所有权较高时，高实际控制人两权分离率所引致的代理冲突减少。$Pay_{i,t}$ 与 $Financial_{i,t}$、$Indperc_{i,t}$ 与 $Financial_{i,t}$ 以及 $Top10_{i,t}$ 与 $Financial_{i,t}$ 均显著正相关，意味着管理层薪酬、独立董事规模、十大审计等公司治理缺陷能够部分解释非金融上市公司投资行为短视化问题。$Finback_{i,t}$ 与 $Financial_{i,t}$ 显著正相关，反映了烙印机制对金融资产配置的贡献情况。

表5-3　　　　主要变量的相关性检验结果

变量	$Financial_{i,t}$	$SCT_{i,t}$	$Size_{i,t}$	$Dpa_{i,t}$	$Age_{i,t}$	$Pmr_{i,t}$
$Financial_{i,t}$	1					
$SCT_{i,t}$	0.004	1				
$Size_{i,t}$	0.014**	0.038***	1			
$Dpa_{i,t}$	0.013**	0.011*	-0.016***	1		
$Age_{i,t}$	0.149***	-0.016***	0.141***	-0.005	1	
$Pmr_{i,t}$	0.159***	-0.030***	-0.036***	0.003	0.047***	1

续表

变量	$Financial_{i,t}$	$SCT_{i,t}$	$Size_{i,t}$	$Dpa_{i,t}$	$Age_{i,t}$	$Pmr_{i,t}$
$Oc_{i,t}$	-0.030***	0.041***	-0.125***	0.067***	-0.032***	0.041***
$Invest_{i,t}$	-0.163***	0.049***	0.017***	-0.005	-0.202***	-0.085***
$PPE_{i,t}$	-0.244***	-0.035***	0.044***	-0.078***	0.021***	-0.041***
$Emp_{i,t}$	0.151***	-0.007	-0.009	-0.036***	0.053***	0.328***
$Seperation_{i,t}$	-0.030***	-0.018***	0.060***	0.008	0.006	-0.008
$Pay_{i,t}$	0.143***	0.083***	0.452***	0.027***	0.222***	-0.069***
$Indperc_{i,t}$	0.054***	0.031***	0.009	0.010*	0.021***	0.008
$Top10_{i,t}$	0.042***	0.028***	0.129***	-0.002	0.062***	-0.006
$Finback_{i,t}$	0.033***	0.026***	0.059***	0.003	0.035***	0.012**
$SC_{i,t}$	0.052***	0.124***	0.024***	0.008	0.066***	-0.048***

变量	$Oc_{i,t}$	$Invest_{i,t}$	$PPE_{i,t}$	$Emp_{i,t}$	$Seperation_{i,t}$	$Pay_{i,t}$
$Oc_{i,t}$	1					
$Invest_{i,t}$	-0.137***	1				
$PPE_{i,t}$	-0.368***	0.256***	1			
$Emp_{i,t}$	0.302***	-0.017***	-0.034***	1		
$Seperation_{i,t}$	-0.062***	0.002	0.062***	-0.047***	1	
$Pay_{i,t}$	-0.043***	-0.002	-0.145***	-0.098***	0.026***	1
$Indperc_{i,t}$	0.046***	-0.006	-0.062***	0.030***	-0.083***	0.018***
$Top10_{i,t}$	0.018***	0.010*	-0.039***	-0.005	0.014**	0.201***
$Finback_{i,t}$	-0.009	0.006	-0.055***	0.057***	-0.009	0.123***
$SC_{i,t}$	0.040***	0	-0.042***	0.015***	-0.029***	0.099***

变量	$Indperc_{i,t}$	$Top10_{i,t}$	$Finback_{i,t}$	$SC_{i,t}$
$Indperc_{i,t}$	1			
$Top10_{i,t}$	0.033***	1		
$Finback_{i,t}$	0.002	0.023***	1	
$SC_{i,t}$	0.030***	0.045***	0.035***	1

注：表 5-3 列示的是 Pearson 系数，***、** 与 * 分别表示在 1%、5% 与 10% 的水平上显著。

表 5-4 检验了战略治理的监督功能，考虑到金融资产配置变量具有左归并的分布特征，本章同时采用 OLS 与 Tobit 模型估计战略委员会召开次数对金融资产配置的影响效果，结果分别见表 5-4 中列（1）与列（2）。OLS 结果显示，$SCT_{i,t}$的系数为 -0.0041，在 1% 的水平上显著；Tobit 结果

显示，$SCT_{i,t}$的系数为 -0.0047，显著性水平为1%，表明战略治理能够抑制金融资产配置，H5-1a得到验证。这意味着较高的战略委员会运作效率可以提高董事会战略决策的科学性，强化董事会战略角色，从而缓解股东利益导向下公司治理结构性短视问题，使公司治理安排更多考虑各利益相关者的利益诉求，激励管理层进行实业投资，抑制金融资产配置。与此同时，较高的战略委员会运作效率能够削弱管理层机会主义行为的信息优势，减少其利用金融资产配置寻租的机会，抑制金融资产配置。

表5-4　基本回归分析

变量	(1)	(2)
	OLS	Tobit
	金融资产配置	金融资产配置
$SCT_{i,t}$	-0.0041*** (0.0015)	-0.0047*** (0.0018)
$Size_{i,t}$	-0.0068*** (0.0007)	-0.0015* (0.0008)
$Dpa_{i,t}$	0.0003 (0.0002)	0.0006** (0.0002)
$Age_{i,t}$	0.0036** (0.0017)	0.0166*** (0.0021)
$Pmr_{i,t}$	0.1261*** (0.0113)	0.1435*** (0.0124)
$Oc_{i,t}$	-0.0249*** (0.0010)	-0.0275*** (0.0011)
$Invest_{i,t}$	-0.1431*** (0.0106)	-0.2162*** (0.0139)
$PPE_{i,t}$	-0.1642*** (0.0042)	-0.1882*** (0.0052)
$Emp_{i,t}$	0.0100*** (0.0005)	0.0102*** (0.0006)
$Seperation_{i,t}$	-0.0001 (0.0001)	-0.0001 (0.0001)

续表

变量	(1)	(2)
	OLS	Tobit
	金融资产配置	金融资产配置
$Pay_{i,t}$	0.0104*** (0.0010)	0.0121*** (0.0012)
$Indperc_{i,t}$	0.0434*** (0.0110)	0.0486*** (0.0129)
$Top10_{i,t}$	-0.0008 (0.0012)	-0.0008 (0.0014)
$Finback_{i,t}$	0.0018 (0.0012)	0.0015 (0.0014)
$SC_{i,t}$	0.0004 (0.0015)	-0.0008 (0.0019)
_cons	0.0659*** (0.0236)	-0.1323*** (0.0268)
年份和行业	控制	控制
N	28113	28113

注：括号中为聚类稳健标准误；***、** 与 * 分别表示在1%、5%与10%的水平上显著。

5.2.4 内生性处理

考虑到战略委员会运行效率与公司规模、成长性等先验特征密切相关，同时非金融上市公司金融资产配置缩减可能意味着管理层重视主营业务可持续发展，且公司治理结构性短视问题得到改善，从而能够改进战略委员会运行效率，考察战略治理对金融资产配置的监督功能时不可避免地存在自选择、互为因果等导致的内生性问题。因此，采用行之有效的工具变量法对上述问题进行解决。借鉴李建军和韩珣（2019）的思路，选取战略委员会召开次数滞后一期作为工具变量。这是因为战略委员会运作机制的路径依赖性决定了其与当期战略委员会召开次数相关，而战略委员会召开次数滞后项又不会直接影响企业当期金融资产配置，因此经济意义上满足工具变量的相关性与外生性要求。然后进行2SLS与IV Tobit估计，结果分别见表5-5中列（1）与列（2）以及列（3）与列（4）。第一阶段结果显示，$SCT-IV_{i,t}$的系数在1%的水平上显著为正，证实了战略委员会运作机制的路径依赖性。第二阶段结果显示，$SCT_{i,t}$的系数在5%的水平上显著为负，表明战略治理对金融资产配置的抑制作用在控制内生性问题后依然成立。需要说明的是，$SCT-IV_{i,t}$通过了弱工具变量检验。具体地，对于2SLS，F统计量为3831.85，大于10，且P值为0.0000，同时瓦尔德检验最小特征值为16081.7，大于15%水平的临界值8.96；对于IV Tobit，在第一阶段回归中，整个方程的F值为377.29。

表5-5　内生性处理——2SLS与IV Tobit估计

变量	(1)	(2)	(3)	(4)
	2SLS		IV Tobit	
	第一阶段	第二阶段	第一阶段	第二阶段
	战略委员会召开次数	金融资产配置	战略委员会召开次数	金融资产配置
$SCT-IV_{i,t}$	0.6634*** (0.0107)		0.6634*** (0.0107)	
$SCT_{i,t}$		-0.0063** (0.0025)		-0.0076** (0.0030)
$Size_{i,t}$	0.0005 (0.0020)	-0.0067*** (0.0007)	0.0005 (0.0020)	-0.0021** (0.0008)
$Dpa_{i,t}$	-0.0004 (0.0006)	0.0003 (0.0002)	-0.0004 (0.0006)	0.0005** (0.0002)
$Age_{i,t}$	-0.0321*** (0.0063)	0.0042** (0.0018)	-0.0321*** (0.0063)	0.0155*** (0.0022)
$Pmr_{i,t}$	-0.0412** (0.0202)	0.1188*** (0.0112)	-0.0412** (0.0202)	0.1312*** (0.0085)
$Oc_{i,t}$	0.0038* (0.0021)	-0.0243*** (0.0010)	0.0038* (0.0021)	-0.0269*** (0.0009)
$Invest_{i,t}$	0.1973*** (0.0414)	-0.1478*** (0.0110)	0.1973*** (0.0414)	-0.2168*** (0.0148)

续表

变量	(1)	(2)	(3)	(4)
	2SLS		IV Tobit	
	第一阶段	第二阶段	第一阶段	第二阶段
	战略委员会召开次数	金融资产配置	战略委员会召开次数	金融资产配置
$PPE_{i,t}$	-0.0142 (0.0122)	-0.1643*** (0.0043)	-0.0142 (0.0122)	-0.1917*** (0.0052)
$Emp_{i,t}$	-0.0007 (0.0011)	0.0100*** (0.0006)	-0.0007 (0.0011)	0.0102*** (0.0004)
$Seperation_{i,t}$	0.0000 (0.0002)	-0.0001 (0.0001)	0.0000 (0.0002)	-0.0001 (0.0001)
$Pay_{i,t}$	0.0074** (0.0030)	0.0106*** (0.0010)	0.0074** (0.0030)	0.0124*** (0.0012)
$Indperc_{i,t}$	0.0356 (0.0345)	0.0438*** (0.0112)	0.0356 (0.0345)	0.0472*** (0.0127)
$Top10_{i,t}$	-0.0070* (0.0037)	-0.0010 (0.0012)	-0.0070* (0.0037)	-0.0012 (0.0014)
$Finback_{i,t}$	0.0048 (0.0038)	0.0022* (0.0012)	0.0048 (0.0038)	0.0020 (0.0015)
$SC_{i,t}$	0.0621*** (0.0031)	0.0021 (0.0016)	0.0621*** (0.0031)	0.0019 (0.0020)
_cons	0.0659*** (0.0236)	-0.1323*** (0.0268)	-0.0880 (0.0574)	-0.1048*** (0.0236)
年份和行业	控制	控制	控制	控制
N	25955	25955	25955	25955

注：括号中为聚类稳健标准误；***、** 与 * 分别表示在1%、5%与10%的水平上显著。

5.2.5 稳健性检验

(1) 改变回归方法。

与前面做法一致，本章采用 Bootstrap 标准误方法进行稳健性检验，结果见表5-6。OLS 与 Tobit 结果均显示，$SCT_{i,t}$的系数显著为负，验证了战略治理对金融资产配置的抑制作用，夯实本章的结论。

表 5-6　　稳健性检验——Bootstrap 估计

变量	(1)	(2)
	OLS	Tobit
	金融资产配置	金融资产配置
$SCT_{i,t}$	-0.0041** (0.0017)	-0.0047** (0.0021)
$Size_{i,t}$	-0.0068*** (0.0007)	-0.0015* (0.0008)
$Dpa_{i,t}$	0.0003 (0.0002)	0.0006** (0.0002)
$Age_{i,t}$	0.0036** (0.0016)	0.0166*** (0.0020)
$Pmr_{i,t}$	0.1261*** (0.0109)	0.1435*** (0.0117)
$Oc_{i,t}$	-0.0249*** (0.0008)	-0.0275*** (0.0010)
$Invest_{i,t}$	-0.1431*** (0.0103)	-0.2162*** (0.0130)
$PPE_{i,t}$	-0.1642*** (0.0039)	-0.1882*** (0.0049)
$Emp_{i,t}$	0.0100*** (0.0006)	0.0102*** (0.0006)
$Seperation_{i,t}$	-0.0001 (0.0001)	-0.0001 (0.0001)
$Pay_{i,t}$	0.0104*** (0.0009)	0.0121*** (0.0010)
$Indperc_{i,t}$	0.0434*** (0.0108)	0.0486*** (0.0130)
$Top10_{i,t}$	-0.0008 (0.0014)	-0.0008 (0.0017)
$Finback_{i,t}$	0.0018* (0.0010)	0.0015 (0.0011)

续表

变量	(1)	(2)
	OLS	Tobit
	金融资产配置	金融资产配置
$SC_{i,t}$	0.0004 (0.0014)	-0.0008 (0.0019)
_cons	0.0659*** (0.0196)	-0.1323*** (0.0252)
年份和行业	控制	控制
N	28113	28113

注：括号中为聚类稳健标准误；***、** 与 * 分别表示在 1%、5% 与 10% 的水平上显著。

（2）变更金融资产配置度量指标。

为增强研究结论的稳健性，同时考虑到战略治理可能存在的滞后效应，本章用金融资产配置超前一期替换当期金融资产配置进行回归检验，结果见表 5-7。OLS 结果显示，$SCT_{i,t}$ 的系数为 -0.0041，显著性水平为 5%；Tobit 结果显示，$SCT_{i,t}$ 的系数为 -0.0050，在 1% 的水平上显著，即战略委员会召开次数能够负向影响企业下期金融资产配置，意味着战略治理对金融资产配置的抑制作用具有持续性，进一步验证了本章假设。

表 5-7　　稳健性检验——变更金融资产配置度量指标

变量	(1)	(2)
	OLS	Tobit
	金融资产配置	金融资产配置
$SCT_{i,t}$	-0.0041** (0.0016)	-0.0050*** (0.0019)
$Size_{i,t}$	-0.0064*** (0.0007)	-0.0017** (0.0008)
$Dpa_{i,t}$	0.0002 (0.0002)	0.0004** (0.0002)
$Age_{i,t}$	0.0052*** (0.0017)	0.0148*** (0.0021)

续表

变量	(1)	(2)
	OLS	Tobit
	金融资产配置	金融资产配置
$Pmr_{i,t}$	0.1168 *** (0.0133)	0.1296 *** (0.0144)
$Oc_{i,t}$	-0.0228 *** (0.0011)	-0.0248 *** (0.0012)
$Invest_{i,t}$	-0.1601 *** (0.0114)	-0.2197 *** (0.0144)
$PPE_{i,t}$	-0.1450 *** (0.0044)	-0.1661 *** (0.0053)
$Emp_{i,t}$	0.0097 *** (0.0006)	0.0097 *** (0.0006)
$Seperation_{i,t}$	-0.0001 * (0.0001)	-0.0001 (0.0001)
$Pay_{i,t}$	0.0106 *** (0.0010)	0.0125 *** (0.0012)
$Indperc_{i,t}$	0.0503 *** (0.0117)	0.0527 *** (0.0134)
$Top10_{i,t}$	-0.0014 (0.0012)	-0.0016 (0.0014)
$Finback_{i,t}$	0.0026 ** (0.0013)	0.0026 * (0.0015)
$SC_{i,t}$	0.0022 (0.0015)	0.0015 (0.0018)
_cons	0.0351 (0.0261)	-0.1416 *** (0.0290)
年份和行业	控制	控制
N	24744	24744

注：括号中为聚类稳健标准误；*** 、** 与 * 分别表示在 1% 、5% 与 10% 的水平上显著。

（3）改变样本区间。

考虑到2017年修订后的金融工具相关准则自2019年1月1日起在境内上市企业执行，为避免金融资产配置数据口径不统一对研究结果产生干扰，与前面做法一致，本章剔除2019年及以后数据，改变样本区间的检验结果见表5-8中列（1）与列（2）。OLS与Tobit结果显示，$SCT_{i,t}$显著为负，与基本回归结果一致。另外，为更好地呈现战略治理对企业金融资产配置的治理效果，本章剔除金融资产配置为0的样本后重新进行回归检验，结果见表5-8中列（3）。可以发现，$SCT_{i,t}$的系数为-0.0056，在1%的水平上显著，表明战略治理能够缓解非金融上市公司金融化趋势，进一步支持本章的结论。

表5-8　　稳健性检验——改变样本区间

变量	(1)	(2)	(3)
	考虑金融资产三分类影响		剔除金融资产配置为0的样本
	OLS	Tobit	OLS
	金融资产配置	金融资产配置	金融资产配置
$SCT_{i,t}$	-0.0033* (0.0017)	-0.0038* (0.0021)	-0.0056*** (0.0017)
$Size_{i,t}$	-0.0064*** (0.0007)	0.0001 (0.0009)	-0.0133*** (0.0008)
$Dpa_{i,t}$	0.0002 (0.0002)	0.0005* (0.0002)	0.0002 (0.0002)
$Age_{i,t}$	0.0082*** (0.0017)	0.0233*** (0.0022)	-0.0063*** (0.0023)
$Pmr_{i,t}$	0.1167*** (0.0142)	0.1410*** (0.0157)	0.1187*** (0.0125)
$Oc_{i,t}$	-0.0216*** (0.0011)	-0.0245*** (0.0013)	-0.0293*** (0.0012)
$Invest_{i,t}$	-0.1332*** (0.0111)	-0.2129*** (0.0152)	-0.1462*** (0.0142)
$PPE_{i,t}$	-0.1448*** (0.0045)	-0.1695*** (0.0057)	-0.2032*** (0.0052)

续表

变量	(1)	(2)	(3)
	考虑金融资产三分类影响		剔除金融资产配置为0的样本
	OLS	Tobit	OLS
	金融资产配置	金融资产配置	金融资产配置
$Emp_{i,t}$	0.0084 *** (0.0006)	0.0084 *** (0.0007)	0.0127 *** (0.0006)
$Seperation_{i,t}$	-0.0001 (0.0001)	-0.0001 (0.0001)	-0.0001 (0.0001)
$Pay_{i,t}$	0.0102 *** (0.0011)	0.0120 *** (0.0013)	0.0116 *** (0.0012)
$Indperc_{i,t}$	0.0478 *** (0.0120)	0.0539 *** (0.0146)	0.0521 *** (0.0130)
$Top10_{i,t}$	-0.0006 (0.0013)	-0.0005 (0.0015)	-0.0015 (0.0014)
$Finback_{i,t}$	0.0031 ** (0.0013)	0.0028 * (0.0016)	0.0015 (0.0014)
$SC_{i,t}$	0.0007 (0.0015)	-0.0000 (0.0019)	0.0022 (0.0019)
$\_cons$	0.0375 (0.0273)	-0.1971 *** (0.0315)	0.2665 *** (0.0279)
年份和行业	控制	控制	控制
N	21722	21722	22576

注：括号中为聚类稳健标准误；*** 、** 与 * 分别表示在1%、5%与10%的水平上显著。

（4）外部冲击。

在2014年7月召开的国务院工作会议中，李克强总理强调促进“脱实向虚”信贷资金归位的重要性，这是“脱实向虚”首次在官方文件中出现，如何治理企业金融化、防范实体经济风险成为党和政府关注的重要问题。为了研究这一外生事件的影响，本章区分2014年之前与2014年之后（含2014年）两个样本组进行检验，结果见表5-9。在2014年之前的样本组中，$SCT_{i,t}$的系数为负但不显著。2014年之后的样本组中，OLS结果显示，$SCT_{i,t}$的系数为-0.0049，在1%的水平上显著；Tobit结果显示，$SCT_{i,t}$的系数为-0.0051，显著性水平为5%。这说明战略治理对金融资产配置的抑制作用在2014年之后更显著，意味着企业金融化治理问题得到了社会各界的高度重视，且战略治理能够发挥金融化趋势治理的监督功能。

表5-9　　稳健性检验——外部冲击

变量	(1)	(2)	(3)	(4)
	OLS		Tobit	
	2014年之前	2014年之后	2014年之前	2014年之后
$SCT_{i,t}$	-0.0009 (0.0022)	-0.0049*** (0.0018)	-0.0031 (0.0036)	-0.0051** (0.0020)
$Size_{i,t}$	-0.0004 (0.0008)	-0.0110*** (0.0009)	0.0086*** (0.0011)	-0.0076*** (0.0010)
$Dpa_{i,t}$	0.0001 (0.0003)	0.0004* (0.0003)	0.0005 (0.0003)	0.0005* (0.0003)
$Age_{i,t}$	0.0202*** (0.0016)	-0.0141*** (0.0028)	0.0443*** (0.0027)	-0.0114*** (0.0030)
$Pmr_{i,t}$	0.1147*** (0.0197)	0.1221*** (0.0138)	0.1534*** (0.0229)	0.1272*** (0.0145)
$Oc_{i,t}$	-0.0115*** (0.0014)	-0.0332*** (0.0014)	-0.0146*** (0.0018)	-0.0353*** (0.0015)
$Invest_{i,t}$	-0.1084*** (0.0117)	-0.1602*** (0.0165)	-0.2038*** (0.0191)	-0.1981*** (0.0190)
$PPE_{i,t}$	-0.0916*** (0.0054)	-0.2161*** (0.0060)	-0.1195*** (0.0078)	-0.2343*** (0.0068)
$Emp_{i,t}$	0.0053*** (0.0008)	0.0129*** (0.0007)	0.0047*** (0.0010)	0.0134*** (0.0007)
$Seperation_{i,t}$	0.0000 (0.0001)	-0.0002* (0.0001)	0.0002 (0.0001)	-0.0003** (0.0001)
$Pay_{i,t}$	0.0050*** (0.0012)	0.0136*** (0.0014)	0.0063*** (0.0017)	0.0146*** (0.0016)
$Indperc_{i,t}$	0.0520*** (0.0145)	0.0348** (0.0146)	0.0663*** (0.0200)	0.0334** (0.0159)
$Top10_{i,t}$	-0.0018 (0.0014)	-0.0010 (0.0016)	-0.0024 (0.0021)	-0.0010 (0.0017)
$Finback_{i,t}$	0.0060*** (0.0014)	-0.0007 (0.0016)	0.0066*** (0.0022)	-0.0008 (0.0018)

续表

变量	(1)	(2)	(3)	(4)
	OLS		Tobit	
	2014 年之前	2014 年之后	2014 年之前	2014 年之后
$SC_{i,t}$	-0.0002 (0.0017)	0.0022 (0.0026)	-0.0008 (0.0024)	0.0010 (0.0028)
$\_cons$	-0.1242*** (0.0352)	0.2293*** (0.0323)	-0.4402*** (0.0438)	0.1282*** (0.0346)
年份和行业	控制	控制	控制	控制
N	9935	18178	9935	18178

注：括号中为聚类稳健标准误；***、** 与 * 分别表示在 1%、5% 与 10% 的水平上显著。

（5）竞争性解释。

战略委员会运作效率较高的非金融上市公司多数可能具备良好前景，需要增加研发、制造与营销活动供给，保持并扩大竞争优势，从而导致金融资产配置缩减，战略治理与金融资产配置之间呈现负相关关系。为排除这种可能性，本章借鉴陈运森等（2019）的检验思路，考察企业投资机会（$TobinQ_{i,t}$，市场价值与总资产的比值）对战略治理与金融资产配置关系的额外影响，结果见表 5－10。OLS 与 Tobit 结果均显示，$SCT_{i,t} \times TobinQ_{i,t}$的系数为负但不显著，说明两者关系并非由非金融上市公司具备良好前景导致。

表 5－10　　　　稳健性检验——竞争性解释

变量	(1)	(2)
	OLS	Tobit
	金融资产配置	金融资产配置
$SCT_{i,t} \times TobinQ_{i,t}$	-0.0006 (0.0008)	-0.0006 (0.0009)
$SCT_{i,t}$	-0.0039*** (0.0015)	-0.0046*** (0.0018)
$TobinQ_{i,t}$	0.0025*** (0.0004)	0.0012*** (0.0004)

续表

变量	(1)	(2)
	OLS	Tobit
	金融资产配置	金融资产配置
$Size_{i,t}$	-0.0069*** (0.0007)	-0.0015** (0.0008)
$Dpa_{i,t}$	0.0003 (0.0002)	0.0006** (0.0002)
$Age_{i,t}$	0.0044*** (0.0017)	0.0170*** (0.0021)
$Pmr_{i,t}$	0.1264*** (0.0114)	0.1436*** (0.0124)
$Oc_{i,t}$	-0.0247*** (0.0010)	-0.0274*** (0.0011)
$Invest_{i,t}$	-0.1506*** (0.0107)	-0.2201*** (0.0140)
$PPE_{i,t}$	-0.1571*** (0.0042)	-0.1845*** (0.0053)
$Emp_{i,t}$	0.0099*** (0.0005)	0.0101*** (0.0006)
$Seperation_{i,t}$	-0.0001 (0.0001)	-0.0001 (0.0001)
$Pay_{i,t}$	0.0109*** (0.0010)	0.0123*** (0.0012)
$Indperc_{i,t}$	0.0390*** (0.0110)	0.0464*** (0.0129)
$Top10_{i,t}$	-0.0008 (0.0012)	-0.0009 (0.0014)
$Finback_{i,t}$	0.0016 (0.0012)	0.0014 (0.0014)
$SC_{i,t}$	0.0004 (0.0015)	-0.0008 (0.0019)
_cons	0.0574** (0.0236)	-0.1369*** (0.0269)
年份和行业	控制	控制
N	28113	28113

注：括号中为聚类稳健标准误；***、**与*分别表示在1%、5%与10%的水平上显著。

5.2.6 进一步分析

（1）区分金融资产配置类型。

如前所述，战略委员会的主要职责在于审议管理层提出的投资决策等并给出建议。考虑到相较于经营性金融资产配置，非经营性金融资产配置更可能是管理层以牺牲长期发展换取短期利益的舍本逐末行为，从而过度占用生产经营性业务投资资源，削弱企业可持续竞争优势，战略委员会倾向于从战略高度来对待非经营性金融资产配置“短视化”“投机化”等问题，通过对其形成负面评价发挥战略治理的监督功能。换言之，战略治理与金融资产配置的负向关系更可能表现在非经营性金融资产上。为此，本章区分经营性金融资产（投资性房地产和长期金融股权投资）与非经营性金融资产（交易类金融资产和委托贷款等新兴金融资产）进行异质性分析，结果见表5－11。可以发现，当经营性金融资产配置为被解释变量时，$SCT_{i,t}$的系数不显著；当非经营性金融资产配置为被解释变量时，$SCT_{i,t}$的系数为－0.0044，在1%的水平上显著，说明战略治理对企业金融资产配置的负向影响主要是非经营性金融资产配置发挥作用，在一定程度上揭示出战略治理对于非金融上市公司保持并扩大竞争优势、持续创造价值的重要性与必要性。

表5－11　金融资产配置类型的细分考察

变量	(1)	(2)
	经营性金融资产配置	非经营性金融资产配置
$SCT_{i,t}$	0.0004 (0.0006)	−0.0044*** (0.0014)
$Size_{i,t}$	−0.0008*** (0.0003)	−0.0062*** (0.0006)
$Dpa_{i,t}$	0.0002** (0.0001)	0.0001 (0.0001)
$Age_{i,t}$	0.0108*** (0.0007)	−0.0083*** (0.0015)

续表

变量	(1)	(2)
	经营性金融资产配置	非经营性金融资产配置
$Pmr_{i,t}$	0.0270 *** (0.0056)	0.0832 *** (0.0085)
$Oc_{i,t}$	-0.0034 *** (0.0005)	-0.0192 *** (0.0008)
$Invest_{i,t}$	-0.0537 *** (0.0046)	-0.0842 *** (0.0089)
$PPE_{i,t}$	-0.0262 *** (0.0018)	-0.1261 *** (0.0035)
$Emp_{i,t}$	0.0030 *** (0.0003)	0.0055 *** (0.0004)
$Seperation_{i,t}$	0.0000 (0.0000)	-0.0001 (0.0001)
$Pay_{i,t}$	0.0016 *** (0.0004)	0.0085 *** (0.0009)
$Indperc_{i,t}$	0.0165 *** (0.0045)	0.0216 ** (0.0097)
$Top10_{i,t}$	-0.0020 *** (0.0005)	0.0017 * (0.0010)
$Finback_{i,t}$	0.0034 *** (0.0004)	-0.0019 * (0.0011)
$SC_{i,t}$	-0.0002 (0.0007)	-0.0005 (0.0013)
_cons	-0.0242 ** (0.0109)	0.1054 *** (0.0190)
年份和行业	控制	控制
N	28113	28113

注：括号中为聚类稳健标准误；*** 、** 与 * 分别表示在 1%、5% 与 10% 的水平上显著。

（2）横截面分析。

战略治理监督功能的发挥受公司内外部情境影响。从产权性质来看，政府更可能通过资源支持将公共治理目标内生于国有企业的投资活动中，从而弱化战略治理对金融资产配置的抑制作用；从企业规模来看，大规模企业通常具有较为完善的战略委员会运作机制，战略委员会运行效率较高，战略治理效果较为明显；从市场化来看，较高的市场化水平意味着市场机制较为完善，市场信息透明度较高，有助于战略委员会准确把握未来发展前景并有效识别金融资产配置动机，从而能够对管理层金融投机行为产生约束作用。为此，本章分组检验产权性质、企业规模与市场化的影响，结果见表5-12。在国有企业样本组中，$SCT_{i,t}$的系数为0.0070，显著性水平为5%，可能是因为金融资产配置可以在国有企业自由现金流较多时改善投资过度问题，从而提高投资效率；在非国有企业样本组中，$SCT_{i,t}$的系数为-0.0080，在1%的水平上显著，说明战略治理对金融资产配置的抑制作用在非国有企业中表现明显。在大规模样本组中，$SCT_{i,t}$的系数为-0.0058，显著性水平为1%；在小规模样本组中，$SCT_{i,t}$的系数为负但不显著，表明战略治理对金融资产配置的负向影响更可能出现在大规模企业中，证实了战略治理对企业规模的情境依赖性。在高市场化样本组中，$SCT_{i,t}$的系数为-0.0047，在5%的水平上显著；在低市场化样本组中，$SCT_{i,t}$的系数为负但不显著，说明当市场化较高时，战略治理与金融资产配置的负向关系更为明显。综上所述，前述论断得到支持。

表5-12　横截面分析

变量	(1)	(2)	(3)	(4)	(5)	(6)
	产权性质		企业规模		市场化	
	国有	非国有	大	小	高	低
$SCT_{i,t}$	0.0070** (0.0031)	-0.0080*** (0.0017)	-0.0058*** (0.0019)	-0.0012 (0.0023)	-0.0047** (0.0020)	-0.0025 (0.0023)
$Size_{i,t}$	-0.0050*** (0.0008)	-0.0048*** (0.0011)	-0.0039*** (0.0011)	-0.0022 (0.0021)	-0.0053*** (0.0010)	-0.0071*** (0.0009)
$Dpa_{i,t}$	0.0003 (0.0002)	0.0002 (0.0003)	0.0005** (0.0002)	0.0000 (0.0003)	0.0005* (0.0003)	-0.0001 (0.0002)
$Age_{i,t}$	0.0215*** (0.0027)	0.0005 (0.0021)	0.0061*** (0.0024)	0.0015 (0.0023)	0.0056*** (0.0022)	0.0029 (0.0025)

续表

变量	(1)	(2)	(3)	(4)	(5)	(6)
	产权性质		企业规模		市场化	
	国有	非国有	大	小	高	低
$Pmr_{i,t}$	0.0823 *** (0.0175)	0.1548 *** (0.0146)	0.1998 *** (0.0197)	0.0884 *** (0.0136)	0.1312 *** (0.0161)	0.1136 *** (0.0157)
$Oc_{i,t}$	-0.0141 *** (0.0014)	-0.0329 *** (0.0014)	-0.0182 *** (0.0014)	-0.0295 *** (0.0014)	-0.0296 *** (0.0015)	-0.0184 *** (0.0014)
$Invest_{i,t}$	-0.1246 *** (0.0164)	-0.1813 *** (0.0140)	-0.1129 *** (0.0155)	-0.1646 *** (0.0146)	-0.1812 *** (0.0151)	-0.1066 *** (0.0146)
$PPE_{i,t}$	-0.1243 *** (0.0058)	-0.1926 *** (0.0060)	-0.1546 *** (0.0058)	-0.1708 *** (0.0060)	-0.1717 *** (0.0061)	-0.1390 *** (0.0056)
$Emp_{i,t}$	0.0081 *** (0.0008)	0.0115 *** (0.0007)	0.0068 *** (0.0007)	0.0118 *** (0.0007)	0.0119 *** (0.0008)	0.0080 *** (0.0007)
$Seperation_{i,t}$	-0.0003 *** (0.0001)	0.0001 (0.0001)	-0.0001 (0.0001)	-0.0001 (0.0001)	-0.0001 (0.0001)	0.0001 (0.0001)
$Pay_{i,t}$	0.0050 *** (0.0013)	0.0110 *** (0.0014)	0.0100 *** (0.0013)	0.0099 *** (0.0015)	0.0062 *** (0.0015)	0.0119 *** (0.0014)
$Indperc_{i,t}$	0.0382 ** (0.0150)	0.0419 *** (0.0147)	0.0511 *** (0.0153)	0.0327 ** (0.0156)	0.0533 *** (0.0153)	0.0272 * (0.0150)
$Top10_{i,t}$	-0.0045 *** (0.0017)	0.0011 (0.0015)	-0.0038 ** (0.0016)	0.0018 (0.0016)	-0.0015 (0.0016)	-0.0026 (0.0016)
$Finback_{i,t}$	0.0062 *** (0.0016)	-0.0010 (0.0016)	0.0045 *** (0.0017)	0.0002 (0.0017)	0.0003 (0.0017)	0.0037 ** (0.0016)
$SC_{i,t}$	0.0012 (0.0020)	-0.0009 (0.0023)	0.0057 *** (0.0020)	-0.0031 (0.0022)	-0.0010 (0.0023)	0.0022 (0.0019)
_cons	0.0243 (0.0329)	0.0535 (0.0329)	-0.0842 ** (0.0409)	0.0217 (0.0509)	0.1075 *** (0.0328)	0.0278 (0.0343)
年份和行业	控制	控制	控制	控制	控制	控制
N	10252	17859	12089	16024	16377	11735

注：括号中为聚类稳健标准误；***、** 与 * 分别表示在1%、5%与10%的水平上显著。

（3）经济后果分析。

前述研究表明，战略治理能够抑制企业金融资产配置，在实体经济与虚拟经济结构失衡、企业金融化趋势加重的背景下，这种作用是否会进一步影响企业投资效率、经营业绩或经营风险？对此，本章考察投资效率、经营业绩和经营风险层面的经济后果。具体模型如下：

$$DV_{i,t+1} = \alpha_0 + \alpha_1 SCT_{i,t} \times Financial_{i,t} + \alpha_2 Financial_{i,t} + \alpha_3 SCT_{i,t} + \sum \alpha_f controls_{i,t} + \varepsilon_{i,t} \quad (5-2)$$

模型（5－2）中的$DV_{i,t+1}$为被解释变量，包括非效率资本配置$Indffinv_{i,t+1}$、经营业绩$Roe_{i,t+1}$与经营风险$BR_{i,t+1}$。在变量度量上，非效率资本配置与前面一致，根据 Richardson（2006）的预期投资模型确定，即首先利用 OLS 方法进行企业当年新增资本投资额对上年新增资本投资额、现金持有量、企业规模等的回归，然后根据估计系数计算企业预期投资规模，最后对实际投资规模与预期投资规模的差额取绝对值度量非效率资本配置。其值越大，非效率资本配置越多。对于经营业绩，用净利润与股东权益的比值表示。其值越大，企业经营业绩越高。就经营风险而言，与前面一致，用经行业与年度调整后的三年息税前利润与总资产比值的标准差衡量。其值越大，企业经营风险越大。其他变量含义同上。

表 5－13 中列（1）、列（2）与列（3）分别报告了战略治理作用下金融资产配置缩减对企业投资效率、经营业绩与经营风险的影响效果。当非效率资本配置为被解释变量时，$SCT_{i,t} \times Financial_{i,t}$的系数为－0.0106，显著性水平为 10%；当经营业绩与经营风险为被解释变量时，$SCT_{i,t} \times Financial_{i,t}$的系数均不显著，表明战略治理对金融资产配置的抑制作用可以进一步提高企业投资效率，对经营业绩与经营风险的影响不明显。这意味着战略治理能够有效治理企业金融化趋势，提高战略决策有效性。

表 5－13　　经济后果分析

变量	(1)	(2)	(3)
	非效率资本配置	经营业绩	经营风险
$SCT_{i,t} \times Financial_{i,t}$	－0.0106* (0.0061)	－0.0272 (0.0256)	0.0101 (0.0143)
$SCT_{i,t}$	0.0017*** (0.0007)	－0.0004 (0.0022)	－0.0002 (0.0014)

续表

变量	(1)	(2)	(3)
	非效率资本配置	经营业绩	经营风险
$Financial_{i,t}$	-0.0098*** (0.0022)	0.0362*** (0.0122)	-0.0230*** (0.0055)
$Size_{i,t}$	-0.0022*** (0.0002)	0.0132*** (0.0010)	-0.0044*** (0.0006)
$Dpa_{i,t}$	0.0000 (0.0001)	-0.0001 (0.0004)	0.0001 (0.0002)
$Age_{i,t}$	-0.0016** (0.0007)	-0.0088*** (0.0025)	0.0007 (0.0017)
$Pmr_{i,t}$	0.0021 (0.0031)	-0.1798*** (0.0228)	0.0391*** (0.0105)
$Oc_{i,t}$	-0.0022*** (0.0003)	-0.0060*** (0.0012)	-0.0037*** (0.0008)
$Invest_{i,t}$	0.2441*** (0.0059)	0.2121*** (0.0189)	-0.0819*** (0.0118)
$PPE_{i,t}$	-0.0027 (0.0017)	-0.0982*** (0.0072)	0.0128*** (0.0044)
$Emp_{i,t}$	0.0014*** (0.0002)	-0.0066*** (0.0008)	0.0032*** (0.0004)
$Seperation_{i,t}$	0.0000 (0.0000)	0.0001 (0.0001)	0.0000 (0.0001)
$Pay_{i,t}$	-0.0013*** (0.0004)	0.0247*** (0.0016)	0.0000 (0.0009)
$Indperc_{i,t}$	0.0140*** (0.0038)	0.0052 (0.0161)	0.0296*** (0.0101)
$Top10_{i,t}$	-0.0003 (0.0004)	0.0062*** (0.0018)	-0.0003 (0.0011)
$Finback_{i,t}$	0.0011** (0.0004)	-0.0038** (0.0019)	0.0041*** (0.0011)
$SC_{i,t}$	-0.0001 (0.0006)	0.0005 (0.0024)	-0.0001 (0.0015)

续表

变量	(1)	(2)	(3)
	非效率资本配置	经营业绩	经营风险
_cons	0.0999 *** (0.0075)	-0.3420 *** (0.0358)	0.1217 *** (0.0201)
年份和行业	控制	控制	控制
N	22509	24654	22913

注：括号中为聚类稳健标准误；*** 、** 与 * 分别表示在 1% 、5% 与 10% 的水平上显著。

5.3 混合股东治理的监督功能

5.3.1 理论分析与研究假设

随着混合所有制经济改革的推进，国有企业“混改”与非国有企业“混改”实践不断深化，不同产权股东相互制衡的混合股东治理机制形成并得以发展，以国有资本与非国有资本优势互补重塑公司运营机制与治理机制，结果是公司治理水平提升（郝云宏和汪茜，2015；蔡贵龙等，2018）、决策效率改善（Zhang et al.，2003；Chen et al.，2014；李文贵和余明桂，2015；罗宏和秦际栋，2019；梁上坤等，2020）、经营业绩上升（Abramov et al.，2017；曹丰和谷孝颖，2021）等，从而适应与引领经济“新常态”。梳理现有关于混合所有制经济改革效果的文献，学术界主要考察了基于国有企业“混改”的非国有股东治理效果，且大多认为国有企业可以借助非国有资本活力提高国有资本运作效能，改善“所有制缺位”“一股独大”等问题，但对非国有企业“混改”经济后果的关注较少。基于替代制度理论，引入国有资本可以视为非国有企业应对制度负外部性的一种替代制度，有助于打破非国有企业在融资、政策优惠等方面的隐性壁垒，从而改善企业经营环境（Allen et al.，2011；姚梅洁等，2019）。考虑到较快的收益实现速度、金融资产在确认与计量过程的较大灵活性有助于管理层通过金融资产配置充实短期盈利能力或粉饰业绩，从而减少其被更换或降职的风险，满足薪酬提高、帝国构建等私利，基于国有企业“混改”与非国有企业“混改”的混合股东治理能够通过提高主业业绩与增强公司治理效率减少管理层利用金融资产获得短期利益与操纵盈余的动机与机会，从而缓解企业金融化趋势。具体来说，第一，混合股东治理能够激发国有资本活力，提高经营效率并完善公司治理，从而削弱管理层通过金融资产配置应对短期业绩考核压力的跨行业套利与盈余管理动机，同时减少其利用金融资产配置寻租的机会，最终抑制国有企业金融资产配置。在经济金融化背景下，实业投资收益不断下降，金融资产配置的高收益性逐渐凸显，成为企业利润快速增加的重要手段（王红建等，2016）。由于管理层薪酬、声誉等与企业短期业绩挂钩，为实现业绩目标、解除受托责任，管理层倾向于压缩实业投资转向金融资产配置（刘笃池等，2016）。与此同时，金融资产确认与计量过程中的主观性与复杂性为管理层掩盖真实业绩提供了契机，具体包括操纵金融资产类别、公允价值估值等方式（毛志宏和徐畅，2018；曹丰和谷孝颖，2021）。对于国有企业，产权界定不清晰、股权性质单一等局限预示着其经营效率与治理水平较低（Boycko et al.，1996；何瑛和杨琳，2021），短期利益导向的金融资产配置动机与机会较多。基于产权理论，混合股东治理能够借助非国有资本明确的权责利关系强化国有企业内部利益激励，改进经营效率。与此同时，由于非国有企业在运营效率、市场机制、创新能力、管理理念等方面具有优势，混合股东治理能够通过非国有资本禀赋优势发挥激发国有资本活力，强化国有企业市场化经营机制与管理机制，提高市场适应能力，扩大企业竞争优势，从而改善主业业绩（黄速建，2014；何瑛和杨琳，2021）。显然，混合股东治理对国有企业经营业绩的改善作用能够削弱管理层利用金融资产套利与实施正向盈余管理的动机，抑制金融资产配置。另外，混合股东治理能够通过制衡效应发挥缓解国有企业单一产权可能引致的代理问题，减少股东受利益驱使与管理层合谋进行金融投机等不当行为以攫取私利的机会（Bennedsen and Wolfenzon，2000；郝云宏和汪茜，2015），从而抑制金融资产配置。与此同时，混合股东治理可以借助异质性股权制衡对不同产权股东产生激励效应，提高其参与公司治理的积极性与努力程度，从而优化管理层行为监督约束机制（白重恩等，2006；梁上坤等，2020），压缩管理层利用金融资产较快的收益实现速度以及确认与计量的特殊属性实现业绩目标等的机会主义空间，抑制金融资产配置。第二，混合股东治理能够在资源获取、行业准入等方面为非国有企业带来替代制度红利，增强主业盈利能力，且可以弥补非国有企业单一股权性质的治理缺陷，从而有助于减少管理层出于私利考虑进行金融资产配置的动机与机会，抑制非国有企业金融资产配置。在实体经济持续疲软与虚拟经济过度膨胀的背景下，非国有企业管理层为了解除受托责任进而满足薪酬增加、声誉提高、晋升等私利亦可能利用金融资产配置获得短期利益或粉饰业绩。基于资源获取假说，混合股东治理能够通过国有资本资源获取优势发挥优化非国有企业经营环境，促进社会资源依据市场化机制流动，从而有助于非国有企业在“竞争中性”规制下参与市场竞争（Allen et al.，2011；罗宏和秦际栋，2019；姚梅洁等，2019），提高经营质量。其结果是非国有企业管理层利用金融资产配置寻租的跨行业套利与盈余管理动机减弱，金融资产配置缩减。另外，混合股东治理同样可以借助异质性股权制衡完善非国有企业治理机制，对非国有股东与管理层的投机行为产生约束作用，从而发挥金融资产配置治理的监督功能，减少以逐利为目的的金融资产配置。

然而混合股东治理对金融资产配置的影响存在“双刃剑”效应，即可能因不同产权股东之间的利益冲突问题导致公司治理有效性下降，从而增加委托代理风险，放大并激发管理层利用金融资产寻租的机会与动机，最终加剧金融资产配置。具体来说，出于公共治理的需要，政府倾向于将经济发展、社会和谐、政治稳定等目标内生于国有企业的投资活动中，这意味着国有股东承担的经营目标是多元的，包括经济目标与非经济目标。其结果是国有股东与注重经济目标的非国有股东之间更可能产生利益矛盾，这将造成不同产权股东履职责任意识弱化，从而降低其监督管理层的积极性与努力程度（隋静等，2016），为管理层利用金融资产配置获得短期利益或实施盈余管理以解除受托责任、稳固职业安全等提供便利条件。换言之，混合股东治理可能通过激化不同产权股东利益矛盾进而加剧股东的道德风险问题促进金融资产配置。与此同时，不同产权性质股东的立足点与经营目标不同意味着混合股东治理可能激发股东利益侵占动机（汤谷良和戴璐，2006；祁怀锦等，2021），致使股东和管理层合谋问题突出，金融资产配置的资本套利动机增强，即股东可以通过影响管理层任职诱使其追求短期利益最大化，从而诱发更多的价值偏离决策，加剧金融资产配置。

H5－2a：混合股东治理将抑制金融资产配置。

H5－2b：混合股东治理将加剧金融资产配置。

5.3.2 研究设计

（1）样本选择与数据来源。

初始样本选择和筛选与前面保持一致，最终得到28410个公司年度观测值。为了避免异常值对研究结果的干扰，同样对连续变量进行1%和99%分位数的缩尾处理。数据来源方面，金融资产配置、混合股东治理与控制变量数据来自CSMAR数据库，由笔者整理计算所得；市场化数据源于Wind数据库，并基于数据变化趋势补全缺失数据。其中行业虚拟变量的设置与前面保持一致。

（2）主要实证模型与变量说明。

参考马连福等（2015）、李馨子等（2019）、刘姝雯等（2019）、李双燕和苗进（2020）等学者的研究，构建模型（5－3）检验混合股东治理对企业金融资产配置的治理效果。

$$Financial_{i,t} = \alpha_0 + \alpha_1 Mrestr_{i,t} + \sum \alpha_f controls_{i,t} + \varepsilon_{i,t} \qquad (5-3)$$

模型中的$Financial_{i,t}$指代金融资产配置，与前面一致，根据金融资产占总资产的比重衡量；$Mrestr_{i,t}$为混合股东治理，用混合主体制衡度表示，等于国有企业（非国有企业）前十大股东中非国有股东（国有股东）与国有股东（非国有股东）持股比例的差额。$\sum \alpha_f controls_{i,t}$代表企业金融资产配置的一系列影响因素，具体见其他变量说明部分或表5－14。若α_1显著为负，则混合股东治理抑制金融资产配置，H5－2a得到验证；若α_1显著为正，则说明混合股东治理加剧金融资产配置，H5－2b得到验证。

（3）其他变量说明。

除了未包括是否设立战略委员会$SC_{i,t}$外，控制变量的设置与5.2节的保持一致，此处不再说明。

表 5-14　变量定义

变量类型	变量符号	变量名称	度量方法
被解释变量	$Financial_{i,t}$	金融资产配置	金融资产/总资产
解释变量	$Mrestr_{i,t}$	混合主体制衡度	国有企业（非国有企业）前十大股东中非国有股东（国有股东）与国有股东（非国有股东）持股比例的差额
控制变量	$Size_{i,t}$	企业规模	资产总额的自然对数
	$Dpa_{i,t}$	偿债能力	长期债务与营运资金比率
	$Age_{i,t}$	企业年龄	Ln（当年年份 - 成立年份 +1）
	$Pmr_{i,t}$	边际利润率	(利润 + 销售成本)/销售收入
	$Oc_{i,t}$	营业周期	Ln（应收账款周转天数 + 存货周转天数）
	$Invest_{i,t}$	投资支出	(构建固定资产、无形资产等支付的现金 - 处置固定资产、无形资产等收回的现金净额)/总资产
	$PPE_{i,t}$	有形资产占比	固定资产与总资产的比值
	$Emp_{i,t}$	资本密集度	总资产/营业收入
	$Seperation_{i,t}$	实际控制人两权分离率	控制权与所有权的差额
	$Pay_{i,t}$	管理层薪酬	管理层前三名薪酬总额的自然对数
	$Indperc_{i,t}$	独立董事规模	独立董事人数/董事会人数
	$Top10_{i,t}$	十大审计	审计师来自十大会计师事务所赋值为 1，否则为 0
	$Finback_{i,t}$	管理层金融背景	具有金融背景的为 1，否则为 0

5.3.3 基本回归分析

表 5-15 是主要变量的描述性统计。$Mrestr_{i,t}$的均值为 -47.9363，标准差为 -23.7542，表明不同产权股东相互制衡水平较低，且在不同公司——年度样本间差异明显，揭示出持续深化“双向”混改的必要性。另外，伴随经济体制变迁，社会主义市场经济体制建设迈出新步伐，混合所有制经济改革取得重大突破，混合股东治理的监督功能凸显，其对非金融上市公司金融化频发的治理效果应引起社会各界的重视。$Financial_{i,t}$和控制变量的描述性统计与 5.2 节的结果基本一致，此处不再说明。

表 5－15 主要变量的描述性统计

变量	观测值	均值	标准差	25%分位	中位数	75%分位	最小值	最大值
$Financial_{i,t}$	28410	0.0655	0.1038	0.0009	0.0187	0.0830	0.0000	0.5174
$Mrestr_{i,t}$	28410	-47.9363	23.7542	-66.1000	-51.0900	-34.7800	-86.7400	39.6200
$Size_{i,t}$	28410	22.7345	0.9781	22.0277	22.6043	23.3043	20.9069	25.7463
$Dpa_{i,t}$	28410	0.1071	2.5369	0.0010	0.0466	0.3283	-13.3926	13.0701
$Age_{i,t}$	28410	2.7779	0.3854	2.5649	2.8332	3.0445	1.3863	3.4657
$Pmr_{i,t}$	28410	1.0109	0.0787	0.9861	0.9996	1.0194	0.7373	1.4748
$Oc_{i,t}$	28410	5.1254	0.8978	4.6365	5.2174	5.7106	2.2959	7.2416
$Invest_{i,t}$	28410	0.0509	0.0495	0.0154	0.0368	0.0720	-0.0285	0.2349
$PPE_{i,t}$	28410	0.2245	0.1601	0.1004	0.1919	0.3154	0.0036	0.7081
$Emp_{i,t}$	28410	2.3271	1.8098	1.2751	1.8488	2.7077	0.3969	11.9668
$Seperation_{i,t}$	28410	4.7598	7.4300	0.0000	0.0000	7.8491	0.0000	27.9277
$Pay_{i,t}$	28410	14.3289	0.7158	13.8792	14.3304	14.7820	12.5025	16.1858
$Indperc_{i,t}$	28410	0.3734	0.0520	0.3333	0.3333	0.4286	0.3333	0.5714
$Top10_{i,t}$	28410	0.5126	0.4999	0	1	1	0	1
$Finback_{i,t}$	28410	0.6681	0.4709	0	1	1	0	1

表5－16是主要变量的相关性检验结果。从中可以发现，各变量间相关系数的绝对值低于0.8，可以认为本节所用回归模型不存在多重共线性问题。为保证该推断的准确性，本章还使用VIF方法进行检验，结果发现各变量的VIF值均小于10，再次排除多重共线性的存在。相关系数矩阵检验结果方面，$Mrestr_{i,t}$与$Financial_{i,t}$的相关系数为－0.049，在1%的水平上显著，即混合股东治理与金融资产配置负相关，意味着混合股东治理能够借助不同产权资本禀赋优势互补与异质性股权制衡完善非金融上市公司运营机制、管理机制与治理机制，从而增强主业盈利能力并优化企业约束机制，减少管理层利用金融资产寻租的动机与机会，最终抑制金融资产配置，在一定程度上支持了H5－2a，但混合股东治理是否抑制金融资产配置还需要通过回归分析确定。另外，$Size_{i,t}$和$Financial_{i,t}$、$Dpa_{i,t}$和$Financial_{i,t}$、$Age_{i,t}$和$Financial_{i,t}$、$Pmr_{i,t}$和$Financial_{i,t}$、$Oc_{i,t}$和$Financial_{i,t}$、$Invest_{i,t}$和$Financial_{i,t}$、$PPE_{i,t}$和$Financial_{i,t}$、$Emp_{i,t}$和$Financial_{i,t}$、$Seperation_{i,t}$和$Financial_{i,t}$、$Pay_{i,t}$和$Financial_{i,t}$、$Indperc_{i,t}$和$Financial_{i,t}$、$Top10_{i,t}$和$Financial_{i,t}$以及$Finback_{i,t}$和Fi-

$nancial_{i,t}$的相关性检验与5.2节的结果基本一致，此处不再说明。

表5－16　　主要变量的相关性检验

变量	$Financial_{i,t}$	$Mrestr_{i,t}$	$Size_{i,t}$	$Dpa_{i,t}$	$Age_{i,t}$
$Financial_{i,t}$	1				
$Mrestr_{i,t}$	-0.049***	1			
$Size_{i,t}$	0.012**	0.008	1		
$Dpa_{i,t}$	0.013**	-0.002	-0.016***	1	
$Age_{i,t}$	0.148***	0.210***	0.140***	-0.005	1
$Pmr_{i,t}$	0.159***	0.086***	-0.036***	0.002	0.045***
$Oc_{i,t}$	-0.029***	-0.055***	-0.126***	0.066***	-0.033***
$Invest_{i,t}$	-0.162***	-0.127***	0.017***	-0.005	-0.200***
$PPE_{i,t}$	-0.243***	0.109***	0.044***	-0.079***	0.022***
$Emp_{i,t}$	0.151***	0.032***	-0.009	-0.038***	0.054***
$Seperation_{i,t}$	-0.030***	-0.009	0.060***	0.007	0.008
$Pay_{i,t}$	0.142***	-0.028***	0.452***	0.027***	0.222***
$Indperc_{i,t}$	0.054***	-0.095***	0.011*	0.010*	0.019***
$Top10_{i,t}$	0.040***	-0.106***	0.129***	-0.002	0.061***
$Finback_{i,t}$	0.031***	0.005	0.058***	0.003	0.035***
变量	$Pmr_{i,t}$	$Oc_{i,t}$	$Invest_{i,t}$	$PPE_{i,t}$	$Emp_{i,t}$
$Pmr_{i,t}$	1				
$Oc_{i,t}$	0.040***	1			
$Invest_{i,t}$	-0.084***	-0.137***	1		
$PPE_{i,t}$	-0.040***	-0.368***	0.255***	1	
$Emp_{i,t}$	0.326***	0.300***	-0.017***	-0.033***	1
$Seperation_{i,t}$	-0.008	-0.063***	0.003	0.061***	-0.046***
$Pay_{i,t}$	-0.070***	-0.044***	-0.002	-0.144***	-0.098***
$Indperc_{i,t}$	0.008	0.045***	-0.006	-0.060***	0.031***
$Top10_{i,t}$	-0.007	0.018***	0.011*	-0.038***	-0.005
$Finback_{i,t}$	0.013**	-0.009	0.006	-0.054***	0.058***

续表

变量	$Seperation_{i,t}$	$Pay_{i,t}$	$Indperc_{i,t}$	$Top10_{i,t}$	$Finback_{i,t}$
$Seperation_{i,t}$	1				
$Pay_{i,t}$	0.027 ***	1			
$Indperc_{i,t}$	-0.084 ***	0.019 ***	1		
$Top10_{i,t}$	0.014 **	0.200 ***	0.033 ***	1	
$Finback_{i,t}$	-0.008	0.122 ***	0.001	0.024 ***	1

注：表 5－16 列示的是 Pearson 系数，***、** 与 * 分别表示在 1%、5% 与 10% 的水平上显著。

表 5－17 检验了混合股东治理的监督功能，与 5.2 节的做法一致，本章同时采用 OLS 与 Tobit 模型检验混合主体制衡度与金融资产配置的关系，结果分别如表 5－17 中列（1）与列（2）所示。OLS 结果显示，$Mrestr_{i,t}$的系数为 -0.0003，显著性水平为 1%；Tobit 结果显示，$Mrestr_{i,t}$的系数为 -0.0002，在 1% 的水平上显著，说明混合股东治理能够抑制金融资产配置，支持 H5－2a。检验结果验证了混合所有制经济改革对于治理金融化趋势、促进非金融上市公司可持续发展的重要性，意味着混合股东治理能够产生资源效应，激发国有资本活力并促使非国有资本依据竞争中性原则有效运作，从而完善企业市场化经营机制，提高并优化国有企业经营效率与非国有企业经营环境，结果是主业盈利能力上升，管理层通过金融资产配置应对短期业绩考核压力的跨行业套利与盈余管理动机下降，金融资产配置缩减。与此同时，混合股东治理可以通过制衡效应发挥优化公司治理机制，缓解单一产权可能引发的代理冲突，强化企业内部监督，从而压缩管理层利用金融资产配置寻租的空间，抑制金融资产配置。

表 5－17　　基本回归分析

变量	(1)	(2)
	OLS	Tobit
	金融资产配置	金融资产配置
$Mrestr_{i,t}$	-0.0003 *** (0.0000)	-0.0002 *** (0.0000)
$Size_{i,t}$	-0.0070 *** (0.0007)	-0.0017 ** (0.0008)

续表

变量	(1)	(2)
	OLS	Tobit
	金融资产配置	金融资产配置
$Dpa_{i,t}$	0.0003 (0.0002)	0.0006** (0.0002)
$Age_{i,t}$	0.0082*** (0.0017)	0.0205*** (0.0021)
$Pmr_{i,t}$	0.1323*** (0.0113)	0.1492*** (0.0123)
$Oc_{i,t}$	-0.0248*** (0.0010)	-0.0275*** (0.0011)
$Invest_{i,t}$	-0.1596*** (0.0107)	-0.2309*** (0.0140)
$PPE_{i,t}$	-0.1590*** (0.0042)	-0.1837*** (0.0052)
$Emp_{i,t}$	0.0102*** (0.0005)	0.0103*** (0.0006)
$Seperation_{i,t}$	-0.0001* (0.0001)	-0.0002* (0.0001)
$Pay_{i,t}$	0.0109*** (0.0010)	0.0125*** (0.0012)
$Indperc_{i,t}$	0.0355*** (0.0109)	0.0425*** (0.0128)
$Top10_{i,t}$	-0.0018 (0.0012)	-0.0017 (0.0014)
$Finback_{i,t}$	0.0017 (0.0012)	0.0014 (0.0014)
_cons	0.0396* (0.0234)	-0.1539*** (0.0267)
年份和行业	控制	控制
N	28410	28410

注：括号中为聚类稳健标准误；***、**与*分别表示在1%、5%与10%的水平上显著。

5.3.4 内生性处理

由于资本市场资源配置功能是否充分发挥关系到混合所有制经济改革效果（何瑛和杨琳，2021），非金融上市公司金融资产配置缩减可能意味着市场有效性提高，资源配置效率改善，从而有助于深入推进国有企业“混改”与非国有企业“混改”，优化混合股东治理机制。换言之，互为因果的联立性问题可能导致结果估计失效。与此同时，伴随市场化进程不断推进，混合所有制经济改革持续深化且市场信息环境逐渐改善，结果是混合股东治理的监督功能凸显与金融资产配置信息“捂盘”作用弱化，从而形成混合股东治理与金融资产配置的负相关关系，因此考察混合股东治理对金融资产配置的监督功能时不可避免地存在关联效应导致的内生性问题。此外，市场化经营机制与治理机制较为完善的企业更可能实现不同产权股东利益共生，从而提高股东参与国有企业“混改”与非国有企业“混改”的意愿，强化混合股东治理，即自选择问题可能导致混合股东治理负向影响金融资产配置。为了解决可能存在的内生性问题，参考 EI Ghoul 等（2011）、Kusnadi 等（2015）、权小锋等（2015）、彭俞超等（2018）、杨兴全和尹兴强（2018）、李建军和韩珣（2019）、胡海峰等（2020）、翟光宇等（2021）等的研究，选取企业所在同一行业其他公司的混合主体制衡度均值作为混合主体制衡度的工具变量（$Mrestr-IV_{i,t}$），进行 2SLS 与 IV Tobit 估计。这是因为同行业企业面临相似的制度环境、竞争市场、产业政策等，“混改”规模与速度相近，同行业其他公司混合股东治理情况与焦点企业混合主体制衡度高度相关，但不会直接影响焦点企业金融资产配置，即在经济意义上满足工具变量的相关性与外生性要求。表 5－18 中列（1）与列（2）以及列（3）与列（4）分别报告了 2SLS 与 IV Tobit 的估计结果。第一阶段结果显示，$Mrestr-IV_{i,t}$ 的系数在 1% 的水平上显著为正，表明同行业其他公司混合主体制衡情况能够正向影响焦点企业混合主体制衡度；第二阶段结果显示，$Mrestr$ 的系数在 5% 的水平上显著为负，说明控制内生性问题后混合股东治理与金融资产配置的负向关系仍然存在。需要说明的是，对于 2SLS，弱工具变量检验结果显示，F 统计量为 125.708，大于10，且P值为0.0000，同时瓦尔德检验最小特征值为138.699，大于15%水平的临界值8.96；对于IV Tobit，第一阶段回归得到的F值为107.72。综上所述，验证了工具变量的合理性。

表5-18　　　　内生性处理——2SLS与IV Tobit估计

变量	(1)	(2)	(3)	(4)
	2SLS		IV Tobit	
	第一阶段	第二阶段	第一阶段	第二阶段
	混合主体制衡度	金融资产配置	混合主体制衡度	金融资产配置
$Mrestr-IV_{i,t}$	0.2856*** (0.0255)		0.2856*** (0.0255)	
$Mrestr_{i,t}$		-0.0007** (0.0003)		-0.0011** (0.0004)
$Size_{i,t}$	0.2224 (0.1655)	-0.0069*** (0.0007)	0.2224 (0.1655)	-0.0015* (0.0008)
$Dpa_{i,t}$	0.0675 (0.0538)	0.0003* (0.0002)	0.0675 (0.0538)	0.0006** (0.0003)
$Age_{i,t}$	17.2294*** (0.4011)	0.0165*** (0.0062)	17.2294*** (0.4011)	0.0358*** (0.0079)
$Pmr_{i,t}$	13.8435*** (1.9211)	0.1374*** (0.0121)	13.8435*** (1.9211)	0.1596*** (0.0108)
$Oc_{i,t}$	0.3755* (0.1959)	-0.0248*** (0.0010)	0.3755* (0.1959)	-0.0273*** (0.0010)
$Invest_{i,t}$	-58.0283*** (2.8845)	-0.1869*** (0.0224)	-58.0283*** (2.8845)	-0.2820*** (0.0297)
$PPE_{i,t}$	18.2888*** (1.0677)	-0.1498*** (0.0079)	18.2888*** (1.0677)	-0.1667*** (0.0101)
$Emp_{i,t}$	0.3646*** (0.0974)	0.0104*** (0.0006)	0.3646*** (0.0974)	0.0107*** (0.0005)
$Seperation_{i,t}$	-0.1126*** (0.0203)	-0.0002** (0.0001)	-0.1126*** (0.0203)	-0.0003** (0.0001)
$Pay_{i,t}$	1.6096*** (0.2488)	0.0116*** (0.0011)	1.6096*** (0.2488)	0.0139*** (0.0014)

续表

变量	(1)	(2)	(3)	(4)
	2SLS		IV Tobit	
	第一阶段	第二阶段	第一阶段	第二阶段
	混合主体制衡度	金融资产配置	混合主体制衡度	金融资产配置
$Indperc_{i,t}$	-33.2469*** (2.5065)	0.0195 (0.0162)	-33.2469*** (2.5065)	0.0129 (0.0197)
$Top10_{i,t}$	-2.5799*** (0.2742)	-0.0029** (0.0015)	-2.5799*** (0.2742)	-0.0039** (0.0018)
$Finback_{i,t}$	0.9783*** (0.2815)	0.0022* (0.0013)	0.9783*** (0.2815)	0.0022 (0.0015)
_cons	-101.8926*** (5.0038)	-0.0116 (0.0448)	-101.8926*** (5.0038)	-0.2501*** (0.0547)
年份和行业	控制	控制	控制	控制
N	28357	28357	28357	28357

注：括号中为聚类稳健标准误；***、** 与 * 分别表示在1%、5%与10%的水平上显著。

5.3.5 稳健性检验

(1) 改变回归方法。

与前面做法一致，本章采用 Bootstrap 标准误方法进行稳健性检验，结果见表5-19。OLS 与 Tobit 结果显示，$Mrestr_{i,t}$的系数在1%的水平上显著为负，说明混合股东治理能够发挥金融资产配置治理的监督功能，再次支持本章结论。

表5-19　　　　稳健性检验——Bootstrap 估计

变量	(1)	(2)
	OLS	Tobit
	金融资产配置	金融资产配置
$Mrestr_{i,t}$	-0.0003*** (0.0000)	-0.0002*** (0.0000)
$Size_{i,t}$	-0.0070*** (0.0005)	-0.0017*** (0.0007)

续表

变量	(1)	(2)
	OLS	Tobit
	金融资产配置	金融资产配置
$Dpa_{i,t}$	0.0003 * (0.0002)	0.0006 *** (0.0002)
$Age_{i,t}$	0.0082 *** (0.0017)	0.0205 *** (0.0022)
$Pmr_{i,t}$	0.1323 *** (0.0106)	0.1492 *** (0.0112)
$Oc_{i,t}$	-0.0248 *** (0.0011)	-0.0275 *** (0.0012)
$Invest_{i,t}$	-0.1596 *** (0.0114)	-0.2309 *** (0.0146)
$PPE_{i,t}$	-0.1590 *** (0.0044)	-0.1837 *** (0.0056)
$Emp_{i,t}$	0.0102 *** (0.0004)	0.0103 *** (0.0005)
$Seperation_{i,t}$	-0.0001 ** (0.0001)	-0.0002 * (0.0001)
$Pay_{i,t}$	0.0109 *** (0.0009)	0.0125 *** (0.0011)
$Indperc_{i,t}$	0.0355 *** (0.0112)	0.0425 *** (0.0130)
$Top10_{i,t}$	-0.0018 (0.0011)	-0.0017 (0.0014)
$Finback_{i,t}$	0.0017 (0.0010)	0.0014 (0.0012)
$\_cons$	0.0396 * (0.0225)	-0.1539 *** (0.0267)
年份和行业	控制	控制
N	28410	28410

注：括号中为聚类稳健标准误；*** 、** 与 * 分别表示在 1%、5% 与 10% 的水平上显著。

（2）变更金融资产配置度量指标。

考虑到混合股东治理同样可能存在的滞后效应，参照 5.2 节的做法，本章检验了混合股东治理与下期金融资产配置的关系，结果见表 5－20。OLS 结果显示，$Mrestr_{i,t}$的系数为－0.0002，在 1% 的水平上显著；Tobit 结果显示，$Mrestr_{i,t}$的系数为－0.0002，显著性水平为 1%，表明混合股东治理能够抑制下期金融资产配置，验证了混合股东治理的有效性与持续性，进一步支持本章结论。

表 5－20　　稳健性检验——变更金融资产配置度量指标

变量	(1)	(2)
	OLS	Tobit
	金融资产配置	金融资产配置
$Mrestr_{i,t}$	－0.0002*** (0.0000)	－0.0002*** (0.0000)
$Size_{i,t}$	－0.0066*** (0.0007)	－0.0019** (0.0008)
$Dpa_{i,t}$	0.0003 (0.0002)	0.0005** (0.0002)
$Age_{i,t}$	0.0089*** (0.0017)	0.0183*** (0.0021)
$Pmr_{i,t}$	0.1205*** (0.0133)	0.1326*** (0.0143)
$Oc_{i,t}$	－0.0229*** (0.0011)	－0.0249*** (0.0012)
$Invest_{i,t}$	－0.1736*** (0.0114)	－0.2330*** (0.0144)
$PPE_{i,t}$	－0.1410*** (0.0044)	－0.1626*** (0.0053)
$Emp_{i,t}$	0.0097*** (0.0006)	0.0098*** (0.0006)
$Seperation_{i,t}$	－0.0002** (0.0001)	－0.0002** (0.0001)
$Pay_{i,t}$	0.0110*** (0.0010)	0.0129*** (0.0012)

续表

变量	(1)	(2)
	OLS	Tobit
	金融资产配置	金融资产配置
$Indperc_{i,t}$	0.0433 *** (0.0116)	0.0467 *** (0.0134)
$Top10_{i,t}$	-0.0022 * (0.0012)	-0.0024 * (0.0014)
$Finback_{i,t}$	0.0024 * (0.0013)	0.0024 (0.0015)
_cons	0.0176 (0.0259)	-0.1563 *** (0.0289)
年份和行业	控制	控制
N	24971	24971

注：括号中为聚类稳健标准误；***、** 与 * 分别表示在 1%、5% 与 10% 的水平上显著。

（3）改变样本区间。

与前面做法一致，为避免 2017 年修订后的金融工具相关准则对研究结果产生干扰，本章以 2007 ~ 2018 年 A 股非金融上市公司为样本，对本章假设进行检验，结果见表 5 - 21 中列（1）与列（2）。OLS 结果显示，$Mrestr_{i,t}$的系数为 -0.0002，显著性水平为 1%；Tobit 结果显示，$Mrestr_{i,t}$的系数为 -0.0001，显著性水平为 1%，支持本章假设。另外，参照 5.2 节的做法，本章剔除了金融资产配置为 0 的样本，变换样本数据后的检验结果见表 5 - 21 中列（3）。可以看出，$Mrestr_{i,t}$的系数为 -0.0004，在 1% 的水平上显著，再次证实了混合股东治理对金融资产配置的抑制作用。

表 5 - 21　　稳健性检验——改变样本区间

变量	(1)	(2)	(3)
	考虑金融资产三分类影响		剔除金融资产配置为 0 的样本
	OLS	Tobit	OLS
	金融资产配置	金融资产配置	金融资产配置
$Mrestr_{i,t}$	-0.0002 *** (0.0000)	-0.0001 *** (0.0000)	-0.0004 *** (0.0000)

续表

变量	(1)	(2)	(3)
	考虑金融资产三分类影响		剔除金融资产配置为0的样本
	OLS	Tobit	OLS
	金融资产配置	金融资产配置	金融资产配置
$Size_{i,t}$	-0.0065*** (0.0007)	-0.0002 (0.0009)	-0.0136*** (0.0008)
$Dpa_{i,t}$	0.0002 (0.0002)	0.0005* (0.0002)	0.0002 (0.0002)
$Age_{i,t}$	0.0114*** (0.0017)	0.0256*** (0.0023)	0.0011 (0.0023)
$Pmr_{i,t}$	0.1223*** (0.0143)	0.1452*** (0.0157)	0.1246*** (0.0125)
$Oc_{i,t}$	-0.0217*** (0.0011)	-0.0246*** (0.0013)	-0.0292*** (0.0012)
$Invest_{i,t}$	-0.1431*** (0.0111)	-0.2206*** (0.0152)	-0.1708*** (0.0142)
$PPE_{i,t}$	-0.1413*** (0.0045)	-0.1668*** (0.0057)	-0.1963*** (0.0051)
$Emp_{i,t}$	0.0084*** (0.0006)	0.0085*** (0.0007)	0.0129*** (0.0006)
$Seperation_{i,t}$	-0.0001 (0.0001)	-0.0001 (0.0001)	-0.0002* (0.0001)
$Pay_{i,t}$	0.0105*** (0.0011)	0.0123*** (0.0013)	0.0124*** (0.0012)
$Indperc_{i,t}$	0.0420*** (0.0119)	0.0506*** (0.0145)	0.0414*** (0.0129)
$Top10_{i,t}$	-0.0012 (0.0013)	-0.0011 (0.0015)	-0.0031** (0.0014)
$Finback_{i,t}$	0.0029** (0.0013)	0.0026 (0.0016)	0.0015 (0.0014)
$\_cons$	0.0179 (0.0273)	-0.2098*** (0.0314)	0.2297*** (0.0275)
年份和行业	控制	控制	控制
N	21900	21900	22830

注：括号中为聚类稳健标准误；***、** 与 * 分别表示在1%、5%与10%的水平上显著。

（4）外部冲击。

“脱实向虚”于2014年7月首次出现在官方文件中，主要内容是促进“脱实向虚”信贷资金归位，这意味着企业金融化治理问题已引起党和政府高度重视。为了考察这一外生事件是否能够影响混合股东治理与金融资产配置的关系，本章将样本分为2014年之前和2014年之后（含2014年）两个子样本进行研究，检验结果见表5－22。在2014年之前的样本组中，OLS结果显示，$Mrestr_{i,t}$的系数为正但不显著；Tobit结果显示，$Mrestr_{i,t}$的系数为0.0001，显著性水平为1%，在一定程度上说明2014年之前，非金融上市公司金融化趋势治理问题未受到广泛关注，从而弱化混合股东治理在金融化趋势治理中的功能作用。在2014年之后的样本组中，OLS结果显示，$Mrestr_{i,t}$的系数为－0.0004，在1%的水平上显著；Tobit结果显示，$Mrestr_{i,t}$的系数为－0.0004，显著性水平为1%，即混合股东治理与金融资产配置的负向关系在2014年之后表现明显，表明如何治理企业金融化、促进实体经济可持续发展已成为社会各界关注的重要问题，且混合股东治理对金融资产配置的抑制作用不断凸显。

表5－22　稳健性检验——外部冲击[1]

变量	(1)	(2)	(3)	(4)
	OLS		Tobit	
	2014年之前	2014年之后	2014年之前	2014年之后
$Mrestr_{i,t}$	0.0000 (0.0000)	-0.0004*** (0.0000)	0.0001*** (0.0000)	-0.0004*** (0.0000)
$Size_{i,t}$	-0.0004 (0.0008)	-0.0110*** (0.0009)	0.0087*** (0.0011)	-0.0076*** (0.0010)
$Dpa_{i,t}$	0.0001 (0.0003)	0.0004* (0.0003)	0.0005 (0.0003)	0.0005* (0.0003)
$Age_{i,t}$	0.0197*** (0.0016)	-0.0068** (0.0028)	0.0415*** (0.0028)	-0.0042 (0.0030)

① 第（1）列中$Mrestr_{i,t}$系数为0.00001，因小数点位数设置显示不全。

续表

变量	(1)	(2)	(3)	(4)
	OLS		Tobit	
	2014 年之前	2014 年之后	2014 年之前	2014 年之后
$Pmr_{i,t}$	0. 1143 *** (0. 0197)	0. 1287 *** (0. 0138)	0. 1507 *** (0. 0230)	0. 1337 *** (0. 0145)
$Oc_{i,t}$	-0. 0115 *** (0. 0014)	-0. 0332 *** (0. 0014)	-0. 0146 *** (0. 0018)	-0. 0353 *** (0. 0015)
$Invest_{i,t}$	-0. 1078 *** (0. 0116)	-0. 1969 *** (0. 0166)	-0. 2013 *** (0. 0189)	-0. 2340 *** (0. 0191)
$PPE_{i,t}$	-0. 0925 *** (0. 0054)	-0. 2064 *** (0. 0059)	-0. 1218 *** (0. 0079)	-0. 2250 *** (0. 0067)
$Emp_{i,t}$	0. 0053 *** (0. 0008)	0. 0132 *** (0. 0007)	0. 0047 *** (0. 0010)	0. 0137 *** (0. 0007)
$Seperation_{i,t}$	0. 0000 (0. 0001)	-0. 0002 ** (0. 0001)	0. 0002 (0. 0001)	-0. 0003 *** (0. 0001)
$Pay_{i,t}$	0. 0050 *** (0. 0012)	0. 0143 *** (0. 0014)	0. 0060 *** (0. 0017)	0. 0153 *** (0. 0016)
$Indperc_{i,t}$	0. 0536 *** (0. 0144)	0. 0230 (0. 0143)	0. 0729 *** (0. 0200)	0. 0221 (0. 0157)
$Top10_{i,t}$	-0. 0018 (0. 0014)	-0. 0028 * (0. 0016)	-0. 0023 (0. 0021)	-0. 0028 * (0. 0017)
$Finback_{i,t}$	0. 0059 *** (0. 0014)	-0. 0006 (0. 0016)	0. 0066 *** (0. 0022)	-0. 0007 (0. 0018)
_cons	-0. 1215 *** (0. 0356)	0. 1805 *** (0. 0319)	-0. 4256 *** (0. 0442)	0. 0807 ** (0. 0341)
年份和行业	控制	控制	控制	控制
N	9980	18430	9980	18430

注：括号中为聚类稳健标准误；*** 、** 与 * 分别表示在 1% 、5% 与 10% 的水平上显著。

5.3.6 进一步分析

（1）区分金融资产配置类型。

如5.2节所述，相较于经营性金融资产，非经营性金融资产更可能是管理层非理性逐利的产物，从而挤出实业投资，危害企业主营业务的长期持续发展，结果是不同产权股东利益受损，混合股东治理的监督功能凸显。因此可以推断，混合股东治理与金融资产配置的负向关系主要是非经营性金融资产发挥作用。相应地，本章通过将金融资产区分为经营性金融资产与非经营性金融资产对此进行检验，结果见表5-23。可以看出，当经营性金融资产配置为被解释变量时，$Mrestr_{i,t}$的系数为0.0001，在1%的水平上显著，说明混合股东治理正向影响经营性金融资产配置，可能是因为经营性金融资产并非管理层寻租的主要手段，甚至可能平滑实业投资，提高经营质量，减弱管理层金融投机动机；当非经营性金融资产配置为被解释变量时，$Mrestr_{i,t}$的系数为-0.0003，显著性水平为1%，表明混合股东治理能够抑制非经营性金融资产配置。以上结果说明混合股东治理能够抑制管理层以牺牲长期发展换取短期利益的倾向，从而有效发挥非金融上市公司金融化趋势治理的监督功能，促进企业可持续发展。

表5-23　　金融资产配置类型的细分考察

变量	(1)	(2)
	经营性金融资产配置	非经营性金融资产配置
$Mrestr_{i,t}$	0.0001*** (0.0000)	-0.0003*** (0.0000)
$Size_{i,t}$	-0.0009*** (0.0003)	-0.0063*** (0.0006)
$Dpa_{i,t}$	0.0002** (0.0001)	0.0001 (0.0001)
$Age_{i,t}$	0.0097*** (0.0007)	-0.0027* (0.0015)

续表

变量	(1)	(2)
	经营性金融资产配置	非经营性金融资产配置
$Pmr_{i,t}$	0.0266*** (0.0055)	0.0899*** (0.0086)
$Oc_{i,t}$	-0.0034*** (0.0005)	-0.0193*** (0.0008)
$Invest_{i,t}$	-0.0502*** (0.0046)	-0.1039*** (0.0090)
$PPE_{i,t}$	-0.0270*** (0.0018)	-0.1202*** (0.0035)
$Emp_{i,t}$	0.0030*** (0.0003)	0.0057*** (0.0004)
$Seperation_{i,t}$	0.0000 (0.0000)	-0.0001* (0.0001)
$Pay_{i,t}$	0.0015*** (0.0004)	0.0091*** (0.0009)
$Indperc_{i,t}$	0.0180*** (0.0045)	0.0121 (0.0096)
$Top10_{i,t}$	-0.0018*** (0.0005)	0.0007 (0.0010)
$Finback_{i,t}$	0.0034*** (0.0004)	-0.0019* (0.0011)
_cons	-0.0186* (0.0108)	0.0728*** (0.0188)
年份和行业	控制	控制
N	28410	28410

注：括号中为聚类稳健标准误；***、**与*分别表示在1%、5%与10%的水平上显著。

（2）横截面分析。

混合股东治理监督功能的发挥同样可能受公司产权性质、规模以及所处地区市场化水平影响。就产权性质而言，相较于国有企业，非国有企业以经济利益最大化为经营的核心目标，倾向于引入国有资本以应对制度负外部性、改善经营环境，表现为混合股东治理水平的提高。此外，过分追求经济利益的非国有企业具有以牺牲长期发展换取短期利益的倾向，从而可能诱发更多的价值偏离决策，加剧金融投机行为，凸显出混合股东治理在金融资产配置治理中的重要作用。因此可以认为，混合股东治理与金融资产配置的负向关系在非国有企业中更显著。对于企业规模，与小规模企业相比，大规模企业具有较为完善的运营机制与治理机制，有助于吸引不同产权股东参与混合所有制经济改革，强化混合股东治理，但大规模企业经营较为稳定，可支配资金较多，金融资产配置更可能契合宋军和陆旸（2015）提出的富余效应，不再可能是管理层非理性逐利的产物，从而弱化混合股东治理对金融资产配置的抑制作用。换言之，混合股东治理对金融资产配置的抑制作用既可能在大规模企业中表现明显，也可能在小规模企业中表现明显。就市场化而言，如5.3节内生性处理部分所述，伴随市场化进程推进，混合股东治理的监督功能不断凸显，且金融资产配置信息“捂盘”作用持续弱化，即较高的市场化水平不仅能够提高混合股东治理效率，而且可以减弱管理层利用金融资产寻租的动机。因此可以推断，混合股东治理对金融资产配置的负向影响既可能出现在高市场化样本组中，也可能出现在低市场化样本组中。相应地，本章结合产权性质、企业规模与市场化分组考察了混合股东治理的监督功能，检验结果见表5－24。在国有企业样本组中，$Mrestr_{i,t}$的系数为负但不显著；在非国有企业样本组中，$Mrestr_{i,t}$的系数为－0.0003，显著性水平为1%，表明混合股东治理更可能抑制非国有企业金融资产配置，支持前述论断，证实了非国有企业“混改”的有效性，揭示了持续深化“双向”混改的重要性与必要性。在大规模与小规模样本组中，$Mrestr_{i,t}$的系数均为－0.0002，在1%的水平上显著，且组间系数差异检验结果显示，P值为0.1576，说明混合股东治理对不同规模企业的金融资产配置均产生积极治理作用，与预期相符。在高市场化与低市场化样本组中，$Mrestr_{i,t}$的系数均为－0.0002，显著性水平为1%，且组间系数差异检验结果显示，P值为0.8456，表明无论在高市场化还是低市场化样本组内，混合股东治理与金融资产配置都呈负向关系，前述论断得到支持，突出混合所有制经济改革的制度功能。

表 5-24　横截面分析

变量	(1)	(2)	(3)	(4)	(5)	(6)
	产权性质		企业规模		市场化	
	国有	非国有	大	小	高	低
$Mrestr_{i,t}$	-0.0001 (0.0000)	-0.0003 *** (0.0000)	-0.0002 *** (0.0000)	-0.0002 *** (0.0000)	-0.0002 *** (0.0000)	-0.0002 *** (0.0000)
$Size_{i,t}$	-0.0053 *** (0.0009)	-0.0053 *** (0.0011)	-0.0047 *** (0.0011)	-0.0047 *** (0.0011)	-0.0054 *** (0.0010)	-0.0078 *** (0.0009)
$Dpa_{i,t}$	0.0003 (0.0002)	0.0002 (0.0003)	0.0004 ** (0.0002)	0.0004 ** (0.0002)	0.0005 * (0.0003)	0.0000 (0.0002)
$Age_{i,t}$	0.0218 *** (0.0027)	0.0043 ** (0.0021)	0.0104 *** (0.0024)	0.0104 *** (0.0024)	0.0088 *** (0.0022)	0.0081 *** (0.0026)
$Pmr_{i,t}$	0.0836 *** (0.0175)	0.1628 *** (0.0146)	0.2059 *** (0.0197)	0.2059 *** (0.0197)	0.1401 *** (0.0160)	0.1145 *** (0.0157)
$Oc_{i,t}$	-0.0140 *** (0.0014)	-0.0327 *** (0.0014)	-0.0180 *** (0.0014)	-0.0180 *** (0.0014)	-0.0295 *** (0.0015)	-0.0185 *** (0.0014)
$Invest_{i,t}$	-0.1211 *** (0.0162)	-0.2045 *** (0.0142)	-0.1213 *** (0.0155)	-0.1213 *** (0.0155)	-0.1968 *** (0.0153)	-0.1175 *** (0.0145)
$PPE_{i,t}$	-0.1248 *** (0.0058)	-0.1841 *** (0.0061)	-0.1515 *** (0.0057)	-0.1515 *** (0.0057)	-0.1680 *** (0.0061)	-0.1352 *** (0.0056)
$Emp_{i,t}$	0.0081 *** (0.0008)	0.0118 *** (0.0007)	0.0069 *** (0.0007)	0.0069 *** (0.0007)	0.0120 *** (0.0008)	0.0082 *** (0.0007)
$Seperation_{i,t}$	-0.0003 *** (0.0001)	0.0001 (0.0001)	-0.0001 (0.0001)	-0.0001 (0.0001)	-0.0001 (0.0001)	0.0001 (0.0001)
$Pay_{i,t}$	0.0055 *** (0.0013)	0.0111 *** (0.0014)	0.0106 *** (0.0013)	0.0106 *** (0.0013)	0.0070 *** (0.0015)	0.0125 *** (0.0014)
$Indperc_{i,t}$	0.0381 ** (0.0149)	0.0339 ** (0.0147)	0.0438 *** (0.0150)	0.0438 *** (0.0150)	0.0459 *** (0.0153)	0.0225 (0.0148)
$Top10_{i,t}$	-0.0047 *** (0.0017)	0.0002 (0.0015)	-0.0042 *** (0.0016)	-0.0042 *** (0.0016)	-0.0023 (0.0016)	-0.0029 * (0.0016)
$Finback_{i,t}$	0.0064 *** (0.0016)	-0.0011 (0.0016)	0.0046 *** (0.0017)	0.0046 *** (0.0017)	0.0000 (0.0017)	0.0040 ** (0.0016)
_cons	0.0206 (0.0327)	0.0294 (0.0329)	-0.0932 ** (0.0402)	-0.0932 ** (0.0402)	0.0763 ** (0.0328)	0.0175 (0.0340)
年份和行业	控制	控制	控制	控制	控制	控制
N	10329	18081	12212	12212	16528	11881

注：括号中为聚类稳健标准误；*** 、** 与 * 分别表示在 1%、5% 与 10% 的水平上显著。

（3）经济后果分析。

在实体经济与虚拟经济结构失衡、企业金融化趋势加重的背景下，混合股东治理对金融资产配置的抑制作用是否会进一步影响企业投资效率、经营业绩或经营风险？本章通过构建模型（5－4）考察投资效率、经营业绩和经营风险层面的经济后果。

$$DV_{i,t+1} = \alpha_0 + \alpha_1 Mrestr_{i,t} \times Financial_{i,t} + \alpha_2 Financial_{i,t} + \alpha_3 Mrestr_{i,t} + \sum \alpha_f controls_{i,t} + \varepsilon_{i,t} \quad (5-4)$$

与5.2节的定义一致，模型（5－4）中的$DV_{i,t+1}$指代非效率资本配置$Indffinv_{i,t+1}$、经营业绩$Roe_{i,t+1}$与经营风险$BR_{i,t+1}$三个变量，分别用实际投资规模与预期投资规模差额的绝对值、净利润与股东权益的比值以及经行业与年度调整后的三年息税前利润与总资产比值的标准差衡量。其他变量含义同模型（5－3）。

表5－25中列（1）、列（2）与列（3）分别对应投资效率、经营业绩与经营风险层面的回归分析。可以发现，当非效率资本配置为被解释变量时，$Mrestr_{i,t} \times Financial_{i,t}$的系数不显著；当经营业绩为被解释变量时，$Mrestr_{i,t} \times Financial_{i,t}$的系数为0.0005，在10%的水平上显著；当经营风险为被解释变量时，$Mrestr_{i,t} \times Financial_{i,t}$的系数不显著，说明混合股东治理抑制金融资产配置的经济后果主要表现为经营业绩的改善，凸显出混合股东治理在利润金融化治理中的重要作用。

表5－25　　经济后果分析

变量	(1)	(2)	(3)
	非效率资本配置	经营业绩	经营风险
$Mrestr_{i,t} \times Financial_{i,t}$	−0.0001 (0.0001)	0.0005* (0.0003)	0.0000 (0.0002)
$Mrestr_{i,t}$	0.0000*** (0.0000)	−0.0005*** (0.0000)	0.0001*** (0.0000)
$Financial_{i,t}$	−0.0066*** (0.0020)	0.0304*** (0.0075)	−0.0226*** (0.0055)
$Size_{i,t}$	−0.0022*** (0.0002)	0.0132*** (0.0007)	−0.0043*** (0.0006)

续表

变量	(1)	(2)	(3)
	非效率资本配置	经营业绩	经营风险
$Dpa_{i,t}$	0.0000 (0.0001)	-0.0001 (0.0002)	0.0001 (0.0002)
$Age_{i,t}$	-0.0014 ** (0.0007)	0.0018 (0.0017)	-0.0012 (0.0018)
$Pmr_{i,t}$	0.0008 (0.0030)	-0.1241 *** (0.0126)	0.0367 *** (0.0104)
$Oc_{i,t}$	-0.0021 *** (0.0003)	-0.0050 *** (0.0008)	-0.0037 *** (0.0008)
$Invest_{i,t}$	0.2441 *** (0.0058)	0.1170 *** (0.0124)	-0.0750 *** (0.0116)
$PPE_{i,t}$	-0.0018 (0.0017)	-0.0703 *** (0.0047)	0.0100 ** (0.0044)
$Emp_{i,t}$	0.0013 *** (0.0002)	-0.0055 *** (0.0005)	0.0031 *** (0.0004)
$Seperation_{i,t}$	0.0000 (0.0000)	0.0000 (0.0001)	0.0000 (0.0001)
$Pay_{i,t}$	-0.0012 *** (0.0004)	0.0195 *** (0.0011)	-0.0002 (0.0009)
$Indperc_{i,t}$	0.0130 *** (0.0038)	-0.0136 (0.0107)	0.0330 *** (0.0100)
$Top10_{i,t}$	-0.0004 (0.0004)	0.0028 ** (0.0012)	-0.0001 (0.0010)
$Finback_{i,t}$	0.0010 ** (0.0004)	-0.0020 * (0.0012)	0.0041 *** (0.0011)
_cons	0.1001 *** (0.0074)	-0.3416 *** (0.0230)	0.1290 *** (0.0201)
年份和行业	控制	控制	控制
N	22719	24881	23127

注：括号中为聚类稳健标准误；*** 、** 与 * 分别表示在 1% 、5% 与 10% 的水平上显著。列（3）中 $Mrestr_{i,t} \times Financial_{i,t}$ 系数为 0.00004，因小数点位数设置显示不全。

5.4 董事高管责任保险的监督功能

5.4.1 理论分析与研究假设

董事高管责任保险诞生于20世纪初的美国。1929年的股市大崩盘推动了资本市场监管制度的发展，1933年颁布的《证券法》催生了股东民事诉讼途径，但也放大了董事、监事与高管的执业风险，促使董事高管责任保险的产生。随后，华尔街财务丑闻风波爆发，管理层面临的问责风险攀升，董事高管责任保险盛行并广泛应用于西方发达资本市场，成为企业主要的避险工具。然而，董事高管责任保险在中国发展起步较晚，自2002年《上市公司治理准则》规定上市公司在股东大会审议通过的情况下可以购买董事高管责任保险起逐渐受到国内资本市场关注。2014年，《关于加快现代保险服务业的若干意见》对责任保险重要性的解读促进了董事高管责任保险的进一步推广。随着董事高管责任保险实践的深入，董事高管责任保险产生的影响效应成为学术界关注的重点话题。总结来看，现有研究主要形成有效监督与机会主义两种假说（李从刚和许荣，2020）。有效监督假说认为董事高管责任保险作为一种风险激励方式，能够通过对冲执业风险激发管理层工作积极性，吸引优秀管理层（凌士显和白锐锋，2017），同时能够通过保险机构的独立监督改善企业治理效率（Yuan et al.，2016），减少管理层短视行为（李从刚和许荣，2020），从而促使管理层合理决策（Baker，2007；胡国柳等，2019），推动企业价值长期增长。机会主义假说则认为，董事高管责任保险通过转移履职风险降低管理层的法律成本，进而造成企业约束机制弱化，机会主义行为增强。支持该观点的学者认为，董事高管责任保险会诱发财务重述行为（Lin et al.，2013；Weng et al.，2017）、提高企业资本成本（Chen et al.，2016）、加剧企业风险（赖黎等，2019）、减少股票收益（Chalmers et al.，2002）等。显然，无论是基于有效监督假说还是机会主义假说，董事高管责任保险都可以通过影响管理层心理账户作用于企业行为决策选择（胡国柳等，2019）。随着金融领域资本回报率高企，实体企业主营业务利润空间收窄，金融资产配置日益成为企业经营策略的重要手段以及企业盈利与发展的主要途径（谢家智等，2014；刘笃池等，2016；王红建等，2017）。因此，董事高管责任保险会对企业金融资产配置产生影响。

金融资产配置可以追溯到美国非金融上市公司的实践，是股东短期利润最大化与资本短期逐利性共同作用的结果（Crotty，2003；谢富胜和匡晓璐，2020）。换言之，金融资产配置源于管理层的短视主义。从有效监督假说来看，董事高管责任保险可以通过三个渠道减少管理层短视行为，抑制金融资产配置：第一，董事高管责任保险能够缓解管理层面临的股东价值压力。根据股东价值假说，管理层迫于股东压力会致力于股价最大化的投资决策（Baker et al.，2003；钟华明，2021）。这预示着伴随实体经济收益率的持续下降与金融领域回报率的不断攀升，非金融上市公司管理层更可能压缩实业投资转向金融资产配置，从而抬高股价，迎合股东短期利益诉求[①]（刘笃池等，2016）。董事高管责任保险最基本的作用便在于分散管理层面临的因股东利益受损等被诉讼的风险（胡国柳和康岚，2014）。可见，董事高管责任保险可以通过缓解股东价值压力降低管理层利用金融资产配置最大化股东短期利益的动机，从而抑制企业金融资产配置。第二，董事高管责任保险能够提升主业盈利能力。非金融上市公司扩大金融活动的动因还来自主业业绩下降与金融投资收益率上升（张成思等，2020），即两者相对收益率上升（Tornell，1990）。这意味着主业盈利能力上升能够削弱金融资产配置动机（曹丰和谷孝颖，2021）。董事高管责任保险能够从风险激励角度改善管理层薪酬激励不足问题，促进其执业风险与收益的平衡，从而提高管理层工作积极性，提高企业经营绩效（胡国柳和胡珺，2014）。此外，随着企业国际化步伐的加快，董事高管责任保险逐渐成为企业保留和吸引优秀管理层人力资本的重要措施（Mayers and Smith，1982；Priest，1987），从而提高企业经营管理水平，实现主业业绩的显著提升（赵杨和Hu，2014）。因此，董事高管责任保险可以通过提升主业盈利能力降低管理层跨行业套利动机，抑制金融资产配置。第三，董事高管责任保险能够

① 金融资产配置较快的收益实现速度、金融资产在确认与计量过程的较大灵活性及其可能诱发的价格泡沫有助于管理层实现股价提高和股东价值。

提高企业治理有效性。保险公司与承保对象公司之间的交易关系以最大化自身利益为目标，因此无论何种投资类型，只要导致股东、债权人等遭受经济损失，都可能产生诉讼。较快的收益实现速度预示着相较于实业投资，金融资产配置更可能满足股东短期利益最大化诉求，降低管理层涉诉概率，但较低的转换成本意味着金融资产配置比实业投资更可能通过增加可自由裁量的财务资源，引发管理层在职消费等侵害股东利益的行为（朱杰，2020），增加其面临的诉讼风险。除此之外，贷款纠纷等也是诉讼风险的重要来源（凌士显和白锐锋，2017）。根据资本资产定价理论，与实业投资相比，金融资产配置更可能存在导致债务上升的“债务陷阱”效应，从而使企业无法偿还到期债务（Jibril et al.，2018），引起银行等债权人相关的诉讼风险。然而，企业是由各利益相关者参与的契约联结体，决定了相较于有助于平衡各方利益的实业投资，部分契合股东利益导向的金融资产配置可能带来更高的诉讼风险，从而更可能增加保险公司赔偿风险，使其具有更加强烈的动机发挥公司治理的监督功能（彭韶兵等，2018）。与风险转移功能只体现在诉讼发生时不同，董事高管责任保险的监督功能存在于企业事前、事中与事后各阶段（Holderness，1990；O'Sullivan，1997）。承保前全面识别并评估管理层风险特征以及公司治理风险（袁蓉丽等，2018），通过格外关注上市公司外部董事占比、董事长与总经理两职分离等公司治理情况（O'Sullivan，1997），并对诉讼风险较高的公司设置较为严格的保险条款等方式对公司治理机制可能存在的短视化倾向进行约束，从而改善公司治理效率（郑志刚等，2011），减少管理层可能存在的投机行为（凌士显和白锐锋，2017）；承保中持续评估公司治理水平与项目风险，如果发现赔偿风险增加，会提出修改方案并督促执行，甚至可能提高保费，产生警示效应（李从刚和许荣，2020），从而完善董事薪酬结构、高管股权结构等（O'Sullivan，1997），优化公司治理机制，防范管理层自利行为；出险后深度调查，核实其是否属于除外责任条款，对未触及法定和特别除外责任条款的赔偿责任进行赔付，降低索赔损失额度（凌士显和白锐锋，2017；袁蓉丽等，2018），从而促进经理人市场发展，并倒逼企业修复治理缺陷，合规经营。这意味着董事高管责任保险能够通过完善董事会结构、管理层激励机制、经理人市场等缓解经济重构引致的公司治理结构性短视问题，使公司治理安排更多考虑各利益相关者的利益诉求，从而削弱管理层抬高股价与股票期权价值的内在动机，抑制其以牺牲长期发展换取短期利益的倾向，最终减少其对金融资产的非理性逐利行为。

从机会主义假说来看，董事高管责任保险会基于两个方面诱发管理层短视行为，增加金融资产配置：其一，董事高管责任保险会加剧管理层道德风险问题。董事高管责任保险的风险转移功能可能对管理层形成“过度庇护”，弱化法律约束力，降低管理层机会主义成本，从而导致企业投资行为短视化与投机化（胡国柳和康岚，2014；胡国柳等，2019），加剧金融资产配置。其二，董事高管责任保险会导致公司治理出现结构性短视问题。股东可能通过董事高管责任保险影响管理层任职决策，进而与其合谋致力于股票价格最大化的短期目标决策，以获取投机性资本利得（Bolton et al.，2006；胡国柳和康岚，2014），表现为金融资产配置的增加。此外，董事高管责任保险的风险兜底作用会降低独立董事、监事等面临的职业责任，弱化其本应该秉承的勤勉义务，从而不利于其监督功能的发挥，为高管或股东从事投机主义行为提供机会（凌士显和白锐锋，2017），增加短期利益导向的金融资产配置。

H5－3a：基于有效监督假说，董事高管责任保险将抑制企业金融资产配置。

H5－3b：基于机会主义假说，董事高管责任保险将加剧企业金融资产配置。

5.4.2 研究设计

（1）样本选择与数据来源。

初始样本选择和筛选与前面保持一致，最终得到28413个公司年度观测值。考虑到异常值问题，本章同样按连续变量上下1%分位数进行缩尾处理。数据来源方面，董事高管责任保险数据来自CNRDS公司特色库；金融资产配置与控制变量数据来自CSMAR数据库，由笔者整理计算所得；市场化数据来自Wind数据库，缺失的数据通过构建各地区指数对年份回归模型予以补全。其中行业虚拟变量的设置与前面保持一致。

（2）主要实证模型与变量说明。

参考 Tian 和 Wang（2014）、李馨子等（2019）、刘姝雯等（2019）、胡国柳等（2019）等学者的研究，构建模型（5－5）检验董事高管责任保险对企业金融资产配置的治理效果。

$$Financial_{i,t} = \alpha_0 + \alpha_1 Ins_{i,t} + \sum \alpha_f controls_{i,t} + \varepsilon_{i,t} \quad (5-5)$$

模型中的 $Financial_{i,t}$ 为金融资产配置，与前面一致，用金融资产与总资产的比值表示；$Ins_{i,t}$ 指代董事高管责任保险，考虑到中国现实披露情况，用企业当年是否购买董事高管责任保险的虚拟变量表示，即当企业当年购买董事高管责任保险时，取值为 1，否则为 0。需要强调的是，由于董事高管责任保险涉及金额较大，企业停保等决定需要经股东大会通过并公告（胡国柳和胡珺，2014）。因此如果企业没有明确发布停保公告，可以认为其以后年度会继续购买。$\sum \alpha_f controls_{i,t}$ 代表企业金融资产配置的一系列影响因素，具体见其他变量说明部分或表 5－26。若 α_1 显著为负，则董事高管责任保险抑制金融资产配置，支持有效监督假说，H5－3a 得到验证；若 α_1 显著为正，则说明董事高管责任保险加剧金融资产配置，支持机会主义假说，H5－3b 得到验证。

（3）其他变量说明。

控制变量的定义（见表 5－26）与 5.3 节的保持完全一致，此处不再说明。

表 5－26　　控制变量的定义

变量类型	变量符号	变量名称	度量方法
被解释变量	$Financial_{i,t}$	金融资产配置	金融资产/总资产
解释变量	$Ins_{i,t}$	董事高管责任保险	当年购买董事高管责任保险的为 1，否则为 0
控制变量	$Size_{i,t}$	企业规模	资产总额的自然对数
	$Dpa_{i,t}$	偿债能力	长期债务与营运资金比率
	$Age_{i,t}$	企业年龄	Ln（当年年份－成立年份＋1）
	$Pmr_{i,t}$	边际利润率	（利润＋销售成本）/销售收入
	$Oc_{i,t}$	营业周期	Ln（应收账款周转天数＋存货周转天数）

续表

变量类型	变量符号	变量名称	度量方法
控制变量	$Invest_{i,t}$	投资支出	(构建固定资产、无形资产等支付的现金 - 处置固定资产、无形资产等收回的现金净额)/总资产
	$PPE_{i,t}$	有形资产占比	固定资产与总资产的比值
	$Emp_{i,t}$	资本密集度	总资产/营业收入
	$Seperation_{i,t}$	实际控制人两权分离率	控制权与所有权的差额
	$Pay_{i,t}$	管理层薪酬	管理层前三名薪酬总额的自然对数
	$Indperc_{i,t}$	独立董事规模	独立董事人数/董事会人数
	$Top10_{i,t}$	十大审计	审计师来自十大会计师事务所赋值为1，否则为0
	$Finback_{i,t}$	管理层金融背景	具有金融背景的为1，否则为0

5.4.3 基本回归分析

表5-27是主要变量的描述性统计。$Ins_{i,t}$的均值为0.0456，即中国平均购买董事高管责任保险的非金融上市公司占比为4.56%，与欧美发达国家相比，中国董事高管责任保险的投保率较低，尚处于初期阶段。但随着法律体系的完善、股票发行注册制改革的深入、企业国际化进程的推进与投资者保护意识的增强，管理层执业风险大幅上升，其对董事高管责任保险需求不断增加。换言之，董事高管责任保险是伴随着中国社会经济的发展而产生的，发展潜力较大。$Financial_{i,t}$和控制变量的描述性统计与前面结果基本一致，此处不再说明。

表5-27　　主要变量的描述性统计

变量	观测值	均值	标准差	25%分位	中位数	75%分位	最小值	最大值
$Financial_{i,t}$	28413	0.0655	0.1038	0.0009	0.0187	0.0830	0.0000	0.5174
$Ins_{i,t}$	28413	0.0456	0.2086	0	0	0	0	1
$Size_{i,t}$	28413	22.7344	0.9781	22.0277	22.6041	23.3042	20.9069	25.7463

续表

变量	观测值	均值	标准差	25%分位	中位数	75%分位	最小值	最大值
$Dpa_{i,t}$	28413	0.1071	2.5367	0.0010	0.0466	0.3284	-13.3926	13.0701
$Age_{i,t}$	28413	2.7780	0.3854	2.5649	2.8332	3.0445	1.3863	3.4657
$Pmr_{i,t}$	28413	1.0109	0.0787	0.9861	0.9996	1.0194	0.7373	1.4748
$Oc_{i,t}$	28413	5.1254	0.8978	4.6365	5.2174	5.7105	2.2959	7.2416
$Invest_{i,t}$	28413	0.0509	0.0495	0.0154	0.0368	0.0720	-0.0285	0.2349
$PPE_{i,t}$	28413	0.2245	0.1601	0.1004	0.1919	0.3154	0.0036	0.7081
$Emp_{i,t}$	28413	2.3270	1.8098	1.2749	1.8488	2.7073	0.3969	11.9668
$Seperation_{i,t}$	28413	4.7600	7.4298	0.0000	0.0000	7.8491	0.0000	27.9277
$Pay_{i,t}$	28413	14.3289	0.7158	13.8792	14.3304	14.7820	12.5025	16.1858
$Indperc_{i,t}$	28413	0.3734	0.0520	0.3333	0.3333	0.4286	0.3333	0.5714
$Top10_{i,t}$	28413	0.5126	0.4999	0	1	1	0	1
$Finback_{i,t}$	28413	0.6681	0.4709	0	1	1	0	1

表5-28是主要变量的相关性检验结果。不难发现，各变量间相关系数的绝对值低于0.8，可以判定本节所用回归模型不存在多重共线性问题。与前面做法一致，本章还通过VIF进行多重共线性检验，发现各变量的VIF值均小于10，再次排除多重共线性的存在。相关系数矩阵检验结果方面，$Ins_{i,t}$与$Financial_{i,t}$的相关系数为0.012，显著性水平为5%，即董事高管责任保险与金融资产配置正相关，意味着董事高管责任保险可能通过责任风险转移弱化管理层受托责任与公司治理机制的有效性，从而恶化代理冲突，增加管理层对金融资产的非理性逐利，在一定程度上支持了H5-3b，但这只是初步判断，无法确定董事高管责任保险与金融资产配置的关系，尚需要通过回归分析进行检验。另外，$Size_{i,t}$和$Financial_{i,t}$、$Dpa_{i,t}$和$Financial_{i,t}$、$Age_{i,t}$和$Financial_{i,t}$、$Pmr_{i,t}$和$Financial_{i,t}$、$Oc_{i,t}$和$Financial_{i,t}$、$Invest_{i,t}$和$Financial_{i,t}$、$PPE_{i,t}$和$Financial_{i,t}$、$Emp_{i,t}$和$Financial_{i,t}$、$Seperation_{i,t}$和$Financial_{i,t}$、$Pay_{i,t}$和$Financial_{i,t}$、$Indperc_{i,t}$和$Financial_{i,t}$、$Top10_{i,t}$和$Financial_{i,t}$以及$Finback_{i,t}$和$Financial_{i,t}$的相关性检验与前面结果基本一致，此处不再说明。

表 5-28 主要变量的相关性检验

变量	$Financial_{i,t}$	$Mrestr_{i,t}$	$Size_{i,t}$	$Dpa_{i,t}$	$Age_{i,t}$
$Financial_{i,t}$	1				
$Ins_{i,t}$	0.012 **	1			
$Size_{i,t}$	0.012 **	0.093 ***	1		
$Dpa_{i,t}$	0.013 **	0.002	-0.016 ***	1	
$Age_{i,t}$	0.148 ***	0.102 ***	0.140 ***	-0.005	1
$Pmr_{i,t}$	0.159 ***	0.011 *	-0.036 ***	0.002	0.045 ***
$Oc_{i,t}$	-0.029 ***	-0.063 ***	-0.126 ***	0.066 ***	-0.033 ***
$Invest_{i,t}$	-0.162 ***	-0.019 ***	0.017 ***	-0.005	-0.200 ***
$PPE_{i,t}$	-0.243 ***	0.019 ***	0.044 ***	-0.079 ***	0.022 ***
$Emp_{i,t}$	0.151 ***	0.004	-0.009	-0.038 ***	0.054 ***
$Seperation_{i,t}$	-0.030 ***	0.003	0.060 ***	0.007	0.008
$Pay_{i,t}$	0.142 ***	0.118 ***	0.451 ***	0.027 ***	0.222 ***
$Indperc_{i,t}$	0.054 ***	0.002	0.011 *	0.010 *	0.019 ***
$Top10_{i,t}$	0.040 ***	0.011 *	0.129 ***	-0.002	0.061 ***
$Finback_{i,t}$	0.031 ***	0.048 ***	0.058 ***	0.003	0.035 ***

变量	$Pmr_{i,t}$	$Oc_{i,t}$	$Invest_{i,t}$	$PPE_{i,t}$	$Emp_{i,t}$
$Pmr_{i,t}$	1				
$Oc_{i,t}$	0.040 ***	1			
$Invest_{i,t}$	-0.084 ***	-0.137 ***	1		
$PPE_{i,t}$	-0.040 ***	-0.368 ***	0.255 ***	1	
$Emp_{i,t}$	0.326 ***	0.300 ***	-0.017 ***	-0.033 ***	1
$Seperation_{i,t}$	-0.008	-0.063 ***	0.003	0.061 ***	-0.046 ***
$Pay_{i,t}$	-0.070 ***	-0.043 ***	-0.002	-0.144 ***	-0.098 ***
$Indperc_{i,t}$	0.007	0.045 ***	-0.006	-0.060 ***	0.031 ***
$Top10_{i,t}$	-0.007	0.018 ***	0.011 *	-0.038 ***	-0.005
$Finback_{i,t}$	0.013 **	-0.009	0.006	-0.054 ***	0.058 ***

变量	$Seperation_{i,t}$	$Pay_{i,t}$	$Indperc_{i,t}$	$Top10_{i,t}$	$Finback_{i,t}$
$Seperation_{i,t}$	1				
$Pay_{i,t}$	0.027 ***	1			
$Indperc_{i,t}$	-0.084 ***	0.019 ***	1		
$Top10_{i,t}$	0.014 **	0.200 ***	0.033 ***	1	
$Finback_{i,t}$	-0.008	0.122 ***	0.001	0.024 ***	1

注：表 5-28 列示的是 Pearson 系数，***、** 与 * 分别表示在 1%、5% 与 10% 的水平上显著。

表5－29检验了董事高管责任保险的监督功能，与前面做法一致，本章同时采用OLS与Tobit模型来进行估计。OLS结果显示，$Ins_{i,t}$的系数为－0.0050，显著性水平为10%；Tobit结果显示，$Ins_{i,t}$的系数为－0.0048，在10%的水平上显著，即董事高管责任保险能够抑制企业金融资产配置，说明董事高管责任保险可以起到有效的风险激励与外部监督作用，通过增强主业盈利能力与治理效率弱化管理层机会主义动机，减少企业对金融资产的逐利行为，从而证实有效监督假说，支持H5－3a。

表5－29　　　　基本回归分析

变量	(1)	(2)
	OLS	Tobit
	金融资产配置	金融资产配置
$Ins_{i,t}$	－0.0050 * (0.0026)	－0.0048 * (0.0028)
$Size_{i,t}$	－0.0070 *** (0.0007)	0.0064 *** (0.0007)
$Dpa_{i,t}$	0.0003 (0.0002)	0.0007 *** (0.0002)
$Age_{i,t}$	0.0040 ** (0.0017)	0.0377 *** (0.0018)
$Pmr_{i,t}$	0.1290 *** (0.0113)	0.2809 *** (0.0131)
$Oc_{i,t}$	－0.0250 *** (0.0010)	－0.0275 *** (0.0011)
$Invest_{i,t}$	－0.1451 *** (0.0106)	－0.2983 *** (0.0121)
$PPE_{i,t}$	－0.1639 *** (0.0042)	－0.1549 *** (0.0047)
$Emp_{i,t}$	0.0101 *** (0.0005)	0.0121 *** (0.0006)
$Seperation_{i,t}$	－0.0001 (0.0001)	－0.0003 *** (0.0001)

续表

变量	(1)	(2)
	OLS	Tobit
	金融资产配置	金融资产配置
$Pay_{i,t}$	0. 0106 *** (0. 0010)	0. 0085 *** (0. 0011)
$Indperc_{i,t}$	0. 0441 *** (0. 0109)	0. 0083 (0. 0110)
$Top10_{i,t}$	-0. 0011 (0. 0012)	0. 0004 (0. 0012)
$Finback_{i,t}$	0. 0015 (0. 0012)	0. 0038 *** (0. 0012)
_cons	0. 0645 *** (0. 0235)	-0. 3941 *** (0. 0251)
年份和行业	控制	控制
N	28413	28413

注：括号中为聚类稳健标准误； *** 、 ** 与 * 分别表示在 1% 、5% 与 10% 的水平上显著。

5. 4. 4 内生性处理

（1）基于 2SLS 与 IV Tobit 的检验。

自选择、样本选择偏误、互为因果以及一般性遗漏变量均可能引致内生性问题，从而导致董事高管责任保险抑制企业金融资产配置。其原因在于：第一，是否购买董事高管责任保险可能是投保公司与保险公司选择效应的结果，即具有良好投资机会与发展前景的企业更可能购买董事高管责任保险，且保险公司更可能选择那些治理风险较低的企业作为承保对象；第二，非金融上市公司金融资产配置缩减可能增强企业可持续发展能力，同时可能意味着公司治理有效性提高，从而促使企业进行董事高管责任保险购买与成为保险公司的承保对象，增加董事高管责任保险购买概率；第三，虽然本章竭力控制可能影响企业金融资产配置的因素，但仍可能存在变量遗漏问题。为此，采用工具变量法对本章可能存在的内生性问题进行处理。借鉴李从刚和许荣（2020）的做法，选择独立董事海外学习背景（$Ins-IV_{i,t}$，具有海外学习背景的独立董事人数加 1 后取自然对数）作为董事高管责任保险的工具变量，进行 2SLS 与 IV Tobit 回归。这是因为具有海外学习背景的独立董事更可能深入了解董事高管责任保险的市场机制并运用其专业知识评估管理层执业风险，且更加懂得利用董事高管责任保险规避风险，但对企业投资选择没有直接影响，即其不会直接作用于金融资产配置，因此可以认为 $Ins-IV_{i,t}$ 满足相关性与外生性要求。表 5－30 中列（1）与列（2）以及列（3）与列（4）分别对应 2SLS 与 IV Tobit 的估计结果，就第一阶段而言，$Ins-IV_{i,t}$ 的系数在 1% 水平上显著为正，说明独立董事海外学习背景正向影响董事高管责任保险。对于第二阶段来说，$Ins_{i,t}$ 的系数为负，且通过显著性检验，表明董事高管责任保险对金融资产配置的抑制作用在控制内生性问题之后仍然成立。值得强调的是，本章使用 2SLS 与 IV Tobit 前通过了弱工具变量检验。对于 2SLS，F 统计量为 27.0974，大于 10，且 P 值均为 0.0000，同时瓦尔德检验最小特征值为 33.2817，大于 15% 水平的临界值 8.96；对于 IV Tobit，第一阶段回归的 F 值为 22.92。

表 5－30　内生性处理——2SLS 与 IV Tobit 估计

变量	(1)	(2)	(3)	(4)
	2SLS		IV Tobit	
	第一阶段	第二阶段	第一阶段	第二阶段
	董事高管责任保险	金融资产配置	董事高管责任保险	金融资产配置
$Ins-IV_{i,t}$	0.0223 *** (0.0043)		0.0223 *** (0.0043)	
$Ins_{i,t}$		-0.1652 ** (0.0820)		-0.2541 ** (0.1026)
$Size_{i,t}$	0.0081 *** (0.0016)	-0.0061 *** (0.0010)	0.0081 *** (0.0016)	0.0000 (0.0013)
$Dpa_{i,t}$	0.0001 (0.0006)	0.0004 * (0.0002)	0.0001 (0.0006)	0.0007 ** (0.0003)
$Age_{i,t}$	0.0492 *** (0.0034)	0.0113 ** (0.0044)	0.0492 *** (0.0034)	0.0279 *** (0.0055)
$Pmr_{i,t}$	0.0447 ** (0.0205)	0.1384 *** (0.0126)	0.0447 ** (0.0205)	0.1592 *** (0.0110)

续表

变量	(1)	(2)	(3)	(4)
	2SLS		IV Tobit	
	第一阶段	第二阶段	第一阶段	第二阶段
	董事高管责任保险	金融资产配置	董事高管责任保险	金融资产配置
$Oc_{i,t}$	-0.0090*** (0.0019)	-0.0267*** (0.0013)	-0.0090*** (0.0019)	-0.0301*** (0.0014)
$Invest_{i,t}$	-0.0919*** (0.0271)	-0.1609*** (0.0138)	-0.0919*** (0.0271)	-0.2412*** (0.0190)
$PPE_{i,t}$	0.0188* (0.0109)	-0.1630*** (0.0048)	0.0188* (0.0109)	-0.1839*** (0.0062)
$Emp_{i,t}$	0.0018** (0.0009)	0.0104*** (0.0006)	0.0018** (0.0009)	0.0108*** (0.0005)
$Seperation_{i,t}$	-0.0002 (0.0002)	-0.0001* (0.0001)	-0.0002 (0.0002)	-0.0002* (0.0001)
$Pay_{i,t}$	0.0293*** (0.0024)	0.0155*** (0.0027)	0.0293*** (0.0024)	0.0199*** (0.0034)
$Indperc_{i,t}$	0.0304 (0.0226)	0.0479*** (0.0119)	0.0304 (0.0226)	0.0552*** (0.0146)
$Top10_{i,t}$	-0.0008 (0.0025)	-0.0011 (0.0012)	-0.0008 (0.0025)	-0.0013 (0.0015)
$Finback_{i,t}$	0.0142*** (0.0024)	0.0039** (0.0018)	0.0142*** (0.0024)	0.0050** (0.0022)
_cons	-0.6766*** (0.0508)	-0.0472 (0.0626)	-0.6766*** (0.0508)	-0.3038*** (0.0761)
年份和行业	控制	控制	控制	控制
N	27453	27453	27453	27453

注：括号中为聚类稳健标准误；***、** 与 * 分别表示在1%、5%与10%的水平上显著。表5－30中的工具变量从2008年开始统计。

(2) 基于PSM的检验。

如前所述，中国投保董事高管责任保险的上市公司占比较小，原因可能在于投保公司与保险公司的双向“选择效应”。具体来说，既有可能是治理较好、经营质量较高的公司购买董事高管责任保险，也有可能是保险公司选择承保对象时拒绝了治理风险较大、运营能力较低的公司。考虑到潜在的内生性问题，本章采用倾向得分匹配（PSM）方法进行检验：第一，依据企业规模 $Size_{i,t}$、现金流量 $Cf_{i,t}$、企业年龄 $Age_{i,t}$、边际利润率 $Pmr_{i,t}$、营业周期 $Oc_{i,t}$、有形资产占比 $PPE_{i,t}$、管理层薪酬 $Pay_{i,t}$、股权制衡度 $Ebd_{i,t}$、十大审计 $Top10_{i,t}$ 等可能影响非金融上市公司是否购买董事高管责任保险的因素，同时考虑年度与行业的影响，通过 Probit 模型估计企业购买董事高管责任保险的倾向得分，然后采用可重置抽样的 1∶1 最近邻匹配，即从未投保董事高管责任保险的样本中匹配出与购买董事高管责任保险的公司层面特征相近的企业；第二，以匹配后的观测值为样本重新进行 OLS 与 Tobit 回归。

表 5－31 列示了 PSM 的平衡性检验结果。从中可以看出，匹配后的标准偏差绝对值均小于 10%，标准偏差相比匹配前大幅减少，T 检验结果无法拒绝干预组与控制组特征变量均值不存在差异的原假设，即平衡性检验通过。表 5－32 报告了基于 PSM 得到的样本进行假设检验的结果。OLS 结果显示，$Ins_{i,t}$ 的系数为 －0.0081，显著性水平为 5%；Tobit 结果显示，$Ins_{i,t}$ 的系数为 －0.0071，在 10% 的水平上显著，说明控制公司特征差异性后董事高管责任保险与金融资产配置的负向关系仍然存在。

表 5－31　内生性处理——PSM 的平衡性检验

变量	匹配	均值		标准偏差（%）	标准偏差减少幅度（%）	T 检验	
		干预组	控制组			T 统计量	P 值
$Size_{i,t}$	匹配前	23.179	22.720	44.2	95.9	16.94	0.000
	匹配后	23.179	23.160	1.8		0.46	0.649
$Cf_{i,t}$	匹配前	0.054	0.049	6.5	38.3	2.33	0.020
	匹配后	0.054	0.051	4.0		1.03	0.303
$Age_{i,t}$	匹配前	2.948	2.771	50.9	100.0	16.75	0.000
	匹配后	2.948	2.948	0.0		0.00	1.000
$Pmr_{i,t}$	匹配前	1.015	1.011	4.7	79.0	1.81	0.071
	匹配后	1.015	1.014	1.0		0.25	0.801

续表

变量	匹配	均值		标准偏差（%）	标准偏差减少幅度（%）	T检验	
		干预组	控制组			T统计量	P值
$Oc_{i,t}$	匹配前	4.877	5.138	-28.8	92.2	-10.55	0.000
	匹配后	4.877	4.857	2.2		0.56	0.573
$PPE_{i,t}$	匹配前	0.238	0.224	8.2	99.7	3.03	0.002
	匹配后	0.238	0.238	0.0		-0.01	0.994
$Pay_{i,t}$	匹配前	14.735	14.317	54.8	93.7	20.90	0.000
	匹配后	14.735	14.708	3.5		0.91	0.364
$Ebd_{i,t}$	匹配前	0.890	0.940	-6.2	57.5	-2.21	0.027
	匹配后	0.890	0.911	-2.6		-0.70	0.485
$Top10_{i,t}$	匹配前	0.538	0.511	5.4	1.6	1.94	0.053
	匹配后	0.538	0.511	5.3		1.38	0.167

表5-32　　内生性处理——PSM估计

变量	(1)	(2)
	OLS	Tobit
	金融资产配置	金融资产配置
$Ins_{i,t}$	-0.0081** (0.0038)	-0.0071* (0.0039)
$Size_{i,t}$	0.0036 (0.0024)	0.0050** (0.0024)
$Dpa_{i,t}$	-0.0008 (0.0006)	-0.0010* (0.0006)
$Age_{i,t}$	0.0287*** (0.0081)	0.0299*** (0.0084)
$Pmr_{i,t}$	0.3026*** (0.0382)	0.3165*** (0.0386)
$Oc_{i,t}$	-0.0273*** (0.0030)	-0.0280*** (0.0031)
$Invest_{i,t}$	-0.2256*** (0.0357)	-0.2339*** (0.0378)
$PPE_{i,t}$	-0.1775*** (0.0133)	-0.1862*** (0.0141)

续表

变量	(1)	(2)
	OLS	Tobit
	金融资产配置	金融资产配置
$Emp_{i,t}$	0.0104 *** (0.0021)	0.0102 *** (0.0021)
$Seperation_{i,t}$	-0.0008 *** (0.0002)	-0.0009 *** (0.0002)
$Pay_{i,t}$	0.0013 (0.0035)	0.0026 (0.0036)
$Indperc_{i,t}$	0.0519 (0.0393)	0.0575 (0.0406)
$Top10_{i,t}$	0.0034 (0.0041)	0.0015 (0.0043)
$Finback_{i,t}$	-0.0028 (0.0043)	-0.0032 (0.0046)
_cons	-0.2489 *** (0.0752)	-0.3163 *** (0.0770)
年份和行业	控制	控制
N	2522	2522

注：括号中为聚类稳健标准误；***、** 与 * 分别表示在 1%、5% 与 10% 的水平上显著。

（3）基于董事高管责任保险发展政策的准自然实验检验。

2014 年 8 月，《国务院关于加快发展现代保险服务业的若干意见》出台意味着责任保险在企业风险防范与控制等方面的作用得到广泛重视，发展与推广责任保险成为国家全面深化改革布局的一项重要任务。因此可以将该项政策看作是董事高管责任保险新一轮推行与应用的准自然实验。借鉴雷新途和汪宏华（2019）、杨筝等（2019）等的研究，构建双重差分模型（5-6）检验董事高管责任保险发展政策出台前后三年与五年金融资产配置的变化。

$$Financial_{i,t} = \alpha_0 + \alpha_1 Post_{i,t} \times Treated_{i,t} + \alpha_2 Treated_{i,t} + \alpha_3 Post_{i,t} + \sum \alpha_f controls_{i,t} + \varepsilon_{i,t} \quad (5-6)$$

模型（5-6）中的 $Post_{i,t}$ 为时间虚拟变量，2014 年之后（含 2014 年）

赋值为1，2014年之前赋值为0。$Treated_{i,t}$表示实验组别，企业当年购买董事高管责任保险的为干预组，赋值为1，否则为控制组，赋值为0。其他变量含义同模型（5-5）。若α_1显著为负，则说明2014年加快发展责任保险的政策能够增强董事高管责任保险对金融资产配置的抑制作用，否则表明这一外生事件未发挥显著的金融资产配置治理作用。

表5-33为双重差分模型估计结果。从中可以看出，对于前后三年，$Post_{i,t} \times Treated_{i,t}$的系数为-0.0161，显著性水平为5%，就前后五年而言，$Post_{i,t} \times Treated_{i,t}$的系数为-0.0169，在1%的水平上显著，说明2014年出台的董事高管责任保险发展政策有助于董事高管责任保险发挥非金融上市公司金融化趋势治理的监督功能，抑制金融资产配置。需要强调的是，双重差分模型应用的前提是研究样本满足平行趋势假设，即实验前被解释变量在干预组与控制组间不存在显著差异。因此，与前面做法一致，本章考察这一外生事件的动态效应进行平行趋势假设检验，前后三年与前后五年对应的结果分别如图5-2与图5-3所示，董事高管责任保险发展政策出台前的动态系数不显著，平行趋势假设成立。此外，为了进一步确保上述估计结果的准确性，参照前面做法，本章还通过500次随机抽样进行安慰剂检验，前后三年与前后五年对应的结果分别如图5-4和图5-5所示，估计系数的均值在0附近，绝大部分P值大于0.1，且实际估计系数（垂直线）可以视为离群值，安慰剂检验通过。综上所述，说明基于准自然实验的研究结论是可靠的。

表5-33　　内生性处理——双重差分模型估计

变量	(1)	(2)
	前后三年	前后五年
$Post_{i,t} \times Treated_{i,t}$	-0.0161 ** (0.0073)	-0.0169 *** (0.0062)
$Treated_{i,t}$	-0.0021 (0.0054)	0.0047 (0.0047)
$Post_{i,t}$	0.0551 *** (0.0029)	0.0364 *** (0.0032)

续表

变量	(1)	(2)
	前后三年	前后五年
$Size_{i,t}$	-0.0042*** (0.0009)	-0.0076*** (0.0008)
$Dpa_{i,t}$	0.0005* (0.0003)	0.0003 (0.0002)
$Age_{i,t}$	0.0070*** (0.0022)	0.0074*** (0.0018)
$Pmr_{i,t}$	0.1479*** (0.0197)	0.1225*** (0.0153)
$Oc_{i,t}$	-0.0202*** (0.0014)	-0.0226*** (0.0012)
$Invest_{i,t}$	-0.1332*** (0.0147)	-0.1359*** (0.0122)
$PPE_{i,t}$	-0.1361*** (0.0058)	-0.1495*** (0.0048)
$Emp_{i,t}$	0.0073*** (0.0007)	0.0085*** (0.0006)
$Seperation_{i,t}$	0.0000 (0.0001)	0.0000 (0.0001)
$Pay_{i,t}$	0.0104*** (0.0014)	0.0107*** (0.0012)
$Indperc_{i,t}$	0.0250* (0.0145)	0.0463*** (0.0124)
$Top10_{i,t}$	-0.0004 (0.0015)	-0.0005 (0.0013)
$Finback_{i,t}$	0.0019 (0.0016)	0.0027** (0.0013)
_cons	-0.0670* (0.0360)	0.0458 (0.0292)
年份和行业	控制	控制
N	11680	19907

注：括号中为聚类稳健标准误；***、**与*分别表示在1%、5%与10%的水平上显著。

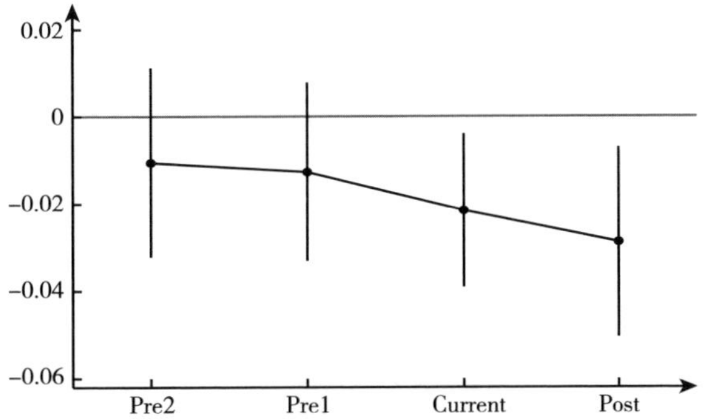

图5－2　动态系数图（前后三年）

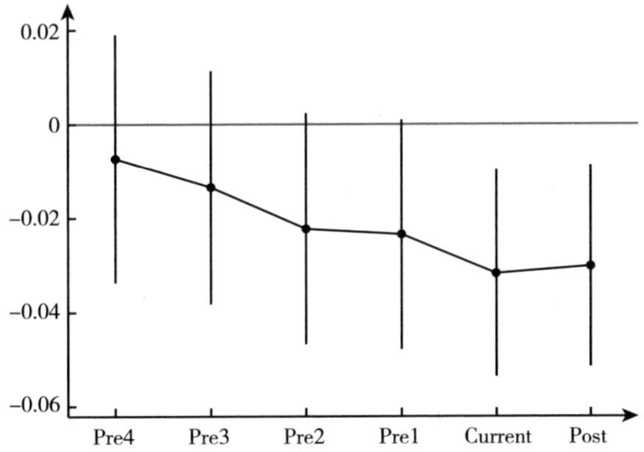

图5－3　动态系数图（前后五年）

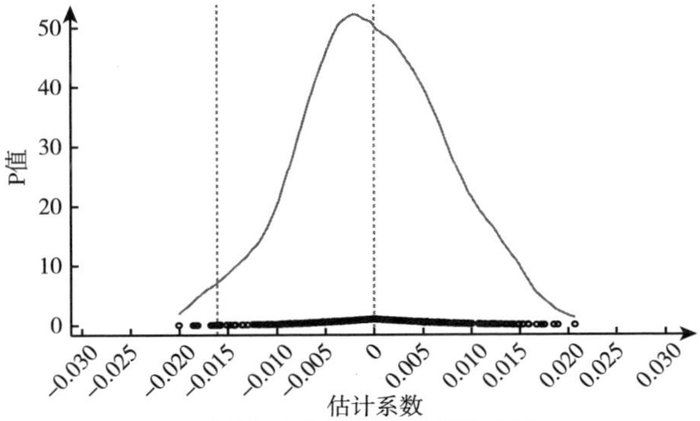

图5－4　安慰剂检验（前后三年）

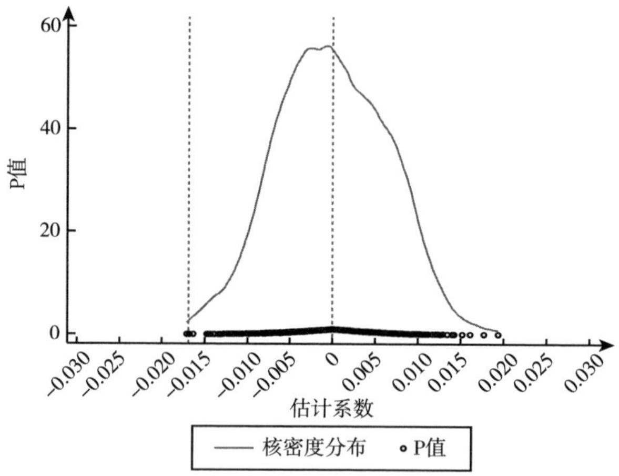

图 5-5　安慰剂检验（前后五年）

5.4.5　稳健性检验

（1）改变回归方法。

与前面做法一致，本章基于 Bootstrap 标准误方法检验董事高管责任保险对企业金融资产配置的抑制作用，结果见表 5-34。OLS 结果显示，$Ins_{i,}$ 的系数为 -0.0050，在 10% 的水平上显著；Tobit 结果显示，$Ins_{i,}$ 的系数为 -0.0048，显著性水平为 10%，与基本回归结果一致。

表 5-34　　　　稳健性检验——Bootstrap 估计

变量	(1)	(2)
	OLS	Tobit
	金融资产配置	金融资产配置
$Ins_{i,t}$	-0.0050* (0.0026)	-0.0048* (0.0029)
$Size_{i,t}$	-0.0070*** (0.0006)	0.0064*** (0.0006)
$Dpa_{i,t}$	0.0003 (0.0002)	0.0007*** (0.0002)

续表

变量	(1)	(2)
	OLS	Tobit
	金融资产配置	金融资产配置
$Age_{i,t}$	0.0040 ** (0.0019)	0.0377 *** (0.0019)
$Pmr_{i,t}$	0.1290 *** (0.0114)	0.2809 *** (0.0135)
$Oc_{i,t}$	-0.0250 *** (0.0009)	-0.0275 *** (0.0012)
$Invest_{i,t}$	-0.1451 *** (0.0125)	-0.2983 *** (0.0137)
$PPE_{i,t}$	-0.1639 *** (0.0043)	-0.1549 *** (0.0049)
$Emp_{i,t}$	0.0101 *** (0.0006)	0.0121 *** (0.0006)
$Seperation_{i,t}$	-0.0001 (0.0001)	-0.0003 *** (0.0001)
$Pay_{i,t}$	0.0106 *** (0.0010)	0.0085 *** (0.0011)
$Indperc_{i,t}$	0.0441 *** (0.0122)	0.0083 (0.0114)
$Top10_{i,t}$	-0.0011 (0.0014)	0.0004 (0.0012)
$Finback_{i,t}$	0.0015 (0.0010)	0.0038 *** (0.0012)
_cons	0.0645 ** (0.0252)	-0.3941 *** (0.0262)
年份和行业	控制	控制
N	28413	28413

注：括号中为聚类稳健标准误；*** 、** 与 * 分别表示在1%、5%与10%的水平上显著。

（2）变更金融资产配置度量指标。

为考察董事高管责任保险对金融资产配置的抑制作用是否具有持续性，参照前面做法，本章检验了董事高管责任保险对下期金融资产配置的影响效果，见表5－35。OLS结果显示，$Ins_{i,t}$的系数为－0.0069，显著性水平为5%；Tobit结果显示，$Ins_{i,t}$的系数为－0.0067，在5%的水平上显著，说明董事高管责任保险与下期金融资产配置呈负向关系，证实了董事高管责任保险治理效应的持续性，揭示了董事高管责任保险对于缓解金融化趋势进而促进企业可持续发展的重要性，进一步支持本章假设。

表5－35　　稳健性检验——变更金融资产配置度量指标

变量	(1)	(2)
	OLS	Tobit
	金融资产配置	金融资产配置
$Ins_{i,t}$	－0.0069** (0.0030)	－0.0067** (0.0031)
$Size_{i,t}$	0.0017** (0.0007)	0.0056*** (0.0007)
$Dpa_{i,t}$	0.0005** (0.0002)	0.0005** (0.0002)
$Age_{i,t}$	0.0262*** (0.0016)	0.0324*** (0.0019)
$Pmr_{i,t}$	0.3038*** (0.0146)	0.3190*** (0.0151)
$Oc_{i,t}$	－0.0244*** (0.0011)	－0.0253*** (0.0011)
$Invest_{i,t}$	－0.2275*** (0.0111)	－0.2666*** (0.0127)
$PPE_{i,t}$	－0.1418*** (0.0045)	－0.1478*** (0.0049)
$Emp_{i,t}$	0.0107*** (0.0006)	0.0106*** (0.0007)

续表

变量	(1)	(2)
	OLS	Tobit
	金融资产配置	金融资产配置
$Seperation_{i,t}$	-0.0003 *** (0.0001)	-0.0003 *** (0.0001)
$Pay_{i,t}$	0.0079 *** (0.0010)	0.0088 *** (0.0011)
$Indperc_{i,t}$	0.0074 (0.0107)	0.0067 (0.0116)
$Top10_{i,t}$	0.0021 * (0.0012)	0.0016 (0.0013)
$Finback_{i,t}$	0.0057 *** (0.0012)	0.0061 *** (0.0013)
_cons	-0.2975 *** (0.0260)	-0.4241 *** (0.0272)
年份和行业	控制	控制
N	24973	24973

注：括号中为聚类稳健标准误；***、**与*分别表示在1%、5%与10%的水平上显著。

（3）改变样本区间。

如前所述，2006 年会计准则实施以来金融资产一直采用“四分类”，2017 年修订《企业会计准则第 22 号——金融工具确认和计量》《企业会计准则第 37 号——金融工具列报》等准则，金融资产则实行“三分类”，修订后的金融工具相关准则自 2019 年 1 月 1 日起在境内上市企业执行。为避免准则修订的影响，本章以 2007 ~ 2018 年 A 股非金融上市公司为研究对象，对假设进行检验，结果见表 5-36 中列（1）与列（2）。OLS 结果显示，$Ins_{i,t}$的系数为 -0.0065，显著性水平为 5%；Tobit 结果显示，$Ins_{i,t}$的系数为 -0.0052，在 10% 的水平上显著，结论未发生明显变化。另外，参照前面做法，本章采用金融资产配置大于 0 的样本重新进行假设检验，结果见表 5-36 中列（3）。从中可以看出，$Ins_{i,t}$的系数为 -0.0052，显著性水平为 10%，进一步支持结论。

表 5-36　　稳健性检验——改变样本区间

变量	(1)	(2)	(3)
	考虑金融资产三分类影响		剔除金融资产配置为 0 的样本
	OLS	Tobit	OLS
	金融资产配置	金融资产配置	金融资产配置
$Ins_{i,t}$	-0.0065 ** (0.0029)	-0.0052 * (0.0031)	-0.0052 * (0.0029)
$Size_{i,t}$	0.0032 *** (0.0007)	0.0089 *** (0.0007)	-0.0135 *** (0.0008)
$Dpa_{i,t}$	0.0005 ** (0.0002)	0.0006 ** (0.0003)	0.0002 (0.0002)
$Age_{i,t}$	0.0325 *** (0.0015)	0.0419 *** (0.0018)	-0.0056 ** (0.0022)
$Pmr_{i,t}$	0.3150 *** (0.0154)	0.3377 *** (0.0160)	0.1214 *** (0.0125)
$Oc_{i,t}$	-0.0212 *** (0.0010)	-0.0222 *** (0.0011)	-0.0294 *** (0.0012)
$Invest_{i,t}$	-0.2049 *** (0.0103)	-0.2657 *** (0.0125)	-0.1485 *** (0.0141)
$PPE_{i,t}$	-0.1225 *** (0.0043)	-0.1256 *** (0.0049)	-0.2026 *** (0.0051)
$Emp_{i,t}$	0.0083 *** (0.0006)	0.0081 *** (0.0007)	0.0127 *** (0.0006)
$Seperation_{i,t}$	-0.0001 * (0.0001)	-0.0002 ** (0.0001)	-0.0001 (0.0001)
$Pay_{i,t}$	0.0062 *** (0.0010)	0.0069 *** (0.0011)	0.0118 *** (0.0012)
$Indperc_{i,t}$	0.0055 (0.0100)	0.0045 (0.0113)	0.0534 *** (0.0130)
$Top10_{i,t}$	0.0017 (0.0011)	0.0010 (0.0013)	-0.0019 (0.0014)

续表

变量	(1)	(2)	(3)
	考虑金融资产三分类影响		剔除金融资产配置为 0 的样本
	OLS	Tobit	OLS
	金融资产配置	金融资产配置	金融资产配置
$Finback_{i,t}$	0.0049*** (0.0011)	0.0051*** (0.0013)	0.0013 (0.0014)
_cons	-0.3533*** (0.0262)	-0.5308*** (0.0279)	0.2664*** (0.0277)
年份和行业	控制	控制	控制
N	21901	21901	22831

注：括号中为聚类稳健标准误；***、** 与 * 分别表示在 1%、5% 与 10% 的水平上显著。

（4）外部冲击。

如前所述，2014 年 7 月，“脱实向虚”首次在官方文件中出现，这意味着企业金融化治理问题受到广泛关注。为了检验这一外部冲击的影响，与前面做法一致，本章以 2014 年为临界点进行分组检验，结果见表 5-37。在 2014 年之前的样本组中，OLS 结果显示，$Ins_{i,t}$的系数为正但不显著；Tobit 结果显示，$Ins_{i,t}$的系数为 0.0097，在 5% 的水平上显著，表明在 2014 年之前，董事高管责任保险未发挥显著的金融资产配置治理作用，揭示了将金融化趋势治理提升到重要高度的重要性与必要性。在 2014 年之后的样本组中，OLS 结果显示，$Ins_{i,t}$的系数为 -0.0067，在 5% 的水平上显著；Tobit 结果显示，$Ins_{i,t}$的系数为 -0.0092，显著性水平为 1%，说明董事高管责任保险对金融资产配置的负向影响在 2014 年之后更显著，凸显出董事高管责任保险在非金融上市公司金融化趋势治理中的功能作用。

表 5-37　　稳健性检验——外部冲击

变量	(1)	(2)	(3)	(4)
	OLS		Tobit	
	2014 年之前	2014 年之后	2014 年之前	2014 年之后
$Ins_{i,t}$	0.0020 (0.0040)	-0.0067** (0.0032)	0.0097** (0.0049)	-0.0092*** (0.0035)

续表

变量	(1)	(2)	(3)	(4)
	OLS		Tobit	
	2014 年之前	2014 年之后	2014 年之前	2014 年之后
$Size_{i,t}$	-0.0004 (0.0008)	-0.0112*** (0.0009)	0.0085*** (0.0011)	-0.0078*** (0.0010)
$Dpa_{i,t}$	0.0001 (0.0003)	0.0004* (0.0003)	0.0005 (0.0003)	0.0005* (0.0003)
$Age_{i,t}$	0.0202*** (0.0015)	-0.0134*** (0.0028)	0.0440*** (0.0027)	-0.0105*** (0.0030)
$Pmr_{i,t}$	0.1152*** (0.0196)	0.1261*** (0.0138)	0.1545*** (0.0229)	0.1314*** (0.0145)
$Oc_{i,t}$	-0.0115*** (0.0014)	-0.0334*** (0.0014)	-0.0145*** (0.0018)	-0.0355*** (0.0015)
$Invest_{i,t}$	-0.1085*** (0.0116)	-0.1630*** (0.0164)	-0.2040*** (0.0190)	-0.2016*** (0.0189)
$PPE_{i,t}$	-0.0919*** (0.0054)	-0.2148*** (0.0059)	-0.1194*** (0.0078)	-0.2331*** (0.0067)
$Emp_{i,t}$	0.0053*** (0.0008)	0.0130*** (0.0007)	0.0047*** (0.0010)	0.0135*** (0.0007)
$Seperation_{i,t}$	0.0000 (0.0001)	-0.0002* (0.0001)	0.0002 (0.0001)	-0.0003** (0.0001)
$Pay_{i,t}$	0.0050*** (0.0012)	0.0139*** (0.0014)	0.0061*** (0.0017)	0.0150*** (0.0016)
$Indperc_{i,t}$	0.0522*** (0.0144)	0.0361** (0.0144)	0.0669*** (0.0200)	0.0350** (0.0157)

续表

变量	(1)	(2)	(3)	(4)
	OLS		Tobit	
	2014 年之前	2014 年之后	2014 年之前	2014 年之后
$Top10_{i,t}$	-0.0018 (0.0014)	-0.0014 (0.0016)	-0.0024 (0.0021)	-0.0014 (0.0017)
$Finback_{i,t}$	0.0059 *** (0.0014)	-0.0009 (0.0016)	0.0064 *** (0.0022)	-0.0010 (0.0018)
_cons	-0.1243 *** (0.0351)	0.2276 *** (0.0322)	-0.4381 *** (0.0437)	0.1234 *** (0.0344)
年份和行业	控制	控制	控制	控制
N	9980	18433	9980	18433

注：括号中为聚类稳健标准误；*** 、** 与 * 分别表示在 1% 、5% 与 10% 的水平上显著。

（5）竞争性解释。

投保董事高管责任保险的非金融上市公司多数可能具备良好前景，甚至处于成长期，本就需要锐意进取、开拓市场、扩大生产规模，因此，公司根据自身需求将更多的资金进行实业投资，同时可能采取投保董事高管责任保险的方式鼓励管理层积极进取，从而导致董事高管责任保险负向影响金融资产配置，即本章可能存在的一种竞争性解释。此外，董事高管责任保险的投保费用可能挤占公司闲置资金，致使金融资产配置资金供给不足，从而形成一种机械相关关系，而非因果关系，即本章可能存在的另一种竞争性解释。为排除这两种可能性，参考 5.2 节的做法，本章分别考察企业投资机会（$TobinQ_{i,t}$，市场价值与总资产的比值）、生命周期（$ELC_{i,t}$，处于成长期的，取值为 1，否则为 0）以及闲置资金（$FCF_{i,t}$，企业自由现金流与总资产的比值）对董事高管责任保险与金融资产配置关系的额外影响，结果见表 5-38。OLS 与 Tobit 结果显示，$Ins_{i,t} \times TobinQ_{i,t}$、$Ins_{i,t} \times ELC_{i,t}$与 $Ins_{i,t} \times FCF_{i,t}$的系数均不显著，表明董事高管责任保险与金融资产配置的负向关系并非由企业具备良好前景、处于成长期或闲置资金减少导致（见表 5-38）。

表 5-38　　稳健性检验——竞争性解释

变量	(1)	(2)	(3)	(4)	(5)	(6)
	投资机会		成长期		闲置资金	
	OLS	Tobit	OLS	Tobit	OLS	Tobit
$Ins_{i,t}$ × $TobinQ_{i,t}$	-0.0016 (0.0019)	-0.0010 (0.0021)				
$Ins_{i,t}$ × $ELC_{i,t}$			0.0017 (0.0051)	0.0032 (0.0058)		
$Ins_{i,t}$ × $FCF_{i,t}$					0.0135 (0.0269)	-0.0008 (0.0300)
$Ins_{i,t}$	-0.0052* (0.0028)	-0.0048 (0.0032)	-0.0057* (0.0034)	-0.0060 (0.0038)	-0.0043* (0.0026)	-0.0039 (0.0029)
$TobinQ_{i,t}$	0.0025*** (0.0004)	0.0013*** (0.0004)				
$ELC_{i,t}$			-0.0098*** (0.0012)	-0.0114*** (0.0014)		
$FCF_{i,t}$					0.0419*** (0.0061)	0.0512*** (0.0073)
$Size_{i,t}$	-0.0072*** (0.0007)	-0.0018** (0.0008)	-0.0064*** (0.0007)	-0.0010 (0.0008)	-0.0072*** (0.0007)	-0.0026*** (0.0008)
$Dpa_{i,t}$	0.0003 (0.0002)	0.0006** (0.0002)	0.0003 (0.0002)	0.0006** (0.0002)	0.0004** (0.0002)	0.0006*** (0.0002)
$Age_{i,t}$	0.0048*** (0.0017)	0.0174*** (0.0021)	0.0034** (0.0016)	0.0161*** (0.0021)	0.0051*** (0.0018)	0.0164*** (0.0022)
$Pmr_{i,t}$	0.1294*** (0.0114)	0.1469*** (0.0123)	0.1272*** (0.0113)	0.1446*** (0.0123)	0.1153*** (0.0110)	0.1265*** (0.0120)
$Oc_{i,t}$	-0.0248*** (0.0010)	-0.0276*** (0.0011)	-0.0243*** (0.0010)	-0.0269*** (0.0011)	-0.0246*** (0.0010)	-0.0272*** (0.0011)
$Invest_{i,t}$	-0.1525*** (0.0106)	-0.2226*** (0.0139)	-0.1151*** (0.0112)	-0.1831*** (0.0146)	-0.1339*** (0.0110)	-0.2008*** (0.0141)
$PPE_{i,t}$	-0.1567*** (0.0042)	-0.1839*** (0.0052)	-0.1668*** (0.0042)	-0.1910*** (0.0052)	-0.1680*** (0.0043)	-0.1958*** (0.0053)

续表

变量	(1)	(2)	(3)	(4)	(5)	(6)
	投资机会		成长期		闲置资金	
	OLS	Tobit	OLS	Tobit	OLS	Tobit
$Emp_{i,t}$	0.0099*** (0.0005)	0.0102*** (0.0006)	0.0100*** (0.0005)	0.0101*** (0.0006)	0.0103*** (0.0005)	0.0106*** (0.0006)
$Seperation_{i,t}$	-0.0001 (0.0001)	-0.0001 (0.0001)	-0.0001 (0.0001)	-0.0001 (0.0001)	-0.0001 (0.0001)	-0.0001 (0.0001)
$Pay_{i,t}$	0.0110*** (0.0010)	0.0125*** (0.0012)	0.0102*** (0.0010)	0.0118*** (0.0012)	0.0103*** (0.0010)	0.0121*** (0.0012)
$Indperc_{i,t}$	0.0395*** (0.0109)	0.0473*** (0.0129)	0.0446*** (0.0109)	0.0500*** (0.0128)	0.0449*** (0.0111)	0.0488*** (0.0128)
$Top10_{i,t}$	-0.0011 (0.0012)	-0.0012 (0.0014)	-0.0012 (0.0012)	-0.0013 (0.0014)	-0.0014 (0.0012)	-0.0015 (0.0014)
$Finback_{i,t}$	0.0014 (0.0012)	0.0012 (0.0014)	0.0019 (0.0012)	0.0017 (0.0014)	0.0021* (0.0012)	0.0019 (0.0014)
_cons	0.0575** (0.0235)	-0.1373*** (0.0267)	0.0596** (0.0234)	-0.1375*** (0.0266)	0.0850*** (0.0238)	-0.0838*** (0.0267)
年份和行业	控制	控制	控制	控制	控制	控制
N	28413	28413	28333	28333	26329	26329

注：括号中为聚类稳健标准误；***、**与*分别表示在1%、5%与10%的水平上显著。

5.4.6 进一步分析

(1) 区分金融资产配置类型。

与前面做法一致，本章通过将金融资产区分为经营性金融资产与非经营性金融资产考察董事高管责任保险产生影响的异质性，检验结果见表5-39中列（1）与列（2）。从中可以看出，当经营性金融资产配置为被解释变量时，$Ins_{i,t}$的系数为-0.0027，在5%的水平上显著；当非经营性金融资产配置为被解释变量时，$Ins_{i,t}$的系数不显著，可能的解释是相较于金融资产配置，实物资本投资更可能平衡各方利益，从而减少管理层涉诉可能性，降低保险公司赔偿风险，因此保险公司出于最大化自身利益考虑更可能通过董事高管责任保险促使管理层进行实物资本投资，最终抑制金融资产配置。为此，参照翟胜宝等（2014）与翟光宇等（2021）的研究，用长期投资净额、固定资产净额、在建工程净额与无形资产净额总和占总资产的比重表示实物资本投资，对董事高管责任保险与实物资本投资的关系进行检验，结果见表5－39中列（3）。可以发现，当实业投资为被解释变量时，$Ins_{i,t}$的系数为0.0076，显著性水平为1%，证实了董事高管责任保险对企业实物资本投资的提升作用，意味着董事高管责任保险能够降低管理层短视程度，激发其履职积极性，吸引优质人力资本流入，并提高公司治理效率，从而促使管理层重视主业发展，进一步支持有效监督假说。

表5－39　金融资产配置类型的细分考察

变量	(1)	(2)	(3)
	经营性金融资产配置	非经营性金融资产配置	实物资本投资
$Ins_{i,t}$	−0.0027** (0.0010)	0.0006 (0.0023)	0.0076*** (0.0027)
$Size_{i,t}$	−0.0008*** (0.0003)	−0.0064*** (0.0006)	0.0093*** (0.0006)
$Dpa_{i,t}$	0.0002** (0.0001)	0.0001 (0.0001)	−0.0009*** (0.0003)
$Age_{i,t}$	0.0108*** (0.0007)	−0.0079*** (0.0014)	0.0028** (0.0014)
$Pmr_{i,t}$	0.0274*** (0.0055)	0.0858*** (0.0086)	−0.0792*** (0.0091)
$Oc_{i,t}$	−0.0034*** (0.0005)	−0.0194*** (0.0008)	−0.0172*** (0.0010)
$PPE_{i,t}$	−0.0259*** (0.0018)	−0.1261*** (0.0035)	0.9826*** (0.0046)
$Emp_{i,t}$	0.0030*** (0.0003)	0.0056*** (0.0004)	0.0112*** (0.0006)
$Seperation_{i,t}$	0.0000 (0.0000)	−0.0001 (0.0001)	−0.0001 (0.0001)

续表

变量	(1)	(2)	(3)
	经营性金融资产配置	非经营性金融资产配置	实物资本投资
$Pay_{i,t}$	0. 0017 *** (0. 0004)	0. 0086 *** (0. 0009)	-0. 0084 *** (0. 0009)
$Indperc_{i,t}$	0. 0163 *** (0. 0045)	0. 0221 ** (0. 0096)	-0. 0037 (0. 0089)
$Top10_{i,t}$	-0. 0020 *** (0. 0005)	0. 0014 (0. 0010)	0. 0024 ** (0. 0010)
$Invest_{i,t}$	-0. 0535 *** (0. 0045)	-0. 0862 *** (0. 0089)	
$Finback_{i,t}$	0. 0034 *** (0. 0004)	-0. 0022 ** (0. 0011)	
_cons	-0. 0262 ** (0. 0108)	0. 1068 *** (0. 0189)	0. 1376 *** (0. 0195)
年份和行业	控制	控制	控制
N	28413	28413	28413

注：括号中为聚类稳健标准误； *** 、 ** 与 * 分别表示在 1% 、5% 与 10% 的水平上显著。

（2）横截面分析。

如 5. 2 节所述，相较于非国有企业，政府更可能通过影响国有企业的投资活动实现公共治理目标，结果是董事高管责任保险对金融资产配置的治理效果弱化。除了产权性质可能会影响董事高管责任保险监督功能的发挥外，企业规模大小与所处地区市场化水平高低同样可能关系到董事高管责任保险的治理效力。就企业规模而言，大规模企业经营趋于稳定，金融资产配置不再可能削弱实业基础、侵害利益相关者利益，从而弱化董事高管责任保险对金融资产配置的抑制作用；小规模企业实业投资资金需求难以满足，金融资产配置更可能表现为资本套利动机，从而挤出实业投资，侵害利益相关者利益，增加企业诉讼风险，凸显出董事高管责任保险在金融资产配置治理中的功能作用。从市场化来看，当市场化较高时，市场信息环境较好，资源配置效率较高，这意味着金融资产配置更可能是企业巩固主业发展基础的重要手段，从而促使利益相关者价值最大化，减弱董事高管责任保险对金融资产配置的负向影响；当市场化较低时，市场信息透明度较差，从而更可能导致企业投资行为短视化与投机化，加剧管理层金融投机等侵害利益相关者利益的行为，强化董事高管责任保险对金融资产配置的监督功能。为此，本章从产权性质、企业规模与市场化三个维度考察董事高管责任保险监督功能发挥的情境依赖性，检验结果见表5－40。在国有企业样本组中，$Ins_{i,t}$的系数不显著；在非国有企业样本组中，$Ins_{i,t}$的系数为－0.0128，在1%的水平上显著，说明非国有企业中董事高管责任保险与金融资产配置的负向关系更显著，与预期相符。在大规模样本组中，$Ins_{i,t}$的系数不显著；在小规模样本组中，$Ins_{i,t}$的系数为－0.0092，显著性水平为5%，表明董事高管责任保险对金融资产配置的抑制作用在大规模企业中更为明显，与理论预期一致。在高市场化样本组中，$Ins_{i,t}$的系数不显著；在低市场化样本组中，$Ins_{i,t}$的系数为－0.0100，在1%的水平上显著，说明董事高管责任保险对金融资产配置的负向影响更可能出现在市场化较高组中，前述论断得以验证。

表5－40　　横截面分析

变量	(1)	(2)	(3)	(4)	(5)	(6)
	产权性质		企业规模		市场化	
	国有	非国有	大	小	高	低
$Ins_{i,t}$	0.0046 (0.0032)	－0.0128*** (0.0042)	0.0011 (0.0032)	－0.0092** (0.0043)	－0.0021 (0.0035)	－0.0100*** (0.0037)
$Size_{i,t}$	－0.0050*** (0.0008)	－0.0053*** (0.0011)	－0.0043*** (0.0011)	－0.0024 (0.0021)	－0.0056*** (0.0010)	－0.0072*** (0.0009)
$Dpa_{i,t}$	0.0003 (0.0002)	0.0002 (0.0003)	0.0004** (0.0002)	0.0000 (0.0003)	0.0005* (0.0003)	－0.0001 (0.0002)
$Age_{i,t}$	0.0208*** (0.0027)	0.0014 (0.0021)	0.0063*** (0.0023)	0.0018 (0.0023)	0.0059*** (0.0022)	0.0037 (0.0025)
$Pmr_{i,t}$	0.0835*** (0.0175)	0.1589*** (0.0146)	0.2032*** (0.0197)	0.0910*** (0.0136)	0.1378*** (0.0160)	0.1125*** (0.0157)
$Oc_{i,t}$	－0.0140*** (0.0014)	－0.0332*** (0.0014)	－0.0181*** (0.0014)	－0.0296*** (0.0014)	－0.0297*** (0.0015)	－0.0186*** (0.0014)

续表

变量	(1)	(2)	(3)	(4)	(5)	(6)
	产权性质		企业规模		市场化	
	国有	非国有	大	小	高	低
$Invest_{i,t}$	-0.1224*** (0.0162)	-0.1863*** (0.0139)	-0.1134*** (0.0154)	-0.1677*** (0.0145)	-0.1832*** (0.0151)	-0.1095*** (0.0144)
$PPE_{i,t}$	-0.1246*** (0.0058)	-0.1917*** (0.0060)	-0.1548*** (0.0058)	-0.1701*** (0.0059)	-0.1718*** (0.0061)	-0.1388*** (0.0056)
$Emp_{i,t}$	0.0081*** (0.0008)	0.0116*** (0.0007)	0.0068*** (0.0007)	0.0119*** (0.0007)	0.0119*** (0.0008)	0.0082*** (0.0007)
$Seperation_{i,t}$	-0.0003*** (0.0001)	0.0001 (0.0001)	-0.0001 (0.0001)	-0.0001 (0.0001)	-0.0001 (0.0001)	0.0001 (0.0001)
$Pay_{i,t}$	0.0049*** (0.0013)	0.0113*** (0.0014)	0.0101*** (0.0014)	0.0101*** (0.0015)	0.0063*** (0.0015)	0.0121*** (0.0014)
$Indperc_{i,t}$	0.0384** (0.0149)	0.0414*** (0.0146)	0.0504*** (0.0152)	0.0337** (0.0156)	0.0549*** (0.0152)	0.0268* (0.0149)
$Top10_{i,t}$	-0.0045*** (0.0017)	0.0008 (0.0015)	-0.0037** (0.0016)	0.0010 (0.0016)	-0.0017 (0.0016)	-0.0029* (0.0016)
$Finback_{i,t}$	0.0062*** (0.0016)	-0.0013 (0.0016)	0.0044*** (0.0017)	-0.0002 (0.0017)	-0.0002 (0.0017)	0.0040** (0.0016)
_cons	0.0255 (0.0329)	0.0533 (0.0327)	-0.0759* (0.0406)	0.0190 (0.0510)	0.1049*** (0.0326)	0.0301 (0.0341)
年份和行业	控制	控制	控制	控制	控制	控制
N	10329	18082	12212	16201	16531	11881

注：括号中为聚类稳健标准误；***、** 与 * 分别表示在1%、5%与10%的水平上显著。

（3）经济后果分析。

考虑到董事高管责任保险能够通过风险激励与外部监督促使企业进行实业投资，抑制金融资产配置，在实体经济与虚拟经济结构失衡、企业金融化趋势加重的背景下，董事高管责任保险的抑制作用是否会进一步影响企业投资效率、经营业绩或经营风险？对此，本章从投资效率、经营业绩与经营风险三个维度进行经济后果分析。具体模型如下：

$$DV_{i,t+1} = \alpha_0 + \alpha_1 Ins_{i,t} \times Financial_{i,t} + \alpha_2 Financial_{i,t} + \alpha_3 Ins_{i,t} + \sum \alpha_f controls_{i,t} + \varepsilon_{i,t} \quad (5-7)$$

与前面一致，模型（5－7）中的 $DV_{i,t+1}$ 包括非效率资本配置 $Indffinv_{i,t+1}$、经营业绩 $Roe_{i,t+1}$ 与经营风险 $BR_{i,t+1}$。具体地，非效率资本配置根据 Richardson（2006）的预期投资模型确定，表示为实际投资规模与预期投资规模差额的绝对值；经营业绩用净利润与股东权益的比值衡量；经营风险用经行业与年度调整后的三年息税前利润与总资产比值的标准差表示。其他变量含义同模型（5－5）。

表 5－41 中列（1）、列（2）与列（3）分别对应投资效率、经营业绩与经营风险层面的经济后果。可以看出，当非效率资本配置与经营业绩为被解释变量时，$Ins_{i,t} \times Financial_{i,t}$ 的系数不显著；当经营风险为被解释变量时，$Ins_{i,t} \times Financial_{i,t}$ 的系数为 －0.0532，在 5% 的水平上显著，表明董事高管责任保险对金融资产配置的抑制作用促使企业经营风险下降，对投资效率与经营业绩的改善作用不明显。显然，董事高管责任保险能够有效治理企业金融化趋势，降低实体经济风险，发挥避险工具功能。

表 5－41　经济后果分析

变量	(1)	(2)	(3)
	非效率资本配置	经营业绩	经营风险
$Ins_{i,t} \times Financial_{i,t}$	0.0012 (0.0100)	0.0043 (0.0400)	−0.0532** (0.0230)
$Ins_{i,t}$	0.0024** (0.0011)	−0.0171*** (0.0052)	0.0049** (0.0024)
$Financial_{i,t}$	−0.0059*** (0.0021)	0.1506*** (0.0086)	−0.0220*** (0.0054)
$Size_{i,t}$	−0.0022*** (0.0002)	0.0143*** (0.0010)	−0.0044*** (0.0006)
$Dpa_{i,t}$	0.0000 (0.0001)	−0.0001 (0.0004)	0.0000 (0.0002)

续表

变量	(1)	(2)	(3)
	非效率资本配置	经营业绩	经营风险
$Age_{i,t}$	-0.0021*** (0.0007)	-0.0082*** (0.0024)	0.0012 (0.0016)
$Pmr_{i,t}$	0.0000 (0.0030)	-0.1855*** (0.0216)	0.0307*** (0.0103)
$Oc_{i,t}$	-0.0021*** (0.0003)	-0.0032** (0.0013)	-0.0024*** (0.0008)
$Invest_{i,t}$	0.2461*** (0.0058)	0.2241*** (0.0188)	-0.0990*** (0.0111)
$PPE_{i,t}$	-0.0023 (0.0017)	-0.0771*** (0.0074)	-0.0007 (0.0044)
$Emp_{i,t}$	0.0013*** (0.0002)	-0.0077*** (0.0008)	0.0026*** (0.0004)
$Seperation_{i,t}$	0.0000 (0.0000)	0.0001 (0.0001)	0.0001 (0.0001)
$Pay_{i,t}$	-0.0013*** (0.0004)	0.0240*** (0.0016)	-0.0022** (0.0009)
$Indperc_{i,t}$	0.0141*** (0.0038)	0.0009 (0.0160)	0.0107 (0.0095)
$Top10_{i,t}$	-0.0003 (0.0004)	0.0064*** (0.0018)	-0.0003 (0.0010)
$Finback_{i,t}$	0.0010** (0.0004)	-0.0040** (0.0018)	0.0032*** (0.0010)
_cons	0.1036*** (0.0074)	-0.3666*** (0.0344)	0.1547*** (0.0195)
年份和行业	控制	控制	控制
N	22721	24883	23129

注：括号中为聚类稳健标准误；***、**与*分别表示在1%、5%与10%的水平上显著。

5.5 非处罚性市场监管的监督功能

5.5.1 理论分析与研究假设

随着市场监管体制改革的深化，基于“放松管制、加强监管”理念的监管转型措施逐步实施，信息披露“直通车”得以推广，信息披露方式由“证券交易所审核后披露”向“上市公司自主披露后证券交易所进行监管”转变，证券交易所事后监管职能不断凸显，以问询函和关注函为代表的非处罚性市场监管日趋成为证券交易所对上市公司公告实行事后监管的主要途径（陈运森等，2019）。由于无须经过调查、取证等环节便可对公司公告中可能存在的不合规问题启动监管措施，非处罚性市场监管更可能从源头上识别出监管目标潜在的运作风险问题，通过问题公开、督促整改等手段能够建立起维护市场秩序的第一道防线（彭雯等，2019）。这意味着非处罚性市场监管不仅能够对存在潜在问题的公司产生警示作用，直接规范公司行为，而且可以通过及时公告函件信息引发其他市场参与者更广泛的关注与更强的监督，即借助市场力量间接产生积极治理作用（李晓溪等，2019；陈运森等，2019；邓祎璐等，2021）。其结果是公司内部控制质量提升（Anantharaman and He，2016；耀友福和薛爽，2020）、风险承担水平上升（邓祎璐等，2021）、盈余质量与业绩预告质量改善（Johnston and Petacchi，2017；李晓溪等，2019；Cunningham et al.，2020）、股价崩盘风险下降（张俊生等，2018）、审计效率提高（Gietzmann and Pettinicchio，2014；耀友福和林恺，2020）、分析师预测效率改进（Wang，2016）等。在经济新常态背景下，持续疲软的实体经济与过度膨胀的虚拟经济将增加市场噪音，恶化信息环境，导致价格机制“失灵”，加剧资本市场波动，从而突出非处罚性市场监管的监督功能。具体来说，非处罚性市场监管可以通过两个渠道缓解金融化趋势：第一，非处罚性市场监管会增加管理层实施不规范行为的成本，产生威慑效应，从而降低其利用金融资产操纵盈余的动机，提高信息披露质量，减轻监管压力，最终抑制金融资产配置。根据法律不完备理论，非处罚性市场监管能够促进微观主体规范发展（Pistor and Xu，2002；李晓溪等，2019）。而且，这种预防性监管具有可依赖的监管基础，是《中华人民共和国证券法》规定的证券交易所对上市公司公告的事后监管权、《上海证券交易所股票上市规则》与《深圳证券交易所股票上市规则》对监管目标回函的要求、《上海证券交易所市场监察质量报告（2008）》关于发现的及时性衡量指标的说明等。这意味着非处罚性市场监管能够对监管目标产生有力的震慑作用（李晓溪等，2019；陈运森等，2019）。威慑理论认为，人们不规范行为实施动机受到成本与收益的约束（Becker，1968）。由于证券交易所是市场组织者与自律监管者，掌握着市场交易活动信息，监管能力较强，且可以通过及时对监管目标发出函件并公告弥补处罚性市场监管时效性弱的缺陷（刘柏和卢家锐，2019；陈运森等，2019），非处罚性市场监管更可能准确及时地识别非金融上市公司盈余中的真实部分与操纵部分，通过要求监管目标予以解释、整改并完善信息披露不仅会增加其为解决与回复潜在不合规问题产生的时间、精力等成本，还可能带来声誉损耗及由此引致的市场交易成本（Cassell et al.，2013；聂萍等，2020），从而提高管理层被更换或降职的风险（Gietzmann et al.，2016；聂萍等，2020；邓祎璐等，2020），对管理层投机行为形成威慑，减弱管理层通过金融资产粉饰业绩的动机，提高会计信息的可靠性与稳健性，挽回市场声誉，最终抑制金融资产配置。另外，非处罚性市场监管可能通过引发监管机构进一步介入或行政机构关注增加监管目标面临的监管压力（李晓溪等，2019；耀友福和薛爽，2020），提高管理层投机行为的成本，增强非处罚性市场监管对管理层的震慑力，从而弱化其利用金融资产掩盖真实业绩的动机，抑制金融资产配置。第二，非处罚性市场监管会引发其他治理主体更广泛的关注，且能够通过为其他治理主体提供信息支撑促进其监督功能发挥，从而强化企业内外部监督，对管理层不当行为产生约束作用，减少其利用金融资产配置寻租的机会，最终抑制金融资产配置。随着一线金融监管制度的完善，证券交易所事后监管工作透明度逐渐提高，非处罚性市场监管自2014年12月起公开披露于资本市场。这预示着非处罚性市场监管具有溢出效应（Brown et al.，2018；陈运森等，2019），不仅有助于将公司信息披露质量、治理风险、投资动机等内部信息传递给市场，引起独立董事、股东、金融市场中介机构等利益相关者对公司运作风险的重视，提高其参与公司治理的积极性与努力程度（Gietzmann and Pettinicchio，2014；Bozanic et al.，2017；陈运森等，2018；陈运森等，2019；李晓溪等，2019；邓祎璐等，2021），而且可以因证券交易所在信息获取方面的比较优势对其他治理主体监管功能发挥起到信息支撑作用，提高公司内外部治理效率。其结果是管理层行为监督约束机制得到优化，管理层利用金融资产操纵会计信息、攫取私利的机会减少，金融资产配置缩减。

非处罚性市场监管能否发挥金融资产配置治理的监督功能受到监管主体执法效率的约束（陈运森等，2019）。由于非处罚性市场监管主体是证监会下属监管机构，权威性较弱，且执法过程更可能屈服于政治压力（许年行等，2013；陈运森等，2019），结果是证券交易所执法效率较低，非处罚性市场监管对监管目标的震慑作用较弱，从而不会引起管理层对于自身执业风险的担忧，降低管理层对监管函件内容的重视程度，致使管理层利用金融资产配置掩盖真实业绩的动机未被抑制，非处罚性市场监管对金融资产配置的治理效果不明显。与此同时，非处罚性市场监管是证券交易所维护市场良好信息环境的预防性监管方式（耀友福和薛爽，2020），可以视为证券交易所督促上市公司优化自身信息环境的日常“提醒”手段。这表明监管目标可能存在信息披露不充分等未达到监管标准的问题，而非严重的不合规问题（胡宁等，2020），因而非处罚性市场监管可能并未向其他市场参与者传递上市公司治理风险、投资动机等方面的增量信息，不会影响其他治理主体对自身责任风险的判断，不大可能改变股东、金融市场中介机构等利益相关者的治理动机与效率，从而无法实质性地对管理层投机行为产生约束作用，为管理层利用金融资产配置寻租提供可能，弱化非处罚性市场监管对金融资产配置的抑制作用，表现为较低的执法效率。另外，由于非处罚性市场监管所针对的问题不属于行政处罚范畴（陈运森等，2019；彭雯等，2019），非金融上市公司面临的监管力度较小，且受到独立董事、股东、金融市场中介机构等利益相关者的关注较少，从而不会显著增加管理层实施不规范行为的成本，同时也无法明显强化其监督约束机制，最终难以减少管理层利用金融资产配置操纵会计信息、攫取私利的动机与机会，导致非处罚性市场监管在金融资产配置治理中的功能作用较弱。综上所述，非处罚性市场监管可能因证券交易所较低的执法效率难以抑制非金融上市公司金融资产配置。

H5－4a：非处罚性市场监管将抑制金融资产配置。

H5－4b：非处罚性市场监管不会显著影响金融资产配置。

5.5.2　研究设计

（1）样本选择与数据来源。

由于非处罚性市场监管自2014年12月起公开披露于资本市场，本章选择2014～2020年A股非金融上市公司为初始样本。然后，与前面做法一致，剔除金融业与房地产业，交叉上市，被ST、PT、*ST等特别处理，资不抵债与数据缺失的样本，最终得到18433个公司年度观测值。为避免异常值问题，本章同样对所有连续变量在1%水平上进行双向缩尾处理。数据来源方面，非处罚性市场监管数据来自CNRDS公司特色库，同时查阅上海证券交易所与深圳证券交易所网站上公开披露的函件补充；金融资产配置与控制变量数据来自CSMAR数据库，由笔者整理计算所得；市场化数据来自Wind数据库，并基于各地区指数对年份回归模型补全缺失数据。其中行业虚拟变量的设置与前面保持一致。

（2）主要实证模型与变量说明。

参考陈运森等（2019）、李馨子等（2019）、刘姝雯等（2019）等学者的研究，构建模型（5－8）检验非处罚性市场监管对企业金融资产配置的治理效果。

$$Financial_{i,t} = \alpha_0 + \alpha_1 IA_{i,t} + \sum \alpha_{fi} controls_{i,t} + \varepsilon_{i,t} \quad (5-8)$$

模型中的$Financial_{i,t}$反映非金融上市公司t年的金融资产配置，与前面一致，表示为金融资产/总资产；$IA_{i,t}$为非处罚性市场监管，用是否收函的虚拟变量表示，即当年收到问询函或关注函的，取值为1，否则为0。$\sum \alpha_{fi} controls_{i,t}$代表企业金融资产配置的一系列影响因素，具体见其他变量说明部分或表5－42。若α_1显著为负，则非处罚性市场监管抑制金融资产配置，H5－4a得到验证；若α_1不显著，说明非处罚性市场监管不会显著影响金融资产配置，H5－4b得到验证。

（3）其他变量说明。

考虑到非处罚性市场监管手段除了包括问询函与关注函外，还有监管函，为排除监管函性质监管的影响，本章增加监管函 $Supervise_{i,t}$，其衡量方法为当年收到监管函的，取值为1，否则为0。其他控制变量的设置与5.3节的保持一致，此处不再说明。

表5-42　　　　　　　　　　变量定义

变量类型	变量符号	变量名称	度量方法
被解释变量	$Financial_{i,t}$	金融资产配置	金融资产/总资产
解释变量	$IA_{i,t}$	非处罚性市场监管	收到问询函或关注函赋值为1，否则为0
控制变量	$Size_{i,t}$	企业规模	资产总额的自然对数
	$Dpa_{i,t}$	偿债能力	长期债务与营运资金比率
	$Age_{i,t}$	企业年龄	Ln（当年年份-成立年份+1）
	$Pmr_{i,t}$	边际利润率	（利润+销售成本）/销售收入
	$Oc_{i,t}$	营业周期	Ln（应收账款周转天数+存货周转天数）
	$Invest_{i,t}$	投资支出	（构建固定资产、无形资产等支付的现金-处置固定资产、无形资产等收回的现金净额）/总资产
	$PPE_{i,t}$	有形资产占比	固定资产与总资产的比值
	$Emp_{i,t}$	资本密集度	总资产/营业收入
	$Seperation_{i,t}$	实际控制人两权分离率	控制权与所有权的差额
	$Pay_{i,t}$	管理层薪酬	管理层前三名薪酬总额的自然对数
	$Indperc_{i,t}$	独立董事规模	独立董事人数/董事会人数
	$Top10_{i,t}$	十大审计	审计师来自十大会计师事务所赋值为1，否则为0
	$Finback_{i,t}$	管理层金融背景	具有金融背景的为1，否则为0
	$Supervise_{i,t}$	监管函	收到监管函赋值为1，否则为0

5.5.3　基本回归分析

表5-43是主要变量的描述性统计。$IA_{i,t}$的均值为0.2216，说明平均而言收到问询函或关注函的非金融上市公司占比为22.16%，揭示出非处罚性市场监管对于资本市场有效运行的重要性。伴随市场监管体制改革，

证券交易所事后监管职能凸显，监管地位上升，问询函与关注函性质监管频率增加，监管效果显现，非处罚性市场监管在金融化趋势治理中的作用应受到社会各界广泛关注。$Financial_{i,t}$、$Size_{i,t}$、$Dpa_{i,t}$、$Age_{i,t}$、$Pmr_{i,t}$、$Oc_{i,t}$、$Invest_{i,t}$、$PPE_{i,t}$、$Emp_{i,t}$、$Seperation_{i,t}$、$Pay_{i,t}$、$Indperc_{i,t}$、$Top10_{i,t}$与$Finback_{i,t}$的描述性统计与前面结果基本一致，此处不再说明。就$Supervise_{i,t}$而言，均值为0.0001，即收到监管函的非金融上市公司占比为0.01%，表明证券交易所主要通过向监管目标发出问询函与关注函实行事后监管，在一定程度上为本章从问询函与关注函入手研究非处罚性市场监管与金融资产配置关系的合理性提供支持。

表 5-43　主要变量的描述性统计

变量	观测值	均值	标准差	25%分位	中位数	75%分位	最小值	最大值
$Financial_{i,t}$	18433	0.0838	0.1144	0.0059	0.0352	0.1171	0.0000	0.5502
$IA_{i,t}$	18433	0.2216	0.4153	0	0	0	0	1
$Size_{i,t}$	18433	22.9184	0.9470	22.2348	22.7780	23.4650	21.2943	25.9190
$Dpa_{i,t}$	18433	0.1347	2.4095	0.0058	0.0615	0.3516	-12.9038	12.1749
$Age_{i,t}$	18433	2.9032	0.3055	2.7081	2.9444	3.1355	2.0794	3.4965
$Pmr_{i,t}$	18433	1.0073	0.0884	0.9855	0.9997	1.0197	0.5744	1.4710
$Oc_{i,t}$	18433	5.1922	0.8710	4.7400	5.2841	5.7601	2.3641	7.0982
$Invest_{i,t}$	18433	0.0446	0.0440	0.0134	0.0320	0.0631	-0.0250	0.2107
$PPE_{i,t}$	18433	0.2105	0.1535	0.0918	0.1798	0.2964	0.0030	0.6856
$Emp_{i,t}$	18433	2.4187	1.8367	1.3560	1.9328	2.7919	0.4251	12.0879
$Seperation_{i,t}$	18433	4.4842	7.1756	0.0000	0.0000	6.9893	0.0000	27.8157
$Pay_{i,t}$	18433	14.5358	0.6410	14.1016	14.5061	14.9258	13.0562	16.3049
$Indperc_{i,t}$	18433	0.3766	0.0528	0.3333	0.3636	0.4286	0.3333	0.5714
$Top10_{i,t}$	18433	0.5931	0.4913	0	1	1	0	1
$Finback_{i,t}$	18433	0.6746	0.4686	0	1	1	0	1
$Supervise_{i,t}$	18433	0.0001	0.0104	0	0	0	0	1

表5-44是主要变量的相关性检验结果。不难看出，各变量间相关系数的绝对值低于0.8。此外，本章还使用VIF方法对本节所用回归模型可能存在的多重共线性问题进行检验，结果显示，各变量的VIF值均小于10。综上所述，排除多重共线性的存在。相关系数矩阵检验结果方面，$IA_{i,t}$

与$Financial_{i,t}$的相关系数为 -0.024，在1%的水平上显著，即非处罚性市场监管与金融资产配置负相关，意味着非处罚性市场监管可以通过威慑效应与溢出效应增加管理层实施不规范行为的成本并优化管理层行为监督约束机制，从而减少以粉饰盈余信息、攫取私利为目的的金融资产配置动机与机会，抑制金融资产配置，在一定程度上支持了 H5 -4a，但非处罚性市场监管与金融资产配置之间具体呈现什么关系还需要通过回归分析确定。另外，$Pmr_{i,t}$和$Financial_{i,t}$、$Oc_{i,t}$和$Financial_{i,t}$、$Invest_{i,t}$和$Financial_{i,t}$、$PPE_{i,t}$和$Financial_{i,t}$、$Emp_{i,t}$和$Financial_{i,t}$、$Seperation_{i,t}$和$Financial_{i,t}$、$Pay_{i,t}$和$Financial_{i,t}$、$Indperc_{i,t}$和$Financial_{i,t}$以及$Finback_{i,t}$和$Financial_{i,t}$的相关性检验与前面结果基本一致，此处不再说明。$Size_{i,t}$与$Financial_{i,t}$显著负相关，样本区间差异可能是表5 -44 检验结果与前面不一致的原因，可能的解释是非金融上市公司金融化趋势治理问题自2014 年开始受到社会各界高度重视，大规模企业更可能因其较完善的治理机制减少金融资产配置。$Dpa_{i,t}$与$Financial_{i,t}$、$Age_{i,t}$与$Financial_{i,t}$以及$Top10_{i,t}$与$Financial_{i,t}$的相关系数均不显著，与前面结果不一致的可能原因在于样本区间差异，但偿债能力、企业年龄与十大审计是否会对样本企业金融资产配置产生影响还需要通过回归分析确定。$Supervise_{i,t}$与$Financial_{i,t}$的相关系数为负但不显著，可能是因为收到监管函的非金融上市公司较少，但监管函对金融资产配置的影响效果尚需要通过回归分析进行检验。

表5 -44　　　　主要变量的相关性检验

变量	$Financial_{i,t}$	$IA_{i,t}$	$Size_{i,t}$	$Dpa_{i,t}$	$Age_{i,t}$	$Pmr_{i,t}$
$Financial_{i,t}$	1					
$IA_{i,t}$	-0.024***	1				
$Size_{i,t}$	-0.070***	-0.043***	1			
$Dpa_{i,t}$	0.009	0.013*	-0.031***	1		
$Age_{i,t}$	-0.002	0.081***	0.028***	-0.01	1	
$Pmr_{i,t}$	0.150***	-0.020***	-0.005	-0.006	0.012*	1
$Oc_{i,t}$	-0.063***	0.041***	-0.151***	0.063***	-0.104***	0.016**
$Invest_{i,t}$	-0.119***	-0.101***	0.056***	-0.003	-0.102***	-0.049***
$PPE_{i,t}$	-0.253***	-0.049***	0.068***	-0.061***	0.068***	-0.044***

续表

变量	$Financial_{i,t}$	$IA_{i,t}$	$Size_{i,t}$	$Dpa_{i,t}$	$Age_{i,t}$	$Pmr_{i,t}$
$Emp_{i,t}$	0.143***	0.085***	-0.008	-0.052***	0.022***	0.259***
$Seperation_{i,t}$	-0.025***	-0.008	0.083***	-0.004	0.039***	0
$Pay_{i,t}$	0.063***	-0.008	0.396***	0.019***	0.078***	-0.063***
$Indperc_{i,t}$	0.033***	0.039***	-0.023***	0.005	-0.021***	0.002
$Top10_{i,t}$	-0.007	-0.044***	0.075***	-0.012*	-0.076***	0.016**
$Finback_{i,t}$	0.027***	0.047***	0.055***	-0.006	0.027***	0.009
$Supervise_{i,t}$	-0.004	0.020***	0.002	-0.004	-0.003	-0.002

变量	$Oc_{i,t}$	$Invest_{i,t}$	$PPE_{i,t}$	$Emp_{i,t}$	$Seperation_{i,t}$	$Pay_{i,t}$
$Oc_{i,t}$	1					
$Invest_{i,t}$	-0.116***	1				
$PPE_{i,t}$	-0.343***	0.264***	1			
$Emp_{i,t}$	0.296***	-0.021***	-0.015**	1		
$Seperation_{i,t}$	-0.074***	-0.009	0.072***	-0.033***	1	
$Pay_{i,t}$	-0.099***	0.077***	-0.100***	-0.141***	0.061***	1
$Indperc_{i,t}$	0.023***	0.014*	-0.044***	0.018**	-0.081***	-0.031***
$Top10_{i,t}$	-0.023***	0.062***	-0.002	-0.027***	0.031***	0.102***
$Finback_{i,t}$	-0.023***	0.008	-0.047***	0.060***	-0.003	0.095***
$Supervise_{i,t}$	0	-0.001	0	-0.006	0.008	-0.008

变量	$Indperc_{i,t}$	$Top10_{i,t}$	$Finback_{i,t}$	$Supervise_{i,t}$
$Indperc_{i,t}$	1			
$Top10_{i,t}$	0.006	1		
$Finback_{i,t}$	-0.009	-0.012*	1	
$Supervise_{i,t}$	0.019***	-0.002	0.007	1

注：表 5-44 列示的是 Pearson 系数，***、** 与 * 分别表示在 1%、5% 与 10% 的水平上显著。

表 5-45 检验了非处罚性市场监管的监督功能，考虑到金融资产配置变量呈左归并分布，本章同时采用 OLS 与 Tobit 估计方法对模型（5-8）进行检验。OLS 结果显示，$IA_{i,t}$的系数为-0.0199，在 1% 的水平上显著；Tobit 结果显示，$IA_{i,t}$的系数为-0.0201，显著性水平为 1%，说明非处罚性市场监管能够抑制金融资产配置，H5-4a 得以支持。这表明非处罚性市场监管不仅可以因其时效性强、透明度高对管理层机会主义行为形成威慑，

减弱其通过金融资产配置掩盖真实业绩的动机，而且能够产生溢出效应，使上市公司受到更广泛的市场关注与更多的内外部监督，从而削弱管理层投机行为的信息优势，压缩其通过金融资产配置寻租的空间，最终缓解非金融上市公司金融化趋势，验证了监管体制改革的有效性。

表 5-45　　基本回归分析

变量	(1)	(2)
	OLS	Tobit
	金融资产配置	金融资产配置
$IA_{i,t}$	-0.0199*** (0.0019)	-0.0201*** (0.0020)
$Size_{i,t}$	-0.0117*** (0.0009)	-0.0083*** (0.0010)
$Dpa_{i,t}$	0.0005** (0.0003)	0.0006** (0.0003)
$Age_{i,t}$	-0.0132*** (0.0028)	-0.0104*** (0.0031)
$Pmr_{i,t}$	0.1104*** (0.0122)	0.1150*** (0.0129)
$Oc_{i,t}$	-0.0343*** (0.0014)	-0.0365*** (0.0015)
$Invest_{i,t}$	-0.1833*** (0.0170)	-0.2227*** (0.0195)
$PPE_{i,t}$	-0.2183*** (0.0061)	-0.2370*** (0.0068)
$Emp_{i,t}$	0.0140*** (0.0007)	0.0145*** (0.0007)
$Seperation_{i,t}$	-0.0002* (0.0001)	-0.0002** (0.0001)
$Pay_{i,t}$	0.0135*** (0.0014)	0.0145*** (0.0016)
$Indperc_{i,t}$	0.0396*** (0.0146)	0.0383** (0.0159)

续表

变量	(1)	(2)
	OLS	Tobit
	金融资产配置	金融资产配置
$Top10_{i,t}$	-0.0020 (0.0016)	-0.0021 (0.0017)
$Finback_{i,t}$	-0.0004 (0.0016)	-0.0005 (0.0018)
$Supervise_{i,t}$	-0.0120 * (0.0072)	-0.0031 (0.0071)
_cons	0.2648 *** (0.0316)	0.1638 *** (0.0337)
年份和行业	控制	控制
N	18433	18433

注：括号中为聚类稳健标准误；***、** 与 * 分别表示在 1%、5% 与 10% 的水平上显著。

5.5.4　内生性处理

（1）基于 2SLS 与 IV Tobit 的检验。

随着中国资本市场制度的不断完善，证券交易所一线监管职责不断强化，非处罚性市场监管频率逐渐增加。与此同时，完善的资本市场制度将优化市场信息环境，弱化金融资产配置信息“捂盘”作用，结果是非金融上市公司金融资产配置减少。因此可以认为，非处罚性市场监管与金融资产配置关系研究时可能存在关联效应导致的内生性问题。为此，参考 El Ghoul 等（2011）、权小锋等（2015）、彭俞超等（2018）等的研究，选取企业所在同一行业其他公司收函情况作为非处罚性市场监管的工具变量（$IA-IV_{i,t}$）。其原因在于同行业企业面临相似的经营环境与监管环境，基于社会比较理论，焦点企业更可能对比同伴企业的决策特点与效果，从而呈现制度性同形现象，结果是同行业其他公司收函情况与焦点企业收函概率高度相关，但不会直接影响焦点企业金融资产配置，即在经济意义上满足工具变量的相关性与外生性要求。然后进行 2SLS 与 IV Tobit 回归，结果分别如表5－46中列（1）与列（2）以及列（3）与列（4）所示。对于第一阶段，$IA-IV_{i,t}$的系数为0.2354，在1%的水平上显著，即其与内生解释变量显著正相关。就第二阶段而言，$IA_{i,t}$的系数分别为－0.1293与－0.1201，显著性水平均为5%，说明非处罚性市场监管对金融资产配置的负向影响在控制内生性问题后依然成立。弱工具变量检验结果方面，对于2SLS，F统计量为28.2595，大于10，且P值为0.0000，同时瓦尔德检验最小特征值为31.6677，大于15%水平的临界值8.96；对于IV Tobit，第一阶段回归中F值为35.42。综上所述，“弱工具变量”的原假设被拒绝，工具变量有效。

表5－46　　内生性处理——2SLS与IV Tobit估计

变量	(1)	(2)	(3)	(4)
	2SLS		IV Tobit	
	第一阶段	第二阶段	第一阶段	第二阶段
	非处罚性市场监管	金融资产配置	非处罚性市场监管	金融资产配置
$IA-IV_{i,t}$	0.2354*** (0.0443)		0.2354*** (0.0443)	
$IA_{i,t}$		−0.1293** (0.0525)		−0.1201** (0.0530)
$Size_{i,t}$	0.7218*** (0.0227)	0.0676* (0.0388)	0.7218*** (0.0227)	0.0697 (0.0922)
$Dpa_{i,t}$	−0.0104*** (0.0036)	−0.0129*** (0.0012)	−0.0104*** (0.0036)	−0.0094*** (0.0012)
$Age_{i,t}$	0.0023* (0.0013)	0.0008** (0.0003)	0.0023* (0.0013)	0.0009** (0.0004)
$Pmr_{i,t}$	0.0485*** (0.0102)	−0.0080** (0.0039)	0.0485*** (0.0102)	−0.0056 (0.0040)
$Oc_{i,t}$	−0.1673*** (0.0444)	0.0922*** (0.0158)	−0.1673*** (0.0444)	0.0984*** (0.0139)
$Invest_{i,t}$	−0.0033 (0.0045)	−0.0348*** (0.0015)	−0.0033 (0.0045)	−0.0370*** (0.0013)

续表

变量	(1)	(2)	(3)	(4)
	2SLS		IV Tobit	
	第一阶段	第二阶段	第一阶段	第二阶段
	非处罚性市场监管	金融资产配置	非处罚性市场监管	金融资产配置
$PPE_{i,t}$	-0.7724 *** (0.0710)	-0.2687 *** (0.0447)	-0.7724 *** (0.0710)	-0.3009 *** (0.0467)
$Emp_{i,t}$	0.0330 (0.0248)	-0.2147 *** (0.0068)	0.0330 (0.0248)	-0.2337 *** (0.0075)
$Seperation_{i,t}$	0.0218 *** (0.0022)	0.0164 *** (0.0014)	0.0218 *** (0.0022)	0.0167 *** (0.0013)
$Pay_{i,t}$	0.0004 (0.0004)	-0.0001 (0.0001)	0.0004 (0.0004)	-0.0002 * (0.0001)
$Indperc_{i,t}$	-0.0188 *** (0.0057)	0.0114 *** (0.0019)	-0.0188 *** (0.0057)	0.0126 *** (0.0019)
$Top10_{i,t}$	0.2288 *** (0.0574)	0.0654 *** (0.0201)	0.2288 *** (0.0574)	0.0620 *** (0.0210)
$Finback_{i,t}$	-0.0234 *** (0.0062)	-0.0046 ** (0.0021)	-0.0234 *** (0.0062)	-0.0044 ** (0.0022)
$Supervise_{i,t}$	0.0370 *** (0.0063)	0.0037 (0.0026)	0.0370 *** (0.0063)	0.0032 (0.0027)
_cons	0.5017 *** (0.1108)	0.3240 *** (0.0444)	0.5017 *** (0.1108)	0.2176 *** (0.0433)
年份和行业	控制	控制	控制	控制
N	18401	18401	18401	18401

注：括号中为聚类稳健标准误；***、** 与 * 分别表示在 1%、5% 与 10% 的水平上显著。

（2）基于 Heckman 两阶段的检验。

考虑到部分非处罚性市场监管函件信息未公开披露，如深圳证券交易所 2018 年发出年报问询函近千封，只将其中的 440 余封予以公开，且 2014 年 12 月之前非处罚性市场监管未公开披露于资本市场，样本选择偏误可能引致内生性问题，从而导致结果估计失效。为此，本章进行 Heckman 两阶段估计。具体地，参考陈运森等（2019）的做法，依据企业规模 $Size_{i,t}$、偿债能力 $Dpa_{i,t}$、企业年龄 $Age_{i,t}$、营业周期 $Oc_{i,t}$、是否亏损 $Loss_{i,t}$、实际控制人两权分离率 $Seperation_{i,t}$ 等可能影响非金融上市公司是否收到问询函或关注函的因素，并考虑年度和行业的影响，同时以企业所在同一行业其他公司收函情况为工具变量，通过 Probit 模型估计逆米尔斯比率（*MILLS*），然后将 *MILLS* 纳入模型（3-8）中进行 OLS 与 Tobit 回归，结果见表 5-47。不难发现，*MILLS* 的系数均显著，表明非处罚性市场监管的监管功能考察时存在样本选择偏误问题，基于 Heckman 两阶段的检验是必要的，且 $IA_{i,t}$ 的系数分别为 -0.0188 与 -0.0191，均在 1% 的水平上显著，说明控制样本选择偏误问题后非处罚性市场监管与金融资产配置的负向关系仍然存在。

表 5-47　　　　内生性处理——Heckman 两阶段估计

变量	(1)	(2)
	OLS	Tobit
	金融资产配置	金融资产配置
$IA_{i,t}$	-0.0188*** (0.0019)	-0.0191*** (0.0020)
$Size_{i,t}$	-0.0129*** (0.0009)	-0.0093*** (0.0010)
$Dpa_{i,t}$	0.0007** (0.0003)	0.0007** (0.0003)
$Age_{i,t}$	-0.0087*** (0.0029)	-0.0063** (0.0032)
$Pmr_{i,t}$	0.1085*** (0.0123)	0.1134*** (0.0130)
$Oc_{i,t}$	-0.0335*** (0.0014)	-0.0357*** (0.0015)
$Invest_{i,t}$	-0.1926*** (0.0170)	-0.2312*** (0.0196)

续表

变量	(1)	(2)
	OLS	Tobit
	金融资产配置	金融资产配置
$PPE_{i,t}$	-0.2157*** (0.0061)	-0.2346*** (0.0069)
$Emp_{i,t}$	0.0145*** (0.0007)	0.0150*** (0.0008)
$Seperation_{i,t}$	-0.0001 (0.0001)	-0.0002** (0.0001)
$Pay_{i,t}$	0.0132*** (0.0015)	0.0142*** (0.0016)
$Indperc_{i,t}$	0.0412*** (0.0146)	0.0397** (0.0159)
$Top10_{i,t}$	-0.0041** (0.0016)	-0.0040** (0.0018)
$Finback_{i,t}$	-0.0003 (0.0016)	-0.0004 (0.0018)
$Supervise_{i,t}$	-0.0132** (0.0059)	-0.0043 (0.0060)
MILLS	0.0269*** (0.0049)	0.0245*** (0.0054)
_cons	0.1915*** (0.0333)	0.0967*** (0.0359)
年份和行业	控制	控制
N	18401	18401

注：括号中为聚类稳健标准误；***、** 与 * 分别表示在1%、5%与10%的水平上显著。

（3）基于 PSM 与 PSM - DID 的检验。

非处罚性市场监管函件发放具有一定的选择性（Johnston and Petacchi，2017），可能导致自选择问题。因此，本章采用 PSM 方法考察非处罚性市场监管的监督功能。第一步，从所有年度都没有收到问询函或关注函的样本中匹配出与收函公司层面特征相近的企业，设置虚拟变量 $Treated_{i,t}$，为 1 表示干预组公司，为 0 表示控制组公司，即选取企业规模 $Size_{i,t}$、偿债能力 $Dpa_{i,t}$、企业年龄 $Age_{i,t}$、营业周期 $Oc_{i,t}$、是否亏损 $Loss_{i,t}$、实际控制人两权分离率 $Seperation_{i,t}$、独立董事规模 $Indperc_{i,t}$、十大审计 $Top10_{i,t}$、年度、行业等作为匹配变量，通过 Probit 模型估计企业进入干预组的倾向得分，然后采用可重置抽样的 1∶1 最近邻匹配；第二步，基于 PSM 得到的样本重新进行假设检验，结果见表 5 – 49 中列（1）。可以看出，$Treated_{i,t}$的系数为 – 0.0236，在 1% 的水平上显著，说明非处罚性市场监管对金融资产配置的抑制作用在控制自选择可能引致的内生性问题后依然成立。需要说明的是，根据表 5 – 48，匹配后的标准偏差绝对值小于 5%，且 T 检验无法拒绝干预组与控制组不存在系统差异的原假设，PSM 通过平衡性检验。

另外，考虑到非处罚性市场监管信息公开这一外生事件可能引致内生性问题，本章以 $Treated_{i,t}$为分组变量，同时设置实验期识别变量 $Post_{i,t}$，由于非处罚性市场监管信息公开披露于 2014 年，2012 年与 2013 年为试行阶段，信息未公开，本章以 2014 年与 2015 年为事件后时间窗口，赋值为 1，2012 年与 2013 年赋值为 0，然后构建双重差分模型（5 – 9）检验监管信息公开前后两年金融资产配置的变化：

$$Financial_{i,t} = \alpha_0 + \alpha_1 Post_{i,t} \times Treated_{i,t} + \alpha_2 Treated_{i,t} + \alpha_3 Post_{i,t} + \sum \alpha_{fi} control_{i,t} + \varepsilon_{i,t} \qquad (5-9)$$

表 5 – 49 中列（2）报告的是基于 PSM – DID 的检验结果，不难发现，$Post_{i,t} \times Treated_{i,t}$的系数为 – 0.0098，显著性水平为 5%，表明证券交易所监管函件信息公开有助于非处罚市场监管监督功能的发挥，从而更好地抑制非金融上市公司金融化趋势，再次验证监管体制改革的有效性，进一步支持结论，同时也为本章选择 2014 年为开始年份的合理性提供支持。需要强调的是，为保证上述结论的可靠性，与前面做法一致，本章对研究样本进行了平行趋势检验与安慰剂测试，结果分别如图 5 – 6 与图 5 – 7 所示，支持平行趋势假设且通过安慰剂检验。

表 5-48　　内生性处理——PSM 的平衡性检验

变量	匹配	均值		标准偏差（%）	标准偏差减少幅度（%）	T 检验	
		干预组	控制组			T 统计量	P 值
$Size_{i,t}$	匹配前	22.843	22.961	-12.3	91.0	-6.05	0.000
	匹配后	22.845	22.856	-1.1		-0.50	0.614
$Dpa_{i,t}$	匹配前	0.198	0.043	5.7	51.4	2.86	0.004
	匹配后	0.191	0.266	-2.7		-1.33	0.185
$Age_{i,t}$	匹配前	2.949	2.868	26.1	87.9	12.93	0.000
	匹配后	2.947	2.937	3.2		1.52	0.129
$Oc_{i,t}$	匹配前	5.263	5.090	19.5	91.7	9.79	0.000
	匹配后	5.257	5.272	-1.6		-0.74	0.457
$Loss_{i,t}$	匹配前	0.181	0.035	48.6	93.8	26.31	0.000
	匹配后	0.179	0.188	-3.0		-1.06	0.288
$Seperation_{i,t}$	匹配前	4.381	4.601	-3.1	52.5	-1.53	0.126
	匹配后	4.368	4.264	1.5		0.67	0.503
$Indperc_{i,t}$	匹配前	0.381	0.374	11.6	94.0	5.82	0.000
	匹配后	0.380	0.380	0.7		0.30	0.764
$Top10_{i,t}$	匹配前	0.552	0.617	-13.1	89.6	-6.57	0.000
	匹配后	0.553	0.546	1.4		0.60	0.546

表 5-49　　内生性处理——PSM 与 PSM-DID 估计

变量	(1)	(2)
	PSM	PSM-DID
$Post_{i,t} \times Treated_{i,t}$		-0.0098** (0.0042)
$Post_{i,t}$		0.0452*** (0.0041)
$Treated_{i,t}$	-0.0236*** (0.0018)	-0.0044* (0.0026)
$Size_{i,t}$	-0.0113*** (0.0010)	-0.0047*** (0.0011)
$Dpa_{i,t}$	0.0004 (0.0003)	0.0005 (0.0004)

续表

变量	(1)	(2)
	PSM	PSM - DID
$Age_{i,t}$	-0.0098 *** (0.0029)	0.0051 * (0.0027)
$Pmr_{i,t}$	0.1014 *** (0.0120)	0.1537 *** (0.0242)
$Oc_{i,t}$	-0.0324 *** (0.0015)	-0.0179 *** (0.0017)
$Invest_{i,t}$	-0.1859 *** (0.0173)	-0.1438 *** (0.0178)
$PPE_{i,t}$	-0.2146 *** (0.0062)	-0.1280 *** (0.0071)
$Emp_{i,t}$	0.0134 *** (0.0007)	0.0062 *** (0.0008)
$Seperation_{i,t}$	-0.0002 (0.0001)	-0.0001 (0.0001)
$Pay_{i,t}$	0.0128 *** (0.0015)	0.0090 *** (0.0018)
$Indperc_{i,t}$	0.0405 *** (0.0146)	0.0082 (0.0171)
$Top10_{i,t}$	-0.0025 (0.0016)	-0.0004 (0.0019)
$Finback_{i,t}$	0.0009 (0.0016)	0.0033 * (0.0019)
$Supervise_{i,t}$	-0.0202 ** (0.0084)	
_cons	0.2739 *** (0.0318)	-0.0408 (0.0450)
年份和行业	控制	控制
N	17398	7382

注：括号中为聚类稳健标准误；*** 、** 与 * 分别表示在 1%、5% 与 10% 的水平上显著。回归（2）中 $Supervise_{i,t}$ 均为 0，被略去。

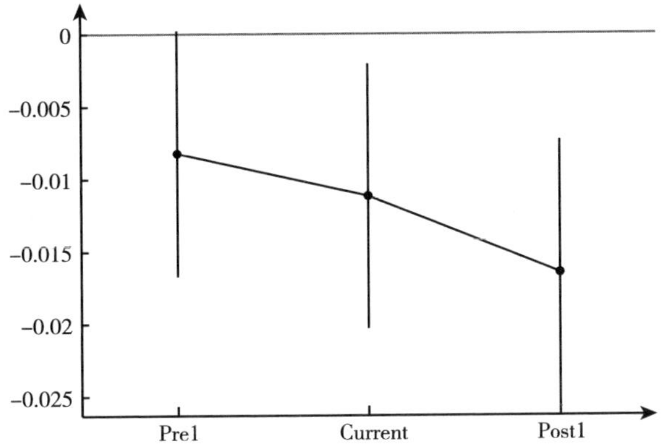

图5-6 动态系数图（非处罚性市场监管信息公开）

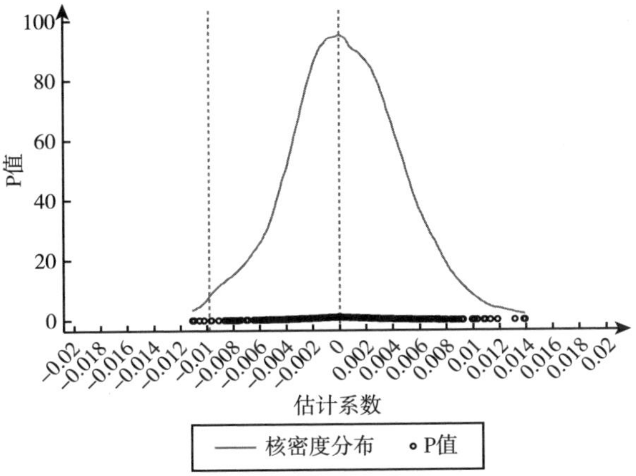

图5-7 安慰剂检验（非处罚性市场监管信息公开）

5.5.5 稳健性检验

（1）改变回归方法。

如前所述，Bootstrap 标准误估计方法以抽样为基础，能够得到比 Robust 更加保守的统计推断，更好地克服短面板数据分析中组间异方差问题的干扰，保证估计的有效性。因此，本章采用该方法重新进行假设检验，结果见表5-50。OLS与Tobit结果显示，$IA_{i,t}$的系数为负，且通过显著性检验，表明控制异方差后非处罚性市场监管对金融资产配置的抑制作用仍然存在，再次验证假设。

表5-50 稳健性检验——Bootstrap估计

变量	(1)	(2)
	OLS	Tobit
	金融资产配置	金融资产配置
$IA_{i,t}$	-0.0199*** (0.0023)	-0.0201*** (0.0024)
$Size_{i,t}$	-0.0117*** (0.0008)	-0.0083*** (0.0009)
$Dpa_{i,t}$	0.0005** (0.0002)	0.0006** (0.0002)
$Age_{i,t}$	-0.0132*** (0.0026)	-0.0104*** (0.0028)
$Pmr_{i,t}$	0.1104*** (0.0092)	0.1150*** (0.0100)
$Oc_{i,t}$	-0.0343*** (0.0016)	-0.0365*** (0.0016)
$Invest_{i,t}$	-0.1833*** (0.0187)	-0.2227*** (0.0205)
$PPE_{i,t}$	-0.2183*** (0.0064)	-0.2370*** (0.0068)
$Emp_{i,t}$	0.0140*** (0.0007)	0.0145*** (0.0007)
$Seperation_{i,t}$	-0.0002* (0.0001)	-0.0002** (0.0001)
$Pay_{i,t}$	0.0135*** (0.0013)	0.0145*** (0.0015)
$Indperc_{i,t}$	0.0396** (0.0155)	0.0383** (0.0159)
$Top10_{i,t}$	-0.0020 (0.0018)	-0.0021 (0.0019)
$Finback_{i,t}$	-0.0004 (0.0014)	-0.0005 (0.0015)

续表

变量	(1)	(2)
	OLS	Tobit
	金融资产配置	金融资产配置
$Supervise_{i,t}$	-0.0120 (0.0081)	-0.0031 (0.0080)
$\_cons$	0.2648 *** (0.0303)	0.1638 *** (0.0314)
年份和行业	控制	控制
N	18433	18433

注：括号中为聚类稳健标准误； *** 、 ** 与 * 分别表示在 1% 、5% 与 10% 的水平上显著。

（2）变更金融资产配置度量指标。

为考察非处罚性市场监管能否持续抑制金融资产配置，参照前面做法，本章检验了非处罚性市场监管对下期金融资产配置的治理效果，如表 5 - 51 所示。OLS 结果显示，$IA_{i,t}$的系数为 -0.0175，显著性水平为 1%；Tobit 结果显示，$IA_{i,t}$的系数为 -0.0176，在 1% 的水平上显著，即非处罚性市场监管能够负向影响金融资产配置，表明非处罚性市场监管可以通过增加管理层在未来实施不规范行为的成本对其产生有力的震慑作用，从而倒逼管理层关注长期经营目标，减少金融投机等机会主义行为，证实了非处罚性市场监管治理非金融上市公司金融化趋势的有效性与持续性，夯实正文结论。

表 5 - 51　　　　稳健性检验——变更金融资产配置度量指标

变量	(1)	(2)
	OLS	Tobit
	金融资产配置	金融资产配置
$IA_{i,t}$	-0.0175 *** (0.0021)	-0.0176 *** (0.0023)
$Size_{i,t}$	-0.0110 *** (0.0010)	-0.0082 *** (0.0011)
$Dpa_{i,t}$	0.0004 (0.0003)	0.0004 (0.0003)
$Age_{i,t}$	-0.0088 *** (0.0030)	-0.0078 ** (0.0032)

续表

变量	(1)	(2)
	OLS	Tobit
	金融资产配置	金融资产配置
$Pmr_{i,t}$	0.1143*** (0.0169)	0.1157*** (0.0177)
$Oc_{i,t}$	-0.0320*** (0.0016)	-0.0336*** (0.0017)
$Invest_{i,t}$	-0.2035*** (0.0193)	-0.2336*** (0.0216)
$PPE_{i,t}$	-0.1914*** (0.0068)	-0.2076*** (0.0075)
$Emp_{i,t}$	0.0137*** (0.0008)	0.0142*** (0.0009)
$Seperation_{i,t}$	-0.0002** (0.0001)	-0.0003*** (0.0001)
$Pay_{i,t}$	0.0147*** (0.0016)	0.0162*** (0.0017)
$Indperc_{i,t}$	0.0477*** (0.0161)	0.0486*** (0.0172)
$Top10_{i,t}$	-0.0040** (0.0017)	-0.0043** (0.0018)
$Finback_{i,t}$	0.0000 (0.0018)	-0.0002 (0.0019)
$Supervise_{i,t}$	-0.0430*** (0.0131)	-0.0357*** (0.0133)
$\_cons$	0.2036*** (0.0375)	0.1179*** (0.0395)
年份和行业	控制	控制
N	14993	14993

注：括号中为聚类稳健标准误；***、**与*分别表示在1%、5%与10%的水平上显著。

（3）改变样本区间。

鉴于监管信息公开披露于2014年12月，可能对实证结果产生干扰，本章剔除2014年数据后重新进行假设检验，结果见表5-52中列（1）与列（2）。OLS 结果显示，$IA_{i,t}$的系数为 -0.0202，在 1% 的水平上显著；Tobit 结果显示，$IA_{i,t}$的系数为 -0.0203，显著性水平为 1%，正文结论未发生明显变化。与此同时，考虑金融资产三分类影响，本章参照前面做法，以 2014~2018 年 A 股非金融上市公司为研究对象，实证检验非处罚性市场监管与金融资产配置的关系，结果见表 5-52 中列（3）与列（4）。OLS 结果显示，$IA_{i,t}$的系数为 -0.0218，显著性水平为 1%；Tobit 结果显示，$IA_{i,t}$的系数为 -0.0227，在 1% 的水平上显著，同样支持正文假设。此外，为强化研究结论，本章剔除金融资产配置为 0 的样本，而后基于模型（3-8）重新考察非处罚性市场监管的监督功能，检验结果见表 5-52 中列（5）。可以看出，$IA_{i,t}$的系数为 -0.0225，显著性水平为 1%，说明非处罚性市场监管能够抑制非金融上市公司金融化趋势，假设得到进一步验证。

表 5-52　稳健性检验——改变样本区间

变量	(1)	(2)	(3)	(4)	(5)
	剔除 2014 年样本		考虑金融资产三分类影响		剔除金融资产配置为 0 的样本
	OLS	Tobit	OLS	Tobit	OLS
	金融资产配置	金融资产配置	金融资产配置	金融资产配置	金融资产配置
$IA_{i,t}$	-0.0202*** (0.0019)	-0.0203*** (0.0020)	-0.0218*** (0.0025)	-0.0227*** (0.0027)	-0.0225*** (0.0020)
$Size_{i,t}$	-0.0122*** (0.0010)	-0.0091*** (0.0011)	-0.0132*** (0.0012)	-0.0091*** (0.0013)	-0.0168*** (0.0010)
$Dpa_{i,t}$	0.0004 (0.0003)	0.0006* (0.0003)	0.0004 (0.0003)	0.0005 (0.0004)	0.0004 (0.0003)
$Age_{i,t}$	-0.0151*** (0.0031)	-0.0127*** (0.0033)	-0.0103*** (0.0033)	-0.0075** (0.0036)	-0.0185*** (0.0030)
$Pmr_{i,t}$	0.1009*** (0.0122)	0.1042*** (0.0129)	0.1120*** (0.0209)	0.1210*** (0.0219)	0.1063*** (0.0129)
$Oc_{i,t}$	-0.0355*** (0.0015)	-0.0374*** (0.0016)	-0.0326*** (0.0017)	-0.0351*** (0.0018)	-0.0356*** (0.0015)

续表

变量	(1)	(2)	(3)	(4)	(5)
	剔除 2014 年样本		考虑金融资产三分类影响		剔除金融资产配置为 0 的样本
	OLS	Tobit	OLS	Tobit	OLS
	金融资产配置	金融资产配置	金融资产配置	金融资产配置	金融资产配置
$Invest_{i,t}$	-0.1876*** (0.0181)	-0.2232*** (0.0207)	-0.1728*** (0.0210)	-0.2151*** (0.0244)	-0.1688*** (0.0192)
$PPE_{i,t}$	-0.2259*** (0.0065)	-0.2441*** (0.0073)	-0.2067*** (0.0074)	-0.2260*** (0.0084)	-0.2325*** (0.0066)
$Emp_{i,t}$	0.0149*** (0.0008)	0.0154*** (0.0008)	0.0124*** (0.0009)	0.0130*** (0.0009)	0.0149*** (0.0008)
$Seperation_{i,t}$	-0.0002* (0.0001)	-0.0003** (0.0001)	-0.0001 (0.0001)	-0.0002 (0.0001)	-0.0001 (0.0001)
$Pay_{i,t}$	0.0137*** (0.0015)	0.0148*** (0.0017)	0.0149*** (0.0017)	0.0162*** (0.0019)	0.0136*** (0.0015)
$Indperc_{i,t}$	0.0449*** (0.0157)	0.0453*** (0.0170)	0.0410** (0.0179)	0.0382* (0.0197)	0.0451*** (0.0158)
$Top10_{i,t}$	-0.0025 (0.0017)	-0.0025 (0.0018)	-0.0014 (0.0019)	-0.0014 (0.0021)	-0.0022 (0.0017)
$Finback_{i,t}$	-0.0013 (0.0017)	-0.0017 (0.0019)	0.0007 (0.0019)	0.0004 (0.0022)	-0.0002 (0.0018)
$Supervise_{i,t}$	-0.0116* (0.0061)	-0.0027 (0.0057)	-0.0118 (0.0084)	-0.0018 (0.0087)	-0.0202*** (0.0046)
_cons	0.3086*** (0.0337)	0.2151*** (0.0359)	0.2627*** (0.0435)	0.1406*** (0.0463)	0.4148*** (0.0339)
年份和行业	控制	控制	控制	控制	控制
N	16539	16539	11921	11921	16523

注：括号中为聚类稳健标准误；***、** 与 * 分别表示在 1%、5% 与 10% 的水平上显著。

5.5.6 进一步分析

（1）区分金融资产配置类型。

与前面做法一致，本章区分金融资产配置类型检验非处罚性市场监管的治理效果，见表5-53。具体来看，当经营性金融资产配置为被解释变量时，$IA_{i,t}$的系数为0.0013，显著性水平为10%，可能是因为经营性金融资产配置有助于产业资本积累，增强主业经营能力，从而降低管理层通过金融资产及其相关收益操纵粉饰业绩的动机，改善盈余信息质量；当非经营性金融资产配置为被解释变量时，$IA_{i,t}$的系数为-0.0213，在1%的水平上显著，表明非处罚性市场监管与金融资产配置的负向关系主要是非经营性金融资产发挥作用，意味着以牺牲主业发展换取短期利益的非经营性金融资产配置会扰乱市场信息环境，降低资本市场效率，从而凸显出非处罚性市场监管在非金融上市公司金融化趋势治理中的重要作用，突出市场监管体制改革的制度功能。

表5-53　　金融资产配置类型的细分考察

变量	(1)	(2)
	经营性金融资产配置	非经营性金融资产配置
$IA_{i,t}$	0.0013* (0.0007)	-0.0213*** (0.0017)
$Size_{i,t}$	-0.0006** (0.0003)	-0.0111*** (0.0008)
$Dpa_{i,t}$	0.0002 (0.0001)	0.0003 (0.0002)
$Age_{i,t}$	0.0084*** (0.0009)	-0.0226*** (0.0026)
$Pmr_{i,t}$	0.0179*** (0.0053)	0.0822*** (0.0102)
$Oc_{i,t}$	-0.0030*** (0.0006)	-0.0292*** (0.0012)

续表

变量	(1)	(2)
	经营性金融资产配置	非经营性金融资产配置
$PPE_{i,t}$	-0.0471*** (0.0059)	-0.1338*** (0.0153)
$Emp_{i,t}$	-0.0208*** (0.0022)	-0.1855*** (0.0054)
$Seperation_{i,t}$	0.0032*** (0.0003)	0.0092*** (0.0006)
$Pay_{i,t}$	-0.0001* (0.0000)	-0.0001 (0.0001)
$Indperc_{i,t}$	0.0015*** (0.0005)	0.0116*** (0.0013)
$Top10_{i,t}$	0.0071 (0.0049)	0.0333** (0.0136)
$Invest_{i,t}$	-0.0018*** (0.0005)	0.0005 (0.0014)
$Finback_{i,t}$	0.0031*** (0.0005)	-0.0036** (0.0015)
$Supervise_{i,t}$	-0.0049*** (0.0012)	-0.0075 (0.0079)
_cons	-0.0282** (0.0120)	0.3008*** (0.0279)
年份和行业	控制	控制
N	18433	18433

注：括号中为聚类稳健标准误；***、**与*分别表示在1%、5%与10%的水平上显著。

（2）区分非处罚性市场监管类型。

非处罚性市场监管手段主要包括问询函与关注函。与关注函主要由投资者等发起，而后证券交易所介入不同，问询函属于证券交易所主动行为（刘柏和卢家锐，2019），更能体现其一线监管职能，突出非处罚性市场监管时效性强、透明度高等优势，从而有助于非处罚性市场监管通过威慑效应与溢出效应治理非金融上市公司金融化趋势。换言之，相较于关注函性质监管，问询函性质监管与金融资产配置的负向关系更显著。为此，本章设置问询函 $Inquiry_{i,t}$（当年收到问询函的，取值为 1，否则为 0）与关注函 $Attention_{i,t}$（当年收到关注函的，取值为 1，否则为 0），实证检验问询函与关注函对金融资产配置的治理效果，见表 5 – 54 中列（1）。可以发现，$Inquiry_{i,t}$的系数为 –0.0212，显著性水平为 1%，$Attention_{i,t}$的系数为 –0.0094，在 1% 的水平上显著，表明问询函与关注函均能够抑制金融资产配置，且问询函的监管效果更为明显，与理论预期一致，揭示出持续深化市场监管体制改革、强化证券交易所一线监管职责的必要性。另外，为更好地呈现问询函与关注函的治理效果，本章进一步检验了问询函及关注函与非经营性金融资产配置的关系，结果见表 5 – 54 中列（2）。可以看出，$Inquiry_{i,t}$的系数为 –0.0221，显著性水平为 1%，$Attention_{i,t}$的系数为 –0.0094，在 1% 的水平上显著，说明从金融资产配置治理方面来看，相较于关注函，问询函的监管效力更强，市场监管体制改革的有效性得到进一步证实。

表 5 – 54　　非处罚性市场监管类型的细分考察

变量	(1)	(2)
	金融资产配置	非经营性金融资产配置
$Inquiry_{i,t}$	–0.0212 *** (0.0021)	–0.0221 *** (0.0018)
$Attention_{i,t}$	–0.0094 *** (0.0028)	–0.0094 *** (0.0025)
$Size_{i,t}$	–0.0118 *** (0.0009)	–0.0112 *** (0.0008)
$Dpa_{i,t}$	0.0005 * (0.0003)	0.0003 (0.0002)
$Age_{i,t}$	–0.0131 *** (0.0028)	–0.0225 *** (0.0026)
$Pmr_{i,t}$	0.1095 *** (0.0122)	0.0814 *** (0.0102)

续表

变量	(1)	(2)
	金融资产配置	非经营性金融资产配置
$Oc_{i,t}$	-0.0343*** (0.0014)	-0.0293*** (0.0012)
$PPE_{i,t}$	-0.1879*** (0.0170)	-0.1380*** (0.0153)
$Emp_{i,t}$	-0.2182*** (0.0061)	-0.1854*** (0.0054)
$Seperation_{i,t}$	0.0141*** (0.0007)	0.0093*** (0.0006)
$Pay_{i,t}$	-0.0002* (0.0001)	-0.0001 (0.0001)
$Indperc_{i,t}$	0.0134*** (0.0014)	0.0116*** (0.0013)
$Top10_{i,t}$	0.0400*** (0.0146)	0.0336** (0.0136)
$Invest_{i,t}$	-0.0021 (0.0016)	0.0005 (0.0014)
$Finback_{i,t}$	-0.0003 (0.0016)	-0.0035** (0.0015)
$Supervise_{i,t}$	-0.0107 (0.0073)	-0.0065 (0.0079)
_cons	0.2672*** (0.0316)	0.3029*** (0.0279)
年份和行业	控制	控制
N	18433	18433

注：括号中为聚类稳健标准误；***、** 与 * 分别表示在 1%、5% 与 10% 的水平上显著。

（3）非处罚性市场监管力度考察。

理论分析表明，非处罚性市场监管能够通过增加管理层实施不规范行为的成本与优化管理层行为监督约束机制减少其利用金融资产寻租的动机与机会，抑制金融资产配置。那么这种作用是否受非处罚性市场监管力度影响，进而表现出更明显的监管效果？特别地，收函次数越多或函件文本长度越长，非金融上市公司面临的监管压力越大，非处罚性市场监管的威慑效应与溢出效应越强，监管效果越明显。为此，本章通过设置收函次数 $NIA_{i,t}$ ［用 Ln（当年收函总数 +1）表示］与函件文本长度 $LIA_{i,t}$ ［非金融上市公司当年收函的，表示为Ln（函件全文字符数 +1），未收函时取0］对该问题进行讨论，检验结果见表5－55。可以看出，$NIA_{i,t}$的系数为－0.0229，在1%的水平上显著，$LIA_{i,t}$的系数为－0.0028，显著性水平为1%，说明收函次数越多或函件文本长度越长，非金融上市公司金融资产配置缩减幅度越大，显示出非处罚性市场监管力度在金融化趋势治理中的重要作用，验证了市场监管体制改革的有效性。

表5－55　　　　非处罚性市场监管力度考察

变量	(1)	(2)
	收函次数	函件文本长度
$NIA_{i,t}$	−0.0229*** (0.0020)	
$LIA_{i,t}$		−0.0028*** (0.0003)
$Size_{i,t}$	−0.0118*** (0.0009)	−0.0117*** (0.0009)
$Dpa_{i,t}$	0.0005* (0.0003)	0.0005** (0.0003)
$Age_{i,t}$	−0.0132*** (0.0028)	−0.0131*** (0.0028)
$Pmr_{i,t}$	0.1086*** (0.0122)	0.1103*** (0.0122)
$Oc_{i,t}$	−0.0343*** (0.0014)	−0.0343*** (0.0014)
$PPE_{i,t}$	−0.1872*** (0.0170)	−0.1845*** (0.0170)

续表

变量	(1)	(2)
	收函次数	函件文本长度
$Emp_{i,t}$	-0.2181*** (0.0061)	-0.2183*** (0.0061)
$Seperation_{i,t}$	0.0141*** (0.0007)	0.0140*** (0.0007)
$Pay_{i,t}$	-0.0002* (0.0001)	-0.0002* (0.0001)
$Indperc_{i,t}$	0.0135*** (0.0014)	0.0134*** (0.0014)
$Top10_{i,t}$	0.0404*** (0.0146)	0.0397*** (0.0146)
$Invest_{i,t}$	-0.0022 (0.0016)	-0.0020 (0.0016)
$Finback_{i,t}$	-0.0003 (0.0016)	-0.0004 (0.0016)
$Supervise_{i,t}$	-0.0159** (0.0071)	-0.0123* (0.0070)
_cons	0.2674*** (0.0316)	0.2647*** (0.0316)
年份和行业	控制	控制
N	18433	18433

注：括号中为聚类稳健标准误；***、** 与 * 分别表示在 1%、5% 与 10% 的水平上显著。

（4）2017 年《证券交易所管理办法》修订稿的外部冲击分析。

为维护资本市场秩序，《证券交易所管理办法》在 2017 年 8 月 28 日经过了一次较大的调整。此次修订强化了证券交易所一线监管职责，为非处罚性市场监管监督功能发挥提供法理支持，是对 1997 年《证券交易所管理办法》在监管力量上进行的变革，可视为一项全国范围内的准自然实验。为此，本章采用 PSM - DID 方法考察这一外生事件的净效应影响。第一步是基于 PSM 得到干预组与控制组公司，即通过 Probit 模型分别估计企业受到非处罚性市场监管、问询函性质监管以及关注函性质监管的倾向得分，匹配变量、匹配方法等与内生性处理部分保持一致；第二步是设置分组变量 $NTreated_{i,t}$，干预组公司取值为 1，控制组公司取值为 0，同时设置实验期识别变量 $NPost_{i,t}$，考虑到此项修订开始施行年份为 2018 年，2018 年及以后赋值 1，2015 ~ 2017 年赋值 0，由此构建双重差分模型（5 – 10）检验 2017 年《证券交易所管理办法》修订稿施行前后三年非处罚性市场监管影响下金融资产配置的变化。

$$Financial_{i,t} = \alpha_0 + \alpha_1 NPost_{i,t} \times NTreated_{i,t} + \alpha_2 NTreated_{i,t} + \alpha_3 NPost_{i,t} + \sum \alpha_{fi} controls_{i,t} + \varepsilon_{i,t} \quad (5-10)$$

非处罚性市场监管对应的 PSM 平衡性检验结果如表 5 – 48 所示，问询函与关注函对应的 PSM 平衡性检验结果分别见表 5 – 56 与表 5 – 57，满足平衡性假设。然后基于 PSM 得到的样本进行 DID 估计，结果见表 5 – 58。可以发现，对于非处罚性市场监管与问询函，$NPost_{i,t} \times NTreated_{i,t}$的系数均不显著，对于关注函，$NPost_{i,t} \times NTreated_{i,t}$的系数为 – 0. 0170，显著性水平为 10%，说明此项修订可以增强关注函性质监管效力，意味着一线监管职能的强化有助于提高证券交易所被动监管效率，助力非金融上市公司金融化趋势治理，从而突出一线金融监管改革的制度功能。根据图 5 – 8 与图 5 – 9，对于关注函的平行趋势假设检验与安慰剂检验通过，基于 PSM – DID 的研究结论是可靠的。

表 5 – 56　　PSM 的平衡性检验（问询函）

变量	匹配	均值		标准偏差（%）	标准偏差减少幅度（%）	T 检验	
		干预组	控制组			T 统计量	P 值
$Size_{i,t}$	匹配前	22. 850	22. 961	– 11. 5	69. 5	– 5. 23	0. 000
	匹配后	22. 853	22. 886	– 3. 5		– 1. 44	0. 151
$Dpa_{i,t}$	匹配前	0. 167	0. 040	4. 6	52. 2	2. 16	0. 031
	匹配后	0. 160	0. 099	2. 2		0. 90	0. 367
$Age_{i,t}$	匹配前	2. 954	2. 868	27. 7	99. 2	12. 67	0. 000
	匹配后	2. 952	2. 952	– 0. 2		– 0. 09	0. 925
$Oc_{i,t}$	匹配前	5. 254	5. 090	18. 4	96. 5	8. 61	0. 000
	匹配后	5. 247	5. 241	0. 7		0. 27	0. 789

续表

变量	匹配	均值		标准偏差（%）	标准偏差减少幅度（%）	T 检验	
		干预组	控制组			T 统计量	P 值
$Loss_{i,t}$	匹配前	0. 189	0. 035	50. 4	94. 3	26. 48	0. 000
	匹配后	0. 187	0. 195	-2. 9		-0. 89	0. 374
$Seperation_{i,t}$	匹配前	4. 441	4. 602	-2. 3	89. 8	-1. 04	0. 299
	匹配后	4. 431	4. 448	-0. 2		-0. 09	0. 926
$Indperc_{i,t}$	匹配前	0. 381	0. 374	11. 7	61. 3	5. 47	0. 000
	匹配后	0. 381	0. 378	4. 5		1. 79	0. 073
$Top10_{i,t}$	匹配前	0. 545	0. 617	-14. 4	99. 6	-6. 75	0. 000
	匹配后	0. 546	0. 546	-0. 1		-0. 03	0. 980

表 5-57　　PSM 的平衡性检验（关注函）

变量	匹配	均值		标准偏差（%）	标准偏差减少幅度（%）	T 检验	
		干预组	控制组			T 统计量	P 值
$Size_{i,t}$	匹配前	22. 752	22. 956	-21. 8	96. 8	-7. 18	0. 000
	匹配后	22. 760	22. 766	-0. 7		-0. 20	0. 842
$Dpa_{i,t}$	匹配前	0. 246	0. 036	8. 5	78. 1	2. 96	0. 003
	匹配后	0. 248	0. 202	1. 9		0. 57	0. 572
$Age_{i,t}$	匹配前	2. 943	2. 877	21. 8	84. 8	7. 35	0. 000
	匹配后	2. 940	2. 930	3. 3		0. 98	0. 325
$Oc_{i,t}$	匹配前	5. 326	5. 099	26. 3	94. 0	9. 10	0. 000
	匹配后	5. 320	5. 307	1. 6		0. 45	0. 654
$Loss_{i,t}$	匹配前	0. 217	0. 034	57. 6	100. 0	26. 01	0. 000
	匹配后	0. 210	0. 210	0. 0		0. 00	1. 000
$Seperation_{i,t}$	匹配前	3. 970	4. 553	-8. 4	86. 8	-2. 84	0. 004
	匹配后	3. 952	4. 028	-1. 1		-0. 32	0. 750
$Indperc_{i,t}$	匹配前	0. 381	0. 375	11. 6	55. 9	4. 11	0. 000
	匹配后	0. 381	0. 384	-5. 1		-1. 36	0. 174
$Top10_{i,t}$	匹配前	0. 540	0. 616	-15. 6	67. 3	-5. 49	0. 000
	匹配后	0. 544	0. 569	-5. 1		-1. 39	0. 165

表 5－58　　外部冲击分析——2017 年《证券交易所管理办法》修订稿

变量	(1)	(2)	(3)
	非处罚性市场监管	问询函	关注函
$NPost_{i,t} \times NTreated_{i,t}$	0.0046 (0.0059)	0.0067 (0.0062)	-0.0170* (0.0099)
$NTreated_{i,t}$	-0.0331*** (0.0046)	-0.0341*** (0.0048)	-0.0128 (0.0088)
$NPost_{i,t}$	0.0116* (0.0064)	0.0037 (0.0068)	0.0274** (0.0131)
$Size_{i,t}$	-0.0115*** (0.0017)	-0.0112*** (0.0019)	-0.0102*** (0.0029)
$Dpa_{i,t}$	-0.0001 (0.0005)	-0.0000 (0.0005)	0.0009 (0.0008)
$Age_{i,t}$	-0.0165*** (0.0052)	-0.0078 (0.0056)	-0.0301*** (0.0084)
$Pmr_{i,t}$	0.0577*** (0.0127)	0.0394*** (0.0128)	0.0408** (0.0172)
$Oc_{i,t}$	-0.0323*** (0.0024)	-0.0322*** (0.0026)	-0.0397*** (0.0039)
$Invest_{i,t}$	-0.1920*** (0.0293)	-0.1821*** (0.0317)	-0.2701*** (0.0450)
$PPE_{i,t}$	-0.2210*** (0.0103)	-0.2131*** (0.0110)	-0.2649*** (0.0173)
$Emp_{i,t}$	0.0116*** (0.0011)	0.0119*** (0.0011)	0.0142*** (0.0017)
$Seperation_{i,t}$	-0.0003 (0.0002)	-0.0003* (0.0002)	-0.0006* (0.0003)
$Pay_{i,t}$	0.0147*** (0.0025)	0.0126*** (0.0027)	0.0104*** (0.0039)
$Indperc_{i,t}$	0.0519** (0.0251)	0.0861*** (0.0277)	0.0784* (0.0402)

续表

变量	(1)	(2)	(3)
	非处罚性市场监管	问询函	关注函
$Top10_{i,t}$	-0.0022 (0.0027)	-0.0055* (0.0030)	-0.0054 (0.0044)
$Finback_{i,t}$	0.0020 (0.0029)	0.0043 (0.0030)	-0.0014 (0.0047)
$Supervise_{i,t}$	-0.0161** (0.0073)	-0.0133** (0.0059)	
$Attention_{i,t}$		-0.0105** (0.0043)	
$Inquiry_{i,t}$			-0.0242*** (0.0054)
_cons	0.3300*** (0.0532)	0.3235*** (0.0577)	0.4784*** (0.0872)
年份和行业	控制	控制	控制
N	6348	5181	2640

注：括号中为聚类稳健标准误；***、** 与 * 分别表示在 1%、5% 与 10% 的水平上显著。

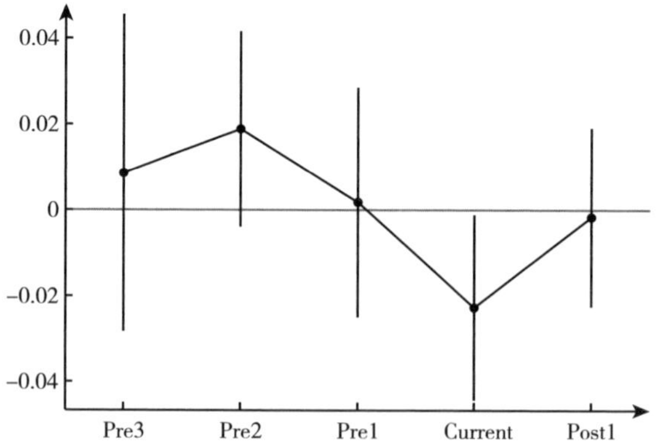

图 5-8 动态系数图（关注函）

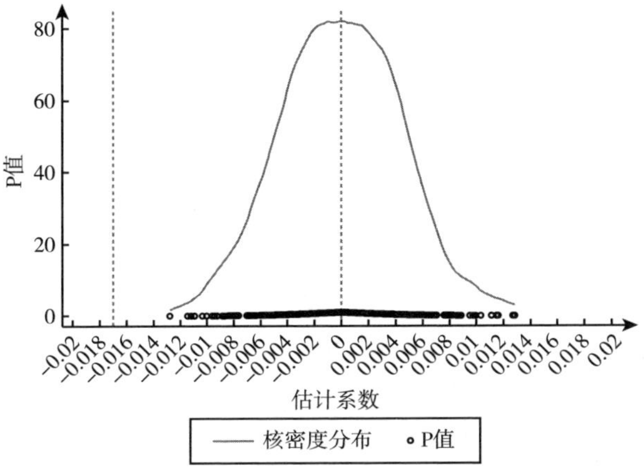

图5-9　安慰剂检验（关注函）

（5）横截面分析。

如前所述，证券交易所执法效率关系到非处罚性市场监管监督功能发挥与否。产权性质、企业规模以及市场化可能通过影响监管主体执法效率作用于非处罚性市场监管效果。就产权性质而言，与非国有企业相比，国有企业与政府关联性较强，结果是证券交易所更可能屈服于政治压力，执法效率较低，从而弱化非处罚性市场监管对金融资产配置的负向影响。对于企业规模，相较于小规模企业，大规模企业治理机制较为完善，非处罚性市场监管的溢出效应更为明显，即当大规模企业受到非处罚性市场监管时，独立董事、股东、金融市场中介机构等利益相关者更可能及时有效地参与公司治理，从而优化管理层行为监督约束机制，压缩其利用金融资产寻租的空间，促使非金融上市公司金融资产配置减少，但较为完善的治理机制也可能有助于公司治理风险、投资动机等信息及时有效地传递，改善股东、金融市场中介机构等其他治理主体信息劣势地位，从而弱化非处罚性市场监管的溢出效应，削弱证券交易所执法效率，最终抑制非处罚性市场监管借助市场力量发挥的金融资产配置治理作用。从市场化来看，与低市场化水平相比，高市场化水平意味着一线金融监管制度与信息传播机制较为完善，能够强化非处罚性市场监管的威慑效应与溢出效应，从而改进证券交易所执法效率，增强非处罚性市场监管对金融资产配置的治理效果。

为此，本章分组检验产权性质、企业规模与市场化对非处罚性市场监管效果的影响，结果见表5－59。在国有企业样本组中，$IA_{i,t}$的系数为负但不显著；在非国有企业样本组中，$IA_{i,t}$的系数为－0.0267，在1%的水平上显著，表明非处罚性市场监管与金融资产配置的负向关系在非国有企业中更显著，与预期相符。在大规模样本组中，$IA_{i,t}$的系数为－0.0162，显著性水平为1%；在小规模样本组中，$IA_{i,t}$的系数为－0.0210，在1%的水平上显著，通过组间系数差异检验发现，P值为0.1966，说明非处罚性市场监管对金融资产配置的抑制作用在不同规模企业中不存在显著差异，揭示出市场监管体制改革对于引导经济“脱虚向实”、提高上市公司质量的重要性，支持上述论断。在高市场化样本组中，$IA_{i,t}$的系数为－0.0248，显著性水平为1%；在低市场化样本组中，$IA_{i,t}$的系数为－0.0123，在1%的水平上显著，通过组间系数差异检验发现，P值为0.0007，表明非处罚性市场监管对金融资产配置的负向影响更可能出现在市场化较高组中，与理论预期一致。

表5－59　　横截面分析

变量	(1)	(2)	(3)	(4)	(5)	(6)
	产权性质		企业规模		市场化	
	国有	非国有	大	小	高	低
$IA_{i,t}$	－0.0040 (0.0033)	－0.0267*** (0.0023)	－0.0162*** (0.0027)	－0.0210*** (0.0026)	－0.0248*** (0.0025)	－0.0123*** (0.0027)
$Size_{i,t}$	－0.0075*** (0.0012)	－0.0095*** (0.0013)	－0.0066*** (0.0016)	－0.0092*** (0.0029)	－0.0104*** (0.0013)	－0.0107*** (0.0013)
$Dpa_{i,t}$	0.0006* (0.0003)	0.0003 (0.0004)	0.0008** (0.0003)	0.0002 (0.0005)	0.0005 (0.0004)	0.0005 (0.0003)
$Age_{i,t}$	0.0213*** (0.0047)	－0.0132*** (0.0034)	－0.0069* (0.0038)	－0.0183*** (0.0040)	－0.0112*** (0.0036)	－0.0100** (0.0042)
$Pmr_{i,t}$	0.0885*** (0.0222)	0.1234*** (0.0143)	0.1638*** (0.0213)	0.0871*** (0.0148)	0.1275*** (0.0163)	0.0808*** (0.0179)
$Oc_{i,t}$	－0.0172*** (0.0019)	－0.0443*** (0.0020)	－0.0250*** (0.0019)	－0.0411*** (0.0020)	－0.0411*** (0.0020)	－0.0242*** (0.0019)

续表

变量	(1)	(2)	(3)	(4)	(5)	(6)
	产权性质		企业规模		市场化	
	国有	非国有	大	小	高	低
$Invest_{i,t}$	-0.1679*** (0.0307)	-0.2517*** (0.0207)	-0.1542*** (0.0245)	-0.2038*** (0.0233)	-0.2661*** (0.0231)	-0.0943*** (0.0250)
$PPE_{i,t}$	-0.1368*** (0.0085)	-0.2507*** (0.0082)	-0.1994*** (0.0082)	-0.2318*** (0.0088)	-0.2223*** (0.0087)	-0.1870*** (0.0084)
$Emp_{i,t}$	0.0093*** (0.0010)	0.0163*** (0.0009)	0.0096*** (0.0010)	0.0168*** (0.0010)	0.0164*** (0.0010)	0.0110*** (0.0010)
$Seperation_{i,t}$	-0.0004*** (0.0001)	-0.0001 (0.0001)	-0.0001 (0.0001)	-0.0002 (0.0002)	-0.0002 (0.0001)	0.0000 (0.0001)
$Pay_{i,t}$	0.0087*** (0.0022)	0.0122*** (0.0019)	0.0123*** (0.0019)	0.0144*** (0.0022)	0.0080*** (0.0022)	0.0137*** (0.0020)
$Indperc_{i,t}$	-0.0034 (0.0200)	0.0513*** (0.0189)	0.0495** (0.0196)	0.0306 (0.0211)	0.0622*** (0.0201)	0.0028 (0.0199)
$Top10_{i,t}$	-0.0070*** (0.0024)	0.0006 (0.0020)	-0.0040* (0.0022)	-0.0002 (0.0022)	-0.0037* (0.0022)	-0.0032 (0.0022)
$Finback_{i,t}$	0.0025 (0.0024)	-0.0016 (0.0020)	0.0008 (0.0023)	-0.0008 (0.0022)	-0.0021 (0.0022)	0.0024 (0.0023)
$Supervise_{i,t}$		-0.0149* (0.0079)	-0.0254*** (0.0053)	-0.0025 (0.0061)	-0.0072 (0.0057)	-0.0199*** (0.0050)
_cons	0.0436 (0.0470)	0.3024*** (0.0416)	0.0859 (0.0546)	0.2433*** (0.0711)	0.3337*** (0.0437)	0.1948*** (0.0454)
年份和行业	控制	控制	控制	控制	控制	控制
N	5621	12810	7874	10559	11184	7248

注：括号中为聚类稳健标准误；***、** 与 * 分别表示在1%、5%与10%的水平上显著。国有企业样本中 $Supervise_{i,t}$ 均为0，被略去。

（6）经济后果分析。

前述研究表明，非处罚性市场监管能够通过威慑效应与溢出效应缓解非金融上市公司金融化趋势，那么非处罚性市场监管对金融资产配置的抑制作用是否会进一步影响企业投资效率、经营业绩与经营风险？参照前面做法，本章通过构建模型（5－11）予以考察。

$$DV_{i,t+1} = \alpha_0 + \alpha_1 IA_{i,t} \times Financial_{i,t} + \alpha_2 Financial_{i,t} + \alpha_3 IA_{i,t} + \sum \alpha_f controls_{i,t} + \varepsilon_{i,t} \quad (5-11)$$

与前面的定义一致，$DV_{i,t+1}$分别表示非效率资本配置 $Indffinv_{i,t+1}$、经营业绩 $Roe_{i,t+1}$与经营风险 $BR_{i,t+1}$，具体度量为：第一，非效率资本配置等于实际投资规模与预期投资规模差额的绝对值；第二，经营业绩等于净利润与股东权益的比值；第三，经营风险等于经行业与年度调整后的三年息税前利润与总资产比值的标准差。其他变量含义同模型（5－8）。

表5－60列示了非处罚性市场监管抑制金融资产配置的经济后果。当非效率资本配置为被解释变量时，$IA_{i,t} \times Financial_{i,t}$的系数不显著；当经营业绩为被解释变量时，$IA_{i,t} \times Financial_{i,t}$的系数为0.2441，在5%的水平上显著；当经营风险为被解释变量时，$IA_{i,t} \times Financial_{i,t}$的系数不显著，说明非处罚性市场监管对金融资产配置的负向影响能够进一步改善非金融上市公司经营业绩，不会显著影响投资效率与经营风险。这表明非处罚性市场监管能够改善投资行为短视化与投机化问题，缓解非金融上市公司金融化趋势，促使管理层关注长期经营目标，从而提高上市公司质量，优化市场信息环境，揭示了证券交易所一线监管的必要性，突出市场监管体制改革的制度功能。

表5－60　　经济后果分析

变量	(1)	(2)	(3)
	非效率资本配置	经营业绩	经营风险
$IA_{i,t} \times Financial_{i,t}$	－0.0052 (0.0053)	0.2441** (0.1075)	0.0076 (0.0127)
$IA_{i,t}$	0.0021*** (0.0006)	－0.0726*** (0.0180)	0.0181*** (0.0014)
$Financial_{i,t}$	－0.0058** (0.0025)	0.3135*** (0.0570)	－0.0231*** (0.0056)
$Size_{i,t}$	－0.0019*** (0.0003)	0.0179** (0.0079)	－0.0048*** (0.0007)
$Dpa_{i,t}$	－0.0000 (0.0001)	－0.0041 (0.0063)	0.0002 (0.0002)

续表

变量	(1)	(2)	(3)
	非效率资本配置	经营业绩	经营风险
$Age_{i,t}$	-0.0024*** (0.0009)	0.0012 (0.0144)	0.0009 (0.0021)
$Pmr_{i,t}$	-0.0011 (0.0035)	-0.4145* (0.2386)	-0.0327*** (0.0123)
$Oc_{i,t}$	-0.0022*** (0.0004)	0.0071 (0.0148)	-0.0066*** (0.0009)
$Invest_{i,t}$	0.2655*** (0.0080)	0.7013*** (0.1342)	-0.0925*** (0.0143)
$PPE_{i,t}$	-0.0060*** (0.0021)	-0.0702 (0.0453)	0.0005 (0.0052)
$Emp_{i,t}$	0.0012*** (0.0002)	-0.0167* (0.0088)	0.0040*** (0.0005)
$Seperation_{i,t}$	-0.0000 (0.0000)	0.0009 (0.0006)	-0.0001 (0.0001)
$Pay_{i,t}$	-0.0011** (0.0005)	0.0335*** (0.0129)	0.0006 (0.0011)
$Indperc_{i,t}$	0.0175*** (0.0045)	-0.0226 (0.1061)	0.0188* (0.0108)
$Top10_{i,t}$	0.0000 (0.0005)	0.0180 (0.0130)	-0.0009 (0.0011)
$Finback_{i,t}$	0.0009* (0.0005)	-0.0320*** (0.0108)	0.0011 (0.0012)
$Supervise_{i,t}$	-0.0075* (0.0038)	0.0993*** (0.0281)	-0.0348*** (0.0086)
_cons	0.0846*** (0.0090)	-0.4551 (0.3494)	0.2279*** (0.0235)
年份和行业	控制	控制	控制
N	13739	14943	13964

注：括号中为聚类稳健标准误；***、**与*分别表示在1%、5%与10%的水平上显著。

5.6 小结

伴随实体经济疲软与虚拟经济膨胀，企业金融化趋势日渐明显，导致实体产业下行甚至衰落，如何治理企业金融化成为社会各界关切的重点问题。为此，本章遵循本土情境下的治理逻辑，考察战略治理、混合股东治理、董事高管责任保险与非处罚性市场监管对企业金融资产配置的治理效果。研究发现，战略治理、混合股东治理、董事高管责任保险与非处罚性市场监管均能够负向影响非金融上市公司金融资产配置。进一步地，区分金融资产配置类型后发现，战略治理对非经营性金融资产配置的抑制作用更显著，混合股东治理与非处罚性市场监管促使经营性金融资产配置上升与非经营性金融资产配置下降，董事高管责任保险虽然抑制了经营性金融资产配置，但增加了实物资本投资；区分非处罚性市场监管类型后发现，问询函性质监管与关注函性质监管均能够抑制金融资产配置，且问询函性质监管效力更强；区分非处罚性市场监管力度考察发现，收函次数越多或函件文本长度越长，非处罚性市场监管对金融资产配置的治理效果越明显；2017 年《证券交易所管理办法》修订稿的外部冲击分析发现，一线监管职能的强化有助于关注函性质监管监督功能发挥，促使金融资产配置下降。横截面分析发现，战略治理与金融资产配置的负向关系在非国有企业、大规模企业与高市场化样本组中更显著，混合股东治理对金融资产配置的抑制作用在非国有企业中更为明显，而在不同规模与市场化水平的样本组中不存在显著差异，董事高管责任保险的抑制作用在非国有企业、小规模企业与低市场化样本组中表现明显，非处罚性市场监管对金融资产配置的负向影响更可能出现在非国有企业与高市场化样本组中，但不会因规模不同产生明显差异；区分经济后果分析发现，战略治理的抑制作用能够提高企业投资效率，混合股东治理与非处罚性市场监管抑制金融资产配置的经济后果主要表现为经营业绩的改善，董事高管责任保险对金融资产配置的抑制作用降低了企业经营风险。

本章的研究贡献主要表现为：第一，针对非金融上市公司金融资产配置的产品市场与资本市场表现，遵循本土情境下的治理逻辑，考察战略治理、混合股东治理、董事高管责任保险以及非处罚性市场监管对非金融上市公司金融资产配置的监督功能。经济新常态背景下企业金融化的负面影响日益显现，非金融上市公司过分重视短期利益、将用于主业发展的资源投资金融资产是金融化的表现，能够降低产品市场与资本市场效率，损害社会效益。如何缓解非金融上市公司金融化趋势成为社会各界关注的重点问题。然而学术界就其治理措施讨论有待拓宽，尤其是战略治理、股东治理、利益相关者治理、政府治理等层面。本章通过检验战略委员会召开次数、混合主体制衡度、董事高管责任保险以及非处罚性市场监管与金融资产配置的关系证实了战略治理、混合股东治理、董事高管责任保险以及非处罚性市场监管缓解非金融上市公司金融化趋势的有效性，拓展并丰富了金融资产配置治理研究的视角与内容，有助于澄清战略治理、混合股东治理、董事高管责任保险以及非处罚性市场监管治理效果研究的无定论，为完善公司治理机制与一线金融监管制度、引导经济“脱虚向实”提供实证依据与实践参考。第二，讨论了战略治理、混合股东治理、董事高管责任保险以及非处罚性市场监管对非金融上市公司金融资产配置影响的异质性。金融资产配置类型划分研究结果能够揭示战略治理、混合股东治理、董事高管责任保险以及非处罚性市场监管监督功能发挥的主要载体，为金融监管实践提供启示；区分非处罚性市场监管类型、非处罚性市场监管力度考察与2017年《证券交易所管理办法》修订稿的外部冲击分析能够深化对市场监管体制改革制度功能的认识，对于完善监管机制、助力企业金融化治理有所裨益；基于产权性质、企业规模与市场化的横截面分析在一定程度上揭示了金融资产配置动机，描述了战略治理、混合股东治理、董事高管责任保险以及非处罚性市场监管监督功能发挥的依存条件，有助于深入理解战略治理、股东治理、利益相关者治理与政府治理减缓实体企业“脱实向虚”倾向的内在逻辑，为有效治理企业金融化趋势、培育长期稳定发展的产品市场与资本市场提供参考。第三，探讨了战略治理、混合股东治理、董事高管责任保险以及非处罚性市场监管治理金融资产配置的经济后果。投资效率、经营业绩与经营风险层面的经济后果讨论对于市场参与者更好地理解战略治理、股东治理、利益相关者治理与政府治理的监督功能有所裨益，为解决利润金融化与治理模式金融化问题提供线索。

第 6 章

研究结论、启示与展望

6.1 研究结论

中国经济步入“新常态”以来，伴随实体经济疲软与虚拟经济膨胀，大量非金融上市公司为应对利润空间收窄的困境不断试水金融投资，呈现“脱实向虚”倾向，从而加大实体经济波动，甚至可能诱发系统性风险，受到党和政府高度重视，引起学术界广泛讨论。总结来看，虽然有文献论证了金融资产配置与主业发展基础的关系，但较少从产品市场与资本市场视角探讨金融资产配置的经济后果。产品市场与资本市场是非金融上市公司外部存在的主要市场，是金融资产配置效果的“试金石”。其原因在于产品市场与资本市场表现更可能反映金融资产的财富创造能力，是非金融上市公司调整资产结构、巩固主业发展基础、保持并扩大竞争优势、持续创造价值的重要依据。为此，本书基于产品市场与资本市场视角，依托金融化学说、经济后果学说、产品市场竞争理论、有效市场与“功能锁定”假说、信息不对称理论等，以非金融上市公司为研究对象，研究了金融资产配置的经济后果，以期为引导企业“脱虚向实”、促进产品市场与资本市场稳定健康发展提供理论指引与决策依据。

具体来讲，本书以 2007 ~ 2020 年 A 股上市的非金融上市公司为样本，以现金流风险与盈余持续性为切入点，考察金融资产配置的产品市场表现，反映金融资产配置影响下企业经营活动现金流和盈余在未来时期内保持的稳态特征，揭示金融资产配置引致的企业主业经营能力变化，并依托产品市场竞争理论，分析行业竞争程度、企业竞争地位以及供应链稳定度的调节功能；同时，以企业违规与盈余价值相关性为切入点，研究金融资产配置的资本市场表现，呈现金融资产配置对影响资本市场有效运作的关键因素——“信息传递”与“股价反应”的微观作用机制，并进一步考察违规稽查与违规倾向以及利润结构价值相关性层面的经济后果。此外，鉴于金融资产配置对产品市场与资本市场表现的负面影响日益显现，本书遵循本土情境下的治理逻辑，从战略治理、股东治理、利益相关者治理以及政府治理层面考察战略治理、混合股东治理、董事高管责任保险与非处罚性市场监管对非金融上市公司金融资产配置的监督功能。通过理论分析与实证研究，本书得到以下三个维度的研究结论。

第一，对于产品市场视角的经济后果研究，本书发现：

（1）从金融资产配置与现金流风险来看，金融资产配置与现金流风险呈“U”形关系，即，随着金融资产配置比例的增加，现金流风险先减少后增加；行业竞争程度无法显著影响金融资产配置与现金流风险的关系，企业竞争地位与供应链稳定度能够调节金融资产配置与现金流风险的关系，使关系曲线拐点右移与扁平化。在进一步分析中，作用机制考察发现，金融资产配置能够对非效率资本配置产生“U”形影响，继而作用于企业现金流风险，即非效率资本配置在金融资产配置影响现金流风险过程中起到中介作用；区分金融资产配置类型后发现，非战略性金融资产配置与现金流风险之间存在“U”形关系，战略性金融资产配置降低了现金流风险；结合金融杠杆分析发现，金融杠杆具有两种调节效应，即，随着金融杠杆的向上波动，金融资产配置拐点右移且关系曲线变缓。

（2）从金融资产配置与盈余持续性来看，金融资产配置显著降低了盈余持续性；行业竞争程度增强了金融资产配置与盈余持续性的负向关系，企业竞争地位与供应链稳定度弱化了金融资产配置对盈余持续性的负向影响，即，行业竞争程度越小、企业竞争地位越高或供应链稳定度越强，金融资产配置与盈余持续性的负向关系越不明显。在进一步分析中，作用机制考察发现，损害横向与纵向竞争能力是非金融上市公司金融资产配置危害盈余持续性的作用路径，表现为金融资产配置会削弱企业相对于同行业其他企业的竞争能力以及与供应商和客户的谈判能力，进而降低盈余可持续性与可预期性；区分金融资产配置类型后发现，金融资产配置对盈余持续性的负向影响主要是非战略性金融资产配置发挥作用；结合盈余操纵分析发现，盈余操纵程度越大，金融资产配置对盈余持续性的负向影响越显著；非线性效应分析发现，金融资产配置与盈余持续性之间的关系并非完全线性，即，金融资产配置对盈余持续性的负向影响在金融资产配置程度较低与较高组中表现明显。

第二，对于资本市场视角的经济后果研究，本书发现：

（1）从金融资产配置与企业违规来看，金融资产配置会导致企业违规，且能够降低违规被稽查概率并提高违规倾向。在进一步分析中，作用机制考察发现，金融资产配置增加企业违规的路径在于加剧信息不对称和代理问题，即，金融资产配置会抑制公司特质信息释放，增加监管部门等市场参与者与企业之间的信息不对称程度，同时能够加剧公司治理结构性短视问题，提高代理成本，结果是违规空间增加，违规动机增强，违规借口增多，违规行为盛行；区分企业违规类型后发现，相比于资本市场操作违规与一般会计处理不当，金融资产配置对非金融上市公司披露失实的影响更显著；结合金融市场化研究发现，金融资产配置对企业违规的负向影响在不同金融市场化水平下不存在明显差异；违规动机考察发现，金融资产配置会激发企业套利、盈余管理与利益侵占动机；非线性效应分析发现，金融资产配置与企业违规之间存在非线性效应，即，金融资产配置与企业违规的正向关系在金融资产配置程度较低与较高组中表现明显；同伴效应分析发现，金融资产配置存在同伴效应，会诱发企业违规。

（2）从金融资产配置与盈余价值相关性来看，金融资产配置会减弱盈余价值相关性，支持有效市场假说，基于金融资产配置的“功能锁定”现象不显著，且这种负向影响更多地表现在可持续盈余的价值相关性上。在进一步分析中，作用机制考察发现，金融资产配置能够挤出实业投资、加剧经营风险与降低盈余信息质量，从而加大投资者对会计盈余信息解释与预测功能的质疑，减弱盈余价值相关性；区分金融资产配置类型后发现，相较于非标准化交易类金融资产，标准化交易类金融资产配置更可能降低盈余价值相关性；结合金融市场化研究发现，金融资产配置对盈余价值相关性的负向影响在高金融市场化样本组中表现明显；非线性效应分析发现，金融资产配置与盈余价值相关性的负向关系受金融资产配置程度影响，当金融资产配置程度较低与较高时，两者关系更为明显，验证了金融资产配置影响的非线性特征。

第三，对于金融资产配置的治理研究，本书发现：

（1）从战略治理的监督功能来看，战略治理能够抑制非金融上市公司金融资产配置，发挥金融化趋势治理的监督功能，表现为战略委员会运作效率越高，金融资产配置缩减幅度越大。在进一步分析中，区分金融资产配置类型后发现，战略治理主要是通过抑制非经营性金融资产配置发挥正面治理效应；基于产权性质、企业规模与市场化的横截面分析发现，当非金融上市公司为非国有股权性质、规模较大或所处地区市场化水平较高时，战略治理对金融资产配置的治理效果更为明显；对投资效率、经营业绩与经营风险层面的经济后果分析后发现，战略治理对金融资产配置的抑制作用能够进一步提高企业投资效率，不会显著影响经营业绩与经营风险。

（2）从混合股东治理的监督功能来看，混合股东治理能够对非金融上市公司金融资产配置发挥抑制作用，缓解金融化趋势，表现为不同产权股东相互制衡的混合股东治理机制越完善，资源效应与制衡效应越强，金融资产配置缩减幅度越大。在进一步分析中，区分金融资产配置类型后发现，混合股东治理显著提高了经营性金融资产配置水平并降低了非经营性金融资产配置水平；基于产权性质、企业规模与市场化的横截面分析发现，混合股东治理更可能负向影响非国有企业金融资产配置，而对不同规模与市场化水平地区的公司金融资产配置的抑制作用不存在显著差异；对投资效率、经营业绩与经营风险层面的经济后果分析后发现，混合股东治理对金融资产配置的抑制作用促使企业经营业绩上升，对投资效率与经营风险的影响不显著。

（3）从董事高管责任保险的监督功能来看，董事高管责任保险能够负向影响非金融上市公司金融资产配置，支持有效监督假说。在进一步分析中，区分金融资产配置类型后发现，董事高管责任保险虽然降低了经营性金融资产配置水平，但对实物资本投资具有提升作用；基于产权性质、企业规模与市场化的横截面分析发现，董事高管责任保险对金融资产配置的治理效果在非国有企业、小规模企业与低市场化样本组中更明显；对投资效率、经营业绩与经营风险层面的经济后果分析后发现，董事高管责任保险对金融资产配置的负向影响可以进一步降低企业经营风险，对投资效率与经营业绩的改善作用不明显，突出董事高管责任保险作为避险工具的功能。

（4）从非处罚性市场监管的监督功能来看，非处罚性市场监管能够降低金融资产配置水平，有效治理非金融上市公司金融化趋势，即以问询函和关注函为代表的非处罚性市场监管能够通过威慑效应与溢出效应发挥金融资产配置治理的监督功能。在进一步分析中，区分金融资产配置类型后发现，非处罚性市场监管促进了经营性金融资产配置并抑制了非经营性金融资产配置；区分非处罚性市场监管类型后发现，问询函与关注函均能够对金融资产配置发挥抑制作用，且问询函的治理效果更明显；非处罚性市场监管力度考察发现，当收函次数较多或函件文本长度较长时，非处罚性市场监管对金融资产配置的抑制作用更为明显。2017 年《证券交易所管理办法》修订稿的外部冲击分析发现，一线金融监管制度的完善有助于提高关注函性质监管效率，抑制金融资产配置；基于产权性质、企业规模与市场化的横截面分析发现，非处罚性市场监管对金融资产配置的抑制作用在非国有企业与高市场化样本组中更为明显，而在不同规模企业中不存在显著差异；对投资效率、经营业绩与经营风险层面的经济后果分析后发现，非处罚性市场监管对金融资产配置的负向影响显著提高了企业经营业绩，对投资效率与经营风险的影响不明显。

6.2 结论启示与政策建议

结合以上三个维度的研究发现，产品市场与资本市场视角的经济后果研究表明，合理的资产结构更可能巩固主业发展基础，增强企业经营活动现金流稳定性，提升产品市场与资本市场表现，但随着经济下行压力的增大，非金融上市公司利润空间不断收窄，投资行为短视化与投机化问题日益显现，金融资产配置动机逐渐从融资约束向资本套利转变，结果是企业持续盈利能力受损，盈余不可持续性增加，“信息传递”中的“噪音”增多，盈余信息对公司价值的解释与预测能力下降，盈余价值相关性降低。

换言之，虽然出于融资约束动机的金融资产配置能够平滑实业投资，巩固主业发展基础，提高企业经营质量，推动市场有效运行，但随着实体与金融部门间利润率“剪刀差”持续扩大，非金融上市公司金融资产配置的资本套利动机不断凸显。以逐利为目的的金融资产配置容易导致企业实业基础丧失，进而降低公司质量，破坏产品市场与资本市场秩序，扰乱市场信息环境，使产品市场与资本市场产生大量的效率损失，损害社会效益。鉴于金融资产配置对产品市场与资本市场表现的负面影响日益显现，探讨金融资产配置的治理机制就有必要性。研究表明，战略治理、股东治理、利益相关者治理以及政府治理能够提高公司治理效率，促使管理层关注长期经营目标，改善投资行为短视化与投机化问题，从而抑制金融化倾向，增强企业可持续发展能力，促进企业与市场良性互动，但不同治理机制监督功能发挥的内在逻辑不同，且受公司内外部情境影响。这意味着治理非金融上市公司金融化趋势的途径并非只有一种，而是多种治理机制并存，通过构筑由董事会、股东、保险机构、证券交易所等治理主体参与的、功能互补、有机互动的金融资产配置治理促进体系有助于化解“碎片化”治理困境，引导企业“脱虚向实”，提高产品市场与资本市场效率。综上所述，本书的研究结论有助于深入理解金融投资乱象的内在逻辑，对监管部门、投资者、非金融上市公司、保险机构等市场参与者，抑制经济“脱实向虚”、维护各方合法利益及促进产品市场与资本市场健康发展具有以下启示与建议。

（1）监管部门应加强对经济“脱实向虚”问题的关注，引导非金融上市公司回归主业，使其明确自身发展定位，协调好实业发展与金融投资之间关系；鼓励非金融上市公司与上下游结成长远的合作伙伴关系，保持并扩大竞争优势，同时完善供应链信息披露制度，规范供应链发展，降低资源错配引致的效率损失；密切跟踪会计准则国际趋同，推动高质量会计准则建设与发展，规范上市公司会计信息披露，以达到“公允列报、充分披露”，降低资本市场信息不对称程度，满足资本市场上利益相关者的投资决策需要，实现“信息有效”；完善违规稽查制度，加大违规惩处力度，注重对披露失实行为的治理，减少“信息传递”操纵问题；坚持金融业改革开放主调，加快完善金融市场体系，保障市场有效运行，实现社会资源的高效配置。此外，监管部门应进一步健全战略委员会制度，提高战略委员会运作效率，增强战略治理效力，从而改善企业金融资产配置“投机化”“经济生态破坏化”等问题，促进主业长期健康发展；不断深化国有企业“混改”与非国有企业“混改”实践，完善并落实“双向”混改顶层设计与保障措施，尤以非国有企业“混改”为重，助力非金融上市公司金融化治理；完善董事高管责任保险相关的法律制度与配套规定，优化董事高管责任保险市场环境，为董事高管责任保险的良好发展与有效应用创造条件，防止董事高管责任保险产生诸如增加管理层道德风险等负面影响，同时引导企业合理购买董事高管责任保险，充分发挥董事高管责任保险的积极治理作用；持续推进市场监管体制改革，强化证券交易所一线监管职责，提高执法效率，从而有效治理非金融上市公司金融化趋势，建立起维护市场秩序的“第一道防线”。特别地，监管部门应引导股东、保险机构等治理主体有序参与金融资产配置治理，通过对不同产权性质、规模与市场化地区的非金融上市公司启动不同治理措施有效整合治理资源，从而化解“碎片化”治理困境，提高治理效率。

（2）投资者应认识到金融资产配置对企业横向与纵向竞争能力的损害，深入理解涉足金融领域公司的盈余信息内涵，同时结合公开披露的供应链信息，合理评估非金融上市公司经营前景，制定合理的投资决策。在此过程中可能还需要加强对管理层的监督与约束，降低金融资产配置的资本套利动机，促进企业巩固实业基础，从而提高可持续增长能力，增强盈余信息的解释与预测能力，改进产品市场与资本市场效率，引导经济“脱虚向实”。特别地，不同产权性质股东应积极参与混合所有制经济改革，从而强化混合股东治理的资源效应与制衡效应，促进金融资产配置治理的监督功能发挥，实现不同产权股东利益共生。

（3）非金融上市公司应注重主业发展，明晰长期经营目标，增加企业研发、制造与营销活动供给，并完善供应链体系建设，提高供应链协调能力，同时依据国家宏观政策导向准确把握金融投资风险与收益的关系，有效利用金融市场的功能，优化金融资产配置结构，可选择持有适度的战略性金融资产，谨慎持有非战略性金融资产，从而增强企业相对于同行业其他企业的竞争能力以及与供应商和客户的谈判能力，推动主业价值持续增长，如此才能得到消费者与投资者认可；提高会计信息的可靠性与稳健性，增强投资者对盈余信息的可信度，减轻盈余价值相关性下降的危害，为资本市场改革提供稳定环境。此外，非金融上市公司应及时、恰当、全面地评估公司可能存在的治理缺陷与运作风险，认识并分析战略治理、混合股东治理、董事高管责任保险对于优化企业信息环境、缓解代理冲突的重要性，规范战略委员会制度建设、深化混合所有制改革实践、理性购买董事高管责任保险，同时配合其他公司治理机制，推进公司治理内生机制建设，最大化其在企业金融化问题治理中的功能作用，缓解经济“脱实向虚”问题。

（4）保险公司应积极履行其在事前评估、事中控制与事后调查全过程的监督职责。承保前根据承保对象自身风险特征与需求设计保险合同；承保中监督并约束承保对象行为，适时调整保费；出险后进行全面审查。保险公司上述治理机制能够有效制约非金融上市公司管理层的机会主义行为，减弱其对金融资产的非理性逐利，助力企业金融化治理、引导经济“脱虚向实”。

6.3 研究局限与未来展望

市场是企业投资决策效果的“试金石”，是非金融上市公司金融资产配置有效性与价值体现的重要检验标准与场所。区别于已有主要聚焦于金融资产配置与主业发展基础关系的研究，本书从产品市场与资本市场视角考察非金融上市公司金融资产配置的经济后果，能够更好地揭示金融化趋势产生危害的内在逻辑，丰富“投资中心论”思想，从理论上拓展金融资产配置经济后果的分析性框架，同时为促进企业可持续发展、形成企业与市场良性循环提供实践参考，契合“新常态”下经济“脱虚向实”与持续健康发展的要求，具有重要的理论与现实意义。进一步地，本书还从战略治理、股东治理、利益相关者治理以及政府治理层面探讨了战略治理、混合股东治理、董事高管责任保险与非处罚性市场监管对非金融上市公司金融资产配置的治理效果，以完善金融资产配置经济后果的分析性框架，为如何引导经济“脱虚向实”提供更为可视化的结论。尽管本书较为全面地研究了非金融上市公司金融资产配置的经济后果问题，但仍可能存在以下局限，有必要在未来进行深入研究。

（1）对非金融上市公司金融资产配置的其他市场表现未加探讨。虽然产品市场与资本市场是企业外部存在的主要市场，金融资产配置的产品市场与资本市场表现是非金融上市公司投资决策调整、平衡主营业务发展与金融资产配置关系的重要依据，但企业外部存在的其他市场，如经理人市场，其中的反应与表现也可能影响金融资产配置效果，关系到非金融上市公司的可持续发展。因此，未来可以从经理人市场等视角考察非金融上市公司金融资产配置的经济后果，以丰富金融资产配置市场表现研究。

（2）对非金融上市公司不同金融资产配置治理机制之间的协调关系关注不够。虽然本书遵循本土情境下的治理逻辑，从战略治理、股东治理、利益相关者治理以及政府治理层面探讨了缓解非金融上市公司金融化趋势的有效途径，并从产权性质、企业规模与市场化三个维度考察了不同治理机制监督功能发挥的情境依赖性，有助于市场参与者更好地理解不同治理机制减缓非金融上市公司“脱实向虚”倾向的内在逻辑与依存条件，为不同治理机制间协调、构筑由多方治理主体参与的、功能互补、有机互动的金融资产配置治理促进体系提供理论指引与实践参考，但若能从不同金融资产配置治理机制之间的协调关系角度构建逻辑框架与实证模型进行研究，显然能够提供进一步的经验证据，也具有重要的理论与现实意义，将成为未来研究的方向之一。

参考文献

[1] Abramov, A., Radygin, A., Entov, R., et al. State Ownership and Efficiency Characteristics [J]. Russian Journal of Economics, 2017, 3 (2): 129-157.

[2] Agrawal, A. & Chadha, S. Corporate Governance and Accounting Scandals [J]. Journal of Law and Economics, 2005, 48 (2): 371-406.

[3] Aivazian, V., Ge, Y. & Qiu, J. The Impact of Leverage on Firm Investment: Canadian Evidence [J]. Journal of Corporate Finance, 2005, 11 (1): 277-291.

[4] Akerlof, G. A. The Market for "Lemons": Quality Uncertainty and the Market Mechanism [J]. The Quarterly Journal of Economics, 1970, 84 (3): 488-500.

[5] Akkemik, K. A. & Özen, S. Macroeconomic and Institutional Determinants of Financialisation of Non-Financial Firms: Case Sudy of Turkey [J]. Socio-Economic Review, 2014, 12 (1): 71-98.

[6] Albrecht, W. S., Wernz, G. W. & Williams, T. L. Fraud: Bring the Light to the Dark Side of Business [M]. New York: Irwin Inc, 1995.

[7] Alexiou, C., Mohamed, A. & Nellis, J. The Impact of Institutional Investors on Firms' Performance in the Context of Financialization [J]. International Journal of Finance & Economics, 2021, 26 (1): 290-309.

[8] Allen, F., Qian, J. & Zhang, C. An Alternative View on Law, Institutions, Finance and Growth [R]. Wharton Working Paper, 2011.

[9] Almeida, H., Campello, M. & Weisbach, M. S. The Cash Flow Sensitivity of Cash [J]. The Journal of Finance, 2004, 59 (4): 1777-1804.

[10] Altman, E. Multidimensional Graphics and Bankruptcy Prediction: A Comment [J]. Journal of Accounting Research 1983, 21 (1): 297-299.

[11] Anantharaman, A. & He, L. Regulatory Scrutiny and Reporting of Internal Control Deficiencies: Evidence from the SEC Comment Letters [R]. Working Paper, 2016.

[12] Anderson, C. R. & Zeithaml, C. P. Stage of the Product Life Cycle, Business Strategy, and Business Performance [J]. Academy of Management Journal, 1984, 27 (1): 5 –24.

[13] Becker, G. Crime and Punishment: An Economic Approach [J]. Journal of Political Economy, 1968, 75 (2): 169 –217.

[14] Baker, M. , Stein, J. C. & Wurgler, J. When Does the Market Matter? Stock Prices and the Investment of Equity Dependent Firms [J]. Quarterly Journal of Economics, 2003, 118 (3): 969 –1006.

[15] Baker, T. Predicting Corporate Governance Risk: Evidence from the Directors' & Officers' Liability Insurance Market [J]. Social Science Electronic Publishing, 2007, 74 (2): 487 –544.

[16] Ball, R. & Brown, P. An Empirical Evaluation of Accounting Income Numbers [J]. Journal of Accounting Research, 1968, 6 (2): 159 –178.

[17] Ball, R. & Shivakumar, L. How Much New Information Is There in Earnings? [J]. Journal of Accounting Research, 2008, 46 (5): 975 –1016.

[18] Baran, P. A. & Sweezy, P. M. Monopoly Capital [M]. Monthly Review Press, 1966.

[19] Bar – Gill, O. & Bebchuk, L. A. Misreporting Corporate Performance [R]. Working Paper, Harvard Law School, 2002.

[20] Barth, M. E. , Beaver, W. H. & Landsman, W. R. Relative Valuation Roles of Equity Book Value and Net Income as a Function of Financial Health [J]. Journal of Accounting and Economics, 1998, 25 (1): 1 –34.

[21] Barth, M. E. & Landsman, W. E. Fundamental Issues Related to Using Fair Value Accounting for Financial Reporting [J]. Accounting Horizons, 1995, 9 (12): 97 –107.

[22] Barth, M. E. , Landsman, W. R. & Lang, M. H. International Accounting Standards and Accounting Quality [J]. Journal of Accounting Research, 2008, 46 (3): 467 –498.

[23] Barton, J. & Simko, P. J. The Balance Sheet as an Earnings Management Constraint [J]. The Accounting Review, 2002, 77 (Suppl): 1-27.

[24] Beaver, W. H., Clarke, R. & Wright, W. The Association Between Unsystematic Security Returns and Magnitude of Earnings Forecast Error [J]. Journal of Accounting Research, 1979, 17 (2): 316-340.

[25] Becht, M., Bolton, P. & Röell, A. Corporate Governance and Control [J]. Handbook of the Economics of Finance, 2003, 1: 1-109.

[26] Bennedsen, M. & Wolfenzon, D. The Balance of Power in Closely Held Corporations [J]. Journal of Financial Economics, 2000, 58 (1): 113-139.

[27] Bhaduri, A. A Contribution to the Theory of Financial Fragility and Crisis [J]. Cambridge Journal of Economics, 2011, 35 (6): 995-1014.

[28] Bolton, P., Jose, S. & Wei, X. Executive Compensation and Short-Termist Behavior in Speculative Markets [J]. Review of Economic Studies, 2006, 73 (3): 577-610.

[29] Bolton, P. & Scharfstein, D. S. A Theory of Predication Based on Agency Problems in Financial Contraction [J]. American Economic Review, 1990, 80 (1): 93-106.

[30] Boycko, M., Shleifer, A. & Vishny, R. W. A Theory of Privatization [J]. The Economic Journal, 1996, 106 (435): 309-319.

[31] Boyd, J. H. & DeNicolo, G. The Theory of Bank Risk Taking and Competition Revisited [J]. The Journal of Finance, 2005, 60 (3): 1329-1343.

[32] Bozanic, Z., Dietrich, J. R. & Johnson, B. A. SEC Comment Letters and Firm Disclosure [J]. Journal of Accounting & Public Policy, 2017, 36 (5): 337-357.

[33] Brown, D., Lo, K., Lys& T. Use of R2 in Accounting Research: Measuring Changes in Value Relevance over the Last Four Decades [J]. Journal of Accounting and Economics, 1999, 28 (2): 83-115.

[34] Brown, J. R., Fazzari, S. M. & Petersen, B. C. Financing Innovation and Growth: Cash Flow, External Equity, and the 1990s R&D Boom [J]. The Journal of Finance, 2009, 64 (1): 151-185.

[35] Brown, L. D., Hagerman, R. L. & Griffin, P. A. Security Analyst Su-

periority Relative to Univariate Time – Series Models in Forecasting Quarterly Earnings [J]. Journal of Accounting and Economics, 1987, 9 (1): 61 – 87.

[36] Brown, S. V., Tian, X. & Tucker, J. The Spillover Effect of SEC Comment Letters on Qualitative Corporate Disclosure: Evidence from the Risk Factor Disclosure [J]. Contemporary Accounting Research, 2018, 35 (2): 622 – 656.

[37] Buchanan, B. G. The Way We Live Now: Financialization and Securitization [J]. Research in International Business and Finance, 2017, 39 (1): 663 – 677.

[38] Burgstahler, D. & Dichev, I. D. Earnings, Adaptation, and Equity Value [J]. The Accounting Review, 1997, 72 (2): 187 – 215.

[39] Cassell, C. A., Dreher, L. M. & Myers, L. A. Reviewing the SEC'S Review Process: 10 – K Comment Letters and the Cost of Remediation [J]. Accounting Review, 2013, 88 (6): 1875 – 1908.

[40] Chalmers, J. M. R., Dann, L. Y. & Harford, J. Managerial Opportunism? Evidence from Directors' and Officers' Insurance Purchases [J]. Journal of Finance, 2002, 57 (2): 609 – 636.

[41] Chan, K. & Hameed, A. Stock Price Synchronicity and Analyst Coverage in Emerging Markets [J]. Journal of Financial Economics, 2006, 80 (1): 115 – 147.

[42] Chang, X., Dasgupta, S., Wong, G., et al. Cash – Flow Sensitivities and the Allocation of Internal Cash Flow [J]. Review of Financial Studies, 2014, 72 (12): 3628 – 3657.

[43] Chen, G., Firth, M., Gao, D. N., et al. Ownership Structure, Corporate Governance, and Fraud: Evidence from China [J]. Journal of Corporate Finance, 2006, 12 (3): 424 – 448.

[44] Chen, J., Cumming, D., Hou, W., et al. Does the External Monitoring Effect of Financial Analysts Deter Corporate Fraud in China? [J]. Journal of Business Ethics, 2016, 134 (4): 727 – 742.

[45] Chen, V. Z., Li, J., Shapiro, D. M., et al. Ownership Structure and Innovation: An Emerging Market Perspective [J]. Asia Pacific Journal of Management, 2014, 31 (1): 1 – 24.

[46] Chen, Z., Li, O. Z. & Zou, H. Directors' and Officers' Liability Insurance and the Cost of Equity [J]. Journal of Accounting and Economics, 2016, 61 (1): 100-120.

[47] Correia, M. Political Connections, SEC Enforcement and Accounting Quality [R]. Working Paper, London Business School, 2009.

[48] Crotty, J. The Effects of Increased Product Market Competition and Changes in Financial Markets on the Performance of Nonfinancial Corporations in the Neoliberal Era [R]. Political Economy Research Institute Working Paper No. 44, 2002.

[49] Crotty, J. The Neoliberal Paradox: The Impact of Destructive Product Market Competition and Impatient Finance on Nonfinancial Corporations in the Neoliberal Era [J]. Review of Radical Political Economics, 2003, 35 (3): 271-279.

[50] Crotty, J. The Neoliberal Paradox: The Impact of Destructive Product Market Competition and 'Modern' Financial Markets on Nonfinancial Corporation Performance in the Neoliberal Era [J]. Financialization and the World Economy, 2005: 77-110.

[51] Cunningham, L. M., Johnson, B. A., Johnson, E. S., et al. The Switch-Up: An Examination of Changes in Earnings Management after Receiving SEC Comment Letters [J]. Contemporary Accounting Research, 2020, 37 (2): 917-944.

[52] Da, L. A. R., Bittencourt, J. & Taioka, T. Wealth Financialization: Operating Profit as Conditioning of Financial Revenue [J]. Journal of Financial Innovation, 2015, 1 (1): 53-72.

[53] Dechow, P. M., Ge, W., Larson, C. R., et al. Predicting Material Accounting Misstatements [J]. Contemporary Accounting Research, 2011, 28 (1): 17-82.

[54] Dechow, P., Ge, W. & Schrand, C. Understanding Earnings Quality: A Review of the Proxies, their Determinants and their Consequences [J]. Journal of Accounting and Economics, 2010, 50 (2-3): 344-401.

[55] Dechow, P. M., Sloan, R. G. & Sweeney, A. P. Detecting Earnings Management [J]. Accounting Review, 1995, 70 (2): 193-225.

[56] Dechow, P. M., Sloan, R. G. & Sweeney, A. P. Causes and Conse-

quences of Earnings Manipulation: An Analysis of Firms Subject to Enforcement Actions by the SEC [J]. Contemporary Accounting Research, 1996, 13 (1): 1 -36.

[57] Deli, D. N. & Gillan, S. L. On the Demand for Independent and Active Audit Committees [J]. Journal of Corporate Finance, 2000, 6 (4): 427 -445.

[58] Demir, F. Financial Liberalization, Private Investment and Portfolio Choice: Financialization of Real Sectors in Emerging Markets [J]. Journal of Development Economics, 2009a, 88 (2): 314 -324.

[59] Demir, F. Capital Market Imperfections and Financialization of Real Sectors in Emerging Markets: Private Investment and Cash Flow Relationship Revisited [J]. World Development, 2009b, 37 (5): 953 -964.

[60] Demirguc - Kunt, A. & Maksimovic, V. Funding Growth in Bank - Based and Market - Based Financial Systems: Evidence from Firm - Level Data [J]. Journal of Financial Economics, 2002, 65 (3): 337 -363.

[61] Denis, D. J. & Sibilkov, V. Financial Constraints, Investment, and the Value of Cash Holdings [J]. Review of Financial Studies, 2010, 23 (1): 247 -269.

[62] Dhaliwal, D., Judd, J. S., Serfling, M., et al. Customer Concentration Risk and the Cost of Equity Capital [J]. Journal of Accounting and Economics, 2016, 61 (1): 23 - 48.

[63] Dhaliwal, D., Subramanyam, K. R. & Trezevant, R. Is Comprehensive Income Superior to Net Income as a Measure of Firm Performance? [J]. Journal of Accounting and Economics, 1999, 26 (1 -3): 43 -67.

[64] Dichev, I. D. & Tang, V. W. Earnings Volatility and Earnings Predictability [J]. Journal of Accounting and Economics, 2009, 47 (1 -2): 160 -181.

[65] Ding, S., Guariglia, A. & Knight, J. B. Investment and Financing Constraints in China: Does Working Capital Management Make a Difference? [J]. Journal of Banking & Finance, 2013, 37 (5): 1490 -1507.

[66] Du, J. L., Li, C. & Wang, Y. Q. A Comparative Study of Shadow Banking Activities of Non - Financial Firms in Transition Economies [J]. China Economic Review, 2017, 46 (S1): S35 -S49.

[67] Duchin, R., Gilbert, T., Harford, J., et al. Precautionary Savings

with Risky Assets: When Cash Is Not Cash [J]. The Journal of Finance, 2017, 72 (2): 793 - 852.

[68] Dyck, A., Volchkova, N. & Zingales, L. The Corporate Governance Role of Media: Evidence from Russia [J]. Journal of Finance, 2008, 63 (3): 1093 - 1135.

[69] Easton, P. D. & Harris, T. S. Earnings as an Explanatory Variable for Returns [J]. Journal of Accounting Research, 1991, 29 (1): 19 - 36.

[70] Edwards, J. R. & Lambert, L. S. Methods for Integrating Moderation and Mediation: A General Analytical Framework using Moderated Path Analysis [J]. Psychological Methods, 2007, 12 (1): 1 - 22.

[71] EI Ghoul, S., Guedhami, C., Kwork, C. C. Y., et al. Does Corporate Social Responsibility Affect the Cost of Capital? [J]. Journal of Banking & Finance, 2011, 35 (9): 2388 - 2406.

[72] Erickson, M., Hanlon, M. & Maydew, E. L. Is There a Link between Executive Equity Incentives and Accounting Fraud? [J]. Journal of Accounting Research, 2006, 44 (1): 113 - 143.

[73] Ertimur, Y., Livnat, J. & Martikainen, M. Differential Market Reactions to Revenue and Expense Surprises [J]. Review of Accounting Studies, 2003, 8 (2 - 3): 185 - 211.

[74] Fairfield, R. & Yohn, T. Using Asset Turnover and Profit Margin to Forecast Changes in Profitability [J]. Review of Accounting Studies, 2001, 6 (4): 371 - 385.

[75] Fama, E. Efficient Capital Markets: A Review of Theory and Empirical Work [J]. Journal of Finance, 1970, 25 (2): 383 - 417.

[76] Fama, E. F. Agency Problems and the Theory of the Firm [J]. Journal of Political Economy, 1980, 88 (2): 288 - 307.

[77] Fombrun, C. & Shanley, M. What's in a Name? Reputation Building and Corporate Strategy [J]. The Academy of Management Journal, 1990, 33 (2): 233 - 258.

[78] Francis, J., Schipper, K. & Vincent, L. Expanded Disclosures and the Increased Usefulness of Earnings Announcements [J]. Accounting Review, 2002,

77 (3): 515 - 546.

[79] Gaspar, J. M. & Massa, M. Idiosyncratic Volatility and Product Market Competition [J]. Journal of Business, 2006, 79 (6): 3125 -3152.

[80] Geczy, C., Minton, B. & Schrand, C. Why Firms Use Currency Derivatives [J]. Journal of Finance, 1997, 52 (4): 1323 -1354.

[81] Gehringer, A. Growth, Productivity and Capital Accumulation: The Effects of Financial Liberalization in the Case of European Integration [J]. International Review of Economics and Finance, 2013, 25 (1): 291 -309.

[82] Gentry, J. A. Predicting Bankruptcy: If Cash Flow's Not the Bottom Line, What Is? [J]. Financial Analysts Journal, 1985, 41 (5): 47 -56.

[83] Ghosh, A., Gu, Z. & Jain, P. C. Sustained Earnings and Revenue Growth, Earnings Quality, and Earnings Response Coefficients [J]. Review of Accounting Studies, 2005, 10 (1): 33 -57.

[84] Gietzmann, M. B. & Pettinicchio, A. K. External Auditor Reassessment of Client Business Risk Following the Issuance of a Comment Letter by the SEC [J]. European Accounting Review, 2014, 23 (1): 57 -85.

[85] Gietzmann, M., Marra, A. & Pettinicchio, A. Comment Letter Frequency and CFO Turnover: A Dynamic Survival Analysis [J]. Journal of Accounting, Auditing & Finance, 2016, 31 (1): 79 -99.

[86] Giron, A. & Chapoy, A. Securitization and Financialization [J]. Journal of Post Keynesian Economics, 2012, 35 (2): 171 -186.

[87] Goldman, E. & Slezak, S. L. An Equilibrium Model of Incentive Contracts in the Presence of Information Manipulation [J]. Journal of Financial Economics, 2006, 80 (3): 603 -626.

[88] González, I. & Sala, H. Investment Growding - Out and Labor Market Effects of Financialization in the US [J]. Scottish Journal of Political Economy, 2014, 61 (5): 589 -613.

[89] Grossman, S. J. & Hart, O. D. One Share - One Vote and the Market for Corporate Control [J]. Journal of Financial Economics, 1988, 20 (1 -2): 175 - 202.

[90] Haans, R. F. J., Pieters, C. & He, Z. L. Thinking about U: Theori-

zing and Testing U – and Inverted U – shaped Relationships in Strategy Research [J]. Strategic Management Journal, 2016, 37 (7): 1177 – 1195.

[91] Harris, T. S., Lang, M. & Moller, H. P. The Value Relevance of German Accounting Measures: An Empirical Analysis [J]. Journal of Accounting Research, 1994, 32 (2): 187 – 209.

[92] Haushalter, D., Klasa, S. & Maxwell, W. F. The Influence of Product Market Dynamics on a Firm's Cash Holdings and Hedging Behavior [J]. Journal of Financial Economics, 2006, 84 (3): 797 – 825.

[93] Hay, D. A. & Liu, G. S. The Efficiency of Firms: What Difference Does Competition Make? [J]. The Journal of the Royal Economic Society [J]. The Economic Journal, 1997, 107 (442): 597 – 617.

[94] Hayn, C. The Information Content of Losses [J]. Journal of Accounting and Economics, 1995, 20 (2): 125 – 153.

[95] Higgins, R. C. How Much Growth Can a Firm Afford? [J]. Financial Management, 1977, 6 (3): 7 – 16.

[96] Hirth, S. & Viswanatha, M. Financing Contraints, Cash Flow Risk and Corporate Investment [J]. Journal of Corporate Finance, 2011, 17 (5): 1496 – 1509.

[97] Holderness, C. G. Liability Insurers as Corporate Monitors [J]. International Review of Law & Economics, 1990, 10 (2): 115 – 129.

[98] Ijiri, Y., Jaedicke, R. & Knight, K. The Effects of Accounting Alternatives on Management Decisions [R]. New York: American Accounting Association, 1966.

[99] Jiang, F. & Kim, K. A. Corporate Governance in China: A Modern Perspective [J]. Journal of Corporate Finance, 2015, 32 (3): 190 – 216.

[100] Jibril, H., Kaltenbrunner, A. & Kesidou, E. Financialisation and Innovation in Emerging Economies: Evidence from Brazil [R]. SSRN Working Paper, 2018.

[101] Johnston, R. & Petacchi, R. Regulatory Oversight of Financial Reporting: Securities and Exchange Commission Comment Letters [J]. Contemporary Accounting Research, 2017, 34 (2): 1128 – 1155.

[102] Jones, T. W. & Wicks, A. C. Convergent Stake – Holder Theory [J]. Academy of Management Review, 1999, 24 (2): 206 – 221.

[103] Karuna, C. Industry Product Market Competition and Managerial Incentives [J]. Journal of Accounting and Economics, 2007, 43 (2 – 3): 275 – 297.

[104] Khanna, V., Kim, E. H. & Lu, Y. CEO Connectedness and Corporate Fraud [J]. The Journal of Finance, 2015, 70 (3): 1203 – 1252.

[105] Kim, M. & Ritter, J. R. Valuing IPOs [J]. Journal of Financial Economics, 1999, 53 (3): 409 – 437.

[106] Kliman, A. & Williams, S. Why 'Financialization' Hasn't Depressed US Productive Investment [J]. Cambridge Journal of Economics, 2015, 39 (1): 67 – 92.

[107] Kormend, R. & Lipe, R. Earnings Innovations, Earnings Persistence and Stock Returns [J]. Journal of Business, 1987, 60 (3): 323 – 345.

[108] Kriger, M. P. & Rich, P. J. Strategic Governance: Why and How MNCs Are Using Boards of Directors in Foreign Subsidiaries [J]. Columbia Journal of World Business, 1987, 22 (4): 39 – 45.

[109] Krippner, G. The Financialisation of the American Economy [J]. Socio – Economic Review, 2005, 3 (2): 173 – 208.

[110] Krippner, G. R. Capitalizing on Crisis: The Political Origins of the Rise of Finance [M]. Harvard University Press, 2011.

[111] Kumar, T. N. Strategic Corporate Governance: Looking Beyond Regulations [J]. ICFAI Journal of Corporate Governance, 2008, 7 (2): 42 – 57.

[112] Kusnadi, Y., Yang, Z. & Zhou, Y. Institutional Development, State Ownership and Corporate Cash Holdings: Evidence from China [J]. Journal of Business Research, 2015, 68 (2): 351 – 359.

[113] La Ferrara, E., Chong, A. & Duryea, S. Soap Operas and Fertility: Evidence from Brazil [J]. American Economic Journal: Applied Economics, 2012, 4 (4): 1 – 31.

[114] Laeven, L. Does Financial Liberalization Reduce Financing Constraints [J]. Financial Management, 2003, 32 (1): 5 – 34.

[115] Lazonick, W. Innovative Business Models and Varieties of Capitalism:

Financialization of the U. S. Corporation [J]. Business History Review, 2010, 84 (84): 675 -702.

[116] Lee, T. S. & Yeh, Y. H. Corporate Governance and Financial Distress: Evidence from Taiwan [J]. Corporate Governance: An International Review, 2004, 12 (3): 378 -388.

[117] Lev, B. On the Usefulness of Earnings and Earnings Research: Lessons and Directions from Two Decades of Empirical Research [J]. Journal of Accounting Research, 1989, 27: 153 -192.

[118] Lev, B. Some Economic Determinants of Time - Series Properties of Earnings [J]. Journal of Accounting and Economics, 1983, 5 (1): 31 -48.

[119] Lin, C. , Office, M. S. , Wang, R. , *et al*. Directors' and Officers' Liability Insurance and Loan Spreads [J]. Journal of Financial Economics, 2013, 110 (1): 37 -60.

[120] Lind, J. T. & Mehlum, H. With or Without U? The Appropriate Test for a U - shaped Relationship [J]. Oxford Bulletin of Economics and Statistics, 2010, 72 (1): 109 -118.

[121] Lipe, R. The Information Contained in the Components of Earnings [J]. Journal of Accounting Research, 1986, 24 (3): 37 -64.

[122] Luo, W. & Shang, K. Managing Inventory for Entrepreneurial Firms with Trade Credit and Payment Defaults [R]. Working Paper, 2013.

[123] Manski, C. F. Endogenous Social Effects: The Reflection Problem [J]. The Reviews of Economic Studies, 1993, 60 (3): 531 -542.

[124] Marquardt, C. A. & Wiedman, C. I. Voluntary Disclosure, Information Asymmetry, and Insider Selling through Secondary Equity Offerings [J]. Contemporary Accounting Research, 1998, 15 (4): 505 -537.

[125] Mayers, D. & Smith, C. On the Corporate Demand for Insurance [J]. Journal of Businessg, 1982, 55 (2): 281 -296.

[126] Meyer, M. , Milgrom, P. & Roberts, J. Organizational Prospects, Influence Costs, and Ownership Changes [J]. Journal of Economics and Management Strategy, 1992, 1 (1): 9 -35.

[127] Milberg, W. Shifting Sources and Uses of Profits: Sustaining U. S. Fi-

nancizlization with Global Value Chains [J]. Economy & Society, 2008, 37 (3): 420 - 451.

[128] Miller, G. S. The Press as a Watchdog for Accounting Fraud [J]. Journal of Accounting Research, 2006, 44 (5): 1001 - 1033.

[129] Mirrlees, J. A. An Exploration in the Theory of Optimum Income Taxation [J]. Review of Economic Studies, 1971, 38 (2): 175 - 208.

[130] Nguyen, P. Macroeconomic Factors and Japan's Industry Risk [J]. Journal of Multinational Financial Management, 2007, 17 (2): 173 - 185.

[131] Nilsen, J. H. Trade Credit and the Bank Lending Channel [J]. Journal of Money, Credit and Banking, 2002, 34 (1): 226.

[132] Nissim, D. & Penman, S. Ratio Analysis and Equity Valuation: From Research to Practice [J]. Review of Accounting Studies, 2001, 6 (1): 109 - 154.

[133] Orhangazi, Z. Financialization and Capital Accumulation in the Non - Financial Corporate Sector: A Theoretical and Empirical Investigation on the US Economy: 1973 - 2003 [J]. Cambridge Journal of Economics, 2008, 32 (6): 863 - 886.

[134] O'Sullivan, N. Insuring the Agents: the Role of Directors' and Officers' Insurance in Corporate Governance [J]. Journal of Risk & Insurance, 1997, 64 (3): 545 - 556.

[135] Palley, T. I. Financialization: What It Is and Why It Matters [R]. The Levy Economics Institute Working Paper Series No. 525, 2008.

[136] Peng, L. & Rell, A. Executive Pay and Shareholder Litigation [J]. Review of Finance, 2008, 12 (1): 141 - 184.

[137] Penman, S. & Zhang, X. Accounting Conservatism, the Quality of Earnings, and Stock Returns [J]. The Accounting Review, 2002, 77 (2): 237 - 264.

[138] Peress, J. Product Market Competition, Insider Trading, and Stock Market Efficiency [J]. The Journal of Finance, 2010, 65 (1): 1 - 43.

[139] Pesaran, M. H. , Schuermann, T. , Treutler, B. , et al. Macroeconomic Dynamics and Credit Risk: A Global Perspective [J]. Journal of Money, Credit and Banking, 2006, 38 (5): 1211 - 1261.

[140] Pistor, K. & Xu, C. Law Enforcement under Incomplete Law: Theory

and Evidence from Financial Market Regulation [R]. Working Paper, 2002.

[141] Poirier, D. J. Partial Observability in Bivariate Probit Models [J]. Journal of Econometrics, 1980, 12 (2): 209 - 217.

[142] Porter, M. E. Competitive Strategy: Techniques for Analyzing Industries and Competitors [M]. New York: Free Press, 1980.

[143] Povel, P., Sing, R. & Winton, A. Booms, Busts, and Fraud [J]. Review of Financial Studies, 2007, 20 (4): 1219 - 1254.

[144] Pozner, J. E. Stigma and Settling Up: An Integrated Approach to the Consequences of Organizational Misconduct for Organizational Elites [J]. Journal of Business Ethics, 2008, 80 (1): 141 - 150.

[145] Priest, G. L. The Current Insurance Crisis and Modern Tort Law [J]. The Yale Law Journal, 1987, 96 (7): 1521 - 1590.

[146] Ramakrishnan, R. T. S. & Thomas, J. K. Valuation of Permanent, Transitory, and Price - Irrelevant Components of Reported Earnings [J]. Journal of Accounting, Auditing and Finance, 1998, 13 (3): 301 - 336.

[147] Ratnatunga, J. & Alam, M. Strategic Governance and Management Accounting: Evidence from a Case Study [J]. Journal of Accounting, Finance and Business Studies, 2011, 47 (3): 343 - 382.

[148] Richardson, S. Over - Investment of Free Cash Flow [J]. Review of Accounting Studies, 2006, 11 (2 - 3): 159 - 189.

[149] Richardson, S. A., Sloan, R. G., Soliman, M. T., et al. Accrual Reliability, Earnings Persistence and Stock Prices [J]. Journal of Accounting and Economics, 2005, 39 (3): 437 - 485.

[150] Ruigrok, W., Peck, S. I. & Keller, H. Board Characteristics and Involvement in Strategic Decision Making: Evidence from Swiss Companies [J]. Journal of Management Studies, 2006, 43 (5): 1201 - 1226.

[151] Sarcinelli, M. Liberalization and Intergration of Financial Markets [J]. Review of Economic Conditions in Italy, 1988, 3 (1): 283 - 301.

[152] Schloetzer, J. D. Process Integration and Information Sharing in Supply Chains [J]. Accounting Review, 2012, 87 (3): 1005 - 1032.

[153] Schmidt, S. L. & Brauer, M. Strategic Governance: How to Assess

Board Effectiveness in Guiding Strategy Execution [J]. Corporate Governance: An International Review, 2006, 14 (1): 13 - 22.

[154] Scott, W. R. Financial Accounting Theory [M]. Prentice - hall, 1997.

[155] Sen, S. & Dasgupta, Z. Financialization and Corporate Investments: The Indian Case [J]. Social Science Electronic Publishing, 2015, 64 (4): 844 - 853.

[156] Seo, H. J., Kim, H. S. & Kim, Y. C. Financialization and the Slowdown in the Korean Firms' R&D Investment [J]. Asian Economic Papers, 2012, 11 (3): 35 - 49.

[157] Shin, H. Y. Financialization and Stagnant Corporate Investment in Korea since the Asian Financial Crisis [R]. Working Paper, 2012.

[158] Shin, H. S. & Zhao, L. Y. Firms as Surrogate Intermediaries: Evidence from Emerging Economies [R]. Asian Development Bank Working Paper, 2013.

[159] Shleifer, A. Does Competition Destroy Ethical Behavior? [J]. American Economic Review, 2004, 94 (2): 414 - 418.

[160] Skinner, D. J. & Soltes, E. What Do Dividends Tell Us about Earnings Quality? [J]. Review of Accounting Studies, 2011, 16 (1): 1 - 28.

[161] Sloan, R. Do Stock Prices Fully Reflect Information in Accruals and Cash Flow about Future Earnings? [J]. The Accounting Review, 1996, 71 (3): 289 - 316.

[162] Smith, C. W. & Stulz, R. M. The Determinants of Firms' Hedging Policies [J]. Journal of Financial and Quantitative Analysis, 1985, 20 (4): 391 - 405.

[163] Soliman, M. The Use of DuPont Analysis by Market Participants [J]. The Accounting Review, 2008, 83 (3): 823 - 853.

[164] Stockhammer, E. Financialisation and the Slowdown of Accumulation [J]. Cambridge Journal of Economics, 2004, 28 (5): 719 - 741.

[165] Stockhammer, E. Financialization and the Global Economy [R]. Political Econowy Research Institute Working Paper Series, 2010.

[166] Stockhammer, E. & Grafl, L. Financial Uncertainty and Business Investment [J]. Review of Political Economy, 2010, 22 (4): 551 - 568.

[167] Stulz, R. M. Rethinking Risk Management [J]. Journal of Applied

Corporate Finance, 1996, 9 (3): 8 - 25.

[168] Sweezy, P. M. More (or Less) on Globalization [J]. Monthly Review, 1997, 49 (4): 1 - 4.

[169] Tang, J., Crossan, M. & Rowe, W. G. Dominant CEO Deviant Strategy and Extreme Performance: The Moderating Role of a Powerful Board [J]. Journal of Management Studies, 2011, 48 (7): 1479 - 1503.

[170] Teece, D. J., Pisano, G. & Shuen, A. Dynamic Capabilities and Strategic Management [J]. Strategic Management Journal, 1997, 18 (7): 509 - 533.

[171] Tesler, L. G. Competition Position and the Volatility of Cash Flow [J]. Journal of Finance, 1987, (32): 1298 - 1326.

[172] Theurillat, T., Corpataux, J. & Crevoisier, O. Property Sector Financialization: The Case of Swiss Pension Funds (1992 - 2005) [J]. European Planning Studies, 2010, 18 (2): 189 - 212.

[173] Tian, X. & Wang, T. Y. Tolerance for Failure and Corporate Innovation [J]. Review of Financial Studies, 2014, 27 (1): 211 - 255.

[174] Tobin, J. Money and Economic Growth [J]. Econometrica, 1965, 33 (4): 671 - 684.

[175] Tori, D. & Onaran, O. The Effects of Financialisation and Financial Development on Investment: Evidence from Firm - Level Data in Europe [R]. Working Paper No. 16089, 2017.

[176] Tornell, A. Real vs. Financial Investment Can Tobin Taxes Eliminate the Irreversibility Distortion? [J]. Journal of Development Economics, 1990, 32 (2): 419 - 444.

[177] Vickrey, W. Counterspeculation, Auctions, and Competitive Sealed Tenders [J]. Journal of Finance, 1961, 16 (1): 8 - 37.

[178] Wang, K. & Xiao, X. Controlling Shareholders' Tunneling and Executive Compensation: Evidence from China [J]. Journal of Accounting and Public Policy, 2011, 30 (1): 89 - 100.

[179] Wang, Q. Determinants of Segment Disclosure Deficiencies and the Effect of the SEC Comment Letter Process [J]. Journal of Accounting & Public Policy, 2016, 35 (2): 109 - 133.

［180］ Wang, T. Y., Winton, A. & Yu, X. Y. Corporate Fraud and Business Conditions: Evidence from IPOs［J］. Journal of Finance, 2010, 65 (6): 2255 - 2292.

［181］ Watts, R. & Zimmerman, J. Positive Accounting Theory［M］. Prentice - Hall, 1986.

［182］ Weng, T. C., Chen, G. Z. & Chi, H. Y. Effects of Directors and Officers Liability Insurance on Accounting Restatements［J］. International Review of Economics & Finance, 2017, 49 (3): 437 - 452.

［183］ Williamson, O. E. Transaction - Cost Economics: The Governance of Contractual Relations［J］. The Journal of Law and Economics, 1979, 22 (2): 233 - 261.

［184］ Yuan, R., Sun, J. & Cao, F. Directors' and Officers' Liability Insurance and Stock Price Crash Risk［J］. Journal of Corporate Finance, 2016, 37: 173 - 192.

［185］ Zeff, S. A. The Rise of Economic Consequences［J］. Journal of Accountancy, 1978, 146 (6): 56 - 63.

［186］ Zhang, A. M., Zhang, Y. M. & Zhao, R. A Study of the R&D Efficiency and Productivity of Chinese Firms［J］. Journal of Comparative Economics, 2003, 31 (3): 444 - 464.

［187］ 白重恩，路江涌，陶志刚．国有企业改制效果的实证研究［J］．经济研究，2006 (8): 4 - 13, 69.

［188］ 白俊红，刘宇英．金融市场化与企业技术创新：机制与证据［J］．经济管理，2021, 43 (4): 39 - 54.

［189］ 卜君，孙光国．投资者实地调研与上市公司违规：作用机制与效果检验［J］．会计研究，2020 (5): 30 - 47.

［190］ 步晓宁，赵丽华，刘磊．产业政策与企业资产金融化［J］．财经研究，2020, 46 (11): 78 - 92.

［191］ 蔡贵龙，柳建华，马新啸．非国有股东治理与国企高管薪酬激励［J］．管理世界，2018, 34 (5): 137 - 149.

［192］ 蔡志岳，吴世农．董事会特征影响上市公司违规行为的实证研究［J］．南开管理评论，2007 (6): 62 - 68.

[193] 曹丰，谷孝颖．非国有股东治理能够抑制国有企业金融化吗？[J]．经济管理，2021，43（1）：54－71.

[194] 曹裕，陈晓红，万光羽．控制权、现金流权与公司价值——基于企业生命周期的视角［J］．中国管理科学，2010，18（3）：185－192.

[195] 陈冬华，胡晓莉，梁上坤，等．宗教传统与公司治理［J］．经济研究，2013（9）：71－84.

[196] 陈晓，陈小悦，刘钊．A股盈余报告的有用性研究——来自上海、深圳股市的实证证据［J］．经济研究，1999（6）：21－28.

[197] 陈运森，邓祎璐，李哲．非行政处罚性监管能改进审计质量吗？——基于财务报告问询函的证据［J］．审计研究，2018（5）：82－88.

[198] 陈运森，邓祎璐，李哲．证券交易所一线监管的有效性研究：基于财务报告问询函的证据［J］．管理世界，2019，35（3）：169－185，208.

[199] 陈正林，王彧．供应链集成影响上市公司财务绩效的实证研究［J］．会计研究，2014（2）：49－56.

[200] 陈志斌，刘静．金融危机背景下企业现金流运行中的政策影响研究［J］．会计研究，2010（4）：42－49.

[201] 陈志斌，王诗雨．产品市场竞争对企业现金流风险影响研究：基于行业竞争程度和企业竞争地位的双重考量［J］．中国工业经济，2015（3）：96－108.

[202] 戴赜，彭俞超，马思超．从微观视角理解经济“脱实向虚”——企业金融化相关研究述评［J］．外国经济与管理，2018，40（11）：31－43.

[203] 邓可斌，周小丹．独立董事与公司违规：合谋还是抑制［J］．山西财经大学学报，2012，34（11）：84－94.

[204] 邓路，刘欢，侯粲然．金融资产配置与违约风险：蓄水池效应，还是逐利效应？[J]．金融研究，2020（7）：172－189.

[205] 邓祎璐，李哲，陈运森．证券交易所一线监管与企业高管变更——基于问询函的证据［J］．管理评论，2020，32（4）：194－205.

[206] 邓祎璐，陆晨，兰天琪，等．非处罚性监管与企业风险承担——基于财务报告问询函的证据［J］．财经研究，2021，47（8）：123－138.

[207] 董保宝．风险需要平衡吗：新企业风险承担与绩效倒U型关系及创业能力的中介作用［J］．管理世界，2014（1）：120－131.

[208] 杜兴强．会计信息的相关性：基于会计准则视角的分析［J］．当代财经，2008（10）：106－111．

[209] 杜兴强，赵景文，周泽将，等．财务会计信息与公司治理［M］．大连：东北财经大学出版社，2008．

[210] 杜勇，张欢，陈建英．金融化对实体企业未来主业发展的影响：促进还是抑制［J］．中国工业经济，2017（12）：113－131．

[211] 段军山，庄旭东．金融投资行为与企业技术创新——动机分析与经验证据［J］．中国工业经济，2021（1）：155－173．

[212] 范圣然，陈志斌．股权激励、代理成本与企业现金流风险［J］．西南大学学报（社会科学版），2016，42（6）：66－74．

[213] 方红星，张志平．内部控制对盈余持续性的影响及其市场反应——来自A股非金融类上市公司的经验证据［J］．管理评论，2013，25（12）：77－86．

[214] 冯旭南，陈工孟．什么样的上市公司更容易出现信息披露违规——来自中国的证据和启示［J］．财贸经济，2011（8）：51－58．

[215] 傅传锐，洪运超．公司治理、产品市场竞争与智力资本自愿信息披露——基于我国A股高科技行业的实证研究［J］．中国软科学，2018（5）：123－134．

[216] 高敬忠，王天雨，王英允．经济政策不确定性与“双高现象”［J］．外国经济与管理，2021，43（4）：3－18．

[217] 宫义飞，谢元芳．内部控制缺陷及整改对盈余持续性的影响研究——来自A股上市公司的经验证据［J］．会计研究，2018（5）：75－82．

[218] 顾雷雷，郭建鸾，王鸿宇．企业社会责任、融资约束与企业金融化［J］．金融研究，2020（2）：109－127．

[219] 顾水彬．会计准则变革对企业投资行为的影响研究：理论机理与实证检验［M］．成都：西南交通大学出版社，2013．

[220] 顾小龙，辛宇，滕飞．违规监管具有治理效应吗——兼论股价同步性指标的两重性［J］．南开管理评论，2016（5）：41－54．

[221] 韩珣，田光宁，李建军．非金融企业影子银行化与融资结构——中国上市公司的经验证据［J］．国际金融研究，2017（10）：44－54．

[222] 韩忠雪，周婷婷．产品市场竞争、融资约束与公司现金持有：基于中国制造业上市公司的实证分析［J］．南开管理评论，2011，14（4）：149－

160.

[223] 郝项超．委托理财导致上市公司脱实向虚吗？——基于企业创新的视角 [J]．金融研究，2020 (3)：152－168.

[224] 郝云宏，汪茜．混合所有制企业股权制衡机制研究——基于“鄂武商控制权之争”的案例解析 [J]．中国工业经济，2015 (3)：148－160.

[225] 何熙琼，尹长萍．企业战略差异度能否影响分析师盈余预测——基于中国证券市场的实证研究 [J]．南开管理评论，2018，21 (2)：149－159.

[226] 何瑛，杨琳．改革开放以来国有企业混合所有制改革：历程、成效与展望 [J]．管理世界，2021，37 (7)：4，44－60.

[227] 洪剑峭，方军雄．关联交易和会计盈余的价值相关性 [J]．中国会计评论，2005 (1)：87－98.

[228] 胡国柳，胡珺．董事高管责任保险与公司绩效——基于中国A股上市公司的经验分析 [J]．经济评论，2014 (5)：136－147.

[229] 胡国柳，康岚．董事高管责任保险需求动因及效应研究述评与展望 [J]．外国经济与管理，2014，36 (3)：10－19.

[230] 胡国柳，赵阳，胡珺．D&O保险、风险容忍与企业自主创新 [J]．管理世界，2019，35 (8)：121－135.

[231] 胡海峰，窦斌，王爱萍．企业金融化与生产效率 [J]．世界经济，2020 (1)：70－96.

[232] 胡楠，邱芳娟，梁鹏．竞争战略与盈余质量——基于文本分析的实证研究 [J]．当代财经，2020 (9)：138－148.

[233] 胡宁，曹雅楠，周楠，等．监管信息披露与债权人定价决策——基于沪深交易所年报问询函的证据 [J]．会计研究，2020 (3)：54－65.

[234] 胡奕明，王雪婷，张瑾．金融资产配置动机：“蓄水池”或“替代”？——来自中国上市公司的证据 [J]．经济研究，2017，52 (1)：181－194.

[235] 花冯涛，徐飞．环境不确定性如何影响公司特质风险——基于现金流波动和会计信息质量的中介效应检验 [J]．南开管理评论，2018，21 (4)：122－133.

[236] 黄宏斌，翟淑萍，陈静楠．企业生命周期、融资方式与融资约束——基于投资者情绪调节效应的研究 [J]．金融研究，2016 (7)：96－112.

[237] 黄俊威，龚光明．融资融券制度与公司资本结构动态调整——基

于“准自然实验”的经验证据［J］. 管理世界，2019，35（10）：64－81.

［238］黄速建. 中国国有企业混合所有制改革研究［J］. 经济管理，2014，36（7）：1－10.

［239］黄贤环，吴秋生，王瑶. 金融资产配置与企业财务风险：“未雨绸缪”还是“舍本逐末”［J］. 财经研究，2018（12）：100－112.

［240］黄贤环，吴秋生，王瑶. 影子银行发展与企业投资行为选择：实业投资还是金融投资？［J］. 会计研究，2021（1）：100－111.

［241］姜超. 证券分析师、内幕消息与资本市场效率——基于中国A股股价中公司特质信息含量的经验证据［J］. 经济学（季刊），2013，12（2）：429－452.

［242］焦健，刘银国，刘想. 股权制衡、董事会异质性与大股东掏空［J］. 经济学动态，2017（8）：62－73.

［243］赖黎，唐芸茜，夏晓兰，等. 董事高管责任保险降低了企业风险吗？——基于短贷长投和信贷获取的视角［J］. 管理世界，2019（10）：160－171.

［244］雷啸，唐雪松，蒋心怡. 董事高管责任保险能否抑制公司违规行为？［J］. 经济与管理研究，2020，41（2）：127－144.

［245］雷啸，唐雪松，郑宇新. 放松卖空管制能抑制上市公司违规吗？［J］. 当代财经，2019，19（4）：119－130.

［246］雷新途，汪宏华. 政府反腐风暴提高企业盈余质量了吗——来自中国上市公司的证据［J］. 会计研究，2019（12）：40－45.

［247］李从刚，许荣. 保险治理与公司违规——董事高管责任保险的治理效应研究［J］. 金融研究，2020（6）：188－206.

［248］李刚，夏冬林. 盈余持续性、盈余信息含量和投资组合回报［J］. 中国会计评论，2007（2）：207－218.

［249］李建军，韩珣. 非金融企业影子银行化与经营风险［J］. 经济研究，2019（8）：21－35.

［250］李琳，刘凤委，卢文彬. 基于公司业绩波动性的股权制衡治理效应研究［J］. 管理世界，2009（5）：145－151.

［251］李旎，郑国坚. 市值管理动机下的控股股东股权质押融资与利益侵占［J］. 会计研究，2015（5）：42－49，94.

［252］李世辉，杨丽，曾辉祥．内部审计经理监察能力与企业违规——来自我国中小板上市企业的经验证据［J］．会计研究，2019（8）：79－87.

［253］李双燕，苗进．差异化股权制衡度、行业异质性与全要素生产率——基于混合所有制企业的证据［J］．经济管理，2020，42（1）：5－24.

［254］李万福，林斌，林东杰．内部控制能有效规避财务困境吗？［J］．财经研究，2012（1）：124－134.

［255］李文贵，余明桂．民营化企业的股权结构与企业创新［J］．管理世界，2015（4）：112－125.

［256］李晓溪，饶品贵，岳衡．年报问询函与管理层业绩预告［J］．管理世界，2019，35（8）：173－188，192.

［257］李馨子，牛煜皓，张广玉．客户集中度影响企业的金融投资吗？［J］．会计研究，2019（9）：65－70.

［258］李颖，周洋．供应链协调与“营改增”的盈利效应［J］．财经研究，2020，46（10）：93－108.

［259］李元，王擎．宽松货币政策对企业金融资产配置影响的实证研究［J］．中国软科学，2020（4）：154－163.

［260］李增福，黎惠玲，连玉君．公允价值变动列报的市场反应——来自中国上市公司的经验证据［J］．会计研究，2013（10）：13－19，96.

［261］李增福，骆展聪，杜玲，等．“信息机制”还是“成本机制”？——大数据税收征管何以提高了企业盈余质量［J］．会计研究，2021（7）：56－68.

［262］李维安．中国のコーポレート・ガバナンス［M］．東京：税务経理协会，1998.

［263］李维安，郝臣，崔光耀，等．公司治理研究40年：脉络与展望［J］．外国经济与管理，2019，41（12）：161－185.

［264］李心合．企业财务理论研究40年：回望、反思与前瞻［J］．会计研究，2018（7）：3－12.

［265］梁上坤，陈冬华．大股东会侵犯管理层利益吗？——来自资金占用与管理层人员变更的经验证据［J］．金融研究，2015（3）：192－206.

［266］梁上坤，徐灿宇．混合所有制程度和国有企业金融资产配置［J］．经济管理，2021，43（7）：75－92.

[267] 梁上坤，徐灿宇，司映雪．混合所有制程度与公司违规行为［J］．经济管理，2020，42（8）：138－154.

[268] 凌士显，白锐锋．董事高管责任保险的公司治理作用——基于双重代理成本的视角［J］．财贸经济，2017，38（12）：95－110.

[269] 刘柏，卢家锐．交易所一线监管能甄别资本市场风险吗？——基于年报问询函的证据［J］．财经研究，2019，45（7）：45－58.

[270] 刘笃池，贺玉平，王曦．企业金融化对实体企业生产效率的影响研究［J］．上海经济研究，2016（8）：74－83.

[271] 刘贯春，刘媛媛，张军．金融资产配置与中国上市公司的投资波动［J］．经济学（季刊），2019，18（2）：573－596.

[272] 刘贯春，刘媛媛，张军．经济政策不确定性与中国上市公司的资产组合配置——兼论实体企业的"金融化"趋势［J］．经济学（季刊），2020（5）：65－86.

[273] 刘贯春，张军，刘媛媛．金融资产配置、宏观经济环境与企业杠杆率［J］．世界经济，2018，41（1）：148－173.

[274] 刘行，叶康涛．企业的避税活动会影响投资效率吗？［J］．会计研究，2013（6）：47－53，96.

[275] 刘井建，徐一琪，李惠竹．金融衍生品投资与企业现金流波动风险研究［J］．管理学报，2021，18（1）：127－136.

[276] 刘珺，盛宏清，马岩．企业部门参与影子银行业务机制及社会福利损失模型分析［J］．金融研究，2014（5）：96－109.

[277] 刘姝雯，刘建秋，阳旸，等．企业社会责任与企业金融化：金融工具还是管理工具？［J］．会计研究，2019（9）：57－64.

[278] 刘亚伟，张兆国．股权制衡、董事长任期与投资挤占研究［J］．南开管理评论，2016，19（1）：54－69.

[279] 柳永明，罗云峰．外部盈利压力、多元化股权投资与企业的金融化［J］．财经研究，2019，45（3）：73－85.

[280] 刘永泽，孙翯．我国上市公司公允价值信息的价值相关性：基于企业会计准则国际趋同背景的经验研究［J］．会计研究，2011（2）：16－22，96.

[281] 逯东，孙岩，杨丹．会计信息与资源配置效率研究述评［J］．会

计研究，2012（6）：19－24.

［282］路军．女性高管抑制上市公司违规了吗？——来自中国资本市场的经验证据［J］．中国经济问题，2015（5）：66－81.

［283］陆蓉，常维．近墨者黑：上市公司违规行为的“同群效应”［J］．金融研究，2018（8）：172－189.

［284］陆蓉，兰袁．中国式融资融券制度安排与实体企业金融投资［J］．经济管理，2020，42（8）：155－170.

［285］陆瑶，胡江燕．CEO与董事间“老乡”关系对公司违规行为的影响研究［J］．南开管理评论，2016（2）：52－62.

［286］陆瑶，朱玉杰，胡晓元．机构投资者持股与上市公司违规行为的实证研究［J］．南开管理评论，2012，15（1）：13－23.

［287］陆宇建，蒋玥．制度变革、盈余持续性与市场定价行为研究［J］．会计研究，2012（1）：58－67.

［288］罗宏，秦际栋．国有股权参股对家族企业创新投入的影响［J］．中国工业经济，2019（7）：174－192.

［289］吕峻，李梓房．宏观经济因素对企业财务危机影响的实证分析［J］．山西财经大学学报，2008（11）：94－100.

［290］马德芳，邱保印．社会信任、企业违规与市场反应［J］．中南财经政法大学学报，2016（6）：77－84.

［291］马红，侯贵生，王元月．产融结合与我国企业投融资期限错配——基于上市公司经验数据的实证研究［J］．南开管理评论，2018（3）：46－53.

［292］马连福，王丽丽，张琦．混合所有制的优序选择：市场的逻辑［J］．中国工业经济，2015（7）：5－20.

［293］马勇，陈点点．宏观审慎政策如何影响企业金融化？［J］．国际金融研究，2020（3）：13－22.

［294］毛志宏，徐畅．金融资产的公允价值分层计量能识别盈余管理吗？——基于我国非金融类上市公司的实证研究［J］．经济科学，2018（4）：117－128.

［295］孟庆斌，侯粲然．社会责任履行与企业金融化——信息监督还是声誉保险［J］．经济学动态，2020（2）：45－58.

［296］孟庆斌，邹洋，侯德帅．卖空机制能抑制上市公司违规吗？［J］.

经济研究，2019（6）：89－105.

［297］孟焰，袁淳．亏损上市公司会计盈余价值相关性实证研究［J］．会计研究，2005（5）：42－46.

［298］聂萍，潘再珍，肖红英．问询函监管能改善公司的内部控制质量吗？——来自沪深交易所年报问询的证据［J］．会计研究，2020（12）：153－170.

［299］庞凤喜，刘畅．企业税负、虚拟经济发展与工业企业金融化——来自A股上市公司的证据［J］．经济理论与经济管理，2019（3）：84－94.

［300］彭爱武，张新民．企业资源配置战略与盈余持续性［J］．北京工商大学学报（社会科学版），2020，35（3）：74－85.

［301］彭爱武，张新民，杨道广．企业资源配置战略与盈余价值相关性［J］．经济理论与经济管理，2020（6）：87－98.

［302］彭情，唐雪松．流言招来的“是非”：股市传闻与盈余价值相关性［J］．管理世界，2019，35（3）：186－204.

［303］彭韶兵，王玉，唐嘉尉．董事高管责任保险与投资效率——基于合同条款的实证检验［J］．保险研究，2018（3）：76－90.

［304］彭雯，张立民，钟凯，等．监管问询的有效性研究：基于审计师行为视角分析［J］．管理科学，2019，32（4）：17－30.

［305］彭俞超，黄志刚．经济“脱实向虚”的成因与治理：理解十九大金融体制改革［J］．世界经济，2018，41（9）：3－25.

［306］彭俞超，倪骁然，沈吉．企业“脱实向虚”与金融市场稳定——基于股价崩盘风险的视角［J］．经济研究，2018，53（10）：50－66.

［307］祁怀锦，于瑶，刘艳霞．混改股权制衡与“脱实向虚”：抑制还是促进［J］．经济理论与经济管理，2021，41（2）：13－27.

［308］戚聿东，张任之．金融资产配置对企业价值影响的实证研究［J］．财贸经济，2018，39（5）：38－52.

［309］钱爱民，张新民．新准则下利润结构质量分析体系的重构［J］．会计研究，2008（6）：31－38，95.

［310］覃家琦．战略委员会与上市公司过度投资行为［J］．金融研究，2010（6）：124－142.

［311］权小锋，吴世农，尹洪英．企业社会责任与股价崩盘风险：“价值

利器”或“自利工具”？[J]. 经济研究，2015 (11)：49 – 64.

[312] 权小锋，肖斌卿，尹洪英. 投资者关系管理能够抑制企业违规风险吗？——基于A股上市公司投资者关系管理的综合调查[J]. 财经研究，2016 (5)：15 – 27.

[313] 饶华春. 中国金融发展与企业融资约束的缓解：基于系统广义矩估计的动态面板数据分析[J]. 金融研究，2009 (9)：156 – 164.

[314] 饶品贵，姜国华. 货币政策对银行信贷与商业信用互动关系影响研究[J]. 经济研究，2013，48 (1)：68 – 82，150.

[315] 任胜钢，郑晶晶，刘东华，等. 排污权交易机制是否提高了企业全要素生产率——来自中国上市公司的证据[J]. 中国工业经济，2019 (5)：5 – 23.

[316] 沈洪涛，苏亮德. 企业信息披露中的模仿行为研究——基于制度理论的分析[J]. 南开管理评论，2012，15 (3)：82 – 90.

[317] 宋军，陆旸. 非货币金融资产和经营收益率的U形关系——来自我国上市非金融公司的金融化证据[J]. 金融研究，2015 (6)：111 – 127.

[318] 宋渊洋，李元旭. 制度环境多样性、跨地区经营经验与服务企业产品市场绩效——来自中国证券业的经验证据[J]. 南开管理评论，2013，16 (1)：70 – 82.

[319] 苏坤. 国有金字塔层级对公司风险承担的影响——基于政府控制级别差异的分析[J]. 中国工业经济，2016 (6)：127 – 143.

[320] 隋静，蒋翠侠，许启发. 股权制衡与公司价值非线性异质关系研究——来自中国A股上市公司的证据[J]. 南开管理评论，2016，19 (1)：70 – 83.

[321] 谭小芬，王雅琦，卢冰. 汇率波动、金融市场化与出口[J]. 金融研究，2016 (3)：15 – 30.

[322] 汤谷良，戴璐. 国有上市公司部分民营化的经济后果——基于“武昌鱼”的案例分析[J]. 会计研究，2006 (9)：48 – 55，96.

[323] 唐松，谢雪妍. 企业持股金融机构如何服务实体经济——基于供应链溢出效应的视角[J]. 中国工业经济，2021 (11)：116 – 134.

[324] 唐要家. 竞争、所有权与中国工业市场绩效[M]. 北京：中国社会科学出版社，2005.

[325] 万良勇，查媛媛，饶静．实体企业金融化与企业创新产出——有调节的中介效应 [J]．会计研究，2020 (11)：98－111.

[326] 王百强，侯粲然，孙健．公司战略对公司经营绩效的影响研究 [J]．中国软科学，2018 (1)：127－137.

[327] 王丹，李丹，李欢．客户集中度与企业投资效率 [J]．会计研究，2020 (1)：110－125.

[328] 王红建，曹瑜强，杨庆，等．实体企业金融化促进还是抑制了企业创新——基于中国制造业上市公司的经验研究 [J]．南开管理评论，2017 (1)：155－166.

[329] 王红建，李茫茫，汤泰劼．实体企业跨行业套利的驱动因素及其对创新的影响 [J]．中国工业经济，2016 (11)：73－89.

[330] 王克敏，姬美光，赵沫．宏观经济环境、公司治理与财务困境研究 [J]．经济与管理研究，2006 (9)：18－25.

[331] 王克敏，王华杰，李栋栋，等．年报文本信息复杂性与管理者自利——来自中国上市公司的证据 [J]．管理世界，2018，34 (12)：120－132，194.

[332] 王嘉鑫，汪芸倩，张龙平．利率管制松绑、企业会计信息披露质量与融资约束 [J]．经济管理，2020，42 (4)：139－157.

[333] 王鑫．综合收益的价值相关性研究——基于新准则实施的经验证据 [J]．会计研究，2013 (10)：20－27，96.

[334] 王雄元，彭旋．稳定客户提高了分析师对企业盈余预测的准确性吗？[J]．金融研究，2016 (5)：156－172.

[335] 王营，曹廷求．企业金融化的传染效应研究 [J]．财经研究，2020，46 (12)：152－166.

[336] 王贞洁，王竹泉．基于供应商关系的营运资金管理——“锦上添花”抑或“雪中送炭”[J]．南开管理评论，2017，20 (2)：32－44.

[337] 文春晖，李思龙，郭丽虹，等．过度融资、挤出效应与资本脱实向虚——中国实体上市企业 2007－2015 年的证据 [J]．经济管理，2018，40 (7)：39－55.

[338] 温忠麟，叶宝娟．中介效应分析：方法和模型发展 [J]．心理科学进展，2014 (5)：731－745.

［339］魏志华，朱彩云．超额商誉是否成为企业经营负担——基于产品市场竞争能力视角的解释［J］．中国工业经济，2019（11）：174－192.

［340］吴昊旻，杨兴全，魏卉．产品市场竞争与公司股票特质性风险——基于我国上市公司的经验证据［J］．经济研究，2012，47（6）：101－115.

［341］夏常源，贾凡胜．控股股东股权质押与股价崩盘："实际伤害"还是"情绪宣泄"［J］．南开管理评论，2019，22（5）：165－177.

［342］肖钢．监管执法：资本市场健康发展的基石［J］．求是，2013（15）：29－31.

［343］肖华，张国清．内部控制质量、盈余持续性与公司价值［J］．会计研究，2013（5）：73－80，96.

［344］谢富胜，匡晓璐．制造业企业扩大金融活动能够提升利润率吗？——以中国A股上市制造业企业为例［J］．管理世界，2020，36（12）：13－28.

［345］谢家智，王文涛，江源．制造业金融化、政府控制与技术创新［J］．经济学动态，2014（11）：78－88.

［346］谢小芳，李懿东，唐清泉．市场认同企业的研发投入价值吗？来自沪深A股市场的经验证据［J］．中国会计评论，2009（3）：299－314.

［347］许罡，朱卫东．金融化方式、市场竞争与研发投资挤占——来自非金融上市公司的经验证据［J］．科学学研究，2017，35（5）：709－719，728.

［348］徐高彦，王晶．多元化程度与盈余持续性：机会抑或威胁？［J］．审计与经济研究，2020，35（4）：105－115.

［349］许年行，江轩宇，伊志宏，等．政治关联影响投资者法律保护的执法效率吗？［J］．经济学（季刊），2013，12（2）：373－406.

［350］闫海洲，陈百助．产业上市公司的金融资产：市场效应与持有动机［J］．经济研究，2018，53（7）：152－166.

［351］严楷，杨筝，赵向芳，等．银行管制放松、地区结构性竞争与企业风险承担［J］．南开管理评论，2019（1）：124－138.

［352］姚梅洁，宋增基，张宗益．制度负外部性与市场主体的应对——来自中国民营企业的经验证据［J］．管理世界，2019，35（11）：158－173.

［353］耀友福，林恺．年报问询函影响关键审计事项判断吗？［J］．审计

研究，2020（4）：90－101.

［354］耀友福，薛爽．年报问询压力与内部控制意见购买［J］．会计研究，2020（5）：147－165.

［355］杨兴全，尹兴强．国企混改如何影响公司现金持有？［J］．管理世界，2018，34（11）：93－107.

［356］杨雄胜．高级财务管理［M］．大连：东北财经大学出版社，2009.

［357］杨筝，刘放，王红建．企业交易性金融资产配置：资金储备还是投机行为？［J］．管理评论，2017，29（2）：13－25，34.

［358］杨筝，王红建，戴静，等．放松利率管制、利润率均等化与实体企业"脱实向虚"［J］．金融研究，2019（6）：20－38.

［359］叶建芳，李丹蒙，吴琳琳．非经常性损益的价值相关性研究［J］．中国会计评论，2013，11（1）：39－54.

［360］叶康涛，张姗姗，张艺馨．企业战略差异与会计信息的价值相关性［J］．会计研究，2014（5）：44－51.

［361］易志高，李心丹，潘子成，等．公司高管减持同伴效应与股价崩盘风险研究［J］．经济研究，2019，54（11）：54－70.

［362］殷俊明，王跃堂．供应链成本控制：价值引擎与方法集成［J］．会计研究，2010（4）：65－73，96.

［363］袁蓉丽，文雯，谢志华．董事高管责任保险和财务报表重述［J］．会计研究，2018（5）：21－27.

［364］翟光宇，姜美君，段秋爽．实体企业金融化与实物资本投资——基于2009－2018年制造业上市公司的实证分析［J］．经济学动态，2021（1）：85－104.

［365］翟胜宝，易旱琴，郑洁，等．银企关系与企业投资效率——基于我国民营上市公司的经验证据［J］．会计研究，2014（4）：74－80，96.

［366］张成思，贾翔夫，唐火青．金融化学说研究新进展［J］．经济学动态，2020（12）：125－139.

［367］张成思，张步昙．中国实业投资率下降之谜：经济金融化视角［J］．经济研究，2016，51（12）：32－46.

［368］张国清，赵景文．资产负债项目可靠性、盈余持续性及其市场反应［J］．会计研究，2008（3）：51－57.

［369］张俊生，汤晓建，李广众．预防性监管能够抑制股价崩盘风险吗？——基于交易所年报问询函的研究［J］．管理科学学报，2018，21（10）：112－126.

［370］张慕濒，孙亚琼．金融资源配置效率与经济金融化的成因——基于中国上市公司的经验分析［J］．经济学家，2014（4）：81－90.

［371］张新民，叶志伟，胡聪慧．产融结合如何服务实体经济——基于商业信用的证据［J］．南开管理评论，2021，24（1）：4－16，19－20.

［372］张修平，李昕宇，卢闯，等．资产质量影响企业权益资本成本吗？［J］．会计研究，2020（2）：43－59.

［373］张永冀，孟庆斌．预期通货膨胀与企业资产结构［J］．会计研究，2017（7）：27－34，96.

［374］张璋，徐经长，汪猛．技术创新与盈余价值相关性［J］．会计与经济研究，2018，32（5）：3－17.

［375］张宗新，杨万成．声誉模式抑或信息模式：中国证券分析师如何影响市场？［J］．经济研究，2016，51（9）：104－117.

［376］赵景文，于增彪．股权制衡与公司经营业绩［J］．会计研究，2005（12）：59－64，96.

［377］赵龙凯，岳衡，矫堃．出资国文化特征与合资企业风险关系探究［J］．经济研究，2014，49（1）：70－82，154.

［378］赵杨，Hu J. 董事及高管责任保险：激励还是自利？基于中国上市公司的实证检验［J］．中国软科学，2014（9）：147－164.

［379］赵宇龙．会计盈余披露的信息含量——来自上海股市的经验证据［J］．经济研究，1998（7）：41－49.

［380］赵宇龙，王志台．我国证券市场“功能锁定”现象的实证研究［J］．经济研究，1999（9）：56－63.

［381］郑建明，黄晓蓓，张新民．管理层业绩预告违规与分析师监管［J］．会计研究，2015（3）：50－56.

［382］郑志刚，许荣，徐向江，等．公司章程条款的设立、法律对投资者权力保护和公司治理——基于我国A股上市公司的证据［J］．管理世界，2011（7）：141－153，187－188.

［383］钟华明．企业金融化对创新投资的影响［J］．经济学家，2021

(2)：92－101.

［384］钟艳．中小企业现金流风险：识别、评估与防范［J］．广西大学学报（哲学社会科学版），2007（2）：24－27.

［385］周兵，黄芳，任政亮．企业竞争战略与盈余持续性［J］．中国软科学，2018（3）：141－152.

［386］周建，刘小元，覃彦玲，等．董事会战略委员会与企业绩效的相关性研究［J］．山西财经大学学报，2008（8）：62－69.

［387］周开国，应千伟，钟畅．媒体监督能够起到外部治理的作用吗？——来自中国上市公司违规的证据［J］．金融研究，2016（6）：193－206.

［388］周夏飞，周强龙．产品市场势力、行业竞争与公司盈余管理——基于中国上市公司的经验证据［J］．会计研究，2014（8）：60－66，97.

［389］周业安，赵坚毅．我国金融市场化的测度、市场化过程和经济增长［J］．金融研究，2005（4）：68－78.

［390］周泽将，马静，胡刘芬．经济独立性能否促进监事会治理功能发挥——基于企业违规视角的经验证据［J］．南开管理评论，2019，22（6）：62－76.

［391］朱杰．企业金融化的阴暗面——来自上市公司信息披露违规的证据［J］．金融经济学研究，2020，35（1）：146－160.

［392］朱凯，赵旭颖，孙红．会计准则改革、信息准确度与价值相关性——基于中国会计准则改革的经验证据［J］．管理世界，2009（4）：47－54.

［393］朱沛华．负面声誉与企业融资——来自上市公司违规处罚的经验证据［J］．财贸经济，2020，41（4）：50－65.